大宗商品交易分析师
培训教程

王 瑞 张福健 主编

中国财经出版传媒集团
经济科学出版社
Economic Science Press

图书在版编目（CIP）数据

大宗商品交易分析师培训教程/王瑞，张福健主编. —北京：经济科学出版社，2019.9
ISBN 978-7-5218-0796-7

Ⅰ.①大… Ⅱ.①王…②张… Ⅲ.①现货交易-高等学校-教材 Ⅳ.①F713.1

中国版本图书馆 CIP 数据核字（2019）第 183259 号

责任编辑：周胜婷
责任校对：隗立娜
责任印制：邱 天

大宗商品交易分析师培训教程
王 瑞 张福健 主编
经济科学出版社出版、发行 新华书店经销
社址：北京市海淀区阜成路甲 28 号 邮编：100142
总编部电话：010-88191217 发行部电话：010-88191522
网址：www.esp.com.cn
电子邮箱：esp@esp.com.cn
天猫网店：经济科学出版社旗舰店
网址：http://jjkxcbs.tmall.com
北京文昌阁彩色印刷有限责任公司
787×1092 16 开 20.5 印张 450000 字
2019 年 9 月第 1 版 2019 年 9 月第 1 次印刷
ISBN 978-7-5218-0796-7 定价：56.00 元
(图书出现印装问题，本社负责调换。电话：010-88191510)
(版权所有 侵权必究 打击盗版 举报热线：010-88191661
QQ：2242791300 营销中心电话：010-88191537
电子邮箱：dbts@esp.com.cn)

大宗商品交易分析师培训教程编写委员会

顾　　　问　王云儿
编委会主任　李　羽　蒋天颖　吴　坚
主　　　编　王　瑞　张福健
编委会成员（排名不分先后）：
　　　　　　蒋天颖　王　瑞　张福健　田和亮　王永龙
　　　　　　王明伟　王雪姣　徐默苣　周巧萍　叶素文
　　　　　　王少英　林珊珊　邵　将　岑　涛　俞超杰
　　　　　　潘青松　魏　麒　李济球

序 1

人类的历史，就是一部大宗资源掠夺的战争史。两次世界大战、海湾战争、伊拉克战争、利比亚冲突……每一次都赤裸裸地展现了人类对于大宗资源的争夺。但如今随着世界文明进程和核战争均衡的形成，世界经济要直面的一个问题，那就是各国如何通过市场和金融手段公平有效地获取大宗商品。

近200年来，随着人类科技水平的快速发展，全球资源被开采出来，发达国家通过抢夺资源首先完成了经济的腾飞。最近20年，印度、巴西、中国等许多发展中国家都已经进入快速发展时期，随着资源的过度开采和滥用，导致资源的稀缺性增加，价格飞涨。由于大宗商品主要是直接从自然界取得的并进行初加工，处于产业供应链中的基础环节和整个产业经济活动中的初级阶段，其生产是为后续产业提供初级产品、半成品，因此大宗商品的供求状况及其价格水平，直接影响着后续产业的发展状况。而大宗商品的市场不仅处于现货市场，也同时处在期货期权市场，价格波动剧烈，备受关注。随着工业互联网、平台经济的发展，大宗商品产业业态也正发生深刻变革。

浙江是我国外向型经济大省，对发展大宗商品贸易高度重视。目前浙江省已拥有浙江物产、镇海炼化、宁波神化、金田铜业、前程石化、维科集团、中基贸易、君安物产等一大批高速成长的大宗商品企业，以及宁波大宗商品交易所、浙江舟山大宗商品交易所、中国余姚塑料城等大型交易平台，对大宗商品专业人才形成了较大规模的需求。未来，随着浙江持续推进"5211"海洋强省行动，加速建设全球一流的现代化枢纽港、航运服务基地、大宗商品储运交易加工基地、港口运营集团，大宗商品行业将呈现持续活跃状态。

宁波舟山港作为全球最大货物吞吐量的港口，凭借背靠长三角广阔消费腹地的优势，现已成为金属、塑料、煤炭等大宗商品国内外贸易的重要集散地和消费地。大宗商品贸易不仅是浙江海洋经济示范区建设国家战略的重要内容，也是宁波"加快打造国际强港"的重要抓手和构建"三位一体"港航物流体系的核心组成部分。在《宁波关于加快推进商贸流通业健康发展提高现代化水平的若干意见》中明确提出未来还要着力打造1~2家年交易额超5000亿元的大宗商品交易平台和2~3家年纳税过亿元的交易企业。

现阶段大宗商品企业的用人需求与高校人才供给存在错位，供需不匹配矛盾尤为突出。大宗商品贸易与普通商贸流通不同，通常涉及采购、运输、仓储、保险、结算和销售等多个环节，业务交易环节复杂、交易工具种类繁多，易受国际政治、经济形势以及行业供需等多方面因素影响，价格波动较大。相关企业更加青睐复合型、创新型人才，既需要具备国际化的视野，又需要大宗商品贸易实际操作技能的高素质应用型人才。宁波财经学院是全国仅有的在本科阶段设置大宗商品特色专业，紧密贴合地方新业态发展，培养大宗商品新业态人才的地方本科高校。学校已为企业输送了561名大宗商品交易新业态岗位人才，但就数量而言远远不能满足浙江省经济社会发展对大宗商品人才的需求。除此之外，国内其他高校尚无培养大宗商品交易分析师这类人才的对口专业。诸多企业不管是贸易运营商还是生产商均面临专业人才招聘难题，很难直接招到具有大宗商品专业背景的人，只能从现有国贸、经济学、金融学等相近专业招聘应届毕业生进行企业内部培养，据北京长城战略咨询公司调研数据显示，在大宗商品行业宁波有超过三分之一的企业表示专业化人才短缺已成为制约企业发展的主要瓶颈。因此，在大宗商品行业进行大宗商品交易分析岗位社会培训是极为必要的选择。

大宗商品交易分析师职业标准是我校联合北京长城战略咨询公司，依据大宗商品产业人才培养需求规格，提出来的人才培养标准，一般可以分成大宗商品交易员、大宗商品分析师两类，统称为大宗商品交易分析师。此次教程的编撰是直接对应的大宗商品交易分析师的培训教程，由宁波财经学院大宗商品商学院联合大越期货股份有限公司发布。作为宁波财经学院校长，我期待本书作为链接专业教育和职业教育的大宗商品交易分析培训课程，能够为大宗商品流通新业态人才培养做出积极贡献。

序 2

大宗商品贸易是一个古老的行业，大宗商品分析师可以追溯到古希腊时代，米利都的泰勒斯是西方世界第一位哲人，堪称大宗商品分析师先驱。亚里士多德在他的《政治学》中讲述了泰勒斯预测橄榄丰收的故事："他由于精通天象，所以还在冬天的时候就知道来年的橄榄要有一场大丰收，于是他以他仅有的一点钱作为租用丘斯和米利都的全部橄榄榨油器的押金，由于当时没有人跟他争价，他的租价是很低的。到了收获的时节，突然间需要许多榨油器，他就恣意地抬高价钱，于是赚了一大笔钱。"

在中国，春秋时期越国大臣范蠡、计然可以说是两位著名的大宗商品分析师。司马迁在《史记·货殖列传》中讲述了计然的商品交易之道："论其有余不足，则知贵贱。贵上极则反贱，贱下极则反贵。贵出如粪土，贱取如珠玉，财币欲其行如流水。"能论断货物的过剩或不足，就知道物价涨跌的趋势。涨到极限就会下跌，跌到极限也会上涨，上涨到极限时，就要把囤积的货物如低贱的粪土一般快速抛售出去；下跌到极限时，就要把下跌的货物如宝贵的珠玉般快速收购进来。钱财货币要它通行，就像流水不断一样。这番话放在今天也是大宗商品贸易的至理名言。范蠡帮助越王勾践刷洗了被围会稽的耻辱之后，就离开越国开始经营产业，囤积货物，垄断居奇，乘时投机，追逐利润，获得巨额财富。后世只要说到富豪，都推崇陶朱公（范蠡）。

作为大宗商品分析师，大家都对日本的蜡烛图这一技术分析工具耳熟能详。早在18世纪，日本著名的大米商人本间宗久运用蜡烛图来记录大米交易市场每天的大米价格走势，以此作为买卖依据，在大米市场呼风唤雨，集聚了巨大的财富。现在日本蜡烛图已经成为金融市场的一个重要技术分析工具。它有直观、立体感强、携带信息量大的特点，蕴涵着丰富的东方哲学思想，能充分显示商品、股票价格趋势的强弱、买卖双方力量平衡的变化，预测后市走向较准确，是各类传播媒介、电脑实时分析系统应用较多的技术分析手段。

在经济全球化的今天，全球大宗商品贸易量不断增加，特别是作为第二大经济体的中国，大宗原料的进口数量巨大，2018年原油进口达4.62亿吨，同比增长10.1%，连续第二年成为全球最大的原油进口国。2018年中国进口铁矿石到港量达10.38亿吨，大豆进口总量8803万吨。这些数据表明，大宗商品贸易在我国经济发展中具有举足轻重的影响力。

大宗商品贸易量的不断增加，催生相关企业对大宗商品分析师的需求。在世界500强企业排名中，有许多专门从事大宗商品贸易的企业位列其中，如嘉能可、托克、嘉吉等。

在国内，如中国五矿集团、浙江省物产集团、广东物资集团、厦门建发集团等都是大宗商品贸易领域的翘楚企业。除了这些实力雄厚的世界500强企业，一大批小而美、专门做现货、期货相结合的贸易公司如雨后春笋般涌现出来，期货公司的下属风险子公司也专门做期现货结合的大宗商品贸易。这些企业迫切需要经过专业训练的大宗商品分析师。

进入21世纪以后，大宗商品贸易呈现出贸易工具多样化的特点，除了传统的合同贸易之外，还有现货电子交易、商品期货交易、基差点价交易、商品期权交易等，这些复杂的交易模式需要有一大批大宗商品分析师专司其职。

大宗商品贸易通常涉及采购、运输、仓储、保险、结算和销售等多个环节，业务交易环节复杂、交易工具种类繁多，易受国际政治、经济形势以及行业供需等多方面因素影响，价格波动较大。随着全球贸易合作不断深化及信息化程度不断提高，传统贸易行业竞争日趋激烈，盈利空间逐步收缩，越来越多的大宗商品贸易商开始整合产业链，向上游和下游延伸，在获得对上下游资源的同时，逐步渗透产业链的各个环节，拓展盈利空间，创造增值机会，逐渐开始扮演产业链管理者的角色。这就需要大宗商品分析师加强学习大宗商品贸易的专业知识，不断提升自身的专业素质，胜任大宗商品的市场分析工作，有能力应对复杂多变的市场环境。

宁波财经学院大宗商品商学院致力于培训高素质的大宗商品贸易专业人才，大宗商品交易分析师培训课程对大宗商品交易分析师的培养是一项有益的探索。非常荣幸为这本高质量的教科书作序。

目　　录

第一章　大宗商品产业基础 ·· 1
　　第一节　大宗商品基础知识 ·· 1
　　第二节　大宗商品期货及衍生品市场 ·· 6
　　第三节　大宗商品投资分析理论 ·· 15
　　第四节　金属产业链分析 ·· 20
　　第五节　农产品产业链分析 ·· 28
　　第六节　能源化工产业链分析 ·· 36

第二章　大宗商品市场调研分析 ·· 43
　　第一节　数据调研 ·· 43
　　第二节　实地调研 ·· 48
　　第三节　调研方法 ·· 49
　　第四节　调研分析 ·· 52
　　第五节　市场调查问卷设计 ·· 56

第三章　大宗商品经济分析 ·· 72
　　第一节　宏观经济分析 ··· 72
　　第二节　金融分析 ·· 82
　　第三节　政策分析 ·· 90

第四章　大宗商品电子商务 ·· 94
　　第一节　大宗商品电子商务模式的概述 ·· 94
　　第二节　现货挂牌交易 ··· 96
　　第三节　竞拍交易 ·· 98
　　第四节　竞标交易 ·· 100
　　第五节　专场交易 ·· 102

第五章 大宗商品价格的基本面分析 ················ 104

第一节 基本面分析的内容 ························ 104

第二节 基本面分析的方法 ························ 115

第三节 基本面分析的步骤 ························ 122

第四节 基本面分析的应用：以原油为例 ············ 127

第六章 大宗商品价格的技术分析 ················ 137

第一节 技术分析的主要理论 ······················ 137

第二节 主要技术分析指标及其应用 ················ 166

第七章 大宗商品期权交易 ······················ 183

第一节 期权合约 ································ 183

第二节 期权定价 ································ 190

第三节 期权投资策略 ···························· 202

第八章 大宗商品交易策略分析 ·················· 215

第一节 套期保值交易策略分析 ···················· 215

第二节 投机交易策略分析 ························ 225

第三节 套利交易策略分析 ························ 233

第四节 程序化交易策略分析 ······················ 244

第九章 大宗商品交易商业模式创新 ·············· 247

第一节 大宗商品在货物贸易中的应用 ·············· 247

第二节 大宗商品在融资中的应用 ·················· 260

第三节 大宗商品在物流金融中的应用 ·············· 278

第十章 大宗商品衍生品市场创新 ················ 300

第一节 现货与衍生品的结合 ······················ 300

第二节 场外期权保值 ···························· 305

第三节 二次点价 ································ 311

第四节 保险+期权/期货 ·························· 314

参考文献 ····································· 318

第一章 大宗商品产业基础

第一节 大宗商品基础知识

一、大宗商品概述

大宗商品（commodities）是指可进入流通领域，但非零售环节，具有商品属性，且用于工农业生产与消费的大批量买卖的物资商品。在金融投资市场，大宗商品指同质化、可交易、被广泛作为工农业基础原材料的商品，如原油、有色金属、钢铁、农产品、铁矿石、煤炭等。大宗商品从商品属性可以分为3个类别，即能源商品、基础原材料和农副产品（见表1-1）。

表1-1 大宗商品分类

商品属性	主要商品
能源商品	煤炭、石油、天然气、光伏等
基础原材料	钢铁、水泥、塑料、玻璃、铁矿石等
农副产品	玉米、大豆、稻谷、小麦、棉花等

其中，石油化工、金属、煤炭能源等大宗商品属于国家战略需要控制和调节的物资，如动力煤、原油、焦炭、铜等，这些商品的数量会影响到国家战略方针的制定。所以，这类大宗商品从上市交易开始，就具有商品和金融的双重属性。

农林类商品包括棉花、大豆等。虽然这些商品在行业战略上也占有重要地位，但不会影响到国家战略的制定和实施。但是这些行业却与民生密切相关，一旦"热钱"介入控制了这些行业，也会对经济安全和稳定造成很大影响，如近年来我国"大豆产业的沦陷"就发人深省。

大宗商品市场，是指大宗商品交易的场所。目前大宗商品主要分为现货交易和期货及衍生品交易两大类。由于大宗商品大部分是工业基础的原材料，处于产业链的最上游，因此，反映其供需状况的期货及现货价格变动会直接影响到整个经济体系。例如，铜价上涨将提高电子、建筑和电力行业的生产成本；石油价格上涨则会导致化工产品价格上涨，并带动其他能源如煤炭和替代能源的价格和供给提升。投资者，尤其是投资相关行业的投资者应当密切关注大宗商品的供求和价格变动。

二、大宗商品现货市场

现货（actuals）亦称实物（physicals）、实货，是指可供出货、储存和制造业使用的实物商品，如：农产品、金属产品、化工产品。可供交割的现货可在近期或远期基础上换成现金，或先付货且买方在极短的期限内付款的商品的总称。

（一）传统贸易

在 21 世纪以前，贸易方式以传统贸易为主，传统贸易的形式是买卖双方直接见面，就商品的买卖达成一致，然后达成协议，一手交钱一手交货。传统贸易的大宗商品交易多采用合同的方式进行，买卖双方按签订合同的内容在未来的时间进行商品交易。它存在如下缺点：

（1）价格形成不规范，风险不能转移。由于合同价格签署是根据当时的供求情况等因素定出的，而执行合同中市场价格发生变化是必然的，有利于一方必然不利于另一方。同时价格的形成也很大程度上受到地域的限制，很难形成公平的价格。

（2）信用风险。价格风险产生的必然性影响合同执行的有效性，信用风险在这种情况下不可避免。

（3）市场不集中。买卖双方很少，难以形成集中的市场，买卖双方单独协商讨价还价达成协议，谈判技巧、掌握程度对形成价格影响极大。

（4）合同规范程度低。每次签合同都要重复寻找客户、询价、初步谈判、签约等一系列环节，都要就品种质量、时间、运输等因素争论不休，对大宗商品来说，这种签约和执行都很复杂，交易成本相应增加。

（二）现货交易

随着互联网的出现，世界已变成地球村，建立在信息化基础上的现货电子交易走上新经济的舞台。现货电子交易（也称大宗商品电子交易，或现货仓单交易）是以现货仓单为交易的标的物，采用计算机网络进行的集中竞价买卖，统一撮合成交，统一结算付款，价格行情实时显示的交易方式。其本质是现货商品的电子商务。《大宗商品电子交易规范》对大宗商品做了明确的规定：可进入流通领域，但非零售环节，具有商品属性用于工农业生产与消费使用的大批量买卖的物质商品。现货仓单交易与期货交易极为相似，既是一种商品交易手段，又是一种金融投资手段。它在定义上与期货交易的不同在于，其在指定仓库进行标的货物交割的时间，可以是一个从拥有现货仓单到现货仓单最后交易日之间的时间段。而期货合约上则有明确的标的货物交割日期。

1. 现货电子交易市场的主要特征

（1）电子交易合同的标准化。除价格外，合同的所有其他条款都是预先规定的，具有标准化的特点。这种标准化的电子交易合同一经注册，便成为仓单。

（2）双向交易。投资者可以通过对仓单的低价位买入、高价位卖出获利；也可以高价位卖出、低价位买入获利。交易方式更加灵活，增加交易机会。

（3）对冲机制。对冲机制指的是对电子化合同采取反方向的操作，达到解除履约责任的目的。

（4）当日结算制度。每日对投资者账户进行核算，避免债务纠纷，达到控制风险的目的。

（5）保证金制度。保证金制度是指对交易双方冻结适当的保证金，以达到保证合同履行的目的，同时起到资金的杠杆作用，充分利用资金。

（6）T+0交易制度。即当天就可以对订立的合约转让处理，当日获利，当日就可以对冲平仓，充分利用资金，同时减轻长期持仓带来的风险，操作机动灵活。

2. 现货电子交易的优势

（1）迅速提高商品交易效率，大大降低交易成本。

（2）增强交易的透明度，有效遏制暗箱操作，克服了欺诈、回扣、三角债等交易中的弊端。

（3）保证交易商品的质量，有效杜绝假冒伪劣商品的上市。

（4）带动一批产业，活跃了市场经济。

（5）供需双方通过互联网交易，扩大市场容量，形成全国统一的大市场。

（6）避免商品大范围迂回运输，节约大量人力、物力和财力。

（三）现货电子交易相关定义和术语

现货仓单（warehouse receipts）：它是货物所有人将货物运抵定点仓库后，由市场向货物所有人开具的代表商品所有权的一种凭证。现货仓单经交易市场注册后，即可通过互联网进入现货交易市场交易系统进行交易。现货仓单可在市场内自由转让、买卖，也可进行现货实物交收。现货仓单实际上是标准化的仓单。

现货交易（spot transaction）：它是以网络为工具，以电子商务的模式进行交易，买卖双方不见面，以电子交易市场为交易平台，国家政府为裁判；是一种网上和网下相结合，现实与虚拟相结合，传统经济与网络经济相结合的双赢模式，充分解决了现货商品交易的住处源、客户源、在线结算、物流配送等众多难题的交易形式。

大宗商品（commodities）：它是指可进入流通领域，但非零售环节，具有商品属性，且用于工农业生产与消费使用的大批量买卖的物质商品。

数据电文（data electronic text）：它是指经由电子手段、光学手段，或类似手段生成、储存或传递的信息,这些手段包括电子数据交换(EDI)、电子邮件、电报、电传或传真等。

电子交易(electronic transaction):它是指利用网络提供的通信手段在网上进行交易。

交易中心(electronic trade center):它是指为交易商提供及时的开展现货交易的电子商务平台,并能够提供配套物流服务的法人。

交易商(trader):它是经由电子交易中心根据有关法律法规及电子交易中心章程的有关规定审核批准,在电子交易中心进行大宗商品电子交易的企业法人。

交货仓库(transaction warehouse):它是经电子交易中心核准、委托,负责检验、保管交易商进行交易的大宗商品并提供相应担保,为电子交易提供相关物流服务的第三方业务部门。

结算银行(balance bank):它是由电子交易中心指定,协助电子交易中心进行交易结算、资金划拨的银行。

(四)现货交易市场

近几年来,我国现货仓单交易市场发展迅猛,交易量和交易资金大幅提升,极大地加快我国的经济建设步伐。目前成立的专业市场包括大连保税区稻米交易市场、吉林玉米淀粉中心批发市场(JCCE)、华中粮食中心批发市场(HZGM)、上海中昊油籽交易市场、安徽钢材中心批发市场(ASEC)、上海斯迪尔电子交易市场、长江金属现货交易所、上海逸仙钢材现货交易市场、上海黄金交易所、上海华通铂银交易市场(SWPS)等,它们的成立标志着我国现货市场已进入电子商务时代。下面主要介绍浙江区域现货电子交易市场。

1. 绍兴县中国轻纺城网上交易市场

绍兴县中国轻纺城网上交易市场有限公司成立于 2007 年,是中国轻纺行业首个网上交易平台,以旗下"中纺交易网"为平台,依托亚洲最大的中国轻纺城实体市场,为轻纺产品的交易提供服务,并且利用现代物流平台和互联网信息技术,帮助轻纺产业链上的企业提供信息、交易、结算、仓储、物流、融资、质检等一站式综合性服务,并与中国工商银行、中国农业银行、华夏银行等多家商业银行合作,对账户资金实行第三方监管,确保交易商资金安全。中国轻纺城网上交易上市的纺织原料主要商品种类如表 1-2 所示。

表 1-2　　　　　　　纺织原料品种、名称规格及代码

种类	商品种类	名称规格	代码
纺织原料	涤纶长丝	FDY150D/96F	FDY150D
	精对苯二甲酸	PTA(绍兴)	PTA
	粘胶纤维	VSC1.2D38MM	VSC1.2D
	涤纶低弹丝	DTY150D/96F	DTY150D

2. 中国茧丝绸交易市场

中国茧丝绸交易市场是 1992 年经国家原外经贸部和纺织工业部批准，由中国丝绸进出口总公司、中国丝绸工业总公司、浙江省丝绸进出口公司、江苏省丝绸进出口公司、四川省丝绸进出口公司及嘉兴市丝绸总公司共同出资组建的全国性茧丝绸专业市场。中国茧丝绸交易市场为非营利性的行业服务机构，市场提供产供销信息服务，组织交易，引导产销，合理配置资源，探索和促进中国茧丝绸流通。市场内经营品种涵盖干茧、生丝、丝绸面料、辅料及服装、绢纺原料及纺织机械等，是中国茧丝绸行业的交易、价格、信息和物流中心。

中国茧丝绸交易市场荟萃中国茧丝绸行业的优秀企业，市场截至 2018 年已有 160 多家会员单位、200 多家经营企业入驻，来自全国 18 个省（区、市）的企业参与市场交易，市场的"全国性"特征突出。交易所产生的茧丝价格已直接影响到国际市场，在全球丝绸界形成共识，成为国际茧丝价格的风向标。

3. 浙江塑料城网上交易市场

浙江塑料城网上交易市场创建于 2004 年 9 月，是我国首家塑料电子交易中心，第一批"国家信息化试点单位"，"国家科技支撑计划项目"实施单位，"国家级服务业标准化试点项目"承担单位。2011 年 9 月完成公司制改造，组建国有控股的"浙江网塑电子商务股份有限公司"和"浙江甬易电子支付有限公司"。2012 年 6 月，经中国人民银行批准，获得"支付业务许可证"，成为目前国内唯一具有互联网支付牌照的大宗商品电子交易企业。

创新的电子商务交易模式，为超过 10000 家涉塑企业提供在线购销和在线支付清算服务，年交易额超过 400 亿元，成为目前国内最大的塑料电子交易中心；在浙江、上海、天津、山东、广东等全国主要的塑料产销地设立 17 个指定交货仓库和众多非指定仓库，形成商流、物流、资金流高度融合的现代化塑料电子交易平台。主要提供以下三大服务：

（1）网上交易：组织网上塑料现货电子交易，对交易活动监督和管理，向交易商提供交易结算、货款收付等服务。

（2）物流配送：为交易商办理货物匹配等相关业务，提供代购、代销和代办运输服务。

（3）信息服务：提供及时、准确的塑料市场资讯、价格行情、分析评论，让客户有效把握商机，规避经营风险。

4. 宁波都普特液体化工电子交易中心有限公司

宁波都普特液体化工电子交易中心有限公司成立于 2005 年 9 月，由深圳飞尚集团、宁波镇海液体化工产品交易市场、中储物流在线有限责任公司、时力科技等企业共同打造的主要从事液体化工产品电子交易及相关配套服务的第三方交易平台。上市品种有甲苯、甲醇、苯乙烯、乙二醇。

5. 浙江舟山大宗商品交易所

浙江舟山大宗商品交易所经舟山市人民政府发起，由市政府设立的中国（舟山）大宗商品交易中心管理委员会直接监管，于 2011 年 7 月 8 日成立。浙商所股东包括舟山港务投资发展有限公司、舟山市国有资产投资经营有限公司、武钢集团、沙钢集团、中国国电集团、深圳光汇集团、温州港集团等大型央企、国内知名民营企业和市场相关企业等 12 家单位。主要负责组织石油化工品、煤炭、有色金属、铁矿石、钢材、纸浆、木材等大宗商品交易，提供交易资金结算、交割及相关咨询服务。

第二节 大宗商品期货及衍生品市场

一、期货及相关衍生品概述

1. 期货

期货是由期货交易所统一制定的、规定在将来某一特定时间和地点交割一定数量标的物的标准化合约。期货由现货交易衍生而来，是与现货相对应的交易方式。期货具有以下六大特征：

（1）合约标准化：节约成本，提高效率和流动性（数量、规格、交割时间、地点）。

（2）场内集中竞价交易：只有会员才能进场交易。

（3）保证金交易（杠杆交易）：具有高收益和高风险的特点（5%~15%）。

（4）双向交易。

（5）对冲了结：不必交割现货，提高期货市场流动性。

（6）当日无负债结算（逐日盯市）：有效防范风险。

2. 远期

远期也称为远期合同或远期合约，是指交易双方约定在未来的某一确定时间，以确定的价格买卖一定数量的某种标的资产的合约。远期交易最早是作为一种锁定未来价格的工具，交易双方需要确定交易的标的物、有效期和交割时的执行价格等内容，双方都必须履行协议。一般通过场外交易市场达成。常见的远期交易包括商品远期交易、远期利率协议、外汇远期交易、无本金交割外汇远期交易（NDF）以及远期股票合约等。

3. 互换

互换是指两个或两个以上当事人按照商定条件，在约定时间内交换一系列现金流的合约。远期合约可以看成仅交换一次现金流的互换。在大多数情况下，由于互换双方会约定在未来多次交换现金流，因此互换可以看作是一系列远期的组合。由于其标的物以及计算现金流的方式很多，互换的种类也就很多，最常见也最重要的是利率互换和货币互换，此外还有商品互换、股权类互换、远期互换等。

4. 期权

期权是一种选择的权利，即买方能够在未来的特定时间或者一段时间内按照事先约定的价格买入或者卖出某种约定标的物的权利。期权是给予买方（或持有者）购买或出售标的资产的权利，可以在规定的时间内根据市场状况选择买或者不买、卖或者不卖，既可以行使该权利，也可以放弃该权利。而期权的卖出者则负有相应的义务，即当期权买方行使权利时，期权卖方必须按照指定的价格买入或者卖出。期权在交易所交易的是标准化的合约；也有在场外交易市场（OTC）交易的，它是由交易双方协商确定合同的要素，满足交易双方的特殊需求而签订的非标准化合约。按照标的资产划分，常见的期权包括利率期权、外汇期权、股权类期权和商品期权等。

二、期货与远期、期权、互换的联系和区别

（一）期货与远期

联系：远期交易本质上属于现货交易，是现货交易在时间上的延伸。远期交易是期货交易的雏形，期货交易是在远期交易的基础上发展起来的。

区别：它们在交易对象、功能作用（期货能规避风险和价格发现）、履约方式（期货有实物交割和对冲平仓，远期用实物交收）、信用风险（远期的风险大）、保证金制度（期货更规范、远期由双方自行决定）上有所不同。

（二）期货与期权

联系：第一，两者均是以买卖远期标准化合约为特征的交易。第二，在价格关系上，期货市场价格对期权交易合约的敲定价格及权利金确定均有影响。一般来说，期权交易敲定的价格是以期货合约所确定的远期买卖同类商品交割价为基础，而两者价格的差额又是权利金确定的重要依据。第三，期货交易是期权交易的基础，交易的内容一般均为是否买卖一定数量期货合约的权利。期货交易越发达，期权交易的开展就越具有基础，因此，期货市场发育成熟和规则完备为期权交易的产生和开展创造了条件。期权交易的产生和发展又为套期保值者和投机者进行期货交易提供了更多可供选择的工具，从而扩大和丰富了期货市场的交易内容。第四，期货交易可以做多做空，交易者不一定进行实物交收。期权交易同样可以做多做空，买方不一定要实际行使这个权利，只要有利，也可以把这个权利转让出去。卖方也不一定非履行不可，而可在期权买入者尚未行使权利前通过买入相同期权的方法以解除他所承担的责任。第五，由于期权的标的物为期货合约，因此期权履约时买卖双方会得到相应的期货部位。

两者区别：

（1）对象不同。期货交易的是可转让的标准化合约，合约的标的物是实物商品或者金

融工具，而期权交易的则是未来买卖某种资产的权利，其标的物的范围更广，期权的标的物不仅限于商品和金融工具，还可以是其他衍生品合约。

（2）与义务的对称性不同。期货合约是双向合约，交易双方都要承担期货合约到期交割的义务，如果不愿实际交割，则必须在有效期内对冲。期权是单向合约，期权的买方在支付权利金后即获得了选择权，可以选择执行期权，也可以放弃执行，不必承担义务；而期权卖方则有义务在买方行使权利时按约定向买方买入或卖出标的资产。

（3）保证金制度不同。在期货交易中，买卖双方都要缴纳期货合约价值5%~15%的保证金，作为履约的保证，在交易期间还要根据价格变动对亏损方收取追加保证金，盈利方则可提取多余保证金；期权交易中，买方向卖方支付权利金后，其最大风险就是权利金的亏损，因此期权买方不需要再缴纳保证金，但对期权卖方来讲，他在收取对方权利金的同时随时应对买方要求履约，因此，需要缴纳一定的保证金以表明其有能力履行期权合约。

（4）特点不同。期权买方的收益随市场价格的变化而波动，是不固定的，其亏损则只限于购买期权的权利金，而卖方的收益最高不超过出售期权的权利金，亏损则是不固定的。期权交易双方的盈亏曲线是非线性的。期货交易的盈亏是对称的，交易双方都面临着无限的盈利和无止境的亏损，其盈亏曲线为线性。

（5）了结方式不同。期货交易中，投资者可以通过对冲平仓或实物交割的方式了结仓位，而大多数投资者均选择对冲平仓而非到期交割。期权交易中，投资者了结的方式包括三种：对冲、行使权利或到期放弃权利。在标的资产向有利方向变化时，有的美式期权提前执行更为有利，而欧式期权则更多的是对冲了结。在标的资产向不利方向变化时，投资者可以持有到期放弃权利。

（三）期货与互换

联系：期货交易是在远期交易基础上发展起来的，是对远期交易进行合约标准化、交易场所由场外移到场内等一系列交易机制进行的变革；互换交易是交易双方按照商定条件，在约定时间内交换一系列现金流的交易，是一系列远期交易的组合，在远期交易的数量上有了突破。因此，可以说远期合约是期货和互换的基础，期货和互换是对远期合约在不同方面创新后的衍生工具。远期协议可以用于期货定价，也可以用于互换定价。利率互换是互换市场的一大品种，互换利率是市场重要的参考利率，而互换利率与短期利率、期货利率联系密切。实践中通常用期货给互换做套保。

两者区别：

（1）标准化程度不同。期货交易的对象是交易所统一制定的标准化期货合约，期货合约的商品品种、数量、质量、等级、交货时间、交货地点等条款都是既定的，是标准化的，唯一的变量是价格，交易双方不用再为合约条款进行逐一商谈。而互换交易的对象则是交易双方私下协商达成的非标准化合同，合同的标的物及其数量、质量、等级等均由交易双方自行协商决定，是个性化的，不同互换在标的物的数量、质量上均有差异。

（2）成交方式不同。期货交易是在交易所组织的有形的公开市场内通过电子交易系统撮合成交，价格具有公开性、权威性，而互换交易一般无固定的交易场所和交易时间，可以在银行间市场或者柜台市场的交易商之间进行，也可以与最终客户直接交易，主要通过人工询价的方式撮合成交。

（3）双方关系不同。互换协议是交易双方直接签订，是一对一的，互换的违约风险主要取决于对手的信用，因此，在签约前，交易双方都会对对方的信用和实力等方面做充分的了解。而期货交易则不同，合约的履行不取决于交易对手，而取决于期货结算机构在期货交易中充当中央对手的角色，成为所有买方的卖方、所有卖方的买方，因此交易者不必了解对手是谁、信用如何，只需与交易所完成交易即可，市场信息成本很低。

三、期货及衍生品的功能与作用

期货市场自产生以来，之所以不断发展壮大并成为现代市场体系中不可或缺的重要组成部分，就是因为期货市场具有难以替代的功能和作用。正确认识期货市场的功能作用，可以进一步加深对期货市场的理解。

（一）期货市场的功能

1. 规避风险功能及其机理

规避风险功能是指期货市场能够规避现货价格波动的风险。从事套期保值交易的期货市场参与者包括生产商、加工商和贸易商等。以大豆期货交易为例，期货市场中的套期保值者包括种植大豆的农户、以大豆为原料的加工商和大豆经销商。

例如，3个月后大豆种植户将收获大豆并上市销售，大豆压榨企业需要在3个月后购进大豆原料，大豆经销商已与对方签订了在3个月后交货的销售合同。此时，这些生产经营者在现货市场上都面临着价格波动的风险。具体来说，3个月后如果大豆价格下跌，大豆种植户将蒙受损失；如果大豆价格上涨，大豆压榨企业和大豆经销商将加大采购成本，利润减少甚至出现亏损。

为了规避大豆价格波动的风险，这些生产经营者这时可以通过期货市场进行套期保值。具体来说，大豆种植户卖出3个月后到期的大豆期货合约，如果3个月后大豆价格果真下跌了，那么大豆种植户在大豆现货交易中就损失了一笔，但同时他买入大豆期货合约，把手中的卖出合约平仓，结果发现期货市场上的交易使他赚了一笔，而且可能正好抵补了他在大豆现货市场上的损失。再说大豆压榨企业和大豆经销商，他们买入3个月后到期的大豆期货合约，如果3个月后大豆价格果真上涨了，那么他们在大豆现货交易中就损失了一笔，但同时他们卖出大豆期货合约，把手中的买入合约平仓，结果他们发现期货市场上的交易使他们赚了一笔，而且可能正好抵补了它们在大豆现货市场上的损失。上述交易过程就是套期保值。套期保值之所以能够规避现货价格风险，是因为期货市场与现货市场的价格同方向变动而且最终趋同。期货市场与现货市场的价格受到相同供求因素影响，使得两个市场呈现上述特征。

应当指出的是，规避价格风险并不意味着期货交易本身无价格风险。实际上，期货价格的上涨或下跌既可以使期货交易盈利，也可以使期货交易亏损。在期货市场进行套期保值交易的主要目的，并不在于追求期货市场上的盈利，而是要实现以一个市场上的盈利抵补另一个市场上的亏损。这正是规避风险这一期货市场基本功能的要义所在。

还应当指出的是，期货在本质上是一种风险管理工具，并不能消灭风险，现货市场价格波动的风险是一种客观存在。那么，经由期货市场规避的风险，也就是套期保值者转移出去的风险，到哪里去了呢？是由套期保值者的交易对手承担了。在这些交易对手当中，一部分是其他套期保值者，但主要是期货市场中的投机者。正如上述例子中所揭示的，大豆种植户卖出期货合约，而大豆压榨企业和大豆经销商买入期货合约，因此他们可以成为交易对手，承担一部分风险，但大部分风险主要是由期货市场中大量存在的投机者来承担，因为投机者对期货价格是升是降各有各的判断，并不一致，所以有人做多有人做空。这样，投机者就会与套期保值者成为交易对手。为什么投机者愿意承担风险呢？因为在竞争性市场中风险与收益呈正相关关系，正是对风险收益的追逐让大量投机者参与期货交易。

2. 价格发现功能及其机理

价格发现功能是指期货市场能够预期未来现货价格的变动，发现未来的现货价格。期货价格可以作为未来某一时期现货价格变动趋势的"晴雨表"。价格发现不是期货市场所特有的，但期货市场比其他市场具有更高的价格发现效率。这是基于期货市场的特有属性实现的。

现代经济学的最新进展已经表明，信息不完全和不对称导致价格扭曲和市场失灵，而期货市场是一种接近于完全竞争市场的高度组织化和规范化的市场，拥有大量的买者和卖者，采用集中的公开竞价交易方式，各类信息高度聚集并迅速传播。因此，期货市场的价格形成机制较为成熟和完善，能够形成真实有效的反映供求关系的期货价格。这种机制下形成的价格具有以下四大特点：

（1）公开性。期货价格及时向公众披露，从而能够迅速地传递到现货市场。

（2）连续性。期货合约是标准化合约，转手极为便利，因此能不断地生成期货价格，进而连续不断地反映供求变化。

（3）预测性。期货价格是众多的交易者对未来供求状况的预期的反映。这些交易者是生产商、加工商、贸易商或者投机者，由大量这样的交易者集中在场内公开竞价形成的期货价格，就较为客观地反映出了未来的供求关系和价格变动趋势。

（4）权威性。基于以上3个特点，期货价格被视为一种权威价格。期货价格不仅能够指导实际生产和经营活动，还被作为现货交易的定价基准。例如，大宗商品的国际贸易采取"期货价格+升贴水"的定价方式就体现了期货价格的权威性。

现实的市场经济发展已充分证明，期货市场发现价格的基本功能在很大程度上弥补了现货市场的缺陷，推动了价格体系的完善，促进了市场经济的发展。

（二）期货及衍生品市场的作用

1. 期货市场的发展有助于现货市场的完善

现货市场和期货市场是现代市场体系中的两个重要组成部分，在市场经济条件下，它们共同调节资源的合理配置。从历史上看，期货市场是由现货市场衍生而来，是现货市场发展到一定阶段的产物。期货市场的产生反过来又促进了现货市场的发展。主要表现为以下三方面：其一，期货市场具有价格发现功能，期货价格具有示范效果，从而有助于形成合理的现货市场价格；其二，期货市场能够规避现货价格波动的风险，从而有助于现货市场交易规模的扩大；其三，期货市场的交易对象是标准化合约，合约中规定了标的物的品质标准，在交割时不同品级的现货会有升水或贴水出现，体现优质优价原则，这有助于现货市场中商品品质标准的确立，促进企业提高产品质量。

2. 期货市场的发展有利于企业的生产经营

从微观的角度来看，期货市场的发展对企业生产经营活动的开展发挥了积极作用。其一，作为信号的期货价格，可以有效克服市场中的信息不完全和不对称，在市场经济条件下有助于生产经营者作出科学合理的决策，避免盲目性；其二，通过期货市场进行套期保值，可以帮助生产经营者规避现货市场的价格风险，达到锁定生产成本、实现预期利润的目的，使生产经营活动免受价格波动的干扰。例如，黑龙江等大豆主产区在确定播种面积时，一般都要参考大连商品交易所的大豆期货价格；我国农垦企业、有色金属生产企业和大宗物资流通企业多年来在期货市场开展套期保值，取得了良好的效果。

3. 期货市场的发展有利于国民经济的稳定，有助于政府的宏观决策

大宗商品（以农产品、能源产品为主要代表）和金融产品价格的剧烈波动，必然引起宏观经济的不稳定甚至是大起大落。大宗商品和金融产品期货交易，不仅可以通过其风险避险功能发挥稳定生产和流通的作用，而且可以通过其价格发现功能调节市场供求。可见，期货市场的发展有助于稳定国民经济。例如，以芝加哥期货交易所为代表的农产品期货市场促进了美国农业生产结构的调整，保证了农产品价格的基本稳定；美国芝加哥商业交易所集团和芝加哥期权交易所为国债和股市投资者提供了避险的工具，促进了债市和股市的平稳运行。

现货市场的价格机制对经济的调节有滞后性的缺陷，而期货市场价格反映了未来一定时期价格的变化趋势，具有信号功能和超前预测的特点。因此，以期货价格为参考依据，有助于科学合理地制定和调整宏观经济政策。例如，2003年针对天然橡胶期货价格的快速上涨，政府相关部门数次抛售库存天然橡胶，年末又宣布2004年取消进口配额管理，同时将国内两大垦区8.8%的天然胶农林特产税改征5%的农业税。这些措施使天然橡胶的供给增加，平抑了天然橡胶价格。

4. 期货市场的发展有助于增强在国际价格形成中的主导权

在经济全球化背景下，国与国之间的经济联系日益紧密，国际贸易的快速发展使国内市场演变成为世界市场，国内价格随之演变成为国际价格。期货价格在国际价格形成中发挥了基准价格的作用，发达的期货市场因其交易规模大、规范化和国际化而成为世界市场的定价中心。20世纪80年代以来，美英等发达国家的期货交易所集中了全球绝大多数的农产品、石油和金属的期货交易，由此形成的期货价格已成为世界市场的基准价格。美英等发达国家在国际价格的形成中掌握着话语权和主导权，在国际贸易中处于主动和有利地位。

四、我国主要期货交易市场

我国目前主要有四大期货交易所，其中商品交易所有三个，它们分别是上海期货交易所（上海国际能源交易中心）、大连商品交易所和郑州商品交易所。金融期货交易所为中国金融期货交易所。

1. 上海期货交易所

上海期货交易所（以下简称上期所）是受中国证券监督管理委员会（以下简称证监会）集中统一监管的期货交易所，宗旨是服务实体经济。根据公开、公平、公正和诚实信用的原则，上期所组织经证监会批准的期货交易，目前挂牌铜、铝、锌、铅、镍、锡、黄金、白银、螺纹钢、线材、热轧卷板、原油、燃料油、石油沥青、天然橡胶、20号胶、纸浆17种期货合约。

上海国际能源交易中心股份有限公司（以下简称上期能源）是经中国证监会批准，由上海期货交易所发起设立的、面向期货市场参与者的国际交易场所，根据《公司法》《期货交易管理条例》和中国证监会有关法律法规履行期货市场自律管理职能。

2013年11月6日，上期能源注册于中国（上海）自由贸易试验区，经营范围包括组织安排原油、天然气、石化产品等能源类衍生品上市交易、结算和交割，制定业务管理规则，实施自律管理，发布市场信息，提供技术、场所和设施服务。

2. 大连商品交易所

大连商品交易所成立于1993年2月28日，是经国务院批准的四家期货交易所之一，也是中国东北地区唯一一家期货交易所。经中国证监会批准，已上市玉米、玉米淀粉、粳米、黄大豆1号、黄大豆2号、豆粕、豆油、棕榈油、鸡蛋、纤维板、胶合板、线型低密度聚乙烯、聚氯乙烯、聚丙烯、乙二醇、焦炭、焦煤、铁矿石共计18个期货品种，和豆粕、玉米两个期权品种，并推出了棕榈油、豆粕、玉米、焦炭、焦煤和铁矿石等15个期货品种和2个期权品种的夜盘交易。2018年5月，铁矿石期货引入境外交易者业务正式实施；2018年12月，商品互换业务正式上线，大商所建立了多元开放衍生品市场新格局。

3. 郑州商品交易所

郑州商品交易所（以下简称郑商所）是经国务院批准成立的我国首家期货市场试点单位。郑商所隶属中国证券监督管理委员会管理。郑商所实行会员制。

郑商所目前上市交易普通小麦、优质强筋小麦、早籼稻、晚籼稻、粳稻、棉花、棉纱、油菜籽、菜籽油、菜籽粕、白糖、苹果、红枣、动力煤、甲醇、精对苯二甲酸（PTA）、玻璃、尿素、硅铁和锰硅20个期货品种和白糖、棉花期权，基本形成的综合性品种体系覆盖农业、能源、化工、建材和冶金等国民经济重要领域。

4. 中国金融期货交易所

中国金融期货交易所（以下简称中金所）是经国务院同意，中国证监会批准设立的，专门从事金融期货、期权等金融衍生品交易与结算的公司制交易所。中金所由上海期货交易所、郑州商品交易所、大连商品交易所、上海证券交易所和深圳证券交易所共同发起，于2006年9月8日在上海正式挂牌成立。成立中金所，发展金融期货，对于深化金融市场改革，完善金融市场体系，发挥金融市场功能，适应经济新常态，具有重要的战略意义。

五、大宗商品相关法律法规

中国经济日新月异高速发展，各类行业百花齐放，目前，我国大宗商品交易市场体系初步形成了传统商品现货市场、电子商品交易市场、期货市场三级的市场体系，而西方发达国家的商品市场主要为现货市场和期货市场两级。基于对大宗商品行业存在的最大问题就是监管问题，那么国内大宗商品行业应该有哪些法律法规来规范呢？表1-3较为详细地介绍了我国的现货和期货法律法规。

表1-3　　　　　　　　　　大宗商品期货和现货法律法规

大宗商品现货法律法规	
《中华人民共和国合同法》	《中华人民共和国公司法》
《中华人民共和国电子签名法》	《大宗商品电子交易规范》
《第三方电子商务交易平台服务规范》	《商品现货市场交易特别规定（试行）》
《商务部关于促进电子商务应用的实施意见》	《商务部关于网上交易的指导意见（暂行）》
《商务部关于贯彻落实国务院决定推动大宗商品市场有序转型的通知》	《国务院办公厅关于加快电子商务发展的若干意见》
《大宗商品中远期交易市场管理办法（草案）》	《国务院办公厅关于加快电子商务发展的若干意见》
《国家发展改革委办公厅关于组织实施电子商务专项的通知》	《电子商务模式规范》

续表

大宗商品现货法律法规	
《网络交易服务规范》	《第三方电子商务服务平台服务及其等级划分规范；B2B/B2C 电子商务服务平台》
《网络商品交易及有关服务行为管理暂行办法》	《电子商务发展"十一五"规划》
《电子商务"十二五"发展规划》	《全国商品市场体系建设纲要》
《2006—2020 年国家信息化发展战略》	《中华人民共和国计算机信息系统安全保护条例》
《电子认证服务管理办法》	《商务部等 13 部门关于进一步加强农产品市场体系建设的指导意见》
《中国（上海）自由贸易试验区大宗商品现货市场交易管理暂行规定》	《国家工商总局关于加强商品交易市场规范管理的指导意见》
《中华人民共和国电子商务法》	
大宗商品期货法律法规	
行政法规	
期货交易管理条例	中华人民共和国国务院
部门规章与规范性文件	
期货投资者保障基金管理办法	中国证券监督管理委员会、财政部
期货交易所管理办法	中国证券监督管理委员会
期货公司监督管理办法	中国证券监督管理委员会
期货公司董事、监事和高级管理人员任职资格管理办法	中国证券监督管理委员会
期货从业人员管理办法	中国证券监督管理委员会
期货公司首席风险官管理规定（试行）	中国证券监督管理委员会
期货公司金融期货结算业务试行办法	中国证券监督管理委员会
期货公司风险监督指标管理办法	中国证券监督管理委员会
证券公司为期货公司提供中间介绍业务试行办法	中国证券监督管理委员会
期货市场客户开户管理规定	中国证券监督管理委员会
期货公司期货投资咨询业务试行办法	中国证券监督管理委员会
期货公司资产管理业务试点办法	中国证券监督管理委员会
证券期货投资者适当性管理办法	中国证券监督管理委员会
协会自律规则	
期货从业人员职业行为准则（修订）	中国期货业协会
期货经营机构投资者适当性管理实施指引（试行）	中国期货业协会

续表

其他	
中华人民共和国刑法修正案	第九届全国人民代表大会常务委员会
中华人民共和国刑法修正案（六）摘选	第十届全国人民代表大会常务委员会
最高人民法院关于审理期货纠纷案件若干问题的规定	最高人民法院审判委员会
最高人民法院关于审理期货纠纷案件若干问题的规定（二）	最高人民法院审判委员会

第三节　大宗商品投资分析理论

一、大宗商品投资方法论

大宗商品投资分析是人们在大宗商品投资实践中形成的方法论学科。在大宗商品投资实践中，人们不仅通过总结经验，提出了许多具体的分析方法，同时还对这些方法的有效性问题进行了考察与思索。近几十年来，伴随着现代金融理论与实践的发展，以及金融市场的创新，涌现出了众多以跨学科研究手段为基础的分析方法与技术（比如金融工程学），大大丰富了大宗商品投资分析方法的理论和内容。

（一）方法与方法论

一般而言，方法是指确定的、具体的、可以依循的解决问题的途径、程序或者逻辑。而方法论不同于具体的方法，方法论高于具体的方法，具体表现为：

（1）方法论不是具体方法的简单集合，方法论具有整体性要求，意味着必须关注方法之间的相互关联及整体状况。

（2）具体的方法侧重操作性和技术性，解决如何做、如何实现目的的问题，而方法论必须考察这些方法的有效性，注重这些方法背后的准则或原理，解决为何这么做、凭什么这么做的问题。

（3）总结大宗商品投资分析方法或大宗商品投资策略背后的准则或原理，势必涉及更为根本的认识论问题。事实上，任何大宗商品投资分析方法或大宗商品投资策略都是建立在如何认识大宗商品市场和大宗商品价格这个基础上的。

（4）只有站在方法论高度上，才能更好地审视和评价具体方法的优劣，形成一定的投资理念，并以此指导投资实践。因此，对于大宗商品投资者而言，学习和掌握大量的具体分析方法和投资策略是必要的，除此之外，更为重要的是对大宗商品投资方法论的学习和探索。

（二）投资方法论

大宗商品投资方法论必须建立在系统观之上，包括投资者对市场的认识、投资分析方法的可靠性和投资策略的完整性三个方面。

1. 投资者对市场的认识

投资者对大宗商品市场的认识非常重要，因为认识决定了分析方法和投资策略的制定。当今证券、期货界中，除了较早期形成的基本面分析流派和技术分析流派外，还有后起的学术分析流派以及擅长于心理分析的行为金融学派。四大流派对市场的认知并不一样。其中，值得注意的是学术分析流派对期货价格随机性特点的论述，与基本面分析流派和技术面分析流派有着很大的差异。学术分析流派的有效市场假说直接否定了利用公开信息预测价格走势的可能性。作为大宗商品投资分析师，即使不相信这一命题，也无法否认其中存在着可以借鉴的合理成分。按照有效市场假说，市场是否具有效率与通信技术有关，而现代通信技术的突飞猛进，使得投资者几乎可以同时及时地获取重要信息。现代市场效率越来越高是不言而喻的，这至少意味着利用公开信息预测价格走势的难度比以往更大。

2. 投资分析方法的可靠性

某一大宗商品投资分析方法的可靠性有多大，是任何一个大宗商品投资分析师在运用或推荐该方法之前必须认真审视的。

学术分析流派认为价格波动是高度随机的，实务界并不否认价格具有一定程度上的随机性，两者的差别在于价格随机性的程度。如果认定价格是高度随机的，则对价格进行分析预测就是徒劳的。如果认定价格是部分随机的，则一定程度上的预测就是可行的。但只要承认大宗商品价格变动具有一定程度上的随机性，也就必须承认任何预测方法都有其局限性，不可能存在一个包打天下、永远正确的预测方法。

从方法论角度比较，预测方法与科学方法之间存在着很大的差异。在自然科学观察中，经常运用归纳法，所得出的科学结论必须具备确定性，无论多么权威的结论，只要存在一个反例就足以被否定。在大宗商品预测中，尽管也运用归纳法，但追求的不是确定性结论，而是概率型结论。比如，某图表上100次A现象产生78次B现象，人们倾向于将A和B联系起来，认为有78%的准确率，由此形成相应的预测方法。投资者在运用这些预测方法之前，应该检验其适用范围。一个对某品种具有78%准确率的预测方法，对另一品种而言可能只有48%的准确率。如果不明其故，盲目类推必将被方法所误。

3. 投资策略的完整性

正因为不存在十全十美的预测方法，因而在投资策略的分析中必须包括风险管理，否则就不是完整的策略,即使预测成功的概率相当高,仍不是一个完整的策略。高成功概率的预测分析仅是成功投资的要素之一,成功的投资不但需要正确的市场分析,更需要正确的风险管理。在大宗商品投资实践中,预测成功率并不高的预测方法但搭配了较强风险管理措施的投资策略最终获得成功的案例并不少。没有经验的投资者很容易犯下重预测分析、轻风险管理的通病,也因此导致最终的失败,如果从方法论角度看,正是违背了投资策略完整性的要求。

二、大宗商品投资分析的有效性

大宗商品投资分析方法是否有效的前提是期货价格是否可以预测。无论是基本面分析还是技术面分析,其前提都是认为大宗商品价格是可以预测的。如果大宗商品价格不可以预测,则不但所有的预测技术和方法都失去了意义,大宗商品分析师也失去了存在的价值。

分析价格一般从分析影响价格的信息因素开始,信息是价格分析和预测的基础。价格能否被预测,在学术界的理论研究上存在较大的争论,比较著名的理论有价格随机游走理论、有效市场假说理论、行为金融学理论等,每种理论都从各自角度对期货价格是否能够被预测提出了不同的观点。

(一) 信息与价格预测的关系

预测与信息之间存在密切的关系,预测一般都是建立在信息基础上的。在信息传递落后的时代,一个投资者如果能够提前得到人们未知的重要信息,将可以大大提高预测能力和盈利能力。信息传递公开化提高了市场效率,而市场越有效率,预测制胜也就越困难,投资分析效果就越差。学术派人士认为,交易者在决定买卖时,所依赖的信息可以划分为三个层次。

第一个层次为市场信息,即市场数据,在期货交易中,主要指大宗商品市场自身的数据,如成交价格、成交量及持仓量。在技术面分析中应用的数据性质是大宗商品市场中的数据。显然,第一个层次的信息就是技术分析派所使用的信息,据以预测未来市场价格。

第二个层次为公共信息,是指市场数据及公开的非市场数据,其中市场数据就是第一个层次的内容。公开的非市场数据是指来自大宗商品市场之外的,但与大宗商品交易品种有关的信息,比如,该品种的供求信息及影响供求关系的众多因素的信息。在基本面分析中应用的数据性质主要是来自大宗商品市场之外的信息。显然,公开的非市场数据正好与基本面分析的运用数据相对应,基本面分析派人士就是依据这些信息来预测未来市场价格的。

第三个层次称为全部信息,其内容除了包括第二个层次的信息外,还包括非公开的只有个别交易者能够获知的内幕信息。

（二）随机游走理论的观点

价格随机游走理论是研究价格走势的重要理论之一。分析人士利用各种方法预测价格走向，实证检验表明各种方法预测价格走向既有对的也有错的，如果对错都是50%，那就不能说这种方法是有效的预测方法，因为即使是猜测，按平均概率来说也有50%的正确率。学术界通过对大量的历史期货价格进行研究后发现，按时间序列度量的价格变动具有"高度的随机性"，换言之，每个价位都是独立出现的个体，与过去并无任何关联，而随机变动是无法预测的，就像醉汉走路的轨迹一样不可预测。

技术分析人士认为价格有趋势，学术派人士则通过随机数生成的图表来说明随机数不仅同样能产生这种所谓的趋势，还会产生技术分析人士熟悉的各种各样形态。

技术派人士认为，在众多的投资者中有一些成功人士依靠正确的预测赚到了钱。但学术派人士认为，在众多的预测人群中，有人连续预测正确并不奇怪。比如，向空中抛一枚硬币，让8192个人预测正面还是反面，假定半数人预测正面，半数人预测反面，错误的半数淘汰，这样就有4096个人被淘汰，剩下的4096个人继续第二轮游戏，又被淘汰一半，剩下2048个人；如此进行到第13轮，就剩下一个获胜者。在大众看来，这个人自然被当作预测高手。事实上，我们知道，这纯粹是运气，与他的预测技术是没有任何关系的。

（三）有效市场假说的观点

20世纪初，法国数学家巴舍利耶（Louis Bachelier）就对能否预测股价、期价的问题进行了理论探讨。五六十年代，在计算机的帮助下，越来越多的学者对此课题进行了研究。美国金融学家法玛（Fama）在前人研究的基础上，正式提出了"有效市场假说（efficient market hypothesis，简称EMH）"理论。

1. 有效市场的概念

所谓有效市场，是指市场价格可以充分地并且迅捷地反映所有有关信息的市场状况。有效市场的前提包括：①大部分投资者是理性的，都追求利润最大化，而且他们的分析是独立的；②任何与期货投资相关的信息都以随机方式进入市场；③投资者对新信息的反应和调整可迅速完成。

有效市场的结果是：当前的价格已经反映了所有过去的信息，投资者无法根据过去的公开信息得知价格的方向，因为新的信息何时出现利多还是利空是无法预知的，所以，凭借公开信息来获取超额收益率的努力是不会产生效果的。

2. 有效市场假说的三种形式

法玛根据投资者可以获得的信息种类将有效市场分成弱式有效市场、半强式有效市场和强式有效市场三个层次（见图1-1）。

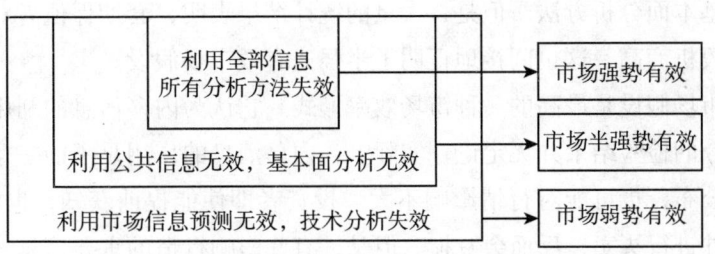

图 1-1 利用信息分析市场强弱

弱式有效市场中的信息,即指市场信息。如果弱式有效市场假设成立,则技术分析法无效。因为按照这一假设,当期的大宗商品价格已经充分反映了当前全部大宗商品市场信息,所以可推断现在任何大宗商品价格的变动都完全独立于其过去的运动。从而得出结论:任何技术分析方法都没有存在的基础,也不可能具备任何使用价值。

半强式有效市场的信息,即指所有的可公开获得的公共信息。如果半强式有效市场假设成立,则不仅技术面分析方法无效,连基本面分析方法也是无效的。

强式有效市场中的信息,即指全部信息。如果强式有效市场假设成立,则不仅技术面分析方法与基本面分析方法都无效,甚至连内幕信息的利用者也不能获得超额收益。

3. 有效市场假说的检验

自有效市场假说提出以后,学术界对其有效性进行了大量的实证检验。从检验结果来看,迄今为止的基本结论是支持弱式有效市场及半强式有效市场假设,对强式有效市场假设的分歧较大。

技术面分析认为市场行为包含一切,这与有效市场假说完全一致。技术分析派认为可以利用历史数据来预测期货价格。但按照弱式有效市场假设,这是不可能的。学术界对期货价格数据间的序列相关性或自相关性进行了大量的统计检验,结果是无法检验出具有统计显著性的序列相关性,这意味着价格变化具有随机性,不可能存在所谓的价格运动趋势。因而,检验结果全面地否定了技术分析方法的存在基础。

基本面分析认为:现在的大宗商品定价不一定合理,因而通过基本面分析找出合理的大宗商品价格,从而预测大宗商品价格是可行的。但按照半强式有效市场假设,这是不可能的。因为在大家都致力于基本面分析并用于指导检验时,大宗商品价格已经反映了现在的基本面情况。新的影响基本面情况的信息出现时,会影响期货价格,但这些新的信息何时出现是随机的,是好是坏也是不可预知的。再加上新信息出现后,市场价格迅速及时地作出反应,依据基本面分析是很难获利的。比如,拉尔森(Larson)逐日研究了 1922~1931 年和 1949~1959 年的玉米期货价格变化,发现新的供求信息产生的价格效应中大约有 81% 出现在信息披露的当天。毫无疑问,期货市场不断提高的电算化程度使得市场对新信息的反应比以前更迅速了。

一般而言,套期保值者对交易品种的基本面情况熟悉程度比较高,他们在分析行情时也习惯于运用基本面分析方法。但是，大量的统计结果表明，套期保值者对期货价格的预测能力并不比投机商高，这也间接地证明了半强式有效市场假设。

强式有效市场假设是最高的一种市场效率形式。它认为内幕信息的利用者也将无利可图，但是，迄今的检验结果并无定论。实际上，内幕消息的作用是不能一概而论的，有的内幕消息即使公布，也可能对行情影响不大。投资者即使能提前获知，也没有多大作用，如果错误理解并进行买卖，反而会亏损。但是，有些影响行情的重要信息，尤其是与政策有关的重大信息，交易者如果能提前获知，获利的可能性很大。当然，提前获知这些信息并用以交易，通常也是违规的。

（四）行为金融学的观点

有效市场假说认为金融市场中的价格包含了一切信息，因而在任何时间的证券或期货价格均可以作为价值的最优估计。这个说法实际上隐含着两个假设前提：一是投资者的投资行为模式是没有偏差的；二是投资者总是以自身利益最大化为目标。

行为金融学认为有效市场假说本身并没有保证两个假设前提一定成立。行为金融学根据对实际情况的分析，认为投资主体因为心理因素的影响会经常出现违反这两个假设前提的情况。比如，在投资者决策行为的一般特征研究方面，沙芬连（Shefrin）和史迪文（Statman）指出：第一，决策者的偏好是多样的、可变的，他们的偏好经常在决策过程中才形成；第二，决策者是应变性的，他们根据决策的性质和决策环境的不同选择决策程序或技术；第三，决策者追求满意方案而不一定是最优方案。

行为金融学揭示了新古典传统的经济学和金融学的一个根本性缺陷——完全理性假设。与传统金融学不同，行为金融学认为市场中的参与者不是完全理性的，他们只是准理性人或者有限理性人，他们在进行风险决策中往往包含一些系统性误差，这些误差在有些情况下，成为影响全局的错误。在这种情况下，市场选择的结果是不确定的，其机制常常会失灵，非理性交易者完全有可能在市场中生存下来。

第四节　金属产业链分析

一、金属分析总论

（一）概述

基础金属（base metal），也称基本金属、贱金属、普通金属，是指除贵金属和稀有金属以外的主要工业用金属材料，主要包括铁、锰、铜、铝、铅、锌、镍、锡等。为了区别于贵金属期货,书中将基础金属期货称为金属期货。

(二)基本金属行业分析的共同特征

(1)与经济环境高度相关,周期性较为明显。行业发展与宏观经济周期高度一致。

(2)产业链环节大致相同,定价能力存在差异。金属产业链可以划分为采选、冶炼、加工、消费四个环节,对应着矿产商、冶炼企业、金属加工企业,以及建筑、电力、电子、交运设备制造、五金机械、化工等消耗或使用金属制品的企业。产业链不同环节的定价能力取决于其行业集中度,总体而言,矿产商强于冶炼企业,冶炼企业强于金属加工企业。

(3)需求弹性大于供给弹性,供求变化不同步。金属需求受世界经济景气度的影响,消费需求往往可以迅速发生较大的变化。金属供给项目建设周期长,短期增加新产能有困难。一旦建成开工,持续生产,不会轻易关闭。供应的变化往往会落后于经济形势变化。所以,金属供给价格弹性小,而需求价格弹性相对较大,供给变化与需求变化之间存在速度差。

(4)矿山资源垄断,原料供应集中。

二、基本金属产业链分析

金属各品种的产业链共性特征明显,其产业链研究应该从生产、贸易到终端消费等环节入手。基础金属大部分是碱金属,以矿石形态存在于自然界中,其产业链环节大致包括矿石采选、金属冶炼、金属加工和终端消费等环节。

(一)矿山采选

矿石采选包括矿山开采和选矿两个环节。

矿山开采是指用人工或机械对有利用价值的天然矿物资源进行开采,最后得到矿石。根据矿床埋藏深度的不同和技术经济合理性的要求,矿山开采分为露天开采和地下开采两种方式。接近地表和埋藏较浅的部分采用露天开采,深部采用地下开采。

选矿生产流程一般将矿石经过破碎、磨矿、磁选或浮选、重选、过滤等工序,最后得到精矿。影响矿产资源供给的主要因素有:

(1)矿产资源分布情况。

(2)潜在矿山的勘探和开发情况。

(3)已开发矿山的开发程度(产能、产量和扩产能力等)。

(4)能源短缺、地震、山体滑坡、罢工等因素对矿山造成的减产或停产的影响。

至于潜在矿山的勘探、开发情况等相关数据,需更多地从相关的行业协会、统计机构和部分第三方独立的研究机构获得。

在正常情况下，上述影响因素中，前三者相对稳定，第四种因素是一些突变因素，一般具有以下特征：难以预测性；对市场的影响力巨大，但大多数情况下都表现为短期性的、非本质性的。

金属行业采矿阶段普遍受到经济周期影响，因为金属矿山的勘探与建设具有投资周期性。对于矿山企业来讲，仅当金属价格高涨之时才能获得投资所需要的资金，而金属矿山的勘探与建设的投资周期较长，一般需要 3～5 年左右的时间，因此，金属的供不应求一般都会持续数年以上。随着新的矿山与冶炼能力的逐步投产，金属的供应将逐渐变得充裕，这将可能导致行业逐步走向低谷。

在分析矿石因素对价格的影响时，矿石生产和输出大国的矿产存量和已开发矿山的开发程度显得尤为重要。以铜为例，智利、墨西哥、秘鲁等拉美产铜大国的产量情况、未来产量的增减计划等都是影响市场铜供给的重要因素；中国、美国作为重要的生产国和消费国，其矿产存量、产量数据对市场的影响也必须考虑。

（二）金属冶炼

金属冶炼是指用焙烧、熔炼、电解以及使用化学药剂等方法把矿石中的金属提取出来。其研究目的在于分析冶炼环节各类因素对金属产品成本以及其市场价格的影响。

1. 原料供给

金属冶炼原料的供给情况直接决定了中下游半成品、成品的供应量，梳理清楚金属原料的供给情况非常有必要。

根据原料类别划分，金属冶炼原料主要有矿石和回收的废旧金属；根据原料来源，金属冶炼原料可分为国内自产和国外进口两类。中国是全球最大的金属生产国和消费国，原料的进口依存度较高，所以，对金属冶炼原料的进口状况进行分析是金属期货较为重要的内容。

在分析金属冶炼原料的供需情况时，除直接分析国内自产量和国外进出口量之外，也可以通过分析加工冶炼费来预测金属原料的供需状况。

2. 冶炼企业的产量、产能

冶炼企业的减产、扩产计划、月度产量数据等都会对市场的供需预期产生影响，向上影响矿产原料的需求，向下影响金属成品的供给。所以，冶炼企业的产能、产量情况是同时影响产业上下游的重要因素。

作为市场的供给方，冶炼企业的产量对价格存在明显的影响。当冶炼企业产量提高时，市场供给量就增加，如果需求没有出现相应的增加，则市场就会出现供过于求的状态，金属材料价格将会出现下跌；反之，则将会出现上涨。

冶炼企业的产量除了受到原料供给和企业开工意愿的影响之外，很大程度上受到企业冶炼产能的制约。因而，即使市场价格出现大幅攀升，企业产量只能以产能为限。当企业完成对新增产能的投资时，企业可以生产的数量随之而提高。当市场价格高涨的时候，企业可以向市场提供更多的产品，从而对价格构成抑制作用。同时，市场价格、企业对未来市场价格的预期也会影响企业的产能利用率、产量和市场供给量。

3. 生产成本

冶炼企业的生产成本是其为冶炼生产金属材料而发生的各项费用。对于金属行业来说，市场关注更多的原材料、辅助材料、燃料机动力、人工成本、设备折旧等，对冶炼企业产品的生产成本经常起到主导作用。

钢材的前端材料是粗钢（钢坯），再往前就是生铁。炼铁中耗用量最大的是铁矿石和焦炭。生产1吨粗钢需要消耗1.06吨生铁，或者间接消耗1.7吨含铁量为65%的铁矿石和0.5吨焦炭，因而钢材生产成本对铁矿石和焦炭价格具有较高敏感性。不同的钢铁企业由于工艺、技术和管理的差别，生产成本也会有所差异。钢材的生产成本主要包括主要原材料铁矿石成本和焦炭成本，以及生铁制成费、粗钢制成费和轧钢费等费用。

铝是高耗能产品，平均每吨电解铝的耗电量为1.45万千瓦时。电力成本占国内电解铝生产成本的35%~40%，电价对铝生产成本存有较大的影响，电价每降1分钱电解铝生产成本即可减少145元/吨。平均每吨电解铝消耗氧化铝为1.95吨，氧化铝成本占比在35%左右。由此，氧化铝和电价的波动直接影响了电解铝生产成本的变动。

一般而言，当金属价格低迷，生产企业无利可图时，生产企业的生产积极性会降低。但由于部分生产成本低的生产企业仍旧坚持增加产量以抢占市场，所以供给量不一定会减少。只有当金属价格极端低迷，绝大多数生产企业都承受不起亏损时，才会发生大规模减产行为。

4. 冶炼副产品

金属加工冶炼过程中还会产生冶炼副产品，其副产品价格的波动也会影响企业加工利润。以铜为例，目前进口铜精矿中硫暂不计价，而国产铜精矿中当硫含量较高时方计价，铜冶炼企业的硫酸生产成本较低（通常在200~300元/吨），硫酸价格的上涨会弥补企业冶炼业务的亏损，而冶炼副产品贵金属价格的上涨也会增加企业收益。

（三）金属进出口

一般而言，金属进口量的增加体现了国内需求的增长，有助于推动国际市场价格上涨。如果国内实际需求量的增长低于进口量和国内产量的增长，则会增加国内供给方的压力，价格将出现调整或下行。另外，国内外市场价差变化、跨市套利及抵押融资等因素也会对进出口需求产生影响。目前国内有色金属品种进出口贸易渠道非常畅通，在套利机制的作用下，伦敦金属交易所（LME）和国内市场之间的金属比价会维持在一个均衡的水平。金属进出口成本的高低将直接影响国内市场的供需状况。下面列出了有色金属进出口成本计算公式：

有色金属进口成本 =（LME 三个月期货价格 + 现货升贴水 + 到岸升贴水）

×（1 + 进口关税税率）×（1 + 增值税税率）× 汇率 + 杂费

有色金属出口成本 =［国内现货价 ×（1 + 出口关税税率）×（1 - 出口退税税率）

+ 运费 + 杂费］/汇率

【例 1 - 1】 以精炼锌进口成本计算为例。假设 2019 年某日，LME 三个月锌期货价格为 2321.2 美元/吨，现货升水 14 美元/吨，到岸升水 170 美元/吨，汇率为 7.1164 元/美元，进口关税税率为 3%，增值税税率为 13%，杂费 50 元。

那么，精炼锌的进口成本价为（2321.2 + 14 + 170）×（1 + 3%）×（1 + 13%）× 7.1164 + 50 = 20800（元/吨），当日锌的现货价格为 19178 元/吨，进口实际亏损 1622 元/吨。

（四）金属材料加工

金属制品加工属于金属产业链中间环节，行业整体规模较小，企业数量多且相对分散，与上游冶炼企业和下游金属制品消费企业相比，定价能力最差，不具备影响金属价格的能力。

对金属市场供需关系进行分析时，金属加工环节属于中间需求，关注的重点是企业开工率以及订单情况，以了解实际及潜在的消费状况，其困难在于很难获得全面准确的数据。该类数据通常通过企业调研获取，部分咨询机构也会发布相关信息。

每月由国家统计局、中国有色金属工业协会发布的铜、铝、锌、铅产量和进出口数据，由中国钢铁工业协会发布的钢材产量数据，可以作为评判估铜、铝、铅、锌、钢材的中间消费状况的参考。对于钢材品种，螺纹钢直接用于终端建筑行业，不存在制品加工环节，而线材除直接用作建筑钢筋外，还可以加工成各类专用钢丝，或者其他金属制品如铆钉、螺钉等，线材深加工比例达到 30% 左右。

（五）终端消费

1. 终端消费行业分析

（1）金属消费的地域及行业分布。中国金属消费量处于全球首位，并且占比巨大，"中国因素"是我们消费阶段分析切入点。

根据近年世界精铜消费的地域分布数据，可以看出中国精铜消费已经超过全球总消费量的 1/3，国内精铜的消费量的变动对全球铜价影响举足轻重。根据中国精铜消费数据，中国精铜终端消费主要分布在电力、空调制冷和交通运输、电子、建筑等行业。在国内精铜消费构成中，电力行业用铜量占精铜消费量的 46%，属于中国铜消费主导行业。国内电力行业、空调制冷业、交通运输业、电子业和建筑业五大行业的精铜消费量比重达到 89%。

建筑、电力电器与电子、交通运输、包装和机械制造为中国铝消费的主要行业，其中铝消费最大的行业为建筑业，其占的比例为 28%。而交通运输业铝消费比例仅为 14%。

而机械制造和电力电器与电子方面的铝消费比例则明显偏高。

锌的主要中间制品（镀锌板、压铸件、锌基合金）在国内主要被用在建筑业、汽车业和家电业。目前国内建筑业用锌占精锌产量的33%，交通运输业用锌约占14%，电力行业用锌约占11%。铅的主要用途是生产铅酸蓄电池，其次是氧化铅，其他还包括铅材和铅合金、铅盐、电缆。近年来，铅酸蓄电池中铅的消费量在总消费量中占比在80%以上。钢材中线材约75%用于建筑材料，而螺纹钢几乎全部用于建筑行业。

可以看出，金属终端消费主要集中于建筑、交通、电力、汽车、家电等行业。

（2）重点行业对金属消费需求的影响。在金属消费的地域及行业分布分析基础上，应该分析重点行业对相应品种的消费需求的影响，从而有利于我们找到价格的主线。

例如，电力行业的投资直接影响到铜金属的消费，而电力供应会影响到冶炼企业的成本及运营等。2009年初，国内两大电网公司计划电网建设总投资3380亿元，1~10月份电网基本建设实际完成投资2487.72亿元，预计全年完成投资额约为3000亿元，远低于年初的计划[①]。2009年上半年电力需求萎靡、电网公司资金紧张直接影响了电网投资进展；自11月20日起，电价每千瓦时平均提价2.8分，电网公司资金困难有所改善，并且随着经济恢复，电力需求增加，电网公司的盈利能力继续改善，后续电网建设获得资金支持。而未来电力建设重点发展的核电、风电等新能源，需要相应配套输电网络，也会带来输变电设备、电网投资增长，铜作为各种电气设备的重要原材料，其需求将相应增长。

（3）根据重点消费行业的分析结果，对某个金属的整体消费情况作出预估。类似方法同样适用于全球的金属终端消费分析或特定国家的金属终端行业消费分析。

2. 消费的替代性

在不同的时期，不同金属的价格存在较大的差异性，但它们的部分物理属性相同。所以，当金属的性价比偏离于正常水平的时候，某些金属的替代作用就特别明显。

例如，铝对铜的可替代性。铝导线替代铜导线之不足之处，是导电率和安全性较铜略为逊色，所以铜导线一直在电线、电缆领域扮演主导的角色。如果铜铝价差保持在正常水平，工业方面倾向于使用铜作为导体。但是如果铜价明显高于铝价的时候，以铝导线取代铜导线，从经济上显得非常有利可图。

在分析影响金属的相互替代问题时，除了要考虑价格因素，我们也需要关注此替代产品的技术变化和相关行业政策等因素对价格的影响。

---

① 资料来源：http://www.doc88.com/p-496273160708.html。

三、相关因素分析

1. 宏观经济和国家政策

国家政策对于基本金属价格的影响包括两个方面：一是国家产业政策对于基本金属价格的影响；二是国家贸易政策对于基本金属价格的影响。

2. 金融属性

广义上看，有色金属的金融属性主要体现在以下三个层次：其一，作为融资工具。铜、铝、锌具有良好的自然属性和保值功能，历来作为仓单交易和库存融资的首选品种而备受青睐。其二，作为投机工具。基本金属是最成熟的商品期货交易品种之一，构成整个金融市场的有机组成部分，从而吸引大量投资资金介入，利用金融杠杆进行投机炒作，这本身就体现了其"泛金融属性"的特征。其三，作为资产类别。铜、铝、锌作为重要的自然资源和工业原材料，和原油、黄金等其他商品一起，为越来越多的国际投资机构所重视，有的甚至将其视作与股票和债券等"纸资产"相对应的"硬资产"，成为与金融资产相提并论的独立资产类别，从而成为其重要投资标的或投资替代品。

从宏观经济的角度进行分析，商品金融属性的不断增强实际上是计价货币贬值和通货膨胀预期强化的反映，对应的观察指标包括货币供应增长率、新增贷款、CFTC公布的基金持仓变化、追踪商品指数的基金规模、通货膨胀率等。

3. 汇率因素

市场基本金属等大宗商品价格均以美元计价，美元指数的趋势性变化也会直接影响国际市场金属价格。长期而言，美元汇率与金属价格有较高的负相关性，而美元指数的短期波动对于金属价格也有一定影响。

4. 库存因素

库存的变化是反映供求关系的重要指标。金属库存分为报告库存和非报告库存。报告库存，也即"显性库存"，主要指交易所库存。非报告库存，也即"隐性库存"，主要指全球范围内的生产商、贸易商和消费商手中持有的库存。一般而言，库存总量增加表明供应增长仍然快于需求增长，但由于隐性库存难以统计，仅用交易所库存数据进行分析并不能反映实际的供需变化，而交易所库存、注册仓单以及注销仓单有时候也会被部分机构操纵，从而影响短期价格走势。不过，库存的趋势性变化、库存消费比、库存产量比等数据也还是有一定参考价值。

5. 周边市场

越来越多的基金参与商品期货交易，商品期货市场与其他金融市场的联动性也越来越高，股票市场对于金属价格的影响更多是在心理层面。

拓展阅读

诡异：白银一季度总是大涨[①]

资本市场常有些令人诧异的"规律"，比如黄金总是周五大涨，业内称之为"红周五"异象；12月便像中了魔咒一般出现下跌，市场称之为"黑12"魔咒。如今，在白银市场上也出现了这一种诡异的现象——一季度总是大涨。

中国证券报记者统计2003年以来伦敦现货白银价格走势后发现，在过去15年的一季度走势中，白银价格仅在2013年、2018年走低，其他13年的价格均出现上涨，概率达86.67%。其中，2004年、2006年一季度涨幅较为亮眼，涨幅均超30%，分别为33.22%、30.42%；2003年以来，白银价格一季度平均涨幅为11.22%。

白银具有一定的贵金属属性，但通常情况下，由于避险功能不及黄金，白银会追着黄金的步伐前行。白银还具有显著的工业金属属性，这意味着白银价格也会受到工业供需格局影响。

从用途来看，白银在工业、药用、装饰和财富储蓄工具等方面有着广泛的应用。工业方面，白银主要用于电子、电线和连接件以及太阳能电池板等。药用方面，白银在食品和医药中具有抗菌特性，银粉和酊剂常用于伤口，以防止感染和败血症的传播。此外，白银还会被铸造成硬币和奖章用于投资、用于摄影、作为昂贵金属的替代品等使用。尽管白银工业的市场需求较为广泛，但白银的供应却相对有限。世界上大多数白银并不是来自初级银矿，而是作为其他产品的副产品伴随而生，一般是来自铅锌生产以及以铜为主要产品的矿山。

白银市场"一季度红"现象就与市场供需格局有关。一年之计在于春。通常情况下，工业白银的使用者会在新财政年份初期确定白银购销订单，市场需求的增长因此成为价格上涨的推手。市场上还有一种说法认为，年末库存被从账面上清除，也是助推白银价格一季度上涨的原因之一。

此外，从金银比价关系来看，截至2019年1月22日收盘，伦敦黄金现货和白银现货的比价达84.11。历史上看，80是金银比走势的分水岭，在此以上一般会迎来比值下修。金银比若要跌破80，一种实现方式是黄金跌得更快，另一种是白银涨得较快。就1月走势来看，黄金明显强于白银，因此后市金银比下修预期可能会更多依靠白银快速上涨实现。

[①] 资料来源：马爽.白银缘何有"一季度红"之说[N].中国证券报，2019-01-23。

第五节　农产品产业链分析

农产品产业链分析是在了解和把握农产品的生产特点、消费特点和市场特征等内容基础上，研究农产品现货市场的供给和需求以及价格变动影响因素，从而分析农产品期货价格变动的趋势和方向。在农产品期货分析中，研究农产品现货产业链尤为重要，它将帮助投资者更好地把握和跟踪驱动农产品期货价格变动的内在原因和外部影响因素。

一、农产品分析总论

（一）概述

商品品种投资分析的思路大体一致，一般包括品种特性分析、行业特征分析、产业链分析和其他相关因素分析。农产品分析也离不开农产品本身的生产特点、市场特点和价格影响因素，尤其是农产品行业及其上下游产业链的内在因素和重要的外部相关因素。目前，国内外期货市场上市的农产品期货合约主要包括玉米、小麦、棉花、稻米、大豆，以及农作物加工、提炼的产品——菜籽油、棕榈油、豆油、豆粕和白糖等。国内大宗农产品期货除了国家政策保护的小麦、玉米、早籼稻等品种之外，其余品种的市场化程度较高，进出口与国际接轨程度较高，表现出较强的国际联动性。在分析这类国际化农产品的价格走势时，除了分析国内种植条件、供求因素和市场容量之外，还必须分析国外相关品种的市场走势和影响因素。

（二）农产品行业分析的共同特征

农产品价格走势分析可以根据一段时间内影响农产品行业的重大环境因素改变和供求关系转换的利多或利空的态势来研判，但应用时需注意：

（1）农产品也是商品，不应仅参照历史数据，科技进步和金融形势直接影响农产品计价基础。

（2）农产品价格行情具有明显的季节性，农产品官方报告数据具有明显的时滞性和反向性。

（3）农产品作为人类食物和生存需求的一般特征，具有明显的相关性和可替代性。

（4）受种植条件和资源禀赋的限制，农产品产量具有相对有限性，人口增长带动的需求增长具有相对无限性。

因此，在一般金融形势下，多头行情表现比较明显，单边投机容易导致价格向上偏离机会较多。

二、农产品产业链分析

从农产品的生产到最后的消费,一般都会经历农作物生长、农产品加工和下游消费三个阶段。在三个不同阶段中,不同的因素对市场供给、需求以及价格变动的作用各不相同,进而影响期货市场价格。下面我们以大豆为例,分不同的阶段,对能够影响大豆期货价格的基本面因素逐一分析。

(一) 农作物种植阶段

1. 天气因素

随着农业种植的规模化、集中化发展,气候条件是人类当前科技水平无法完全控制的,天气因素对于农业产量的影响越来越大。本阶段的研究重点首选天气因素,并以大豆为例,详细说明在种植阶段的不同时期需要关注的天气因素。

大豆是一年生豆科植物,其种子也称为大豆。我国的大豆主产区是黑龙江,大豆的生长过程主要分为种植期、开花期、灌浆期以及收获期。

(1) 种植期。降水的差别和气温的差别对大豆苗情的影响非常大,直接影响大豆的单产、总产量和当期供应量。

(2) 开花期。在大豆开花期如果出现干旱高温则可能导致不能开花或者花苞早落,如果雨水过多又会出现雨水把花苞打掉或者开花授粉不良。

(3) 灌浆期。如果在大豆的鼓粒、灌浆期出现干旱少雨的天气,往往会造成大豆的顶荚结荚不实、豆粒不饱满,直接影响大豆的产量和质量。

(4) 收获期。对大豆收成影响最大的天气因素是早霜,如果北半球大豆产区9月底10月初就出现早霜,这时大豆还没有成熟,鼓粒还没有饱满,就会出现青豆以及瘪豆的现象,进而对大豆的蛋白质含量、油脂含量、容重(产量)产生很大的影响。

2. 季节因素

目前全世界最主要的大豆生产国分别是美国、巴西、阿根廷、中国。中国与美国同处北半球,大豆主产区纬度差不多,受天气的影响因素基本相同,5~6月是中国和美国的种植期,8~9月是最为关键的灌浆期,10~11月是收获期。南美的春秋季节与北半球正好相反,巴西比阿根廷更靠近赤道,播种期稍早一些,10月就开始播种,南美大豆的关键生长时期在2~3月的开花灌浆期,4~5月开始收割。图1-2为世界大豆主产国大豆耕作时间分布图。在分析大豆价格影响因素时,各个月份关注的重点有所不同。

1月需要重点关注的因素有:巴西大豆的实际种植面积以及大豆产区的天气情况;阿根廷大豆的播种面积与播种进度;美国大豆的消费情况;中国与美国的运输条件。

2月需要重点关注的因素有:巴西大豆产区天气情况;阿根廷大豆的种植面积与天气情况;中美两国的消费情况与运输条件。

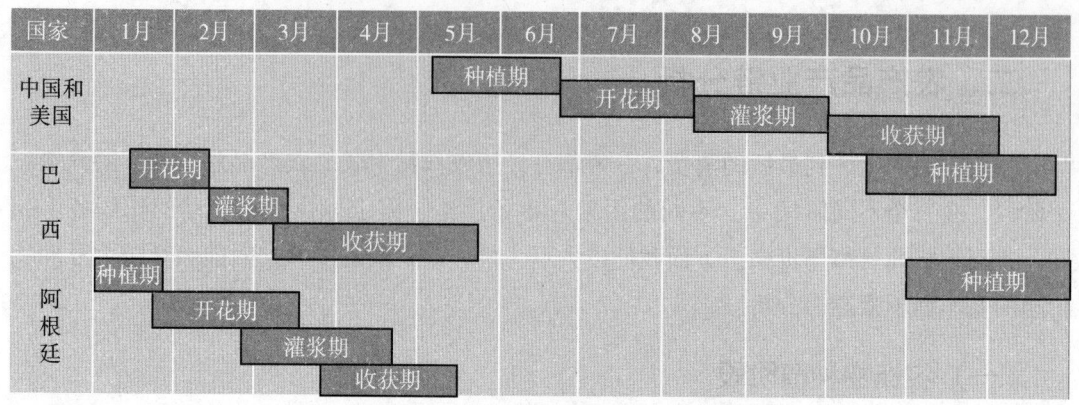

图1-2 世界大豆主产国耕作时间分布

3月需要重点关注的因素有：巴西大豆的收割进度；阿根廷产区的情况；中美两国的大豆种植意向、种子品质、转基因大豆的比例。

4月需要重点关注的因素有：巴西与阿根廷的大豆收割进度、预计产量；中美两国的种植意向、种子质量。

5月需要重点关注的因素有：巴西、阿根廷大豆的收割进度、预计产量、运输条件、消费情况；中国、美国的大豆预测种植面积、种植进度。

6月需要重点关注的因素有：巴西、阿根廷的大豆实际产量、消费情况；美国的大豆种植进度、妨碍大豆种植的保险情况、大豆的库存量；中国的大豆的库存量。

7月需要重点关注的因素有：巴西、阿根廷的大豆消费情况；美国的大豆实际种植面积、大豆的结转库存量、产区的天气情况；中国产区的天气情况。

8月需要重点关注的因素有：美国的产区天气以及结转库存量。

9月需要重点关注的因素有：巴西、阿根廷的大豆种植意向；美国大豆的实际库存与产区的天气；中国大豆产区的天气情况。

10月需要重点关注的因素有：巴西、阿根廷的大豆种植意向与库存量；中国、美国的大豆收割进度、预计产量。

11月需要重点关注的因素有：巴西、阿根廷的种植进度、预计种植面积；中国、美国的收割进度、预计产量。

12月需要重点关注的因素有：巴西、阿根廷的种植进度；中国、美国的大豆实际产量、运输条件、消费情况。

（二）农产品生产加工阶段

企业采购的农产品经过加工后再销售给下游企业或者终端消费者。在这一阶段将从农产品采购、生产加工以及产品销售三个环节来分析。

1. 采购环节

采购包括国外进口和国内采购。由于我国某些农产品无法自给自足，比如大豆、豆粕、豆油、棕榈油、棉花等，进口量较大，进口因素必须重点考虑。而对于进口量不大的农产品，如玉米、小麦、白糖，进口因素的影响则相对较小。

(1) 进口采购。

进口采购的考虑因素包括进口成本、港口库存量、汇率和进口关税等。进口成本主要由到岸价格、港杂费和运输成本构成。对于进口依存度较高的大豆而言，其进口到岸价格直接影响着国内大豆的现货市场价格。而影响进口大豆到岸价格的主要因素包括离岸（FOB）现货升贴水、大洋运费和期货作价成本。

①离岸（FOB）现货升贴水。国外供应商根据基差原理，结合现货采购成本、期货保值成本和合理的预期利润，在现货贸易合同中约定以保值的期货合约价格加上一个预先议定的数值来确定发运港口交货的最终现货合同价格。这个预先议定的数值就是俗称的离岸现货升贴水，数值为正称为现货升水，数值为负称为现货贴水。

当买方最终确定现货合同价格、指定结束期货套期保值的期货价格时，双方通过期货交易所的期货转现货或者头寸互换流程结束套期保值，并按照最终指定的期货价格加上预先议定的离岸现货升贴水，形成最终的现货合同离岸价格。

②大洋运费。大洋运费受国际政治经济、船运市场供求、相关产品运输、运输成本等多种因素影响。国际政治经济形势稳定，国际贸易均衡，航运业繁荣，新船下水供应充足，这些都有利于平稳大洋运费，反之，大洋运费波动剧烈。原油、美元和其他干散货等相关因素也会影响到船运成本和报价。大洋运费可以折算成相应的农产品报价模式，一并计入离岸现货升贴水报价，形成到岸（CIF）现货升贴水。

例如，美湾到中国的巴拿马型船的大洋运费为 73.48 美元/吨，约合 200 美分/蒲式耳。如果美国大豆离岸现货升贴水是 100 美分/蒲式耳，那么到中国的大豆到岸现货升贴水就可以报价为：200 美分/蒲式耳 + 100 美分/蒲式耳 = 300 美分/蒲式耳。采用进口点价交易，进口价格应为：大豆到岸价格 =（芝加哥大豆期货价格 + 到岸升贴水）× 大豆折算系数，大豆折算系数为 36.7433 蒲式耳/吨。如果中国进口点价大豆的现货升贴水合同对应的芝加哥大豆期货合约价格为 900 美分/蒲式耳，那么，到达中国港口的大豆到岸价格应为：到岸价格 =（900 美分/蒲式耳 + 300 美分/蒲式耳）÷ 100 美分/美元 × 36.7433 蒲式耳/吨 = 440.92 美元/吨。

③港口库存。国内港口库存量反映了近期进口货物到港的进度和总量以及现货分销压力。港口的库存如何，有多少已经到货通关，有多少预报在途，进口商是不是着急分销，都会对国内其他企业的采购形成影响。港口库存越充足，采购越容易，对现货价格的推动力越弱。

④汇率、税率。汇率和税率的变动也会影响进口成本。一般来说，人民币兑美元升值对进口有利。人民币升值预期越大，进口商品到海关报关的时间越迟，结价时间越晚，则按人民币结算时汇率优势越大。进口关税、增值税的调高与降低直接影响了进口货物的价格。例如，2018 年 4 月 4 日，为应对美国挑起的贸易摩擦，我国国务院关税税则委员会决

定对原产于美国的大豆加增25%关税,消息一出就立刻引起大洋彼岸芝加哥期货交易所大豆期货合约的大跳水①。

(2) 国内采购。

国内采购要考虑的因素有国内产区的播种面积、国产农产品的销售价格、国内的运输条件以及进口与国产农产品的比价。

①产区播种面积。产区的播种面积往往决定国内的新增产量。如果播种面积增加而需求量未随之增加,那么将预示该商品价格的下跌。播种面积的变化一般与种植利润有关。一般来说,如果今年种植玉米比种植大豆获得的利润高,那么来年玉米的播种面积就会有所增加。

②国内售价。国内的销售价格直接影响了企业的采购情绪,如果价格太高,超出企业的承受能力,那么采购就会大大减少。比如黑龙江的大豆现货价格对油脂企业采购影响加大。2007年下半年,基本上除东北以外的油脂企业都以采购进口大豆为主,其原因就是东北的大豆售价太高,而东北当地的油脂企业由于运费方面的优势以及当地豆粕、豆油售价的高涨使得其对东北大豆采购量加大。

③运输条件。国内的运输条件也是一个关键因素。例如,2008年2月份的南方雪灾,当时几乎所有的车皮都调到南方救灾,而东北的车皮主要是用于运输粮食的,以致运费暴涨了四五倍,直接影响着企业采购情绪。

④进口与国产农产品的比价。进口与国产农产品的比价关系决定了企业采购的意向。如果进口产品的价格与国内相比更合适,则企业在采购时更多地会选择进口。这样对于进口依赖度较大的农产品而言,进口量的增加会促使国际市场价格上涨和进口成本增加,进而又影响到国内市场的价格。

2. 生产加工环节

(1) 产能和开工率。

加工企业的产能也会对期货行情产生影响。从产能中可以得到生产加工企业的最大需求量是多少,如果再配合开工率就可以得到加工企业的生产情况以及整个行业的总体生产情况,进而推算出需求数据。

随着国内某些行业产能的增加,其对原料的需求使得进口量也在逐年增加,最终使得中国因素越来越多地影响国际市场的期货价格。最典型的例子就是中国油脂企业、纺织企业产能的增加,造成大豆、棉花的巨量进口,进而对国际市场的期货价格也产生影响。

(2) 科技进步。

生产加工环节中的科技含量是指行业技术提升程度,也就是新设备的投入、新技术的应用等。这些因素往往影响到企业的产量,进而影响到企业的采购量以及期货价格。

---

① http://finance.sina.com.cn/money/future/agri/2018-04-05/doc-ifyuwqez5272530.shtml.

可以从两个方面考虑科技因素。第一，所采用的新技术会不会带来技术含量的提高，能否带来生产力的提升；第二，企业的兼并重组以及合资情况。现在的油脂企业很多都是由国外的油脂企业控制的，外资企业的进入，在进口采购、销售管理和企业策划方面的实力和优势对我国民族压榨企业的影响有多大，也是应该重点关注的。

3. 产品销售环节

产品销售环节中需要关注的因素主要有产品的售价、物价水平、运输情况以及企业的经济效益等方面。

当企业的产品销售价格高，企业经济效益好的时候就会全力进行生产，对原料的采购量会增加，并且对原料价格上涨的承受能力也会增强。即使农产品价格上涨较多，企业还有不错的利润，那么企业就会在高价位的时候继续大量买入。当企业的产品销售价格较低，企业经济效益不好时，企业往往会选择减少生产量，集中消化库存，市场原料采购量以及价格承受能力都会下降。例如，2007年大豆价格大幅上涨，而各油脂企业却纷纷高价抢购大豆，其原因就是豆油价格的大幅上涨，而消费者担心豆油销售价格持续走高纷纷购买并储备豆油，给油脂企业带来了巨大的利润空间，为油脂企业大量采购高价大豆提供了支持。

物价水平对产品的销售价格影响，主要看产品销售价格涨跌的幅度与物价水平涨跌幅度是否出现较大的不一致情况。如果产品价格涨幅高于物价水平涨幅，产品价格是否能够保持稳定就应该加以考虑。2007年的食用油价格大幅上涨，使得企业全力生产，到处是一派"油荒"的情景。然而，当食用油的销售价格涨幅远远高于社会整体物价水平的涨幅时，供给的增加导致食用油的售价开始回落。因此，物价水平应该引起关注，运输成本的高低直接影响商品的销售价格以及销售利润，在销售环节中也需予以关注。

（三）下游企业需求阶段

经过加工后的产成品销售到下游的企业和终端用户。对于下游企业需要考虑的因素包括成本因素和下游因素。下游产业的行情也能够直接或间接地影响到期货价格。这里我们以豆粕为例，详细说明这一阶段应重点关注的内容。

1. 成本因素

饲料企业作为油脂企业的下游，能够间接影响豆油以及大豆期货的价格。当大豆价格稳定的时候，豆油和豆粕的价格便是一个此消彼长的关系。如果养殖效益好，饲料企业采购豆粕的价格上涨，油脂企业全力生产豆粕，高价卖豆粕，豆油成了副产品，低价卖豆油；当豆油价格很高的时候，油脂企业全力开工压榨豆油，高价卖豆油，低价卖豆粕。这样一来，饲料企业作为下游行业也能直接影响豆粕价格和豆油价格，继而间接影响到大豆价格。

豆粕能提供优质的植物蛋白，按照一定比例添加到饲料中，可用于禽畜的喂养。而豆粕的配方比例会受到豆粕的价格影响，如果豆粕价格过高，饲料企业会调整饲料配方，调减豆粕用量，转向使用菜粕、棉粕、花生粕等，所以，研究豆粕需求要关注饲料养殖行业效益，主要是猪肉、禽肉、禽蛋的价格。鱼饲料也用豆粕，根据水产养殖周期，春夏时期鱼饲料需求量大，豆粕用量大，价格容易涨。牛、羊饲料中，以牧草等青饲料为主，豆粕需求相对较少，对豆粕价格的影响不很明显。

关注豆粕的现货价格，需要将东北的豆粕现货价格与南方的豆粕现货价格分开看。因为东北的豆粕主要是国产大豆压榨的，南方的豆粕主要是用进口大豆压榨的，二者价格走势大体一致，但是存在价差关系。

2. 下游因素

影响豆粕价格的下游因素主要是肉禽蛋的价格。当肉禽蛋价格达到盈亏平衡点，养殖企业面临亏损，那么养殖企业就不会再扩大饲养规模，有可能缩减存栏量，减少养殖的规模，导致豆粕的需求减少，豆粕价格开始下跌。之后，否极泰来，肉禽蛋出现供不应求，价格上涨，养殖企业效益转好，于是进行大量补栏，最终又会推动豆粕价格上涨。此外，饲料的总需求与经济的增长、物价等宏观因素密切相关。

除了上述因素之外，还要考虑下游养殖业的禽畜疫病情况。英国曾经发生疯牛病，市场起初的反应是豆粕价格暴跌，原因是市场评论认为大量的牛要被宰杀处理，将会大量减少豆粕的消费。后来发现牛饲料中豆粕的比例并不高，而疯牛病通过骨髓传染，会影响到肉骨粉的生产。作为饲料中动物蛋白添加成分的肉骨粉，由于疯牛病的发生不能使用，只能增加植物蛋白用量，那么最合适、最直接的选择就是豆粕。所以，在第二轮疯牛病发生的时候，市场的反应却是豆粕价格暴涨。这个例子也说明，同一个事件，由于人的不同认识和理解，对期货价格的影响也是截然不同的。

三、相关因素分析

1. 库存消费比

库存消费比是本期期末库存量与本期消费量的比值，即"库存消费比＝本期期末库存/本期消费量"。库存消费比是联合国粮农组织提出的衡量粮食安全水平的一项指标，过高过低都属于危险。库存消费比下降，则表示供小于求，上升则表示供给充足。

库存消费比是对供给紧张程度的描述，它说明能将多少剩余供给量结转到下一年，作为对下一年度产量的保险供给量。

2. 物流因素

农产品物流因素主要包括仓储和运输两个方面。贮存、运输成本也会对农产品价格产生明显影响。由于农产品不像工业品那样容易贮存，且容易发霉、变质，因此贮存条件和存储成本也是影响农产品期货价格的一个重要因素。

运输成本主要包括远洋运输、陆路运输两方面。受国际政治经济、船运市场供求、运力、燃料价格等多种因素影响，运输成本变化也较为明显。农产品的运输状况，决定了产量有效进入市场的进度和数量,决定当期有效供给。例如,巴西是全球大豆主产国之一。巴西大豆主产区在西北部内陆地区,而港口主要分布在东部沿海地区,而内陆运输工具主要依赖卡车。内陆道路状况、司机罢工事件、农民对运输的阻挠、港口装运能力、港口工人罢工事件、船只挤港程度等因素都曾影响到该国的大豆出口,进而波及国际大豆价格。

3. 政策因素

影响农产品价格的政策因素主要包括:产业政策、贸易政策、税收政策、环境政策、农业科技发展政策、农业补贴政策等。作为农产品外在的影响因素,国家政策变化往往对价格产生重要影响,国家可通过政策调整达到影响农产品价格变动的目的。

2008年上半年,阿根廷政府提高大豆出口关税,遭到了农民持续数月的抵制和罢工,一度对炒作播种天气的芝加哥大豆期货火上浇油。中国多次调整大豆、豆油和豆粕的进口关税和增值税,也曾引起大连商品交易所相关品种的期货价格波动。美国政府对农业的大规模补贴、贷款优惠和对休耕、环保等方面的扶持政策,对于美国农民的种植意向、经济收入都有直接影响,也会间接影响农产品期货价格。

4. 农产品套利因素

农产品价格分析中,农产品之间的比价关系、原材料与产成品之间的比价关系也很重要。通过种植面积转移或轮作、消费替代、价格联动等方面的相互作用,表现在不同品种、不同市场、不同关联合约之间价格的变动幅度不同,从相互之间的逻辑关系和比价关系计算出的价格偏离程度和回归关系,可以进行多种套利操作,包括跨市场套利、跨品种套利、跨交割期套利等。机构投资者的大规模套利头寸的建仓和平仓,都会带来行情波动和交易机会。

例如,根据大豆、豆粕、豆油期货盘面价格关系之间的压榨利润公式的正值或负值进行大豆提油套利(买大豆同时卖豆粕、卖豆油)或反向提油套利(卖大豆同时买豆粕、买豆油),期待价值回归均衡时同时平仓获取价差净收益。假定大豆压榨的出粕率78%,出油率18%,则有以下关系成立:

$$盘面压榨利润 = 豆粕价格 \times 出粕率 + 豆油价格 \times 出油率 - 大豆价格$$

盘面压榨利润是不计加工成本的盘面期货价格之间的关系换算,如果考虑油脂企业的生产成本,进口大豆现货压榨利润则与芝加哥期货价格和豆粕、豆油现货价格之间存在如下平衡关系:

$$[(CBOT大豆期货价格 + FOB升贴水) \times 大豆折算系数 + 大洋运费] \times (1 + 进口关税税率) \times (1 + 增值税税率) + 生产成本 + 油脂厂压榨利润 = 豆粕贡献 + 豆油贡献$$

其中,大豆折算系数为36.7433蒲式耳/吨,豆粕贡献 = 豆粕现货价格 × 出粕率,豆油贡献 = 豆油现货价格 × 出油率。

第六节　能源化工产业链分析

一、能源化工分析总论

（一）概述

国内能源化工类（除了天然橡胶）期货品种的产业链源头与原油和煤相关，化工类产品对应着石油化工和煤化工两大行业。因此，对能源化工类产品的价格分析，应该分别从产业链的源头——原油和煤出发，通过成本估算和供求分析等方面对能源和化工类品种进行专业化的产业链研究，从而有效研判能源和化工类品种的价格走势。

（二）能源化工行业分析的共同特征

（1）受到原油走势影响。原油对化工品的影响主要有两方面：一是从成本上构成推力，二是对投资者心理产生影响。尤其是原油在一段时间内形成明显上涨趋势时，很容易引发现货市场跟涨，期货市场上大量资金涌入炒作。但是，在油价表现温和时，主导价格走势的是其自身基本面。

（2）价格波动具有季节性和频繁波动性。在其需求上存在季节性特点，使得期货价格也会呈现上涨概率较大的季节、下跌概率较大的季节和价格盘整概率较大的季节三种情况。

（3）产业链影响因素复杂多变。石化产业链较为复杂，影响因素众多，且各品种具有各自的特点。无论是分析成本还是供需，都需要对各个环节有清晰的认识，忽视任何一个环节的客观现实都容易产生反应过度或反应滞后。如 PTA 作为上游化工和下游化纤的分水岭，一方面成本受原油波动影响，另一方面受下游纺织需求、原料 PX 的供需影响。

（4）价格具有垄断性。分析化工产业终端产品价格不易，因为石化领域的"中间体"价格往往由生产企业根据成本加上企业的加工利润报价，而买方只能被动接受，所以化工品价格具有垄断性。越是靠近产业链上端的企业，其价格垄断性越强。最典型的是 LLDPE，中石化和中石油 LLDPE 产量占总产量的 86%。

二、能源化工产业链分析

下面以石油化工为例，重点分析石油化工产业链各个环节间的关系价格传导特征、石油化工产品的市场特点和价格影响因素等内容。

石油化工产业链分为两大部分：有机部分和无机部分。其中，有机部分构成了产业链的主体，是石油化工行业研究的重点。石化产业的关联度非常高，上下游产业链的关系非常密切。所以，石化行业具有非常鲜明的产业链传递效应。

（一）石油开采

石油化工领域的上游通常指的是原油和天然气的寻找开采和生产，通常称为勘探和生产领域。石油开采指的是将原油和天然气从地下采出的过程，并将原油和天然气分离。石油开采的生产过程主要包括以下步骤：石油地质勘探、石油测井、井下作业、采油、油气集输以及其他辅助生产过程。世界上的石油产地主要集中在八个地区——中东、俄罗斯、美国、加勒比海地区、非洲北部地区、东南亚地区、中国、西欧。

（二）石油炼制

1. 石油炼制过程

原油的提炼过程大致可以分为四个步骤：分天然气、分馏、裂解、产品精制。其产品包括液化石油气、汽油、航空油、柴油、其他燃料油、沥青和石油焦等。生产这些产品的加工过程常被称为石油炼制，简称炼油。

2. 石油产品

石油产品在大体上可分为以下四类：

一是气体：产品为丙烷与丁烷，是化工和塑料工业中很有价值的原料，可以用来生产溶剂、烟雾剂、聚乙烯和聚苯乙烯。这些气体也可以被压缩，用以生产液化气。

二是轻馏分油：产品为汽油、石脑油。其中，石脑油通过处理和混合后可用于汽油生产，也可被用作生产苯、甲苯、二甲苯的化学原料，并用来制造尼龙、聚氨酯。

三是馏出物：产品为煤油、瓦斯油、取暖油和柴油。

四是残余物：燃料油、取暖用油、重柴油、重工业燃料和船用油。

在石油产品中，各种燃料产量最大，约占总产量的90%；各种润滑剂品种最多，产量约占5%。各国都制定了产品标准，以适应生产和使用的需要。

目前，与期货市场的化工产品密切相关的一些油品有：汽油、石脑油、柴油和燃料油。

3. 成品油价格

在我国，石脑油和燃料油市场化程度较高，已经率先采用了"市场定价机制"。除石脑油和燃料油外，其他油品价格仍然由国家发改委统一定价，采用区间定价的原则。即只有当国际油价的波动超过一定幅度时，才会进行调整。因此，这些油品的价格与国际市场价格的联动性并不太大，且存在滞后期。

在市场定价的环境下，油品价格一方面受原材料成本和加工环节边际利润的影响，另一方面还要受产品供求关系的影响。一般来说，油品成本应该包括油品生产的原材料和辅料成本以及加工过程中发生的费用。或者说，油品成本由"原材料成本 + 边际利润"构成。

我们通常用"裂解差价"来描述某一油品市场价格与原油市场价格之差。在油品市场上，裂解差价是衡量企业盈利状况的一个指标，也是市场供需关系的一种反应。当裂解差价走高时，炼厂的利润扩大，意味着或者油品价格上涨，或者原油价格下降，或者两者兼而有之。当裂解差价走低时，意味着或者油品价格下跌，或者原油价格上涨，或者两者兼而有之，其结果是炼厂利润下降或者亏损。

除了生产成本之外，我国油品价格往往还受进口成本的影响，特别是亚洲市场价格的影响，国内需求缺口较大的情况下更是如此。

当然，供需关系始终是影响油品价格的重要因素，如国内需求、产量以及进出口数据，但这些数据通常有较长时间的滞后，分析时应该加以注意。

4. 成品油进口成本的核算

近年来，国内市场石化产品进口依存度越来越高，国内油品价格受海外市场影响加大。我国黄埔市场的燃料油价格，主要受新加坡市场价格的影响；而我国的石脑油价格则主要受日本市场价格的影响。

我国油品进口成本计算公式为：

$$进口到岸成本 = [(MOPS 价格 + 到岸贴水) \times 汇率 \times (1 + 进口关税税率) + 消费税] \times (1 + 增值税税率) + 其他费用$$

其中，有关进口关税、消费税和增值税等的收取标准，可查阅国家税务总局和海关总署的相关文件。其他费用的种类较多，根据港务部门具体规定可以包括：进口代理费、港口费/码头费、仓储费、商检费、计驳费、卫生检查费、保险费、利息等。

【例 1 - 2】假设 2018 年某日，新加坡燃料油离岸价（MOPS）为 470 美元/吨，贴水 27 美元/吨，当日汇率为 6.6819 人民币元/美元，关税税率为 3%，消费税为 1218 元/吨，增值税税率为 13%，其他费用 95 元/吨。那么燃料油进口成本应为 $[(470 + 27) \times 6.6819 \times (1 + 3\%) + 1218] \times (1 + 13\%) + 95 = 5241.54$（元/吨）。

（三）石化产品生产

产业链中的"石油化工"包括两步产品的生产。其中，第一步，是对原料油、气（如丙烷、汽油、柴油等）进行裂解，生成以乙烯、丙烯、丁二烯、苯、甲苯、二甲苯为代表的基本化工原料。第二步，是以基本化工原料生产多种有机化工原料（约 200 种）及塑料、合成纤维、合成橡胶等合成材料。

石油裂解产品经过化学反应，得到石化中间体或终端化工产品。石化中间体主要包括三大烯烃（乙烯、丙烯和丁二烯）和三大芳烃（苯、甲苯和二甲苯），以及在它们基础上合成的氯乙烯、聚乙烯醇、乙二醇、丙烯腈、苯乙烯、己内酰胺等。终端化工产品是利用石化中间体合成的石化终端产品，如合成纤维、塑料、合成橡胶等。

图 1-3 描述了石脑油经过逐级加工可得到各类化工产品，包括 PX、PTA 及合成橡胶等。

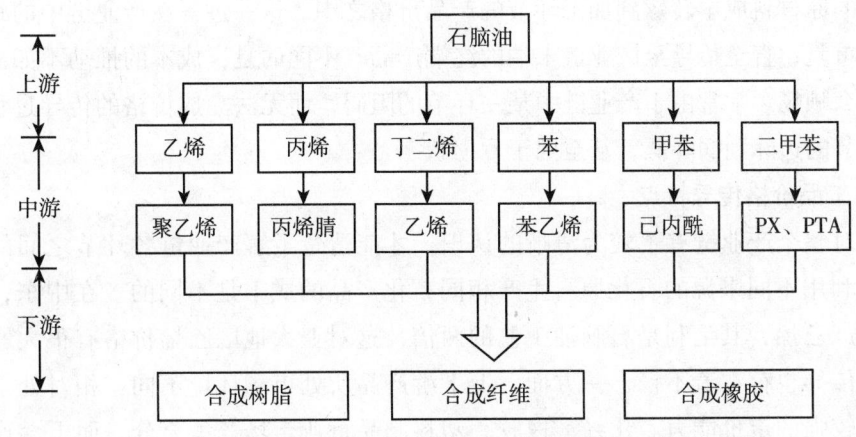

图 1-3　石脑油加工流程

1. 化工品生产成本

生产成本主要包括材料成本、人工成本及制造费用，在下跌过程中，运用成本分析预测商品价格走势通常是最有效率的，因为成本能较好地构成底部支撑。

PTA 生产成本计算：

$$国内 PTA 生产成本 = 0.655 \times PX 价格 + 1200 元$$

$$国外 PTA 生产成本 = 0.655 \times PX 价格 + 130 美元$$

PVC 生产成本计算：

$$电石法 PVC 生产成本 = 1.45 \times 电石价格 + 0.76 \times 氯气价格$$

$$乙烯法 PVC 生产成本 = 10.48 \times 乙烯价格 + 0.65 \times 氯气价格$$

$$进口单体法 PVC 生产成本 = 1.025 \times VCM 价格 = 1.6 \times 1.025 EDC$$

LLDPE 生产由于是一体化装置，且作为原料的"中间体"缺乏市场流通价，因此成本测算较为困难，但是我们依然可以借助各环节的区间加工费进行估算。

2. 化工品价格传导的类型

鉴于化工领域广泛存在着"中间体"，而国内又缺少交易"中间体"的现货市场，因而我国石化终端产品的价格传导过程较为复杂，往往受到上游价格垄断的影响。化工品价格的形成主要受两种因素主导：一是消费拉动，二是成本推动。这两种类型的价格传导过程和结果大不相同。

（1）消费拉动型。在消费拉动情况下，下游需求增长将推动价格上涨。下游加工环节的边际利润随需求增长而增长，进而拉动原材料价格的上涨。这一过程在产业链中的每一个加工环节中重复，直至传导至产业链的源头——石脑油（或者天然气）。但这一过程有时也会在某一环节受到阻碍，特别是在产能远远大于产量或者需求的环节。

（2）成本推动型。在成本推动的情况下，产业链源头原材料价格首先上涨，其结果要求将增加的原材料成本转嫁到加工环节的产品价格之中。这一过程在产业链中的每一个加工环节中重复，直至传导至产业链末端的终端产品。不同的是，成本的推动不如需求的拉动来得那么顺畅。常常由于产业链中某一环节的阻碍，而无法完成价格的传导过程，致使该加工环节的边际利润降低，甚至处于亏损状态。

3. 化工品价格传导特点

只有对整个产业链有了较为清晰的认识，才能清楚了解产业链各环节之间的价格传导过程。利用不同来源的石化原料生产相同石化产品的成本是不同的。在中东，通过乙烷裂解生产乙烯，其毛利是石脑油工艺的两倍，这对亚太地区乙烯价格有很大影响。同时，价格传导也存在着不畅，一方面，上下游产品所处市场环境不同，相对处于垄断地位，具有较强的定价能力。化纤、橡胶、塑料制品行业市场竞争充分，而下游产品却拥有大量的相对过剩的生产能力，导致终端消费品市场价格上涨往往会遇到阻力；可能存在的恶性竞争或供过于求的状况抑制价格传导过程的顺利进行。另一方面，融入全球定价体系程度不同，是影响价格传导能力差异的重要外因。原油及价格由全球的供求因素决定，受国际市场价波动影响较大；而化纤、橡胶、塑料制品等价格基本上由国内供求决定。

综合来看，石化产业价格传导主要存在以下几个方面的特点：

（1）时间滞后性。产业链复杂，价格传导中存在滞后性，越是下游产品，越在价格传导过程中处于劣势。

（2）过滤短期小幅波动的特点。从短期来说，原油价格的波动并不立即影响石化中间体实际价格，而各环节原料和产品的价格是决定其当时价格波动的重要因素，而从中长期来看，原油价格波动对石化产品价格波动具有重要的指引作用。

（3）传导过程可能被阻断。上游产品价格的波动并不是一定能引起下游产品相应的价格波动，有时，下游产品受供求状况或其他因素影响，价格可能呈现相反的波动。

（4）可能的差异化。受石化产品加工工艺的不同或者消费结构的变化等因素影响，一些石化产品与上游直接原料价格存在较大的差异性。

（5）国际市场价格的影响。进口依存度较高的"中间体"定价常常受到国际市场价格的影响。我国"中间体"的定价通常参照亚太地区的市场结算价，而最终定价权则主要集中在中石油和中石化手中。

（四）下游制品阶段

影响下游需求的因素主要涉及三方面。第一，现有库存情况对采购时机的影响；第二，下游工厂的生产条件对开工率的影响；第三，下游制品的销售状况及价格涨跌对采购需求有较大影响。由于 LLDPE、PVC、PTA、燃料油及天胶的用途和需求结构迥异，我们在考察其下游需求时关注点是不同的。

对于 LLDPE 而言，农膜及包装膜需求是关键。而农膜需求往往具有季节性，一般春节前后以及 7～9 月份是其两个生产旺季，分别集中生产地膜和大棚膜，对 LLDPE 需求旺盛。

对于 PVC 而言，房地产、建材行业的景气状况是影响其需求的关键。

对于 PTA 而言，聚酯增长决定直接需求，纺织增长决定终端需求。聚酯产品中涤纶对 PTA 的需求量最大，而涤纶是纺织行业的主要原料。

对于天胶而言，汽车工业以及相关轮胎行业的发展情况影响天然橡胶的价格，约占天然橡胶消费总量的 65%。

三、相关因素分析

（一）影响原油价格的主要因素

（1）原油需求。经济增长是影响原油需求的主要因素。

（2）原油供给。原油的供应相对集中，在判断未来原油的供应状况时心存疑虑。最重要的数据是国际能源署和美国能源部公布的供需数据。石油输出国组织（简称欧佩克，OPEC）的剩余产能极大地影响着投资者的情绪，特别是在剩余产能明显偏低的情况之下。

（3）库存。原油平衡表的所有数据中，库存统计最接近所谓的"暗箱"了。事实上，除了欧佩克国家以外，库存数据几乎不存在。在统计石油库存时，美国的商业库存是比较准确的，美国能源部下属的能源情报署（EIA）每周能及时公布库存数据。

（4）欧佩克的政策。欧佩克的政策变化可能是预测原油价格的关键因素。

（5）地缘政治和突发事件。

（6）自然因素影响。飓风对原油价格有显著影响。

（7）资金的推动。

（二）影响化工品价格的主要因素

（1）供给情况。一方面是国内生产商的供给情况；另一方面则是国外进口情况。

（2）下游开工情况。石油产品价格会影响化工产品的生产成本，而生产成本则直接影响石化产品生产商的积极性。

（3）相关商品价格。如 LDPE 与 LLDPE 两者价格会互相影响。

（4）原油价格。

（5）国家宏观政策及法规对价格的影响。主要包括人民币汇率、进口关税、出口退税以及国家产业政策取向等。

【思考与练习】

1. 如何对宁波的金属产业发展的水平和现状进行分析？
2. 在加工贸易情况下为什么无须支付关税和增值税？
3. PTA 期货价格受哪些因素的影响？

第二章 大宗商品市场调研分析

第一节 数据调研

一、市场调研概述

"没有调查就没有发言权"。市场调研是市场调查与研究的简称，又称为市场调查、市场研究、营销调研或营销研究。大宗商品市场调研通常指对大宗商品所谓"行情"发展的调查研究，即研究掌握大宗商品供求关系和价格变动规律，并在此基础上分析当前大宗商品市场的运行状况以及预测其未来的供求和价格变化趋势。商品的供应是指在一定的价格水平上向市场出售和准备出售的商品；商品的需求，是指在一定的价格水平上购买者从市场购入和准备购入的商品数量。一定时期商品的供求关系与市场价格是密切关联的。在一定价格水平上，商品的供过于求会因价格的下跌而变为供求大致平衡，甚至变为供不应求。同样，在一定的价格水平上，商品的供不应求会因价格的上涨而变为供求大致平衡，甚至变为供过于求。大宗商品市场调研的目的就在研究了解大宗商品的生产、消费和贸易情况，供给和需求情况，价格动态以及市场竞争情况等；既分析掌握当前市场的情况，又在此基础上作出对市场发展前景的正确预测。

有学者认为市场调研是指以市场为对象的调查研究或者调查工作过程，是一种实践活动。也有学者认为市场调研是研究和阐明市场调查理论和方法的科学，是市场调查实践经验的科学总结，它是一门学科，用以指导调查的实践活动。还有人从非常广泛的意义上把到市场上了解情况的各种活动都称作市场调研。市场调研涉及三个方面，即：确定要调研的问题、收集和分析有关情报、系统地罗列各种结论和提供采取行动的各种方案。

作为一个大宗商品市场调研工作者，必须具备扎实的基本理论和深厚的专业知识，掌握研究工作所需的基本技能和工具，还要有严肃的工作态度、严格的要求和严密的方法。

市场调研是调查主体对调研客体的一种认识过程，旨在寻求商品市场的真实运行状态。这层意义可以从三个方面理解：其一，市场调研是以市场为对象的研究过程。这使它与民意调查、行为调查、社会调查等调研活动区别开来，因为调研对象的不同，可能决定了调研所采用的方法和设计有所不同；其二，市场调研是以寻求真实为目标的研究方法。调研活动的结果表现为真实的原始资料，或对原始资料进行正确分析所得出的结论，并以此支撑管理决策或市场评估等工作；其三，市场调研是以信息处理为线索的管理过程。市场调研必须保证采用的调研方法、步骤与研究目标和质量相适宜，既要保证市场调研过程的组织严谨，具有较好的效果控制措施，也要保证收集、记录、整理、分析、传递过程的规范。

市场调研按功能不同可以分为探索性调研、描述性调研和因果性调研三种类型。探索性调研是一种非正式、小规模的调研，目的是更好地掌握和理解调研者面对的问题，其主要特征是灵活多样；描述性调研结构化程度较高，可以有固定的程序和方式，常用的方法主要有调查法和观察法等；因果性调研也称为解释性或诊断性调研，是调查一个变量的变化是否引起或决定另一个（些）变量的研究，确定变量的因果关系。

市场调研按所要解决的问题可以分为应用性调研和基础性调研。应用性调研是市场调研主体为解决某一特定问题或者决策而进行的调研，例如某个商品价格评估和预测，市场情绪是狂热还是低迷。基础性调研是对市场进行常规性描述和一般性总结，例如某个商品的供求状况、大宗商品的定期报告。

市场调研的步骤一般有以下几步：

（1）定义调研问题，确定调研的标的和目标。

（2）制定调研方案，选择调查方法和进行量表设计以及问卷设计等。

（3）执行调研方案，运用多种形式完成调研工作。

（4）整理分析数据，市场调研后取得的大量第一手数据需要整理分析，转换成标准数据表格。

（5）提交调研报告，撰写调研报告是市场调研的最后一步，主要是回顾和总结调查过程，并明确指出调研结论和行动建议，分析调研的局限性。

市场调研常用的方式有数据调研和实地调研，常用调研方法包括二手数据法、定性研究法、调查法、观察法、实验法等。随着计算机和互联网的迅猛发展，以及云时代的来临，大数据吸引了越来越多的关注。大数据某种意义上就是对数据的处理，和数据调研有异曲同工之妙。大宗商品的分析途径之一就是建立某些数据库和数据模型，来预测大宗商品未来变化趋势。

二、原始数据和二手数据

调研中的数据按来源分可分为原始数据和二手数据。原始数据是研究人员为了解决面临的问题而专门收集的数据，又称一手数据。二手数据不是为了当前正在研究的特定问题，而是未来其他目的而收集的数据。两者比较如表2-1所示。

表 2-1　　　　　　　　　　原始数据与二手数据比较

项目	原始数据	二手数据
收集目的	为了手中的问题	为了其他问题
收集程序	非常费劲	快且容易
收集成本	高	相对较低
收集时间	长	短

大宗商品调研中数据的收集，受某些现实条件的约束，原始数据不一定能取得，二手数据是社会公开或者机构公布的确定数据，其真实性可以保证。二手数据的来源可以分为内部来源和外部来源。内部来源是指公司内部的数据，如内部出版物、内部报告、情报汇总等；外部来源主要有政府、非营利机构、行业协会、商业出版物、计算机数据库、信息公司或者咨询公司等。外部数据一般通过自己收集和购买两种方式获得，自己收集往往局限于一些公开信息和免费报告，参考价值有限。购买数据服务是常见的外部二手数据来源，数据服务可能是口头也可以是书面的，随着互联网的发展，在线数据库也十分常见。

三、随机抽样和非随机抽样

数据调研一般采用抽样调查的方式，穷尽所有数据是不可能的，所以采用抽样调查建立样本数据库。抽样调查是相对普查而言的，普查是对构成总体的每一个个体都进行调查，并从中得出有限总体特征结论的一种调查方法。抽样调查是抽取具有代表性的样本，测算样本结果，并以样本结果推断总体特征。抽样调查一般需要五个步骤：定义调查总体，对个体进行编号，选择调查样本，对样本实施调查，最后测算样本结果并由此推断总体特征。

根据个体被抽中的概率是否相等，抽样技术主要有两类：随机抽样与非随机抽样。随机抽样就是总体中的每个个体都具有相等的机会被抽中，非随机抽样的样本则由调研人员主观设定和选择。就技术本身讲，随机抽样不涉及调研人员的主观判断，抽取的样本可以较好地代表总体，相比非随机抽样误差要小。但随机抽样也有一些不足，如平等看待所有调查样本就难以体现重点样本，随机抽样所需投入的时间和人员费用要比非随机抽样高，随机抽样对样本设计和实施要求比非随机抽样高。非随机抽样更依赖调研人员的经验和主观判断，所以其误差可能较大，一旦抽取的样本不能很好地代表总体，得出的结论可能就错误较大。

随机抽样有 4 种具体的抽样方法，包括简单随机抽样、分层随机抽样、分群随机抽样和系统随机抽样；非随机抽样有 5 种具体的抽样方法，包括任意抽样、判断抽样、配额抽样、滚雪球抽样和固定样本组。

（一）随机抽样

（1）简单随机抽样又称纯随机抽样，是概率抽样的最基本形式，也是其他各种随机抽样技术的基础，通常用于总体单位之间差异程度较小和数目较少的抽样。简单随机抽样的结果可能有较好的代表性，也可能没有。具体操作中常用抽签法和随机数表法。抽签法是先把调查总体的每个个体依次编号，并将这些号码分别标记在相互独立的、完全相同、匀质的物体上，然后将这些物体放入某一容器搅拌均匀，由调研人员从中任意抽取，将与抽到的号码相对应的个体作为样本单位，如此重复数次，直到抽足预定的样本数目为止。现在抽签法往往运用计算机产生随机号码来抽样，工作简单有效。随机数表法又称乱数表法，先将总体中的每个个体随机编号，然后从随机数表的任一位置开始，向左或向右，向上或向下，或按一定间隔向一个固定方向顺序取数，与所取数字相一致的编号即入选样本，没有对应一致编号的数字给予舍弃。在不重复抽样时，重复出现的数字也应舍弃，直到抽足所需样本量为止。需要注意的是所有号码的位数均应相同。

（2）分层随机抽样又称分类抽样或类型抽样，它是指把调查总体按照其属性不同分为若干层次或类型，然后在各层或类型内按一定比例随机抽取样本。分层随机抽样的类型包括比例分层随机抽样和非比例分层随机抽样。比例分层随机抽样是指按各层的单位数量占总体单位数量的比例分配各层的样本数量。非比例分层随机抽样也称最佳抽样法，一般根据其他因素如各层的标准差来分配各层所应抽取的样本数目。这种方法的优点是充分考虑各层的差异，提高样本的可信度。

（3）分群随机抽样也称整群抽样，是按一定的标准把调查总体分为若干不同的子群体，然后按照简单随机抽样法选取部分子群体进行调查的抽样方法。分群随机抽样的优点在于当群体内各单位的差异性大时，分群随机抽样的结果具有很好的代表性，同时由于样本单位比较集中，可以极大地降低抽样调查的成本。分群抽样又分为单阶段分群抽样和多阶段分群抽样。通常在复杂的、大规模的市场调查中，调查单位一般不是一次性直接抽取的，而是采用两阶段分群或多阶段分群抽取的。

（4）系统随机抽样又称等距（离）抽样、间隔抽样、SYS抽样，是先将总体中的个体按一定标志进行排列并变化，并根据总体单位数和样本单位数计算出抽样间隔距离，然后按照相同的距离或间隔选取样本的一种抽样方法。它和简单随机抽样一样，需要完整的抽样框，样本的抽取也是直接从总体中抽取个体，而无其他中间环节。

（二）非随机抽样

（1）非随机抽样技术中任意抽样也称便利抽样或方便抽样，是调研人员从工作便利的角度出发，在调研对象范围内随意抽选一定数量的样本进行调查，通常没有严格的标准。

操作简单、节约时间和低费用是调研人员选择任意抽样的重要原因，这也是其优点所在，但这种方法一般只适用于非正式的探索性调研，否则会造成较大的误差。

（2）判断抽样是指由调查人员依据自己的经验抽取样本，或者由专家选定一定数量的样本进行调研的抽样方法。判断抽样是主观的，其准确性很大程度上受调研人员的判断、专业知识以及经验的影响。具体操作中有三种方案。一是多数型，由专家从调研总体中所占比例较多的某类个体中选取一定数量的个体作为样本，然后根据其调研结果推断总体的相关特征；二是平均型，在调研总体中挑选代表平均水平的单位进行调研；三是主观型，通过分析调研总体的全面统计资料，按照主观确定的标准选择样本。判断抽样具有抽样简便的优点，在调研项目的精确度要求不高的情况下被经常采用。若选择样本的专家经验非常丰富，或者调研者对调研对象的特征了解比较清楚时，判断抽样选取的样本会具有很强的代表性。

（3）配额抽样是按照一定标准分配样本数额，并在规定数额内由调研人员任意抽选样本。即先按控制特征将总体分为若干层次，然后由调研人员主观选定样本。配额抽样按分配样本数额的具体做法不同分为独立控制配额抽样和非独立控制配额抽样两种。独立控制配额抽样是调研人员独立的按照各类控制特性分配数额。这种方法简单易行，调研人员选择余地较大。但如果调研人员图一时之便，选择样本过于偏向某一组别的话，则可能影响样本的代表性。非独立控制配额抽样也称相互控制配额抽样，是调研人员充分考虑各层之间的交叉关系，同时对具有两种或以上特性的样本做出具体的规定。

（4）滚雪球抽样是首先随机选出一组最初的调查对象，访谈之后，要求这些被访者推荐一些属于目标总体的其他人，然后根据这些推荐选出后续的被访者。虽然最初调查者是随机选择的，但其后的被调查者却是主观确定的，因此滚雪球抽样归根结底属于非随机抽样的范畴。滚雪球抽样主要适用于对特殊群体的抽样。例如，名字不能公开的人士，特别的群体如艾滋病患者等。滚雪球抽样的主要优点表现在，通过对调研总体设定期望的特征，增强了样本个体的相似性。因此，采用这种方法所产生的抽样误差比较小，成本比较低。对一些难以获得的样本采取这种抽样方法能取得较好的效果。

（5）固定样本组是将选取的样本固定下来，长期进行跟踪调查。固定样本组不仅是一种单一的调研方法，实质上也是一种调研方式，调研对象反复地向调研者提供多次数据，与之相对应的是"一次性调研"，调研对象只会向调研人员提供一次数据。按固定样本组提供数据的方式可以将其分成连续性和非连续性的固定样本组研究。连续性的固定样本组指的是被调查者就同样的问题在不同的时段反复提供信息。非连续性的固定样本组指的是被调查者会就广泛的或者一系列的彼此相关的问题提供信息，在这种情况下研究者好像是建立了一个研究基地，他会就各种感兴趣的问题对这个固定样本组内的成员进行调查研究。这种方法的优点在于其调查对象稳定，可以及时、全面地取得各种所需要的信息，回收率较高，能满足一些特定研究的需要。但固定样本组也受到一些困扰，如被调研者是职业被调查者，参加调研只是为了获取一定的利益，这可能导致所收集信息的可靠性降低。

（三）调研误差

不管是随机抽样还是非随机抽样，由于市场调研涉及的人员、环节较多，所以市场数据不一定真实，导致测定的样本特征与总体实际的特征仍会存在差异，这种差异称之为调研误差。造成的调研误差有抽样误差和非抽样误差。抽样误差是在不违背随机原则的情况下必然出现的误差，它是抽样调查固有的代表性误差，是由于样本不可能完全代表总体所产生的误差。非抽样误差是指选定样本的调查值与其实际值不一致所导致的误差。

四、数据收集

数据收集是数据调研过程中最艰苦、最容易出错、花费最多的一个环节。数据收集的过程实质上就是数据调研方案的执行和实施过程。抽样调研结论的准确性由于抽样误差和非抽样误差的存在而受到影响。对于调研误差的控制，一方面可以通过制定完善的问卷和抽样计划等来控制和避免，另一方面则要依赖调研人员的能力和态度。调研人员是决定数据收集质量的关键性人物。调研人员的选择、培训、管理和评估力求最佳，将抽样误差和非抽样误差给市场调研质量带来的消极影响降至最低。

回答误差和无回答误差是非抽样误差的两个主要来源。回答误差是非抽样误差的重要来源，也较难控制。一般来说，导致回答误差出现的情形有以下几种：调研人员误差，即市场调研人员的调查和获取数据存在缺陷导致的误差；抽样选择造成的误差；获取的数据的真实性误差；记录误差；等等。无回答误差是调研对象对信息的反馈过程中出现的误差，比如调研对象不愿意回答或者无能力回答或者回答的数据偏离真实。

调研人员是非抽样误差产生的主要原因之一，如果市场调研人员没有经过严格选拔，将会影响整个数据收集过程顺利进行，而且不能保证质量，以致影响调研的后续进展，以及数据分析和市场调研结论的准确性，并最终影响管理决策者的正确决策。为保证市场调研能顺利进行，调研人员在数量和结构上必须达到一定标准。比如数据的广泛性和有效性兼顾，调研人员的责任感和诚信，良好的沟通能力，较强的学习能力和应变能力以及吃苦耐劳的精神等。

第二节　实地调研

实地调研是相对于案头调研而言，是对在实地进行市场调研活动的统称，是对第一手资料的调查活动。在某些情况下，案头调研无法满足调研目的，收集资料不够及时准确时，就需要适时地进行实地调研来解决问题，取得第一手的资料和情报，使调研工作有效顺利的展开。数据调研过程中由于样本选择和数据采集过程中不可避免地出现误差，因此需要实地调研来验证和提高调研的准确性。

实地调研主要方式有访问法、观察法、实验法。访问法是指将拟调研的事项当面或者书面向被调研者提出询问，以获取所需资料的调研方法，它也是最常用的实地调研方法。访问法的特点在于整个访谈过程是调研者和被调研者相互影响、相互作用的过程，也是人际沟通的过程。它包括面谈、电话访问、信函调查、会议调研和网上调研等。观察法是指调查者在现场从侧面对被调查者的情况进行观察、记录，以收集市场情况的一种方法。它与访问法的不同之处在于后者调查时让询问人感觉到"我正在接受调查"，而观察法则不一定让被调查人感觉出来，常用的观察法有直接观察调查和实际痕迹测量法等。实验法是最正式的一种方法。它是指在控制的条件下，对所研究的对象从一个或多个因素进行控制，以测定这些因素间的关系，它的目的是通过排除观察结果中带有竞争性的解释来捕捉因果关系，在因果性的调研中，实验法是一种非常重要的工具。它主要有产品试销和市场实验等方法。

在实地调研中，往往需要用抽样调查和问卷调查等技术。在应用这些方法和技术是，由于客观条件和主观偏好等存在差异，往往会出现一些问题，如调研对象回答问题时就会出现差异。还有就是语言差异、通信差异、文化差异等，尤其是在问卷方式的调研过程中。实地调研一般有五个步骤：

（1）确定调研目的，进行准备。

（2）决定调研方法，设计问卷，集中培训确定人员等。

（3）展开实地调研，每天审核调研结果、减少非统计性偏差，提高调研质量。

（4）统计分析，实地调研完成后，收集数据和问卷，加以编辑、组织及分类与制表，给予有效统计。

（5）提送报告，得出结论，提出观点和建议。

实地调研的目的不仅在于发现事实，还在于将调研经过系统设计和理论探讨后形成假设，再利用科学方法进行实地验证，并形成新的推论或假说。

第三节　调研方法

市场调研中常用的调研方法包括二手数据法、定性研究法、调查法、观察法、实验法等。二手数据法在数据调研中有详细解释，这里就不再阐述。

一、定性研究法

定性研究法是一种实地调研方法，其主要特点是数量少的无代表性的样本、非结构化设计、非统计分析等。主要方式有小组座谈和深度座谈等。小组座谈法是没有固定格式和问卷的小规模小组讨论，意在激发座谈者阐述自己的真实情况和观点，最常见的形式是专题组座谈，由训练有素的主持人以非结构化的自然方式对一小群调查对象进行访谈。在小组座谈中，被调查者的观点可以相互碰撞也可能相互"感染"，有时受到权威者影响而无法发挥小组讨论的优势。此外，当涉及私密性等高度敏感主题时，深度访谈就会比小组讨论更容易被接受。深度访谈法是一对一执行的非结构化、直接的人员访谈，由非常有技巧的访谈人员对单个被调查者进行深入的面谈，从而挖掘关于某一行为主体的潜在行为动机、态度和观点等。深度访谈中对访谈人员有更高的素质和谈话技巧要求，除了提问技术还要有倾听技巧。

二、调查法

调查法以被调查者的回答为基础，向被调查者询问各种各样的涉及被调查者的行为、意向、态度、感知、动机等问题。调查法所获取的数据多以回答式询问为基础，数据性质多是定量的，形式多为全结构化。调查法中询问可以是口头的，也可以是书面的，典型提问一般以结构化的问卷为载体。

调查法的优点：第一，问卷填制容易，不易引起回答者的疲倦和厌烦。第二，数据可靠。问卷的问题结构化，易于得到标准的答案，不存在定性研究中对访谈资料的偏见和错误解释的风险。第三，易于执行。调研人员比访谈人员的工作难度相对小，结构化数据的编码和分析易于计算机化，数据结果是描述性的，易于理解。

它的缺点也是明显的。第一，被调查者可能不回答或不愿回答，主要表现为被调查者不能理解问卷中的问题，或者涉及被调查者不愿意透露的信息。第二，答案的不完备性。结构化的设计迫使问卷削足适履，可能排除了某些有价值的备选项。因此，在问卷设计中，可能会设计开放式问题，以弥补全结构化的这一缺点。

调查法按照所使用的媒介和技术手段分为人员调查法、电话调查法、邮件调查法和网络调查法，数据依托互联网和大数据平台进行收集。人员调查法也称个人访谈、人员访谈，就是访谈人员手持问卷面对面地访问被调查者，鼓励其回答问卷中的问题，记录答案，并解决被调查者在回答中可能出现的各种问题。这种调查方法具有很大的灵活性，能够提高被调查者的参与率，可以当面向被调查者提供帮助，但成本较高，耗时很长，管理难度也很大。

（1）人员调查法又可以细分为很多种方法。

①人员入户访问法。在被调查者同意后，调查人员在被调查者的家中访谈并记录。

②商场拦截法。将商场的购物者拦住，征得其同意后当面提问，或者邀请其到特定地点，然后像人员入户访问那样进行访谈。

③问卷留置法。又称自管理式问卷，是指调查人员在商场或住宅等地点将问卷送到被

调查者手中，由被调查者根据填写说明自行填写，再由被调查者寄回或调查人员定期回收的方法。

④购买拦截法。它与商场拦截法最大的不同是，它将访谈与购物行为观察相结合，可以最大限度减小购买者的回忆误差，特别适合于特定产品购买动机的研究。

（2）电话调查法是指访谈人员通过电话向被调查者提问，并在其回答时记录答案。电话调查的成本较低，易于操作，较适合于一些时间较短的调查（5~10分钟），但无法深入交流和观察被调查者填写问卷时的表情和态度。电话调查法还可能出现抽样偏差，因为不是每个人都有电话，即便有电话，出现无人接听、被调查者因故挂断、空号、电话录音应答、传真机应答、接电话的人不符合被调查者条件等情况也十分常见。电话调查法一般有两种主要方法。一是传统电话访问，即给样本中的被调查者打电话，并向他们提一系列的问题，调查人员使用一份问卷并记录答案。二是电脑辅助电话访问，即由计算机产生问卷并按照指令拨号，调查人员戴着耳机坐在计算机前，接通后读出屏幕上的题目，并在被访问者回答时将答案输入计算机。

（3）邮件调查法是指由调查人员将问卷寄给潜在的被调查者，被调查者自行完成问卷后再按指定的地址寄回。邮件调查法成本低，数据可靠性高，除确定潜在被调查者名单之外的工作较易执行，对于敏感性话题、问卷较长和填写费时的调查任务是一种较优的选择。邮件调查法的缺点除了上述无法当面解释问题和观察被调查者态度等因素以外，还存在调查的时间进度无法控制；答卷可能是多人行为的结果，无法了解特定答案的样本特征；问题的应答率参差不齐等情况。邮件调查有传统的邮件调查法和电子邮件调查法。前者是将问卷寄给预先选定的潜在被调查者，包括外寄信封、封面信函、问卷、回寄信封和小礼物等。电子邮件调查法则是通过电子邮件邀请潜在被调查者访问特定网页并回答问卷。与传统邮件调查相比，电子邮件调查可以利用相关技术直接生成电子数据表，提高数据处理效率。

（4）网络调查法。互联网深刻改变了人们的方方面面，基于网络的调查方法在市场调查中扮演着越来越重要的角色。网络调查法是利用互联网为媒介和技术手段进行调查，它不仅适用于调查法，也适用于小组座谈和深度访谈。网络调查法不受时空限制，成本低，数据可靠性高，速度快，非常适用于敏感性信息的调查。但网络受网民的人群限制，不容易确定抽样总体，调查的代表性也受人质疑。

三、观察法

在市场调研中，除非被调查者能够准确理解问题，愿意并能够回答问题，访谈人员能够准确分析被调查者谈话的意义等，否则生成的数据报告缺陷是十分明显的。研究意义上的观察是为了抽象出理性认识而积累的第一手感性材料，科学的结论必须以大量事实为基础。因此，科学观察是人们在自然条件下，通过感觉器官或科学仪器，有目的、有计划地感知客观对象从而获得科学事实的一种研究方法。观察法的分类以结构化程度为标准分为非结构化观察、半结构观察和全结构化观察。观察的结构化程度是指观察时是否有严格的观察计划，是否使用标准化的数据记录表格。观察计划越是完善，答案的标准化程度越高，观察的结构化程度就越高。探索性研究多用结构化程度低的观察，描述性研究多采用结构化程度高的观察。常用的观察法有人员观察法、机械观察法、审计、痕量分析法和内容分析法。

四、实验法

实验法是一种受控的观察，它的操作经常涉及四对术语。这些术语是实验法所特有的，它们的组合和变异可以描述不同实验设计的特征。

（1）自变量和因变量。实验法所探索的因果关系中的"因"就是自变量，也是实验中的受控变量，或称刺激变量，研究者正是希望通过有计划地改变自变量，观察它对预设的其他变量，即"果"变量的影响程度；实验所观察的预设变量就是因变量，它的变化依赖于自变量的变化。

（2）前测和后测。前测就是在实验前对因变量的测量，后测指在因变量受到自变量刺激作用后的测量。因变量在前测和后测之间的差异被视为自变量的作用结果。

（3）外生变量和内生变量。在实验法中，内生变量主要指研究者可以控制的变量，而外生变量是指自变量以外的影响受试者反应的所有变量，外生变量对因变量测量形成的干扰会削弱实验效果，甚至使实验无效。

（4）实验组与控制组。在实验中，除了外生变量，实验本身、实验观察者也可能会影响实验效果，采用控制组的目的就是为了消除实验本身的影响。实验组是在实验中接受刺激的受试者，控制组是在实验中没有被施以刺激的受试者，但其他因素应该完全一致。

第四节　调研分析

一、调研分析技术简介

调研人员通过各种调研方法获取足够的数据和情报信息，这只是完成调研的第一阶段，接下来更为重要的工作是数据分析，即对调研得到的数据和情报信息进行分析和整理。调研分析一般分两个步骤：分析准备和数据分析。分析准备是对收集来的原始数据和信息进行一系列处理，形成数据分析所需的标准数据表。数据分析师运用一定的分析方法对数据进行处理,使其显示出解决管理决策问题所需要的信息。

分析准备一般包括问卷和数据的检查、录入、整理、转换等步骤。问卷和数据检查是为了保证问卷和数据的代表性、真实性和有效性。录入、整理和转换是将数据变成方便调研人员直接得到的电子版数据表。

数据分析技术种类十分繁多,选择适合的数据分析技术是保证数据分析质量的重要步骤,也是研究人员业务素质的基本体现。选择数据分析技术可从四个方面考虑。第一,数据的测量尺度。定序、定类和定距尺度需要不同的分析方法。根据测量尺不同,数据分析技术分为非测量型数据技术和测量型数据技术。非测量型数据包括定类尺度和定序尺度,它们在本质上主要反映事物的分类,没有真正的测量含义;测量型数据包括定距尺度和定比尺度,它们都能够测量变量的值。第二,统计技术属性。不同统计技术具有不同的用途,其隐含的数据条件假设也不同。依据统计技术属性,数据分析技术分为因果技术和相依技术。因果技术适用于一个或多个变量作为因变量,其他变量作为自变量的情况;相依技术适用于变量没有自变量和因变量之分,只是测试变量之间的相关性或个体之间的相似程度。第三,分析变量数量。单元分析技术和多元分析技术存在很大的差别。按分析变量数量的不同,数据分析技术被分为单元统计技术和多元统计技术。单元统计技术适用于单个元素分析,单元素的衡量指标或多或少;多元统计技术适用于分析多个元素之间的关系,或多个元素同时对某一个因素的影响。第四,研究者技术偏好。研究者的背景和经验可能会影响其对统计分析技术的选择,对于同一个任务可能存在多种技术方案。表2-2总结了市场调研中常用数据分析方法的特征。

表2-2 数据分析特征

分析方法		变量数量	数据分析
单元技术统计	测量型	单样本	t检验
		多样本	t检验(样本独立、样本相关)、单因子方差分析
	非测量型	单样本	频数分析、卡方检验
		多样本	卡方检验(样本独立)
多元技术统计	因果技术	单因变量	多元回归、两组判别分析、联合分析、方差分析和协方差分析
		多因变量	多元方差分析和协方差分析、典型相关分析、多组判别分析
		多因果关系	通径分析(无潜变量)、结构方程模型(有潜变量)
	相依技术	变量关系	因子分析(测量型)
		个体相似性	聚类分析(测量型)、对应分析(非测量型)

还有部分分析技术没有纳入表2-2,在众多的数据分析技术中,初级数据分析者经常使用到的技术有列表分析、方差分析和回归分析等,中高级研究会使用到因子分析、聚类分析、判别分析、联合分析、结构方程模型等。

数据分析是技术性很强的工作，考虑到篇幅和本书的情况，这里介绍的数据分析技术不涉及它们的统计学原理和运算过程，但并不意味着了解和掌握数据分析技术的统计学原理不重要。在正式着手数据分析之前，一般应对数据进行描述性分析，发现其内在的规律，以便选择适合的分析方法。

二、分析技术

（一）描述性统计分析

该统计方法主要包括数据的集中趋势分析、离散趋势分析、频数分析、数据分布等内容。

1. 集中趋势分析

数据的集中趋势反映数据的一般水平，常用的指标有平均值、中位数和众数等。平均值是衡量数据中心位置的重要指标，反映了一些数据必然性的特点，适用于正态分布和对称分布资料，包括算术平均值、加权算术平均值等；中位数也是一种反映数据中心位置的指标，其确定方法是将所有数据由小到大进行排列，位于中间的标志值就是中位数，它适用于所有分布类型的资料；众数是指在数据中发生频率最高的标志值。

2. 离散趋势分析

数据的离散趋势主要用来反映数据之间的差异程度，常用的指标有方差、标准差、全距、最大值和最小值。方差是描述变量对数学期望的偏离程度，是标准差的平方；全距又称极差，是最大标志值和最小标志值的差。

3. 频数分析

频数分析可以产生频数表，利于研究者初步观察一些统计规律，特别是交叉频数表在市场调研中有广泛的应用。例如，被调查者对某品牌的评价在不同收入、不同性别、不同职业等人口统计变量之间是否有显著差异呢？这一问题在下文的列联表中会再次涉及。

4. 数据分布

在统计分析中，通常要假设样本的分布属于正态分布，因此要用偏度和峰度两个指标来检查样本是否符合正态分布。偏度用于衡量样本分布的偏斜方向和程度，若分布是以平均值对称的，则偏度为零；若分布是右偏的，则偏度系数大于0；若分布是左偏的，则偏度系数小于0。峰度衡量的是样本分布曲线的陡峭或扁平程度。标准正态分布的峰度为3。如果一个分布比标准正态分布还要陡峭，则该分布的峰度大于3，反之则峰度小于3。

描述性分析通常用于单个变量的观察和分析。在市场调研中，研究者常常面临分析两个或两个以上变量的相互关系，便于管理者理解信息之间的联系并采取决策行动。列联表的本质是两个或两个以上变量的交叉频数分布表，它既可以帮助研究者初步描述和判断变量之间的关系，也可以用构造卡方统计量来检验变量的关系。它的应用虽然十分广泛，但统计技术指标较多，适用的情况也各不相同。

（二）因子分析

在市场调研的数据分析中，因子分析是一种使用频率很高的多元统计分析方法。大型的调研信息往往表现为大量的数据、众多的变量，某些变量间往往存在一定的相关性，给问题的精确分析带来了一定的难度。因子分析是一种用于数据简化和降维的多元统计分析方法，面对众多内在相关的变量，因子分析试图使用少数几个随机变量来描述众多变量所体现的一种基本结构，从而将数据维度降至一个可以掌握的水平。同时因子分析是解决多重共线性问题的有效手段，能够有效探索变量之间的内在结构。

（三）聚类分析

在市场研究中，市场细分是最常见的营销术语之一，它按照一定的标准将市场分割为不同族群，并使族群之间具有某种特征的显著差异，族群内部在这种特征上具有相似性，市场细分有效地提高了企业的营销效率。事实上，世界上的很多事物都被分成不同的类别，便于区别、称呼、研究等。俗话说，"物以类聚，人以群分"，如我们可以根据学校的师资、规模、设备、学生的情况，将大学分成一流大学、二流大学。聚类分析就是实现分类的一种多元统计方法，它根据聚类变量将被调查者分成相对同质的族群。与因子分析不同，聚类分析通过将具有同质性的被调查者个体聚为较少数量的族群来"减少"个体数量，即个体数量并不变化，而因子分析通过减少变量的数量来达到降维的目的。

聚类分析一般有四步：

第一步，拟订分析方案。聚类分析的方案主要涉及两个问题。一是聚类方法选择。根据对象的不同将聚类分析分为系统聚类和非系统聚类两大类。非系统聚类过程计算量小，可以人为指定初始中心位置等，但要求变量具有多元正态性，只能对样本聚类等；系统聚类可以对变量或样本进行聚类，变量可以为连续或分类类型，但运算速度慢。二是聚类变量的选择。变量的选择事关聚类分析的结果有效性，研究者应选择能够准确描述样本特征，有助于营销研究问题解决的变量，也可以参考前人的研究结果、理论描述等进行变量的选择。

第二步，选择距离指标。聚类分析的目的就是将相似的个体聚到一个族群中，因此需要对不同个体之间的相似或相异程度进行计算，个体相互之间的距离小比距离大的更加相似。计算个体之间相似程度的指标就是距离指标，它的计算方法多种多样，研究者应根据数据的性质进行选择，也可以根据不同的指标分别进行聚类分析，对结果进行比较。

第三步，确定族群的数目。族群数目的确定是非常有技术性的工作，方法可以依据以前的理论，或依据数据分析输出结果等进行选择。

第四步，族群解释和命名。对群的解释依赖对群重心的观察。

数据分析方法的发展速度很快,对不同类型变量的研究方法也日趋细分化。计算机技术在数据分析中占据越来越重要的地位,尤其是在云计算和大数据的新时代。

第五节 市场调查问卷设计

一、市场调查问卷的类型及结构

在询问调查法中的任何一种调查方法,都离不开市场调查问卷。问卷质量的高低直接影响着获取数据的质量水准。因此,如何设计出一份好的问卷就成为市场调查的重中之重。在设计问卷之前,我们必须熟悉市场调查问卷的类型与结构。

(一)市场调查问卷的类型

市场调查问卷的设计和调查目的密切相关,也要与调查对象、调查方式等相适应。一般来说,按照不同的分类标准,可将市场调查问卷分成以下不同的类型,如图2-1所示。

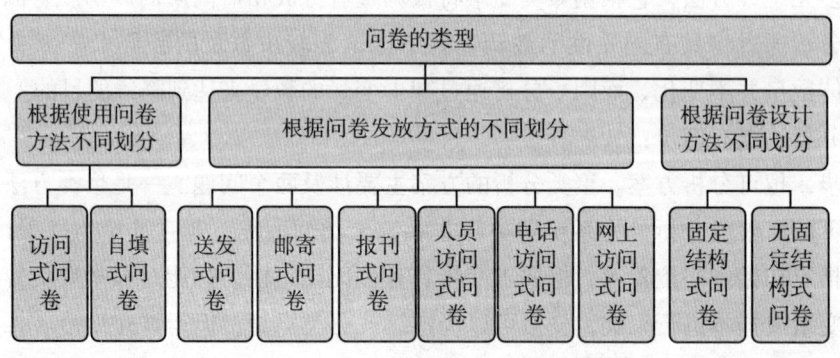

图2-1 市场市场调查问卷分类示意

1. 根据市场调查中使用问卷方法的不同划分

根据市场调查中使用问卷方法的不同,可将市场调查问卷分成访问式问卷和自填式问卷两大类。

访问式问卷又称代填式问卷,是由调查者按照事先设计好的问卷或问卷提纲向被调查者提问,然后根据被调查者的回答进行填写的问卷。所谓自填式问卷,是指由调查者发给(或邮寄给)被调查者,由被调查者自己填写的问卷。一般而言,代填式问卷要求简便,最好采用两项选择题进行设计;而自填式问卷由于可以借助于视觉功能,在问题的制作上相对可以更加详尽、全面。

2. 根据问卷发放方式的不同划分

根据问卷发放方式的不同，可将市场调查问卷分为送发式问卷、邮寄式问卷、报刊式问卷、人员访问式问卷、电话访问式问卷和网上访问式问卷六种。其中前三类大致可以划归自填式问卷范畴，后三类则属于访问式问卷。

3. 根据问卷的设计是否有固定结构划分

根据问卷的设计是否有固定结构划分，可将市场调查问卷分成固定结构式问卷和无固定结构式问卷两大类。

固定结构式问卷是指进行问卷调查时问卷的问题是按事先安排好的固定顺序、固定问题来进行的，问卷当中的问题和顺序在实际调查中不允许改动，因此在进行规模比较大的市场调查时它被更多地使用，这样有利于收集数据进行编码、统计和分析。在固定结构式问卷中，由于答案形式的不同又可以将问卷分为封闭式、开放式、半封闭式和量表式。

无固定结构式问卷是指问卷中的问题没有按事先安排好的固定顺序、固定问题来设计，只是由市场调查人员围绕调查目的进行提问。这样，调查人员在调查时可以根据具体情况对问题和顺序进行灵活调整，从而使调查更具有针对性。

（二）市场调查问卷的基本结构

一份完整的市场调查问卷通常包括标题、说明信、调查内容、结束语等内容，其中调查内容是问卷的核心部分，调查内容主要包括各类问题、问题的回答方式，这是市场调查问卷的主体，是每一份问卷都必不可少的内容，而其他部分则根据设计者需要可加以取舍。

1. 标题

市场调查问卷的标题一般要求用言简意赅的中性词语陈述调查的内容，概括说明调查研究主题，使被调查者对要回答什么方面的问题有一个大致的了解。例如"家庭主妇消费情况的调查""大学生创业情况的调查"等，而不要简单采用"问卷调查"这样的标题，过于简单的不明确方向的词汇，容易引起回答者不必要的怀疑而拒答。尽量避免使用敏感性词语以免影响调查者的态度。

2. 说明信

说明信或称开场白，是写在市场调查问卷开头的一段话，用来介绍调查者的调查目的、意义以及填答问卷的要求等。说明信一般包括以下几方面的内容：

（1）问候语。有称呼和问候，如"××先生，女士：您好"。问候语需要用尊敬的称呼，口吻要亲切，态度要诚恳，从而增加被调查者回答问题的热情，并能激发他们的兴趣以得到被调查者积极配合。

（2）调查人员自我介绍，表明调查者的个人身份或组织名称。

（3）调查的目的与意义，简单的内容介绍，对调查目的的说明，以及合作请求，这是问卷设计中一个十分重要的方面。

（4）关于匿名的保证，如涉及需为被调查者保密的内容，必须指明予以保密，不对外提供等，以消除被调查者的顾虑，以期获得准确的数据。

（5）填表说明，是对被调查者回答问题的要求，主要在于规范和帮助被调查者对问卷的回答，用来指导被调查者填答问题的各种解释和说明。如关于选出答案做记号的说明，关于选择答案数目的说明等。又如，凡在回答中需选择"其他"一项作为答案的，请在后面的"＿＿＿"中用简短的文字注明实际情况，或只需在选中的答案中打"√"即可。

（6）要对被调查者的配合表示真诚的感谢，或说明将赠送小礼品。实践表明，几乎所有拒绝合作的人都是在开始接触的前几秒钟内就表示不愿参与的。因此说明信是不可或缺的，特别前三项是必须具备的内容，其他内容则视具体情况而定，举例如下：

  亲爱的同学：

  你好！

  我是LOHO眼镜的销售代表，为深入了解大学生对佩戴眼镜的具体需求，以进一步为大家提供更好的服务，我们特制作这份问卷，希望同学们予以支持配合。谢谢！

3. 调查内容

市场调查问卷主体是市场调查所要收集的主要信息，也就是调查的内容，它由一个个问题及相应的选择答案项目组成。显然，这部分内容是问卷设计的重点，也是问卷的核心内容，问题应覆盖课题研究的全部范围，主要是以提问的形式提供给被调查者，这部分内容设计的好坏直接影响整个调查的价值，至于怎么设计将在下面两节中详细介绍。

4. 结束语

结束语置于市场调查问卷的最后，有的问卷也可以省略。结束语要简短明了，用来简短地对被调查者的合作表示感谢，也可以设置开放题，征询被调查者的意见、感受以及其他补充说明等。

在调查实践中，问卷设计既要有科学性，又要有艺术性。不同目的的调查，问卷设计的差别很大，不可能存在普遍适用的问卷模式。

二、市场调查问卷设计的原则

市场调查问卷设计是一项科学细致的工作，一份好的问卷应做到：内容简明扼要，信息覆盖要全；问卷问题安排合理，合乎逻辑，通俗易懂；便于对资料进行分析处理。问卷设计总的原则是：立足于调查目的，使问卷易于回答。具体在设计问卷时，应遵循以下六个原则。

（一）目的性原则

在市场调查问卷设计中，最重要的一点，就是必须明确调查目的，这不仅是问卷设计的前提，也是问卷设计的根本。为什么要做调查，而调查需要收集哪些信息资料？在进行问卷设计的时候必须对调查目的有一个清楚的认知。有时调查发起者提出调查目的后，并不能清晰完整地提出具体的调查内容要求。问卷设计人员应与数据使用者积极沟通，相互协调，设法挖掘出调查发起的潜在需求。问卷内容应能涵盖调查目的所需了解的所有内容，提问的问题必须是与调查主题有密切关联的问题，没有可有可无的问题。

（二）逻辑性原则

市场调查问卷中的问题应遵循一定的逻辑排放次序，问题的排放次序会影响被调查者的兴趣、情绪，进而影响其合作积极性。问题与问题之间要具有逻辑性，独立的问题本身也不能出现逻辑上的谬误。具体安排时，可按时间顺序、类别顺序等合理排列，从而使问卷成为一个相对完善的小系统。原则上把简单易懂的问题放在前面，由简单到复杂，由表层理解到深层思考，把复杂的问题放在后面，这样容易得到被调查者的配合，使被调查者感到问题好回答；把能引起被调查兴趣的问题放在前面，把枯燥的问题放在后面；一般性问题放在前面，特殊性问题放在后面；先问行为方面的问题，再问态度、观念性问题；涉及被调查者个人的资料则应最后提出；封闭性问题放在前面，开放性问题放在后面。问题排列的顺序必须按普通人的思考顺序，使问卷条理清楚，以提升回答问题的效果。

（三）相关性原则

市场调查问卷的设计要比较容易让被调查者接受，使被调查者愿意回答。由于市场调查没有法律约束力，调查对被调查者来说是一种额外负担，被调查者没有必须回答问题的义务，因而只有被调查者愿意回答，才能达到调查的目的，否则，市场调查将流于形式。因此，问卷设计所用语言和所提问要尽量有礼貌和有趣味，尽可能得到消费者的合作，以提高调查质量。问卷设计应使用适合被调查者身份、水平的用语，尽量避免列入一些会令被调查者难堪或反感的问题，如"你离过几次婚？"这种问题很容易引起调查对象的反感而拒绝合作。问卷设计必须针对受访人群，对于不同层次的人群，应该在问题的选择上有所不同，必须充分考虑受访人群的文化水平、年龄层次和协调合作的可能性。比如面对家庭主妇做调查，在语言上就必须尽量通俗；而对于文化水平较高的都市白领，在问题和语言的选择上就可以提高一定的层次。只有这样的综合考虑，所提的问题才能清楚明了。同时，尽量少用专业名词，避免对被调查者产生刺激而不能很好地合作。

【例2-1】如下面两种问题：
1. 你至今未买笔记本电脑的原因是什么？
   A. 买不起　　　　B. 没有用　　　　C. 不懂　　　　D. 软件少
2. 你至今未购买笔记本电脑的主要原因是什么？
   A. 价格高　　　　B. 用途较少　　　C. 性能不了解　　D. 其他

显然第二组问题更有艺术性，能使被调查者愉快地合作。而第一组问题较易引起被调查者反感、不愿合作或导致调查结果不准确。

（四）简明性原则

市场调查问卷的内容要简明、易懂、易读，以便于被调查者能够快速、正确理解问卷的内容和目的。没有价值或无关紧要的问题不要列入，同时要避免出现重复，力求以极少的项目设计必要的、完整的信息资料。调查时间要简短，问题和整个问卷都不宜过长，一般问卷回答时间应控制在30分钟左右。调查内容过多，调查时间过长，都会招致被调查者的反感。通常调查的场合一般都在路上、店内或居民家中，被调查者行色匆匆，或不愿让调查者在家中久等，而有些问卷多达几十页，让被调查者望而生畏，即使勉强作答也只能草率应付。从被调查者填写问卷的心理变化分析来看，被调查者刚开始填写问卷应该是以好奇和仔细为主，随着填写时间的延长，好奇心逐步衰减，而烦躁的心情却逐渐滋生出来，所以为了保持问卷填写的高质量，问卷的内容应精简。

（五）非诱导性原则

在市场调查问卷中，避免要诱导性的问题，以免使答案和事实产生误差。如设计问卷时，问"××品牌的电视质优价廉，你是否准备选购？"这样的问题将容易使填表人由引导得出肯定性的结论，具有相当的诱导性，而且限制了回答内容，同时还会导致回答失真，难以反映被调查者的真实情况。诱导被调查者回答不能反映消费者对商品的真实态度和真正的购买意愿，所以产生的结论也缺乏客观性，结果信度低。

（六）方便性原则

成功的市场调查问卷设计除了要考虑到结合调查主题、方便信息收集之外，还需要考虑到问卷在调查后的数据处理与分析工作。为了提高数据整理的方便性和准确性，问题的排列及回答的符号、位置等都应科学合理设计。在问卷设计的时候就充分考虑后续的数据统计和分析工作，调查指标是能够累加和便于累加的，并且可以进行具体的数据分析，即使是主观性的题目在进行问题规范的时候也要具有很强的总结性，这样才能更好地进行调查工作。

三、市场调查问卷设计的程序

问卷设计是市场调查过程中非常重要的环节，同时又是一项十分细致的工作。问卷设计是一种需要经验和智慧的技术，它缺少理论，因为没有什么科学的原则来保证得到一份最佳的或理想的问卷，与其说问卷设计是一门科学，还不如说是一门艺术。在问卷设计中虽然也有一些规则可以遵循以避免错误，但好的问卷设计主要来自熟练的调查人员的创造性，尤其是要有丰富的调查经验。

要设计一份高质量的市场调查问卷，应事先做些访问，拟定初稿，经过事前探测性调查,再正式修改成问卷。一般情况下问卷的设计应包括四个层次的设计。第一个层次是问卷内容的设计,问卷设计时必须明确问卷调查的目的,不同的目的决定了问卷项目的总体安排和内容构成;第二个层次是问卷的具体形式或格式,确定了问卷调查的目的以后,着手建立问卷大致的框架;第三个层次是问卷的语句及用词的设计,语句及用语的设计非常关键,要求避免使用过于抽象、一般的词语,防止反应定势;第四个层次是问题的编排,由一般开始,先易后难,由浅入深,由表及里,私人的问题应该安排在问卷结束部分,比如,年龄、工作、身体状况等,这也是问卷设计的惯例,因为如果被调查者认为这些项目涉及隐私而拒绝回答时,重要的信息在前面已经得到了。问卷设计是由一系列相关工作过程所构成的,问卷设计虽然没有统一固定的格式和程序,但为了使问卷具有科学性、规范性和可行性,问卷设计的过程可以参照以下六大步骤进行,如图2-2所示。

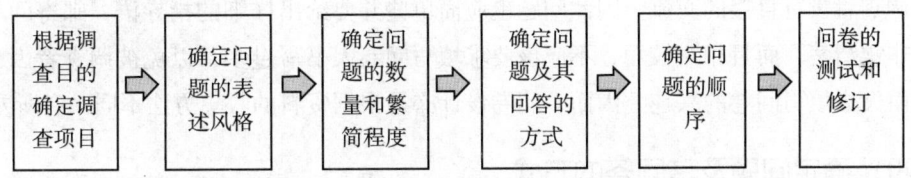

图2-2 市场市场调查问卷设计的程序示意

(一) 根据调查目的确定调查项目

市场调查问卷设计的好坏与前期准备工作密切相关,调查者在问卷设计之前就要把握要达到调查目的所需要收集的信息,研究所需收集的资料及资料来源、调查范围等,酝酿问卷的整体构思。根据调查目的将所需要调查的资料一一列出,分析哪些是主要资料,哪些是次要资料,哪些是可要可不要的资料,淘汰那些不需要的资料,再分析哪些资料需要通过问卷取得。确定了所需要收集的信息资料之后,就要确定在问卷中提出哪些问题或包含哪些调查项目。确定问题的内容似乎是一个比较简单的问题,然而事实上不然,必须将问题具体化、条理化和可操作化,即变成一系列可以测量的度量或指标。在保证能够获取所需信息的前提下,要尽量减少问题的数量,降低回答问题的难度。

(二) 根据调查对象的特点确定问题的表述风格

市场调查问卷中问题的内容要与被调查对象联系起来,问卷设计之前就需要确定向谁调查,并对被调查者群体进行认真、仔细的分析,这有时比盲目分析问题的内容效果要好。确定调查对象的范围后要分析调查对象的各种特征,即分析了解各被调查对象的文化程度、知识水平、理解能力等文化特征和社会阶层、行为规范、社会环境等社会特征。对调查过程及被调查者的心理状态要做到心中有数,如适用于家庭主妇的问题不一定适合青年学生。调查对象的群体差异越大,就越难设计一个适合整个群体的问卷。所以在问卷设计前应该明确此次调查的对象,因为问卷中的问题是给调查对象看的,所以问卷设计必须符合被调查者的习惯及社会文化特征，应该根据不同的调查对象群体，设计被调查者能接受的问卷的格式、内容以及问题表述的风格特点。

（三）根据资料收集的方法确定问题的数量和繁简程度

在问卷调查的过程中，不同的资料收集方法对问卷设计都会产生影响。如街头拦截访问比入户访问有更多时间上的限制，问题的数量不能太多；面谈访问中访问人员可以给被调查者出示图片、实物以解释或证明概念，让被调查者可以看到问题并与调查人员面对面地交谈，因此可以询问较长的、复杂的和各种类型的问题。在电话访问中，被调查者可以与调查人员交谈，但是看不到问卷，这就决定了只能问一些短的比较简单的问题，同时电话调查中提问问卷不宜过长，一般控制在10分钟以内较为妥当。邮寄问卷是被调查者自己独自填写的，与调查者没有直接的交流，因此问题也应简单些并要给出详细的指导语，邮寄问卷的设计需要非常清楚，而且相对较短，不应该要求填写问卷人书写过多，以免被调查者因占用较多时间而失去填写问卷的兴趣。因而，问卷设计必须根据资料的收集方法不同而有所差异。

（四）确定问题及其回答的方式

市场调查问卷中设计出的全部问题，应当在被调查者回答完，就能达到调查者的调查目的。对提出的每个问题，都要充分考虑是否有必要。同时，提问的问题应当尽可能精确、清楚。问题用词必须十分审慎，措辞的好坏将直接或间接地影响到调查的结果。问卷设计中还应该考虑到被调查者理解问题和回答问题的能力，要考虑到问卷中敏感问题的提问。问卷必须使用简单、直接、无偏见的用词，设计者要站在调查者的立场上试行提问，看看问题是否清楚明白，是否便于资料的记录、整理；站在被调查者的立场上试行回答，看看是否能答和愿答所有问题。

（五）确定问题的顺序

市场调查问卷中的问题应遵循一定的排列次序，问题的排列次序会影响被调查者的兴趣、情绪，进而影响其合作积极性。所以一份好的问卷应对问题的排列做出精心的设计，以顺利地引导被调查者一步步完成问卷。如果有过滤性的问题用于筛选被调查者，应该放在问卷的最前面；一般简单的、容易问答的、有趣味性的放在前面，逐渐移向难度较大的，把一些敏感或较难回答的问题稍往后排。这样可以给被调查者一种轻松、愉快的感觉，以便于他们继续答下去。还有一点就是注意问题的逻辑顺序，有逻辑顺序的问题一定要按逻辑顺序排列，即使打破上述规则。

（六）市场调查问卷的测试和修订

市场调查问卷的初稿设计工作完毕之后，不要急于投入使用，应该在小范围内进行试验性调查。在问卷用于实地调查以前，先初选一些调查对象进行测试，根据发现的问题进行修补、补充、完善，其目的是发现问卷的缺点，提高问卷的质量。特别是对于一些规模较大的问卷调查，最好的办法是先组织问卷的测试，因为无论怎样周密的初期设计，都可能存在错误，而这种错误依靠自我纠正是很难发现的。同时要注意受测者样本要有代表性，测试的对象与调查的对象同质，才有可能提供与实际调查相似度较高的情境，具备一定的仿真性。要求被调查者对问卷各方面提出意见，以便于修改，在市场调查问卷的结束语部分安排几个反馈性题目，比如，"你觉得这份调查表存在什么问题？"如果发现问题，应做必要的修改，使问卷更加完善。如果第一次测试后有很大的改动，可以考虑是否有必要组织第二次测试。根据试答情况，进行修改，再试答，再修改，直到完全合格以后才制成正式问卷。

四、市场调查问卷的具体设计

市场调查问卷设计的科学性在市场调查中具有关键性意义，问卷中的问题设计，提问方式、问卷形式以及遣词造句等，都直接关系到问卷设计的质量。

（一）问题的设计

问题是市场调查问卷的核心，一个好的市场调查问卷，必须合理、科学和艺术地提出每一个问题。在进行问卷设计时，必须仔细考虑问题的类别和提问方法，否则会使整个市场调查问卷产生很大的偏差，导致市场调查的失败。常见的问题类型有如下几种。

1. 直接性问题与间接性问题

直接性问题是将所要询问的问题直截了当地向被调查者提出，请被调查者直接给予回答。这种直接提问的方式明确表明要问的问题，通常所问的是个人基本情况或意见，比如，"您的年龄""您的职业""您现在用的牙膏是什么品牌"等，采用这种提问方式可获得明确的信息，这种提问对调查结果统计分析比较方便，但遇到一些窘迫性问题时，采用这种提问方式，可能遭到拒绝而无法得到所需要的答案。

间接性问题是指那些不宜直接回答，而采用间接提问方式能得到所需答案的问题。通常用于那些被调查者对所需回答的问题产生顾虑的提问方式。例如，要调查学生参与"赌博"，对于"你是否赌博？"这一问题就可改成："现在一些同学中流行用扑克、纸牌等定输赢，你是否也喜欢玩这些扑克、纸牌的游戏？"采用这种提问方式会比直接提问方式收集到更多的信息。

2. 开放式问题、封闭式问题与混合型问题

开放式问题是一种应答者可以自由地用自己的回答和解释有关问题的问题类型，可以让被调查者充分地表达自己的看法和理由，并且比较深入，有时还可获得研究者始料未及的答案。其优点是设计问题容易，并可以得到被调查者建设性的意见，能为调查研究人员提供大量的、丰富的信息，而且在分析数据的过程中开放式问题可以成为解释封闭式问题的工具。缺点是：首先，在编码方面费时费力；其次是开放式问题受被调查者性格、态度等影响，有时可能得不到准确的信息，并且由于回答费事，可能遭到拒答；最后收集到的资料中无用信息较多，难以统计分析。

封闭式问题的答案中包括所有可能的回答，让被调查者从中选择一个答案。这种提问方式的优点是被调查者回答问题容易，所得资料较准确。由于答案标准化，易于进行各种统计处理和分析，编码和录入的过程大大简化了，因而成为目前进行市场调查的主要提问方式。缺点是问卷设计花费的时间较多，不能得到更多的信息，回答者只能在规定的范围内被迫回答，无法反映其他各种有目的、真实的想法。如果几个选择项提示顺序相同，位于前面的项占优势，使回答者容易先入为主，因此需要准备几种不同的提示表以向被调查者提示，保证回答尽量客观、真实。但注意此种问题选择项尽量要给出全部可能的答案。

混合型问题又称半封闭式问题，是在采用封闭式问答题的同时，最后附上一项或几项开放式问题。同一个问题中，将开放式问题与封闭式问题结合起来组成问题。

【例2-2】您家里目前有空调吗？
　A. 有（　）。请填写空调品牌_____。
　B. 无（　）。

在实际市场调查问卷设计中常常既有开放式问题，又有封闭式问题，并且以封闭式为主，以开放式为辅。

3. 主观性问题与检验性问题

主观性问题是指人们的思想、感情、态度、愿望等一切主要世界观状况问题。

检验性问题是指为检验回答是否真实、准确而设计的问题。这类问题，一般安排在问卷的不同位置，通过互相检验来判断回答的真实性和准确性。

理想的问题设计应能使调查人员获得所需要的信息，同时被调查者又能轻松、方便地回答问题。设计问题的题型及问法，也是一门学问，要求调查人员能依据具体调查内容要求，选用适当类型的问题进行调查，常常是几种类型结合应用，但不能随意设计，否则便会影响调查的效果。

（二）问题回答项目的设计

问题回答项目归结起来分为两类：一类是封闭式问题的回答项目；另一类是开放式问题的回答项目。封闭式问题的回答项目包括多种类型，如二项选择法、多项选择法、态度量表法、顺位法、评分法、比较法等。不管哪种类型都需要事先对问题答案进行精心设计。开放式问题的回答大多采用自由问答式，但在市场调查中，为挖掘被调查者潜意识的态度，还可以采用词语联想法、句子完成法、故事完成法、漫画联想法等更生动灵活的方式。

1. 封闭式回答项目的设计

封闭式问题易于理解并可迅速得到明确的答案，便于统计整理分析。但回答者没有进一步阐明理由的机会，难以反映被调查者意见与程度的差别，了解的情况也不够深入。在设计封闭式回答项目时，可以根据具体情况采用不同的设计形式。

(1) 二项选择法。

封闭式回答项目，最简单的就是二项选择题，二项选择法也称真伪或二分法，是多项选择的一个特例，是指仅有两种答案可以选择，即"是"或"否"，"有"或"无"等。两种答案是对立的、排斥的，被调查者的回答非此即彼，不能有更多的选择。二项选择题的特点是问题回答简单明了，调查结果易于统计归类，但所获信息量太小，两种极端的回答类型有时往往难以了解和分析被调查者群体意见的程度差别。这种方法，适用于互相排斥的两项择一式问题，及询问较为简单的事实性问题或态度性问题。

①有关事实性内容的题型。

【例2-3】您家里现在有热水器吗？ A. 有 B. 无

②对态度或者意见测量（答案是穷尽的）的题型。

【例2-4】请问您对黄金搭档广告的态度？ A. 喜欢 B. 不喜欢

(2) 多项选择法。

多项选择法是指所提出的问题事先预备好两个以上的答案，让被调查者根据实际情况，从中选出一个或几个最符合被调查者情况的作为答案。多项选择法是问卷设计中最常用的一种题型，它保留了是否式询问的回答简单、便于统计、结果易整理的优点，避免了二项选择法的不足，能有效地表达意见的差异程度，是一种应用较为广泛、灵活的询问形式。但其缺点主要是问题提供答案的排列次序可能引起偏见。使用这种问题有一点值得注意，即在设计选择答案时，问题答案的设计应考虑所有可能出现的答案，不能出现重复和遗漏，否则，会使得到的信息不够全面、客观。可设"其他"项目，以便被调查者表达自己的看法。

【例2-5】请问您是在哪一种情况之下嚼口香糖的？

A. 口渴时   B. 无聊时   C. 看电影时   D. 预防蛀牙时
E. 约会时   F. 看书时   G. 有口臭时   H. 其他（请列明）

(3) 态度量表法。

态度量表法简称量表法，在问卷中量表法是通过一套事先拟定的用语、记号和数目，来测定人们心理活动的度量工具。它常常用来对被调查者的态度、意见、感觉等心理活动方面的问题进行判别和测定，并且在数据分析中，可以使用较复杂的统计分析方法。量表法的主要优点是对应答者的回答强度进行测量，许多量表式应答可以转换成数字，并且这些数字可直接用于统计分析。

量表有许多种分类，依据心理测试内容，量表一般分为四种，即类别量表、等级量表、等距量表和等比量表。类别量表是以调查对象的类别方式记分，如男女分类记分（男性1，女性0），以身份分类等。等级量表，即要求评定人在若干个备择项目中按照一定标准排出等级次序，该种量表既没有相应单位，又没有绝对零度。等距量表没有绝对零，因而其测量水平比顺序量表提高了一步。等比量表，比等距量表更进了一步，既有绝对零，又有相等单位，因而属于最高测量水平。

其中等级量表最为常用，这种量表是利用不同的等级来划分一个人对于事情所抱的态度,可显示对方同意与否的程度。在问题后提供不同等级的答案,以量表的方式让调查对象自己做出选择。量表的两端是极端性的答案,在两个极端之间可以划分若干阶段,少则3个,多则5个或7个等。根据量表的层级多少,使用频率比较高的是三级量表、五级量表、七级量表和百分量表。其中五级量表是市场调查中使用最为普遍的一种量表。常用的五级量表有:优、良、中、及格、不及格;很好、好、一般、差、很差;强、较强、一般、较弱、很弱;十分重要、重要、有点重要、不重要、很不重要;非常同意、同意、中立、不同意、坚决不同意;很真实、真实、部分真实、很少真实、不真实等。

①五级量表。

【例2-6】你在学校有机会参加社团活动吗?

A. 从来没有　　B. 难得参加　　C. 有时参加　　D. 常常参加

E. 一直参加

②百分量表。

【例2-7】你在多大程度上对你目前的学习成绩满意?

0　　10　　20　　30　　40　　50　　60　　70　　80　　90　　100

③等级量表。等级量表依据答案对称性分为对称性量表和非对称性量表两种形式。对称性量表是奇数等级项,中间位置必须是中性、中立的词语。但非对称性量表应慎重使用,以免对被调查者产生诱导。

【例2-8】你认为食堂的就餐条件如何?

对称性量表:A. 好　　B. 较好　　C. 一般　　D. 较差　　E. 差

非对称性量表:A. 很好　　B. 好　　C. 较好　　D. 一般　　E. 差

等级量表依据其表现方式还可分为图解式量表和数字式量表。一般来说,图解式量表比单纯的数字式量表更有利于转达等级意义和评级和心理距离。

【例2-9】你电脑程序操作过程中:

图解式量表:

差错很多　　　　一般有些差错　　　　偶有差错　　　　几乎从无差错

数字式量表:

差错很多　　　　　　　　　　　　　　　　　　　　　几乎从无差错

　1　　　　　　2　　　　　　3　　　　　　4　　　　　　5

④顺位法。顺位法又称序列式,是在多项选择式问题的基础上,列出若干项目,具体排列顺序则由回答者根据自己所喜欢的事物和认识事物的程度等进行排序。顺位法便于被调查者对其意见、动机、感觉等做衡量和比较性的表达,这种方法较为简单,也便于对调查结果加以统计。但调查项目不宜过多,过多则容易分散,很难顺位,同时所访问的排列顺序也可能对被调查者产生某种暗示影响。同时必须注意避免可供选择的答案的片面性。

【例2-10】您选购电视机时,对下列各项,请按照您认为的重要程度以1、2、3、4为序进行排序:

图像清晰（　　）　　音质好（　　）　　外形漂亮（　　）　　使用寿命长（　　）

⑤评分法。评分法又称数值分配法，是调查人员对所询问问题列出程度不同的几个答案，并对答案事先按顺序评分，请被调查者选择一个答案。将全部调查表汇总后，通过总分统计，可以了解被调查者的大致态度。可采用"5分制""10分制"，也可采用"100分制"。或者通过正负分值对比等形式，对不同品牌的同类产品进行各种性能的评比。

【例2-11】根据评分标准，给下列品牌的电视机质量评定分数，请将分数填入括号内。

评分标准：很好10分　较好8分　一般6分　较差4分　差2分

海尔（　　）康佳（　　）三星（　　）东芝（　　）索尼（　　）TCL（　　）

⑥比较法。通常是把调查对象中同一类型不同品种的商品，每两个配成一对，由被调查者进行对比，把认为好的在调查表的有关栏内填上规定的符号，由此来了解被调查者的态度。为便于了解消费者对所调查商品态度上的差别，也可以在不同商品品种之间，划分若干评价尺度，以利于被调查者评定。也可用于测定调查商品间的评价距离。该方式主要用于调查消费者对商品的评价，根据被调查者喜爱程度的不同进行比较，选择产品的品牌、商标、广告等，可用于比较商品质量和效用等方面。应用比较法要考虑被调查者对所要回答问题中的项目是熟悉的，否则将会导致空项发生或答案缺乏真实性。

【例2-12】比较牙膏品牌偏好（见表2-3）。

表2-3　　各类牙膏的品牌偏好比较

品牌	洁银	佳洁士	康齿灵	冷酸灵	高露洁
洁银					
佳洁士					
康齿灵					
冷酸灵					
高露洁					
合计					

注："1"表示被调查者更喜欢这一列的品牌，"0"表示更喜欢这一行的品牌。

还有一种比较方法，进行试验之时，在问卷一旁列出同样产品不同品牌的名称，另一旁则列出形容词汇，然后要求被调查者将两组文字作适当配对。

【例2-13】将下列两组文字作连线配对。

汽车厂牌　　　形容词

奔驰　　　　　舒适

别克　　　　　经济

大众　　　　　豪华

本田　　　　　安全

雷诺　　　　　快速

2. 开放式回答项目的设计

开放式问答项目只提问题不给具体答案，要求被调查者根据自身实际情况自由作答。开放式问题允许被调查者用自己的话来回答问题，一般说来，因为被调查的回答不受限制，所以开放式问题常常能揭露出更多的信息。开放式回答项目设计可分为自由回答法、词语联想法、句子完成法、故事完成法、漫画完成法等5种类型。

（1）自由回答法。自由问答法是指提问后，调查者事先不拟定任何具体答案，被调查者可以自由发表意见。自由问答法比较适用于调查消费者心理因素影响较大的问题，如消费习惯、购买动机、服务质量、服务态度等，因为这些问题一般很难预期或限定答案范围。这种询问在探测性调查中常常被采用。例如，"你觉得这种电器有哪些优点？""你认为应该如何改进电视广告？""你对本商场有何意见或建议？"等。

自由问答法的主要优点是被调查者的观点不受限制，便于深入了解被调查者的建设性意见、态度、需求问题等。涉及面广，灵活性大，能使被调查者思维不受束缚，充分发表意见，畅所欲言，可为调查者收集到某种意料之外的资料。缺点是由于被调查者提供答案的想法和角度不同，因此在答案分类时往往会出现困难，使调查结果难以归类统计和分析。同时，由于时间关系或缺乏心理准备，被调查者往往放弃回答或答非所问，因此，此种问题尽量少用。

（2）词语联想法。词语联想法是给被调查者一连串的词语，每给一个词语，都让被调查者回答其最初联想到的词语（叫反应语）。在给出的一连串词语中，也有一些中性的或充数的词语，用于掩盖研究的目的。被调查者对每一个词的反应是逐字记录并且计时的，这样反应犹豫者（要花三秒钟以上来回答）也可以识别出来。这种技法的潜在假定是，联想可让反应者或被调查者暴露出他们对有关问题的潜在态度或情感。这种方法可以在被调查者对某个问题不愿回答的情况下，掩藏调查目的，挖掘被调查者潜意识的动机和态度。对回答或反应的分析可计算如下几个量：每个反应词语出现的频数；在给出反应词语之前耽搁的时间长度；在合理的时间段内，对某一试验词语，完全无反应的被调查者的数目。先向被调查者提示一个访问词，然后让被调查者就这个词全盘写出他们的感觉或想法。例如：电视——新闻、娱乐、音乐、广告、液晶、噪声；鞋——运动、优雅、不舒服、爬山、耐克。

而词语联想法又可以分成自由联想法及限制联想法两种。自由联想法提供相应的字词让对方随意发挥，当听到下列词语时，你想到的是什么？例如："提到面包时你会想到什么？"即属自由联想法，不做任何限制，受测对象可以任意回答。又如"提到面包你最先想到的品牌是"显然被局限在品牌范围之内做出选择，这就是限制联想法。

不过，无论自由联想法或限制联想法选用刺激语时，都要考虑下列几个原则：符合调查研究的目的；使用简洁的语句；避免使用具有多重意义和可能有多种反应的刺激语。

（3）句子完成法。句子完成法与词语联想法类似，给出一些不完全的句子，要求被调查者完成。句子完成法是按固定顺序和语句提问，该类问题可以解决敏感性问题、回答率较低的问题等,但答案的审核、编码、分析比较烦琐,不同研究者对同一答案可能得出不同的结论,因而可靠性较差,主要适于探索性调查。与词语联想法相比,它对被调查者提供的刺激是更直接的。可能得到的有关被调查者感情方面的信息也更多。不过,句子完成法不如词语联想法那么隐蔽,许多被调查者可能会猜到研究的目的。

【例2-14】我喜欢_____洗发精,因为_____。

(4) 故事完成法。给出故事的一个部分,请被调查者发挥想象续成故事,完成一个未完成的故事。在故事完成法中,将被调查者的注意力引到某一特定的话题,但是不要提示故事的结尾,被调查者要用自己的话来得出结论。

【例2-15】星期六我来到一家大型超市,刚进到一楼就发现……(请您完成以下故事。)

(5) 漫画完成法。漫画完成法类似于看图说话,提供一幅画请被调查者观看,让被调查者假定自己是画中的某个角色,来描述一个故事或一段对话,从而描述被调查者对事物的态度和意见。比如,一幅背景是某商场销售电视机柜台前的漫画,漫画中有两个人物,一位是售货员,一位是顾客,售货员问:"要买彩电吗?喜欢哪一款我给你介绍一下?"顾客回答处留有空白,要求被调查者填写。这时被调查者假定自己是顾客,向售货员询问他最关注的问题,从而获得调查资料。但使用过程中注意漫画中人物不要带有任何表情,以防诱导被调查者产生调查误差。

五、市场调查问卷设计应注意的问题

在市场调查问卷设计中,问题科学合理可以提高问卷回收率和信息的质量。问题设计不当往往会使被调查者误解题意或拒绝回答,从而直接影响数据质量,事后弥补非常困难,而且成本太高。这里主要针对问卷设计中的常见问题提出预防和控制措施,建议设计者要反复推敲,尽量避免问题设计不当引起不必要的误差。

(一) 避免不易回答的问题

问题设计中应特别重视问题的措辞,设计的问题很有可能使被调查者难以回答而降低了问卷的质量,因此应该注意以下几个方面。

1. 避免提出被调查者能力之外的问题

"你认为未来10年汽车在科技方面会取得哪些进步?"再如,"苹果手机是否是最好的?"这样的问题,看来非常简单,可是被调查者可能从来就没有想过或遭遇过,因此,设计问题时,得替他们设想,提问要在被调查者的知识、经验、能力的范围内,不要把问题理论化。

2. 所提问题必须简短,以免造成对方的混乱

"你认为电视机市场已经日趋饱和的今天,政府仍向电视机生产企业征收高额税收,从而阻碍了生产厂家发展的做法，是不是应该受到批评？"这样的长句式提问，让人很难做出回答，也很难得到满意的回答。

3. 避免因时间久远而依靠被调查者的记忆回答的问题

在信息爆炸的时代，遗忘和记忆的差错会导致被调查者无法提供全面和准确的资料。经常有些市场调查要求被调查者回忆半年以前甚至一年前的购买情况，这显然取决于被调查者的回忆和合作程度。因时间久，回忆不起来或回忆不准确是常有的事。如"去年你家庭的生活费用支出是多少？用于食品、衣服的分别为多少？"除非被调查者连续记账，否则很难回答出来。一般可问："昨天你在电视上看了哪几则手机广告？"显然，这样缩小时间范围可使问题回忆起来较容易，答案也比较准确。

4. 避免直接提问窘迫性问题

在设计市场调查问卷时，若非有必要，绝不涉及被调查者的个人隐私。隐私问题往往会引起回答者的焦虑、窘迫，使被调查者不愿意回答或不愿意真实回答。遇有这类问题，如果实在回避不了，可列出档次区间或用间接的方法提问。例如，不应问："你今年几岁？"而不妨问"你是哪一年出生的？"也可列出年龄段，如"20岁以下，20～30岁，30～40岁，40岁以上"供被调查者选择。

5. 避免用词生僻或过于专业

一般调查中，调查对象文化程度分布广泛，生僻、专业的词语会阻碍被调查者对问题的理解。例如，某保险公司调查顾客对本公司业务的印象，询问："请问你对本公司的理赔时效是否满意？""请问你对本公司的展业方式是否满意？"许多被调查者不明白什么是"理赔时效"和"展业方式"，即便给出答案也没有意义。再如"促销效果""分销渠道"等术语，对于某些消费者，不易接受。必须使用时，应进行定义和说明。

（二）避免出现诱导性提问

提问尽量客观，问卷中的问题必须保持中立，不能问带有倾向性的问题。如问"××品牌的手机质优价廉，你是否准备选购？"这样不能反映消费者对商品的真实态度和真正的购买意愿，所以产生的结论也缺乏客观性，结果可信度低。再如："环境保护很重要，你认为有进行环境保护的必要吗？"这种提问向被调查者提示答案的方向，或暗示出调查者自己的观点，在有外界压力存在的情况下，被调查者提供的是符合压力施加方偏好的答案，而不是他自己真正的想法。这是提问的大忌，常常会引出和事实相反的结论。问题要中性化，避免诱导性提问，褒义词、贬义词、否定问题都应尽量避免。带有倾向性的问题有两种：一种是权威倾向性问题，如"大多数教师认为中学生不能抽烟，你是否同意这一观点？"另一种是叙述倾向性问题，如"现在的小学生作业负担太重，你认为是吗？"对于这样的问题可进行中性化的处理，即修改剔除问题的倾向性。

（三）问题要准确具体，避免用笼统的、不确切的、一般的词

问题设计应避免使用含糊不清的句子和语意不清的措辞，使受测者费解。文字要表达

准确，不应使被调查者有模糊认识，有些问题含有偶尔、许多、大致、普通、经常、一些、很多、相当多、几乎这样的词，以及一些形容词，如"美丽"等。不同被调查者的理解显然也是不同的。使用"你通常喜欢选购什么样的帽子？"就是用词不准确，因为"通常""什么样"的含义，不同的人有不同的理解，回答各异，不能取得准确的信息。如"你认为目前教师的待遇够好吗？""待遇"和"够好"都属语意不清。下列的问法就属于模糊的语句：你经常穿T恤衫吗？你爱穿羽绒服吗？你经常喝汽水吗？这样的模糊问法，被调查者也不好回答。还有些定义不清的问题会产生歧义，使被调查者无所适从。如家庭人口有常住人口和生活费开支在一起的人口。收入是仅指工资，还是包括资金、补贴、福利、其他收入。如果调查者对此没有很明确的界定，调查结果也很难达到预期要求。因此这些词应用定量描述代替，以做到标准统一。

（四）避免提带有双重或多重含义的问题

要想得到较高的回答率，需要有良好的提问技巧。一个问题对于每个被调查者而言，应该代表同一主题，只有一种解释、一个含义。一个问题中如果包含过多的访问内容，会使被调查者无从答起，也会给统计处理带来困难。例如，"雕牌洗衣粉是否清洁又不伤衣服？"可能会得到不同答案。如询问消费者"你对该商场产品的价格和服务质量满意还是不满意？"该问题实际上包括商品价格和服务质量两个方面的问题，结果"对价格不满意""对服务不满意"或"对价格和服务不满意"的被调查者可能都回答"不满意"，该结果显然得不到客户想了解的信息。因而，一个问题只能提问一个方面的情况，否则容易使回答者不知如何作答。应该避免提问被调查者不易理解，避免模棱两可的问题。所以一次应该只询问一个问题，不要使被调查者无从选择。

以上是问卷设计中应该注意的一些比较突出的问题，当然还有其他很多问题存在，有些是调查人员难以预料的，这就要求调查人员反复斟酌，在构想每项问题之后，要尽量详尽地列出问题，然后对问题进行检查、筛选，以便进行删、补、换。

【思考与练习】

1. 中美贸易战对我国铁矿石带来什么样的影响？
2. 宁波港的快速发展对宁波的大宗商品带来良好的效应，具体表现在哪些方面？
3. 基于2018年天然气相关贸易的数据，并结合相关政策，分析天然气产业的影响因素？

第三章 大宗商品经济分析

第一节 宏观经济分析

一、宏观经济分析方法

大宗商品宏观经济分析是以宏观经济理论为基础,建立一定的分析框架,利用各种经济数据,分析整体经济运行以及宏观经济政策,为大宗商品价格走势提供预测和建议。宏观经济分析方法一般有:总量分析法、结构分析法、比较分析法。

总量分析法是对影响宏观经济运行总量指标的因素及变动规律进行分析,如对国内生产总值、消费额、投资额、银行信贷规模及物价水平的变动规律的分析,以及对各总量指标间相互关系进行分析,进而说明整个经济的状况及变动趋势。总量是反映整个社会经济活动状况的经济变量,包括两个方面。一是个量的总和。例如,国内生产总值是一个国家(或地区)所有经济主体新创造价值的总和,总投资是全社会私人投资和政府投资的总和。二是平均量或比例量。例如,价格水平主要指经济体中商品和服务的价格经过加权后的平均价格,用价格指数可以衡量任何一个时期与基期相比,物价总水平的相对变化。总量分析考察总量指标在时间维度上的变化规律,主要是一种动态分析;但总量分析也包括考察同一时间跨度内各总量指标间的相互关系,所以总量分析也包括静态分析。

结构分析法是指对经济系统中各组成部分及其对比关系变动规律的分析。如消费和投资结构分析、经济增长中各因素作用的结构分析等。结构分析主要是一种静态分析,即对一定时间内经济系统中各组成部分变动规律的分析。如果对不同时期内经济结构变动进行分析,则属于动态分析。

比较分析法是对不同经济体的经济总量或经济系统内部构成之间的相同和差异进行对比分析,如对中美两国间 GDP 总量、结构差异进行对比分析,进而说明不同经济体的经济状况及变化趋势间的差异,比较分析法是总量分析法和结构分析法的综合运用。

二、宏观经济指标

宏观经济分析通常是利用经济指标来阐述经济发展状况。经济指标是反映一定经济结果的一系列数据和比例关系。宏观经济学是分析师进行宏观经济分析的理论基础，在依据宏观经济理论构建分析框架后，更具体的工作就体现在对经济指标的分析和解读方面。这里将指标大致分为：

（1）经济总体指标，此类指标主要反映经济总体运行情况。

（2）需求类指标，反映投资和消费状况的指标都列入此类。

（3）货币类指标，这是指和货币政策有关的指标。

（4）财政类指标，这是指与财政政策有关的指标。

（5）其他指标。将在大宗商品投资分析中经常使用，但不适合前面分类的归入其他指标，本书主要介绍部分经济领先指标以及市场运行指标。市场运行指标并非严格意义的经济指标，但与大宗商品市场关系密切，可以将它们作为"准经济指标"使用，包括美元指数以及部分商品价格指数。

（一）经济总体指标

经济总体指标包括国内生产总值、工业增加值、失业率、价格指数、国际收支等。

1. 国内生产总值（GDP）

国内生产总值是指一个国家（或地区）在一定时期内所生产的全部最终产品或服务的市场价值。国内生产总值衡量整个经济的运行状况，是反映国民经济活动情况最常用的综合性指标，主要用于分析、研究一国的经济增长速度、总供求状态、经济结构等，同时它又是进行国际经济比较的一项重要指标。国内生产总值有三种核算方法，即生产法、收入法和支出法。这三种方法分别从不同的方面反映国内生产总值及其构成。在宏观经济分析中采用支出法计算 GDP 的公式 $GDP = C + I + G + NX$ 会被经常使用。式中，C 为消费，I 为投资，G 为政府购买，NX 为净出口。国内生产总值的增长率一般用来衡量经济增长速度，反映一定时期经济发展水平变化程度的动态指标。

2. 工业增加值

工业增加值是工业企业在报告期内以货币表现的工业生产活动的最终成果，是工业企业生产过程中新增加的价值。增加值是国民经济核算的一项基础指标，各部门增加值之和即是国内生产总值。工业增加值有两种计算方法：一是生产法，即工业总产出减去工业中间投入。二是收入法，即根据生产要素收入计算，等于固定资产折旧、劳动者报酬、生产税净额与营业盈余之和，这种方法也称要素分配法。

3. 失业率

失业率是失业人数占劳动力的比例。在美国，人口统计局每个月都会进行当期人口调查，收集计算失业率所需的信息。通常对美国 6 万个家庭进行调查，统计每一位 16 岁及其以上的家庭成员的就业状况。美国劳工部劳动统计局（BLS）根据相关信息来计算每月的失业率。在我国，根据统计制度规定，失业人口是指非农业人口中在一定年龄段内（16 岁至法定退休年龄），有劳动能力、在报告期内无业并根据劳动部门"就业登记规定"在当地劳动部门进行求职登记的人口。统计部门公布的失业率为城镇登记失业率，即城镇登记失业人数占城镇从业人数与城镇登记失业人数之和的百分比。

4. 价格指数

价格指数是衡量物价总水平在任何一个时期相对于基期变化的指标。物价总水平，是指商品和服务的价格经过加权后的平均价格，通常用价格指数来衡量。最重要的价格指数包括居民消费价格指数（CPI）、生产者价格指数（PPI）。

居民消费价格指数反映一定时期内城乡居民所购买的生活消费品价格和服务项目价格变动趋势和程度的相对数，是对城市居民消费价格指数和农村居民消费价格指数进行综合汇总计算的结果。利用居民消费价格指数，可以观察和分析消费品的零售价格和服务价格变动对城乡居民实际生活费支出的影响程度。

生产者价格指数是工业生产产品出厂价格和购进产品在某个时期内变动的相对数，反映全部工业生产者出厂和购进价格变化趋势及幅度。中国生产者价格指数由工业生产者出厂价格指数和工业生产者购进价格指数两部分组成。由于种种原因，严格意义上的生产者价格指数暂时无法统计出来。目前，中国以工业品出厂价格替代生产者价格。因此，生产者价格指数也被称为工业品出厂价格指数。

美国劳工部公布的价格指数数据中还有核心 CPI 和核心 PPI，这两项数据同 CPI 和 PPI 数据的区别在于都剔除了食品和能源成分。之所以剔除，是因为食品和能源受临时因素影响较大，如反常气候、石油工业的短暂中断等，而这两项分别占 CPI 和 PPI 的 25% 和 40% 左右。核心 CPI 是美联储制定货币政策较为关注的一个数据，一般认为核心 CPI 涨幅低于 2% 属于安全区域。

价格指数变化对于市场的影响，除了价格自身对供求关系进行调节外，它还能强化或改变市场对于通货膨胀或通货紧缩的预期，并且促使市场利率发生变化，间接影响到汇率。居民消费价格指数还是中央银行制定货币政策、调节经济运行的重要判断依据。生产者价格指数追踪的是企业在所有生产阶段所购买的产品和服务价格。如果这些产品和服务的价格增加，企业生产最终产品和服务的成本也就相应增加，这会导致企业上调消费者购买的产品和服务价格。因此，生产者价格指数的变动可以影响居民消费价格指数的走势。投资者也可以根据价格指数判断经济状况及市场运行情况，从而适当调整投资策略。

5. 国际收支

国际收支是指特定时期（一年或一个季度）一国居民与非居民之间经济交易的系统记录。国际收支所记录的经济实体之间的经济交易，在统计上反映为居民与非居民之间的经济交易。居民是指在该国居住达一年以上的个人和法人，后者包括政府、企业和非营利团体。国际收支是一种流量概念，反映的是两个时点之间存量的变化额。它所反映的内容是经济交易，包括商品和劳务的买卖、物物交换、金融资产之间的交换、无偿的单向商品和劳务的转移，以及无偿的单向金融资产的转移。

国际收支平衡表反映一个国家的国际收支情况。国际收支平衡表基本结构包括经常项目、资本项目与平衡项目。其中，经常项目反映一国与他国之间实际资源的转移，与该国国民收入账户具有密切的联系。经常项目具体包括商品、劳务、收益、经常转移。资本项目反映一国与他国之间的金融资产的相互转移，与该国的国际借贷有着极其密切的关系。平衡项目中包括错误与遗漏、官方储备等项目。官方储备是指一国国际收支出现顺差或逆差时，该国货币当局所拥有的、可以用来平衡国际收支的储备资产，包括货币黄金、外汇、分配特别提款权和在国际货币基金组织的储备头寸的增减。错误与遗漏是一个人为的项目，用来轧平国际收支平衡表中由于统计疏漏而引起的借贷差额。

进口和出口是国际收支中最主要的部分。进出口贸易对于宏观经济的影响主要体现在经济增长、商品及原材料需求以及汇率等方面。进口量保持高增长则意味着对经济体之外的需求增加，如果进口产品中基础原材料占比较高，并且在国际市场中的份额较大，则会推升国际市场大宗商品价格，最近几年大宗商品市场影响巨大的"中国因素"就是这方面的体现。如果不但进口增长，出口也保持高增长，且出口量持续高于进口量，则意味着经济总量的扩张，总需求也会相应增长。在贸易收支一直保持顺差，也即净出口的情况下，本国货币趋于升值。

（二）需求类指标

需求类指标包括全社会固定资产投资、新屋开工和营建许可、社会消费品零售总额。

1. 全社会固定资产投资

固定资产投资是社会扩大再生产的手段。固定资产投资额是企业为了生产其他产品而在新厂房、新设备、新商业用房以及新住宅上的支出，它是反映固定资产投资规模、速度、比例关系和使用方向的综合性指标。全社会固定资产投资按经济类型可分为国有、集体、个体、联营、股份制、外商、港澳台商、其他等。按照管理渠道，全社会固定资产投资总额分为基本建设、更新改造、房地产开发投资和其他固定资产投资四个部分。根据固定资产投资的资金来源不同，分为国家预算内资金、国内贷款、利用外资、自筹资金和其他资金来源。固定资产投资增长率、房地产开发投资及增速、房地产开发投资完成额等是比较常用的指标。投资是GDP中变动最大的一部分，也是度量经济"热度"最直观的指标。在一般的市场经济中，衰退时期的总需求下降大部分是因投资支出的下降引起的。经济过热时期，总需求的增加大部分是因投资支出的增加引起的。因此，尽管投资在总需求中不是最大的一部分，由于其频繁波动的特点，投资对于经济周期起着至关重要的作用。投资的变化一方面能够直接扩大或减少对于基本金属等工业原材料的需求，从而影响大宗商品价格；另一方面，通过乘数效应影响总需求、经济景气程度以及其他资产价格。

2. 新屋开工和营建许可

新屋开工（housing starts）记录了上个月住宅不动产破土动工的数量。新屋的定义指的是破土动工打新地基的住宅，不包括流动住房、集体宿舍、公寓和长期对外出租的旅馆。营建许可（building permits）指建筑商在开工前，从当地政府取得的书面许可证书。通过查看营建许可的发放情况，我们知道将有多少计划中的建筑工程在何处开始动工。新屋开工率与营建许可增加，显示出市场景气看好，对于生产资料的需求增加。美国商务部普查局于每月的16~19日间公布相关数据。

3. 社会消费品零售总额

社会消费品零售总额是指国民经济各行业直接售给城乡居民和社会集团的消费品总额。它是反映各行业通过多种商品流通渠道向居民和社会集团供应的生活消费品总量，是研究国内零售市场变动情况、反映经济景气程度的重要指标。社会消费品零售总额按销售对象划分为两大部分，即居民的消费品零售额和社会集团的消费品零售额。其中，居民的消费品零售额与国民经济核算中的居民消费之间具有密切的联系，前者中的大部分直接构成居民消费，是计算后者的主要数据来源。社会消费品需求是国内需求的重要组成部分，对一国经济增长具有巨大的促进作用。

（三）货币类指标

货币类指标包括货币供应量、基准利率、存款准备金率。

1. 货币供应量

货币供应量是单位和居民个人在银行的各项存款和手持现金之和，其变化反映着中央银行货币政策的变化，对企业生产经营、金融市场的运行和居民个人的投资行为有着重大的影响。银行之外流通中的通货被称为M0。狭义的货币M1包括处于银行之外流通中的通货和活期存款。除狭义的货币M1之外，还有外延较宽的广义货币M2，M2不仅反映现实的购买力，还反映潜在购买力。我国对货币供应量的定义：

M0：流通中的现金。

M1：M0 + 活期存款，其中活期存款包括企业事业单位活期存款、农村存款、机关团体部队存款。

M2：M1 + 准货币，其中准货币指企业单位定期存款、自筹基本建设存款、个人储蓄存款和其他存款。

M0 – M2 分类是较为通用的货币度量方法，各个国家会根据自身情况做一些具体规定。假如在 M2 基础上再加上大额定期存款和一些流动性较低的金融资产，这种范围更宽的货币通常记为 M3，M3 = M2 + 大额定期存款 + 金融债券 + 商业票据。

中央银行可以通过增加和减少货币供应量调节货币市场，实现对经济的干预。中央银行可以通过对货币供应量的管理来调节信贷供给和利率。当现金货币供给量增加时，存款货币量和货币总额将相继发生变动,在货币供求失衡的情况下,信贷总额趋于增长、市场利率趋于下降,而价格水平趋于上涨。

2. 基准利率

基准利率是在整个利率体系中起主导作用的基础利率。基准利率的水平和变化决定和影响其他各种利率的水平和变化。基准利率是金融市场上具有普遍参照作用的利率,其他利率水平或金融资产价格均可根据这一基准利率水平来确定。基准利率是利率市场化的重要前提之一,在利率市场化条件下,融资者衡量融资成本,投资者计算投资收益,以及管理层对宏观经济的调控,客观上都要求有一个普遍公认的基准利率水平做参考。所以,从某种意义上讲,基准利率是利率市场化机制形成的核心。从宏观经济分析的角度看,利率的波动反映出市场资金供求的变动状况。在经济持续繁荣增长时期,资金供不应求,利率上涨;当经济萧条市场疲软时,利率会随资金需求的减少而下降。

3. 存款准备金

存款准备金是指金融机构为保证客户提取存款和资金清算需要而准备的资金,金融机构按规定向中央银行缴纳的存款准备金占其存款总额的比例就是存款准备金率。存款准备金分为法定存款准备金和超额存款准备金。法定存款准备金比率由中央银行规定,是调控货币供给量的重要手段之一。超额准备金比率由商业银行自主决定。在我国,人民银行对各金融机构法定存款准备金按旬考核,根据上旬末一般存款余额,金融机构按法人统一存入人民银行的准备金存款低于法定存款准备金比率的,人民银行对其不足部分按每日万分之六的利率处以罚息。

存款准备金制度是在中央银行体制下建立起来的,世界上美国最早以法律形式规定商业银行向中央银行缴存存款准备金。存款准备金制度的初始作用是保证存款的支付和清算,之后才逐渐演变成为货币政策工具,中央银行通过调整存款准备金率,影响金融机构的信贷资金供应能力,从而间接调控货币供应量。

(四)财政类指标

财政类指标包括财政收入、财政支出、赤字或盈余。

1. 财政收入

财政收入是政府为满足支出的需要,依据一定的权力原则,通过国家财政集中的一定数量的货币或实物资产收入。财政收入是一定量的公共性质货币资金,即财政通过一定筹资形式和渠道集中起来的由国家集中掌握使用的货币资金,是国家占有的以货币表现的一定量的社会产品价值。财政收入的来源包括:各项税收、公共收费、国有资产收益等。财政收入的变化和经济周期相关联,在经济增长速度较快时期,经济活动会为财政收入提供较多的财源,而在经济增长率下降或出现负增长时,财政收入的增长会受到相应限制。值得注意的是,在不同的税制结构和财政收入体系下,财政收入的增长与经济周期的变化不完全同步。比如,在实行累进所得税制的地方,当经济增长时,财政收入会增长得更快;

当经济增速减缓或下降时,财政收入可能会下滑得更多。

2. 财政支出

财政支出是政府为提供公共商品在一个财政年度内耗费的资金总和,在动态上表现为政府进行的财政资金分配、使用、管理活动和过程。财政支出可以分为两部分:一部分是经常性支出,包括政府的日常性支出、公共消费产品的购买、经常性转移等;另一部分是资本性支出,包括政府在基础设施上的投资、环境改善方面的投资以及政府储备物资的购买。经常性支出的扩大可以扩大消费需求,其中既有个人消费需求,也有公共物品的消费需求;资本性支出可以扩大投资需求。所以在需求结构调整时,通过调整财政的支出结构就能对总需求产生效应。

3. 赤字与盈余

财政收入高于财政支出的部分称为财政盈余,而财政收入低于财政支出的部分则是财政赤字。如果财政赤字过大,就会引起社会总需求的膨胀和社会总供求的失衡。财政赤字或盈余也是宏观调控中应用最普遍的一个经济变量。

(五)其他经济指标

其他经济指标包括:领先指标、美元指数、商品价格指数、其他商品指数。通过处理那些对近期商业环境变化高度敏感的数据,部分机构定期公布领先指标,用以预测经济的短期运动。由于领先经济指标具有很强的前瞻性,因而深受市场人士关注。具体的领先指标有 ISM 采购经理人指数、中国制造业采购经理人指数、OECD 综合领先指标。ISM 采购经理人指数是美国供应管理协会(Institute of Supply Management,ISM)每个月定期发布的一项经济领先指标。ISM 指数分为供应管理协会制造业指数和供应管理协会非制造业指数两项。ISM 制造业指数由一系列分项指数组成,其中以制造业采购经理人指数(PMI)最具有代表性。PMI 是一个综合指数,计算方法全球统一,由 5 个扩散指数加权而成;各指数的权重分别是:新订单 30%、生产 25%、就业 20%、供应商配送 15%、存货 10%。ISM 采购经理人指数对于评估经济周期的转折较为重要。它以百分比为单位,通常以 50% 作为经济强弱的分界点。一般而言,当 ISM 采购经理人指数超过 50% 时,被认为是制造业和整个经济都在扩张;当该指数在 50% 以下但在 43% 以上时,意味着生产活动收缩,但经济总体仍在增长;而当其持续低于 43% 时往往预示着生产和经济可能都在衰退。ISM 一般在每月的第一个工作日公布上个月份的采购经理人指数数据。在 ISM 公布前一天,将会公布芝加哥采购经理人指数(Chicago PMI),市场往往会就芝加哥采购经理人指数的表现来对 ISM 采购经理人指数作出预期。除了对整体指数的关注外,其中的就业指数常被用来预测失业率及非农业就业人口的表现。

中国制造业采购经理人指数是由国家统计局和中国物流与采购联合会共同合作编制,每月的第一个工作日为发布日。按双方协商的合作分工,国家统计局企业调查总队负责数据的调查采集和加工处理;中国物流与采购联合会和中国物流信息中心负责数据分析、商务报告的撰写并对社会发布。该指数系列共包括 11 个指数：新订单、生产、就业、供应商配送、存货、新出口订单、采购、产成品库存、购进价格、进口、积压订单，中国的制造业 PMI 也是由其中五个分项指数计算而得到的一个综合指数。作为中国第一个 PMI，该指数自 2005 年发布以来日益受到市场关注。

OECD 综合领先指标（composite leading indicators，CLI）。由经济合作与发展组织（OECD）按照一定标准将国民经济各领域的指标数据合成后构建而成，以反映一个国家宏观经济发展周期的领先指标。OECD 综合领先指标是为了提供经济活动扩张与缓慢转折点的提前信号而设计的，对未来经济发展具有预测功能，能够较好地预示这些国家的经济发展情况。每月第一周的星期五发布数据，报告两个月前的活动。

1985 年 11 月 20 日，当时的纽约棉花交易所（NYCE）正式推出美元指数期货交易，尽管比外汇期货晚出现了 13 年，但由于满足了市场需求，不仅获得了成功，也使美元指数成为市场人士十分关注的一个重要经济指标。美元指数最早由美联储制定并发布，但由于总部位于美国佐治亚州的洲际交易所（ICE）的美元指数影响较大，故市场上所说的美元指数通常是指 ICE 的美元指数期货，或者是根据 ICE 指数规则计算的美元指数现货，并和美联储发布的各种美元有效汇率有所不同。

商品价格由于受多种因素的影响，可能会上升也可能会下降。这些商品价格的变动程度，可以通过其本身涨落的多少直接反映出来。但要综合观察这些商品价格的变动对商品价格总水平的影响有多大，就必须通过价格指数来显示。在过去 50 多年间，路透商品研究局指数（简称 CRB 指数）是最广为认同的全球商品市场基准指针。CRB 指数的历史可以追溯到 1957 年，当年美国商品研究局（Commodity Research Bureau）建立了商品指数并首次刊载于 1958 年的 CRB 商品年报。自此，随着全球经济逐步成长和演变，该指数经历了多次修订以反映市场变化。1986 年纽约期货交易所（1998 年被 NYBOT 兼并）和 CRB 合作推出了世界第一个商品指数期货产品。在初期阶段，该指数主要侧重于农产品。2001 年路透获得该指数所有权，2005 年路透与 Jefferies 金融产品公司进行合作，对 CRB 指数进行了第十次修订，也是迄今最近的一次修订，RU/CRB 指数于 2005 年 6 月 20 日正式推出，其期货合约于同年 7 月 12 日正式开始交易。原来的路透 CRB 商品指数，根据 1995 年第九次修订设立的商品指数更名为"连续商品指数"（the continuous commodity index，CCI），其期货合约也还继续交易。随着洲际交易所对 NYBOT 的收购，RJ/CRB 和 CC 的期货合约均在洲际交易所挂牌交易。

其他较著名的商品指数还有：标普高盛商品指数（S&P GSC）、道琼斯－UB 商品指数（DJUBS）、JP 摩根商品指数（JPMCI）、德意志银行商品指数（DBCI）、罗杰斯国际商品指数（RICI）。其中，高盛商品指数（GSC）创建于 1991 年，被认为是继 RJ/CRB 后最重要的商品指数，也是资金跟踪量最大的商品指数。高盛商品指数最显著的特点是其对能源价格赋予很高的权重，目前，能源品种占了该指数 70% 的权重，这个特点提升了该指数的波动性。在 2018 年标普高盛商品指数中，LME 铜只占 4.43%，铝只占 3.63%，铅锌镍则更少，基本金属共占 9.61% 权重①。与标普高盛商品指数相比，道琼斯-UBS 商品指数的设计最明显的特点是其多样性，该指数中没有一种商品其权重超过 33% 或者小于 2%，这也是为了平衡标普高盛指数偏重于能源的缺陷。

三、宏观经济周期和通货膨胀

（一）宏观经济周期

上述详细介绍了表述经济运行状况的各种指标。还有一些其他的非数据类型指标对经济的运行也有很重要的影响和指导意义，如经济周期、汇率水平、政府政策等。汇率对大宗商品的影响将在本章第二节金融分析中阐述，政府政策将在本章第三节政策分析中阐述。经济增长是指一国生产的商品和提供劳务的总量即国内生产总值（GDP）的增加或人均国内生产总值的增加。经济增长常常表现出周期性的特征，表现为经济扩张时期和经济衰退时期，其相互交替的现象就是经济周期。准确判断宏观经济所处阶段是大宗商品市场分析的基础。

每个经济周期大致可以分为如下四个阶段：繁荣（经济活动扩张或向上阶段）、衰退（由繁荣转为萧条的过渡阶段）、萧条（经济活动的收缩或向下阶段）、复苏（由萧条转为繁荣的过渡阶段）。在宏观经济运行良好的条件下，投资和消费增加，需求增加，大宗商品价格会呈现不断攀升的趋势；反之，在宏观经济运行恶化的背景下，投资和消费减少，社会总需求下降，大宗商品价格往往呈现出下滑的态势。

（二）通货膨胀

物价水平通常呈现趋势性特点——持续上涨或持续下跌，也即通货膨胀或者通货紧缩，它们是经济现象但并非简单的货币现象。稳定物价是政府的宏观经济政策目标之一，物价水平趋势性的变化会对经济运行产生影响，利率、汇率等经济指标也会出现相应变化，大宗商品的价格走势也会受其影响。凯恩斯之后，大多数西方经济学家把通货膨胀定义为物价总水平的持续显著上升，习惯上用 CPI 作为判定通货膨胀指标。通货紧缩与通货膨胀相对立，表现为一般物价水平的持续显著下跌。20 世纪 30 年代大危机以后，财政政策的作用日益扩大，通货紧缩的压力很小，其危害已经远远被人们所忽视。90 年代，随着生产力的发展，政府对于经济的干预程度减弱，通货紧缩格局再次呈现。事实上，"通货紧缩"与"通货膨胀"一样，对经济可持续发展和社会进步都会产生不利影响。

一般认为，温和的通货膨胀可以促进经济增长。当经济长期处于有效需求不足所导致的生产要素尚未充分有效利用、劳动者没有充分就业等情况下时，实施扩张性货币和财政

---

① https://www.etfstrategy.com/sp-dow-jones-indices-announces-sp-gsci-composition-for-2018-49376.

政策，同时保持温和的通货膨胀对促进经济增长具有积极的作用。第一，在保持温和通货膨胀的前提下，政府通过从中央银行借款（相当于政府征收通货膨胀性税）增加财政收入并将其用于投资，从而刺激总需求，促进经济增长；第二，在温和通货膨胀下，产品价格的上涨速度一般总是快于名义工资的提高速度，将会增加企业的利润并刺激企业投资，从而促进经济增长；第三，温和通货膨胀会产生收入再分配效应，由于富裕阶层的边际储蓄倾向比较高，通货膨胀会通过提高储蓄率而促进经济增长。经济增长必然会对大宗商品市场运行产生影响，从而对其价格变动产生影响。一般说来，温和的通货膨胀会促进大宗商品价格的上涨，本币升值，利率水平保持一定的水平。

恶性的通货膨胀不可避免地会对经济增长产生很大的消极作用。第一，在持续性通货膨胀过程中，难以预测的通货膨胀率会带来极大的不确定性，使得许多决策者放弃资本投资，结果导致市场效率降低，从而影响经济增长；第二，不同商品价格调整所需时间的不同，未预期到的通货膨胀率的变动将改变相对价格以及物价总水平，从而扭曲价格传递的信息，进而降低资源配置效率；第三，由于投资者很难准确预期高通货膨胀对财富产生的持续影响，他们会将资源投资到可以保值的资产中，例如金、银和艺术品，而不是进入生产性投资中去，从而抑制经济增长。恶性的通货膨胀会破坏经济的正常运行体系，使得实体经济运行发生紊乱。

通货紧缩对于经济增长的影响与经济周期密切相关，经济发展处于正常状态时，通货紧缩不会带来重大困难；当经济处于衰退时，通货紧缩会增加经济复苏的难度。如果价格水平的下降是由生产力全面进步所产生的，这对于经济发展是件好事，因为更高的效率不仅有助于企业降低成本和价格，而且有利于企业获得更多的利润。一般而言，生产力的提高所产生的通货紧缩是短期的，并且商品下跌的幅度大多可以容忍。在特定情况下，通货紧缩会加速经济衰退。首先，通货紧缩增加了货币的购买力，促使人们增加储蓄减少支出，消费支出受到抑制；其次，通缩期间实际利率水平增长，资金成本增加，投资项目实际收益率减少，社会投资支出减少；最后，商业活动停滞使就业率和名义工资倾向下降，而居民收入减少会进一步减少消费支出，导致经济运行进入恶性循环。

了解当前经济发展状况，将当前经济运行用经济模型的手段来研究大宗商品状况和演变趋势。但影响大宗商品价格的因素有很多，各种影响因素对价格的影响程度究竟有多大，如果不做定量分析，仅凭个人经验及主观判断是很难回答的，甚至会发生错误判断。根据研究目的的不同，经济模型可以分为两大类：数理模型和应用模型。数理模型主要应用于经济理论研究，而应用模型主要用于研究实际经济问题。此类模型的参数一般要有具体的数值。数理模型是应用模型的必要基础，任何一个有效的应用模型都是建立在严格的理论模型基础之上的。根据建立模型方法的不同，模型又可分为经济计量模型、投入产出模型和数学规划模型等。本章节研究的是应用经济计量模型。经济计量模型是在一定经济理论的背景下，通过数学和统计学手段，来描述各种经济行为和揭示各个经济变量之间的变动规律。它是研究经济结构关系及其变动趋势、预测经济发展、模拟和评价经济政策的一种有力工具。宏观经济模型的构建过程就是对经济运行解析和推理的过程。一般来说，由宏观经济着手，从经济周期、经济运行状况、经济政策作用的层次来分析对大宗商品的影响，并对未来经济发展进行预测。

第二节　金融分析

一、统计分析方法

数据分析中常用的学科是统计学。统计分析在现代金融理论的发展和实践中有着广泛的应用。现代金融的开创者马科维茨在1952年的博士论文中，研究了不确定条件下的证券组合选择理论，利用概率论和数理统计的有关理论，构造了证券投资组合的分析模型框架，例如，将证券的未来价格视作随机变量，证券的收益和风险分别可以用收益率的数学期望和方差来度量，特别正式提出利用证券收益率的方差度量证券投资的风险，同时在证券投资组合中要分析不同证券之间的相关性。1964年，威廉·夏普（Wlliam F.Sharpe）等学者提出的资本资产定价模型（CAPM）也使用这些统计语言和方法，揭示了在一定条件下资产的风险溢价、系统风险和非系统风险的定量关系，为现代风险管理提供了重要的理论基础。由于广泛应用了数学、统计学等定量方法，这一阶段的金融理论被称为华尔街的第一次数学革命。由此可见，这些投资组合理论的产生与发展显示了统计分析方法在金融投资领域应用的强大生命力。

统计学自20世纪经历严谨的数学化之后，作为非常重要的方法，在相关领域和行业建立了有效的应用，在经济学和金融学中应用更为广泛。统计理论与方法，通过定量模型研究经济金融现象和行为，已成为研究金融的重要方法之一。如在计量经济学领域，据不完全统计，自诺贝尔经济学奖设立以来的几十位获奖者中，超过半数的经济学家都是来自统计计量领域。

统计分析在研究宏观经济周期和影响因素方面有着广泛的应用。国外很多机构为了更好地把握宏观经济对商品市场的影响，纷纷建立量化宏观经济体系，例如瑞银集团（UBS）就建立了一套宏观经济打分体系，也可以采用回归模型和PCA方法量化宏观经济影响因素。此外还采用HP滤波、分形等方法对宏观经济周期进行定量研究。构建投资组合的主要方法包括马科维茨的最小均值方差模型、基于VaR约束模型、Black-Litterman模型等；常用的战术资产配置方法主要包括基于行业景气周期的商品轮动模型、基于商品特征的风格轮动模型等；实务界和学术界开发了很多模型用于商品择时，如传统的计量经济学GARCH族模型、马尔可夫过程等，来自于行为学的均值回归模型、羊群效应等。

在金融投资中采用的市场中性策略也用到统计分析方法。市场中性策略是通过构建没有风险暴露的多空组合来追求绝对收益。经典的计量经济学理论为研究市场中性策略提供了很多方法，如协整方法、ARMA 模型、GARCH 族模型、SV 模型等，也可以为价差序列和收益率序列的未来变动提供预测。

二、统计分析方法介绍

统计方法在大宗商品价格分析中有着大量的应用。一般来说，商品价格预测的分析方法主要有如下几种：德尔菲法（专家预测法）、回归分析法、时间序列分析法、组合模型分析法等。

（一）德尔菲法

德尔菲法是一种介于定性和定量之间的分析方法，是系统分析方法在意见和价值判断领域内的一种延伸，是将专家个人调查法和专家会议调查法相结合的一种新型的专家预测方法。此方法是一种直观预测法，因为及时性和准确性方面存在一定的缺陷，在价格预测中使用较少。

（二）相关关系分析法

在经济领域中，经济变量受随机因素的影响很大，它们之间的关系主要表现为相关关系。相关关系的变量之间，尽管没有确定性的关系，但当对现象的内在联系及其数量间的规律性了解得越深刻，相关关系越有可能转化为或借助函数关系来描述。相关分析就是对变量之间的相关关系的分析，其任务就是对变量之间是否存在必然的联系、联系的形式、变动的方向作出符合实际的判断，并测定它们联系的密切程度，检验其有效性。

由于客观事物的联系和变化复杂多样，变量之间的相关关系也有多种形式。一般来说，相关关系有如下分类：

（1）按研究变量的多少划分，有一元相关（也称单相关）和多元相关（也称复相关）。

（2）按照变量之间依存关系的形式划分，有线性相关和非线性相关。

（3）按变量变化的方向划分，有正相关和负相关。

（4）按变量之间关系的密切程度区分。当变量之间的依存关系密切到近乎函数关系时，称为完全相关；当变量之间不存在依存关系时，就称为不相关或零相关。

相关分析常用的方法包括散点图法、相关系数法等。散点图是描述两个变量之间关系的一种直观方法，常见的相关关系表现形态有线性相关、非线性相关、完全相关与不相关等。

对两个变量而言，如果变量之间的关系近似地表现为一条直线，则称为线性相关；如果变量之间的关系近似地表现为一条曲线，则称为非线性相关或者曲线相关；如果一个变量的取值完全依赖于另一个变量，各个观测点落在一条直线上，称为完全线性相关，这种相关关系实际上就是线性函数关系；如果两个变量的观测点很分散，无任何规律，则表示变量之间没有相关关系。在线性相关关系中，若两个变量的变动方向相同，一个变量的数值增加（减少），另一个变量数值也随之增加（减少），则称为正相关；若两个变量的变动方向相反，一个变量数值增加（减少），另一个变量数值随之减少（增加），则称为负相关。

通过散点图可以直观判断两个变量之间有无相关关系，并对变量间的关系形态作出大致的描述，但散点图不能准确反映变量之间的关系强度。因此，为度量两个变量之间的关系强度，需要计算相关系数。相关系数是说明两个变量之间线性相关程度的统计指标。若相关系数是根据总体全部数据计算的，称为总体相关系数。但是，相关分析仅仅是从统计数据上度量变量间的相关程度，没有进一步分析变量之间是否存在因果关系。

（三）回归分析法

1. 回归分析法概述

回归分析方法在商品价格分析实践中是最基础的分析方法。回归分析方法是确定变量间相互作用与影响的建模方法。当影响因素为多个时，回归分析方法有多元线性回归模型和多元非线性回归模型两种。由于影响价格的外部因素众多，它们与价格的关系可能是线性的，也可能是非线性的。基本思路是建立期货价格的统计模型，选择影响商品价格变化的因素，一般来说，影响商品价格的因素有很多，包括宏观经济因素、供需基本面因素、相关市场因素等，从因果关系的角度来选择解释变量为建立模型提供了新的视角，并根据市场的发展变化及时修正完善模型，以提高对商品价格进行预测的能力。由于考虑的因素较全面，引用了统计量的理论和工具，因而这样的价格研究方法更为科学。回归分析的难点在于需要非常完备的数据库和较高的数据处理与分析能力。

2. 模型假设与建立

当影响因素比较单一时，可以考虑简单的一元线性回归模型。一元线性回归分析是建立在一系列的假设基础上的。

这些假设包括对于自变量 x 的假设以及对随机误差项 a 的假设，分别为：

假设1：因变量 y 与自变量 x 之间具有线性关系。

假设2：在重复抽样中，自变量 x 的取值是固定的，即假定 x 是非随机的。

假设3：随机误差项 a 的均值为零，方差为常数。

假设4：随机误差项 a 之间是独立的随机变量且均服从正态分布。

如果实际模型不满足这些基本假设，那么进行回归模型参数估计所依赖的普通最小二乘法就不再适用，各种估计量的良好性质难以保证，所以在实际建立模型的过程中，为了确保回归模型的可靠性，对于模型是否满足这些基本假设都要进行检验。

一元线性回归方程：由于随机误差项 a 的均值为零，从一元线性回归模型的形式，可

以看出 $E(y) = \beta_0 + \beta_1 x$，这是描述 Y 的平均值或期望值，将 $E(y) = \beta_0 + \beta_1 x$，称为一元线性回归方程。因此，在仅有一个解释变量的情况下，一元线性回归方程将是一条直线，也称为回归直线。回归方程中的常数 β_0 和 β_1 具有特定的意义。β_0 是回归直线在 y 轴上的截距，即当 x 等于零时 y 的期望值；β_1 是直线的斜率，称为回归系数，表示当 x 每变动一个单位时，y 的平均变动值，例如在一元线性方程中 $Y = 1 + 2x$，回归系数 2 表示 x 变动一个单位将导致 y 平均有两个单位的变化。

根据样本数据和散点图，我们通常采用最小二乘法（OLS）进行参数估计，即确定与散点相联系的最优拟合直线作为回归直线。回归分析中通常采用这种最小二乘法的主要原因：①从理论上讲，最小二乘法可获得最佳估计值；②计算绝对偏差和要比计算平方偏差和难度大；③最小二乘法提供更有效的检验方法；④最小二乘法通过平方后计算得出的较大误差赋予了更大的权重。由于尽量避免出现更大的偏差，该方法通常效果比较理想。

3. 回归分析检验

虽然我们根据样本观测值和最小二乘法获得了一元回归方程的参数值，进而得到回归方程 $Y = \beta_0 + \beta_1 X$，但还不能马上用来做分析和预测，在运用这个回归模型进行各种应用之前还有许多工作要做，必须对模型的合理性、真实性、可靠性进行各种检验。

（1）回归系数的显著性检验。回归系数的显著性检验，也称为变量的显著性检验，目的是对模型中因变量与自变量之间的线性关系是否成立作出判断，以确认自变量 x 对 y 的线性影响是否显著。回归系数的显著性检验就是检验回归系数 β_1 是否为零。即使估计得出的 $\beta_1 \neq 0$，也不能肯定得出两个变量之间存在线性关系的结论，这要看这种关系是否具有统计意义上的显著性。常用的检验方法是在正态分布下的 t 检验方法。

在检验回归系数 β_1 的显著性时，通常更适合采用单边检验。其原因是因变量和自变量之间的关系通常事先知道，在这种情况下，更重要的是检验系数值是否显著大于或小于 0，而不是显著区别于 0。例如，我们知道铜现货价格越高，对应的期货价格也会越高。因此，唯一相关的问题不是 β_1 显著区别于 0，而是其是否能显著大于 0。但是，如果我们只想检验因变量和自变量是否存在相关，而不考虑关系方向的问题，这时应选用双边检验。t 检验法也可用于检验回归直线的常数或截距项 β_0，在这种情况下，目的是检验总体回归直线 Y 轴截距项等于 0 的假设。在实践中，通常不太关注常数项的显著性问题，因此，一般忽略常数项的 t 检验。

（2）拟合优度检验。拟合优度检验的目的是检验回归模型对样本观测值的拟合程度。检验的方法是构造一个可以表示拟合程度的统计量，通过样本数据计算该统计量的数值，然后与某一标准进行比较，得出检验结论。一元回归直线在一定程度上描述了变量 y 与 x 之间的数量关系，根据方程，由自变量 x 的取值来估计或者预测 y 的取值，但是估计或者预测的精确度质量将取决于回归直线对观测数据的拟合程度。各个观测点越是紧密围绕直线，说明直线对观测数据的拟合程度越好，反之就越差。回归直线各个观测点的接近程度称为回归直线对数据的拟合优度。

做好数据分析和量化模型,接下来是利用回归方程进行估计和预测。大宗商品价格的预测在大宗商品分析和投资中具有重要的地位。预测大宗商品价格的方法有很多,其中回归分析就是一种重要的方法。回归方程经过各种检验,表明符合预定的要求后,就可以利用它来预测因变量了。所谓预测就是指通过自变量 x 的取值来预测因变量 y 的取值。一般来说,预测分为点预测与区间预测。

①点预测:点预测就是将 x 的一个特定值 x_0 代入样本回归方程,计算得出对应 y_0 的点预测值。当估计出的回归模型为 $Y = \beta_0 + \beta_1 X$,要预测 $x = x_0$ 时的值,只需将 $x = x_0$ 代入回归模型就可得到 $x = x_0$ 对应的 y 值的预测值 y_0。经济预测一个最常用的方法就是利用样本回归方程进行点预测。一般在具体预测过程中,常用点预测检验样本回归方程的预测能力,如果在样本区间内预测值接近于样本值,说明在样本区间内的预测效果是较好的,一般常用做外推预测,即,用样本之外的点进行预测。

②区间预测:在运用回归方程对因变量 y 进行预测时,不仅仅需要根据自变量 x 的某定值,预测因变量 y 的未来数值,也需要知道一个关于 y 的预测范围来进一步减少预测误差,提高预测精度。这种预测方法就是区间预测。区间预测就是在给定显著性水平 α 的条件下,对于给定 x_0,找到一个区间 (T_1, T_2),使得这个区间包含 y_0 真值的概率为 $1 - \alpha$。用式子表示为:

$$P(T_1 < y_0 < T_2) = 1 - \alpha$$

一般样本容量越大,预测精度越高,反之则越低。样本容量一定时,置信区间的宽度在 x 均值处最小,预测点 x_0 离 x 均值越小精度越高,越远精度越低。

(四)时间序列分析法

时间序列分析法是根据历史数据去探讨事物随时间发展的轨迹,并用以预测未来发展状况的定量分析方法。时间序列分析法主要集中于研究趋势变动和周期变动,或两者兼有。时间序列模型是根据时间序列自身发展变化的基本规律和特点来进行预测的,研究的是市场价格与时间的关系。一般分为四种类型,即自回归过程(AR)、移动平均过程(MA)、自回归移动平均过程(ARMA)、单整自回归移动平均过程(ARIMA)。在时间序列研究中,经济变量的非平稳性研究日益引起人们的注意。金融市场研究中用到的日数据、周数据序列,一般是非平稳的,运用非平稳的数据直接进行简单的回归会导致"伪回归"(spurious regressions)。检查序列平稳性的标准方法是单位根检验,常用的检验方法有 Dickey-Feller 检验方法(简称 DF 检验法)、增广 DF 检验方法(简称 ADF 检验法)和 Phillips-Perron 检验方法(简称 PP 检验法)。

(五)经济计量组合模型法

组合模型指运用时间序列模型和多元回归模型,从市场价格自生发展趋势和外部因素影响两个角度分别对市场价格进行预测。由于角度的不同,它们的结果形成互补的关系,通过运用组合模型来组合这两个预测结果,使预测误差和均方差达到最小,并从两个角度对市场价格进行综合预测,使预测结果的误差和稳定性达到最优。当然,其他新近发展的统计计量理论,比如混沌理论、人工神经网络理论等在金融资产价格预测方面也得到了部分应用与发展。

大宗商品分析中各变量的关系可分为两类:一类是确定的函数关系;另一类是不确定的相关关系,它是指变量之间的不确定的依存关系。非确定性现象间的关系通常表现为相关关系,它与通常的函数关系不同。函数关系是变量之间确定的依存关系;相关关系则不同,它对应于一个变量的某个数值,另一个变量可能有几个甚至许多个数值。例如,储蓄额与居民的收入密切相关,但是由居民收入并不能完全确定储蓄额。因为影响储蓄额的因素有很多,如通货膨胀、股票价格指数、利率、消费偏好等,因此尽管储蓄额与居民的收入有着密切的关系,但它们之间并不存在一种确定性的函数关系。

三、金融市场相关知识

(一)汇率

汇率是一国货币兑换成另一国货币的比率或比价,可视为一种货币用另一种货币来表示的价格。影响汇率的主要因素有经济增长率差异、国际收支状况、通货膨胀率、利率差异、预期因素、中央银行的干预、宏观经济政策差异。这些因素可能相互抵消,也可能相互促进,只有对各种因素进行全面考察,对具体情况做具体分析,才能对汇率变动趋势作出正确判断。大宗商品市场是一个开放的国际市场,大宗商品价格不仅与国际市场商品价格紧密相连,而且受汇率变化影响。同种商品不同计价货币币值发生变化,商品价格也会相应发生变化,汇率将同一商品的国内市场价格与国际市格联系起来。

国际贸易中,大部分商品都以美元标价,若美元贬值,则以美元标值的商品价格上涨。美元贬值意味着其他国际货币的相对升值,如日元和欧元。在那些以日元和欧元标价的大宗商品市场上,伴随着本币不断升值,大宗商品价格涨势受到了抑制。一般而言,美元和大宗商品价格呈负相关性。但汇率变动对不同大宗商品的影响有较大差异。美元与贵金属、基本金属、工业品价格相关性较高,而与农产品类价格相关性较低。有时候,美元走势和大宗商品价格并不完全负相关,会出现齐涨共跌的情况。因为大宗商品还受到宏观经济、供求关系等其他因素的影响,美元影响被弱化。

对一个开放的国家而言,本币贬值,那么以本国货币表示的外国商品价格将上升,相对本国商品变得更贵,消费者倾向于选择更便宜的商品来替代,外国商品被本国商品替代,提升了本国商品的需求量。此外,本币贬值本国商品在国际市场价格相对下跌,有助于提升本国商品在国际市场的竞争力,扩大出口需求。总需求扩大,将增加对相关原材料商品的需求，促进现货价格上涨。本币升值，则将减少本国商品的出口需求而增加对国外商品的进口，出口减少及进口增加会使国内商品价格面临下跌压力。若一国实行浮动汇率制度，两国之间相对汇率变动，会影响到国际商品相对价格及贸易，基于购买力平价理论，汇率会有进行调整的压力，直到两种货币在两个国家的购买力重新相等为止。我国长期保持贸易顺差时，国际收支平衡表经常性账户出现盈余，本币面临升值压力，这时外汇现货价格可能还没有上升，但由于投资者的理性预期以及套利投资者的行为，对外汇需求增加；国际贸易出现逆差的时候，情况刚好相反，外汇市场早期呈现出下跌态势。

（二）证券

股票的估值有相对估值和绝对估值两种。相对估值法主要采用乘数方法，较为简便，如市盈率估值法、市净率估值法等。股市指数的市盈率是指数成分股（剔除亏损股）的总市值与指数成分股净利润之比。相对估值法的优点在于比较简单，易于掌握，同时也揭示了市场对于股票或股市指数价值的评价。但是，在市场出现较大波动时，市盈率、市净率的变动幅度也比较大，有可能对指数的估值产生误导。以市盈率指标为例，市盈率指标较好地综合了成分股收益情况和市场价格，在实际应用中运用广泛，但要注意的是，它是一个动态指标，随着股市的涨跌以及上市公司收益变化而变化，尤其是在动态市盈率的计算中需要合理估计盈利的增长，另外需要将其进行横向比较或纵向比较才能得出有益的结论。绝对估值法主要采用DDM（股利贴现）模型、DCF（现金流贴现）模型和FED模型，计算市场合理估值水平，然后与当前市场估值进行比较，以判断市场的估值水平高低。

影响股票、股指的因素有很多：

1. 经济增长与通胀

在国外成熟市场，股市作为经济周期的先行指标，被称为经济的"晴雨表"。股市周期与经济周期的运行有紧密的关联，股市波动的根源在于经济的周期性运行本身，而经济周期性波动是市场经济不可避免的现象。从根本上说，股票价格反映了人们对未来收益的预期，是股票持有者所有未来收益的折现。因而，整体宏观经济形势走势及其预期，自然就是影响股市最重要的因素之一。经济有着内在的周期性运行规律，即"衰退—萧条—复苏—繁荣—衰退"的循环。一般说来，在经济衰退时期，股票价格会逐渐下跌；到萧条时期，股价跌至最低点；而经济复苏开始时，股价又会逐步上升；到繁荣时，股价则上涨至最高点。

2. 经济政策：货币政策、财政政策

总体上说，宽松的货币政策有利于股市上涨，而从紧的货币政策将使得股市价格下跌。主要逻辑如下：第一，宽松的货币政策为企业生产发展提供充足的资金，促进企业利润上升，从而带动股价上升。第二，宽松的货币政策下，社会总需求增大，刺激生产发展；同时居民收入得到提高，对投资的需求增加，股票价格上扬。第三，宽松的货币政策下，银行利率随货币供应量增加而处于低位，部分资金从银行转移出来流向股票市场，也将扩大股票市场的需求；同时低利率还提高了股票价值的评估，二者均使价格上升。第四，货币供应量的过度增加将引发通货膨胀，适度的通货膨胀或在通胀初期，市场表现出繁荣，企业利润上升，加上受保值意识驱使，资金转向股市，从而导致股价上升。但是，当通货膨胀上升到一定程度，可能使得经济环境恶化，将对股市起反面作用，而且政府可能实施紧缩政策，当市场对此作出预期时，股市将会下跌。

3. 股票市场的供给与需求

长期来看，股票价格由其内在价值决定，但就中短期而言，股票市场的交易价格是由供求关系决定的。成熟市场的供求关系是由资本收益率引导的，而像我国这样的新兴市场，股票价格很大程度上由一定时期内股票的总量和资金的总量的对比力量决定。股票市场供给方面的主体是上市公司，上市公司的数量和质量成了股票市场供给的主要影响因素。上市公司的质量状况影响到股票市场的前景、投资者的收益及投资热情、个股价格及大盘指数变动，这些因素将直接或间接影响股票市场的供给。上市公司的质量和业绩情况也影响到公司本身的再筹功能和筹资规模，从而影响股票的供给。因此，上市公司质量与经济效益状况，是影响股票市场供给的最直接、最根本的因素。上市公司的融资规模（包括 IPO、再融资等）对我国股市的走势尤其是中短期走势有显著影响。股票市场需求即股票市场资金量的供给，是指能够进入股票市场购买股票的资金总量。其受货币供应量、政策因素、投资者规模、资本市场开放等影响。

4. 市场情绪

市场情绪至今还没有一个完整的定义，但是国际上市场情绪的研究已经成为一个热点。许多研究表明，市场情绪对资产定价起到积极作用，并用于观察市场冷热状态；还有研究表明，市场情绪对市场中的短期变动有很好的解释作用。总体来说，市场情绪是反映市场上乐观或者悲观程度的指标，是投资者心理的反映，也是投资者对市场表现的反映。布莱克（Black）和德龙（De Long）提出噪声交易者理论，认为如果存在一些交易者根据市场上的噪声信息而不是基本面信息来交易的话，资产价格就将偏离其根据基本面计算出的内在价值。行为金融学家对这种经典理论进行了讨论，认为投资者是受市场情绪影响的，而且套利的作用是有限的，理性交易者和套利交易者并不一定有能力使得股价趋于基本面，互联网泡沫以及纳斯达克崩盘很好地印证了这两个观点，出奇高涨的投资者情绪推动 20 世纪 90 年代后期科技股价格膨胀至难以用基本面信息进行估值的程度。

VIX 指数即波动率指数，已经成为全球投资者评估美国股票市场风险的主要依据之一，它由芝加哥期货交易所编制，以标普 500 指数期权的隐含波动率加权平均计算得来。VIX 表达了期权投资者未来股票市场波动性的预期，若隐含波动率高，则 VIX 指数越高，显示投资者预期未来股价指数的波动性越剧烈；VIX 指数越低，表示投资者认为未来的股价波动将趋于缓和。由于该指数可反映投资者对未来股价波动的预期，并且可以观察期权参与者的心理表现，是最典型的投资者情绪指标。一般而言，当 VIX 低于 20 点时，表示投资者对后市乐观，不愿为自己的投资对冲风险；相反，当 VIX 高于 20 点则反映投资者对后市缺乏信心。

以上四个方面的分析，还只是就单一因素对股指影响的一般推理。事实上，许多因素通常是相互交织的，分析股指的变动需要把握当时的主要矛盾，抓住市场的主要影响因素，并综合考虑各个因素影响的程度和时间，才能揭示其未来发展方向。

（三）债券

固定利息债券是最普遍的债券形式，它按照票面金额计算利息，票面上可附有作为定期支付利息凭证的息票，也可以不附息票。马尔基尔（Malkiel, 1962）最早系统地提出了债券定价五个原理：

（1）债券的价格与债券的到期收益率成反比例关系。

（2）当市场预期收益率变动时，债券的到期时间与债券价格的波动幅度成正比关系，换言之，到期时间越长，价格波动幅度越大。

（3）随着债券到期时间的临近，债券价格的波动幅度减少，并且是以递增的速度减少；反之，到期时间越长，债券价格波动幅度增加，并且是以递减的速度增加。

（4）对于期限既定的债券，由收益率下降导致的债券价格上升的幅度大于同等幅度的收益率上升导致的债券价格下降的幅度。换言之，对于同等幅度的收益率变动，收益率下降给投资者带来的利润大于收益率上升给投资者带来的损失。

（5）对于给定的收益率变动幅度，债券的息票率与债券价格的波动幅度成反比关系。换言之，息票率越高，债券价格的波动幅度越小。利率期限结构是债券精确定价的基础，它是指某一时间点上不同期限资金的即期利率与其对应的到期期限之间的关系，反映了金融市场上现金流定价的基本原理，即债券价格等于其现金流量根据当下即期利率所折现的现值。影响债券的因素有：经济周期、货币政策（包括利率、存款准备金率、公开市场业务、汇率）、财政政策、债市供求状况（流动性和购买主体及供给）。

第三节 政策分析

在经济体系各部门当中，政府承担着调节经济的职责，各国政府均把经济稳定作为主要目标，通过宏观经济政策对经济运行进行管理。虽然调控的对象是整个国民经济，大宗商品会无可避免地受到影响，或直接或间接，事实上经济政策因素也是影响大宗商品价格最为重要的因素之一。

一、财政政策

财政政策是政府用以调节经济的宏观经济政策之一。财政政策通过改变总需求,进而使经济体的产出发生变化,使国民经济能在新的均衡水平上稳定增长。财政政策是政府为促进就业水平提高,减轻经济波动,防止通货膨胀,实现稳定增长而对政府支出、税收和借债水平所进行的选择,或对政府收入和支出水平所作出的决策。20 世纪 30 年代之前,西方国家普遍信奉的经济理论是:市场机制是万能的,只要让市场机制充分发挥作用,经济就会顺利发展,充分就业状态也会自然而然地出现。因而,政府不应该干预经济,并要求政府的财政支出与财政收入平衡。1929~1933 年世界经济危机标志着资本主义发展进入新的历史阶段,"凯恩斯革命"应运而生。凯恩斯主张赤字财政,用政府投资弥补私人投资不足,以推动经济增长,消除非自愿性失业。大萧条的惨痛教训令各国政府纷纷改弦更张,奉行凯恩斯的理论,发挥财政政策对经济的影响作用,对经济进行调控。

扩张性财政政策(增加政府支出或减税)使总需求曲线右移,在供给曲线不变的情况下,导致均衡产出增加;紧缩性财政政策(减少政府支出或增税)使总需求曲线左移,在供给曲线不变的情况下,导致均衡产出减少。

(1)财政支出政策。当经济面临衰退,或处于萧条时期,总需求小于总供给,失业率上升,为了克服衰退,降低失业,政府增加财政支出(其中包括增加公共工程开支、增加政府购买、增加财政补给等)以促使居民的消费和企业的投资增加,从而提高总需求水平和就业率。在经济过热阶段,总需求大于总供给,物价上升,为了克服通货膨胀,政府减少政府财政支出以压缩居民的消费和限制企业的投资,从而降低总需求水平和物价。

(2)税收政策或收入政策。当经济面临衰退或处于萧条时,政府通过减税、免税或退税的办法使居民的可支配收入增加,从而使消费需求增加,减税和增加消费需求的结果将促进企业投资的增加。在经济过热阶段,物价快速上涨,政府通过增税的办法减少居民的可支配收入,从而使消费需求减少,增税和减少消费需求的结果使企业投资削减。

(3)财政赤字和盈余。政府采用扩张性财政政策,增加支出,减少税收,将会导致财政出现赤字,然后政府通过发行国债以弥补收支缺口。如果由居民或厂商直接购买国债,将减少他们的支出,财政政策扩大社会总需求的效果会受到影响;如果由商业银行直接购买国债,会减少他们的放款,财政政策效果同样会受到影响。政府只有将国债卖给中央银行,才能最好地起到扩大总需求的作用。具体的做法是:政府(由财政部代表)把国债作为存额交给中央银行,中央银行给政府支票簿,政府就可以把支票簿作为货币使用,或用于公共工程,或用于采购,或用于转移支付。而中央银行可以把政府债券作为发行货币的准备金或作为运用货币政策的工具。

二、货币政策

研究大宗商品价格变化规律,对货币因素的熟悉和了解至关重要,中央银行是货币的发行和具体管理部门,其实施的货币不仅是宏观经济政策的重要组成部分,而且直接或间接地对大宗商品价格变化产生影响。

货币政策是指中央银行通过控制货币供给量、调节利率,以实现既定经济目标的政策。货币政策的最终目标基本上与一国的宏观经济目标吻合,如经济增长、物价稳定、国际收支平衡和充分就业。虽然货币当局试图通过货币政策实现上述经济目标,但各目标之间往往存在矛盾,很难协调一致。1995年的《中华人民共和国中国人民银行法》将我国货币政策目标确定为"保持货币币值的稳定,并以此促进经济增长"。为实现货币政策目标,需要借助于货币政策工具,通过一系列中间变量的设定、调节和影响来间接作用于最终目标,从而实现最终目标。一般将长期利率和货币供应量作为货币政策中介目标。1996年,中国人民银行正式将货币供应量作为货币政策中介目标。为实现货币政策目标,央行必须采用适当的货币政策工具来实施货币政策。一般而言,货币政策即指为实现货币政策中介目标,进而实现最终目标而采用的货币政策工具,包括再贴现率、公开市场操作和法定存款准备金率三大工具。

再贴现率是商业银行将其贴现的未到期票据向中央银行申请再贴现时的预扣利率。贴现是指银行承兑汇票的持票人在汇票到期日前,为了取得资金,贴付一定利息将票据权利转让给银行的票据行为,是银行向持票人融通资金的一种方式。再贴现即一般银行资金不够时,用手上现有的商业票据向中央银行再贴现,以获得资金。再贴现意味着中央行向商业银行贷款,从而增加了货币投放,直接增加货币供应量。再贴现率的高低不仅直接决定再贴现额的高低,而且会间接影响商业银行的再贴现需求,从而整体影响再贴现规模。

公开市场操作指中央银行为了将货币数量和利率控制在适当范围内而在金融市场上公开买卖有价证券的政策行为。萧条时期,商品市场上总需求小于总供给。政府需采用扩张性措施刺激经济活动,央行向公开市场买进政府债券。央行买进政府债券,等于向市场投放一笔现款,并被存入商业银行,由于新增存款总额比最初新增现钞额成倍增加,货币供给量大大增加。从而导致市场利率水平下降,促使企业投资及消费双双增加。通货膨胀时期,总需求大于总供给,物价上升。央行向公开市场卖出政府债券,由于卖出债券意味着回笼一笔现款,在货币乘数效应的反向作用下,使货币供应量成倍减少。货币供应量的减少将会导致市场利率上升。同时,央行大量卖出债券使债券价格下跌,债券的内在收益率提高,其结果也是导致市场利率上升。市场利率上升将使得一部分意愿投资及消费因利益比较而取消,这样就起到了减少总需求的作用。

法定存款准备金率。萧条时期,央行降低法定准备金率,就可使业银行在存款额不变的条件下扩大放款,引起货币供给量的增加。因为法定准备金率降低意味着同等的存款额所需准备金减少，这减少的准备金又可用作放款。由于货币乘数作用，其引起的货币供给量又将大大增加。通货膨胀时期，央行提高法定准备金率，将迫使商业银行减少放款或收回一些贷款，引起银行存款的多倍减少，从而使货币供给量减少。除了上述三种重要控制手段外，央行还可采用一些其他的措施，如道义上的劝告，即央行通过各种方式和机会，对商业银行在放款和投资方面将采取的措施，给予暗示或劝告，以使商业银行给予配合，但这种劝告没有法律上的约束力。

三、产业政策

产业政策一是指政府将宏观管理深入社会再生产过程中，对产业结构变化进行定向干预指导的方针和原则，它包括产业结构政策、产业组织政策、产业技术政策和产业贸易政策。如政府推出限制行业准入，禁止盲目投资扩张政策，减少供给量，支持价格；而政府的储备轮库、拍卖及采购对于市场价格也有较大影响。2008年，金融危机令金属价格大幅下跌，有色金属行业陷入困境，在此背景下，中央和地方政府推出了收储计划，国家储备局共采购了30万吨铜、59万吨铝和19.5万吨锌，缓解了市场供应压力，稳定商品价格，并帮助企业摆脱困境。二是国家贸易政策对于基本金属价格的影响，例如进出口关税、出口退税、补贴等调节政策。我国政府对高能耗产品出口实行限制政策，在2006年将未煅轧非合金铝出口关税由5%提高到15%，调控措施使铝出口量大幅减少，不过由于国内经济发展迅猛，出口减少并未对国内供应形成压力，2006年原铝市场仍然呈现产销两旺特点。一般而言，投资者应尽量选择政策支持的、高成长性的行业，规避政策限制的行业，如夕阳行业等。

【思考与练习】

1. 结合近十年中国GDP的变化，简要分析我国大宗商品价格的走势。
2. 中美贸易战后，我国实施数次货币政策与财政政策，请自行选择2~3次分析政策对大宗商品市场带来的效应。
3. 分析2018年国家储备棉轮出政策带来的效应。

第四章 大宗商品电子商务

第一节 大宗商品电子商务模式的概述

一、大宗商品电子商务的定义

大宗商品电子商务是指通过公共网络进行大宗商品的交易、支付及物流等活动的总称,即包括电子商务交易活动的内容,也包括与之相关企业的增值活动。大宗商品电子商务是指通过电子手段实现大宗商品交易与服务的整个过程,包括信息、金融、物流等方面的服务,涉及供应链和相关产业链的服务,目前开展的活动有信用、支付、融资、信息、物流配送、仓储、公证等。

大宗商品电子交易的发展时间较短,但发展速度很快,涉及的交易品种越来越丰富,参与交易的企业数量也在逐年增加。电子交易模式下,企业可以通过网络接触到更多客户,精简商业环节,降低运营成本,提高效率,不受时间和空间的限制,为企业带来更多的利润。

二、大宗商品电子商务模式

1. 现货中远期交易

现货中远期交易一般以六个月内的标准化电子交易合同为交易标的,交易商采用保证金、多对多集中撮合动态定价的交易方式,在合同有效期内根据浮动盈亏实行当日无负债结算,在交收日以仓单进行现货交收。现货中远期交易是目前各电子交易中心最常用、最基本的一种交易模式。

2. 现货延期交易

现货延期交易,也叫连续现货交易、现货定单延期交易,是指交易商通过交易中心电子交易系统进行交易品种的买入或卖出的价格申报,经电子交易系统撮合成交后自动生成电子交易合同,交易商可根据该电子交易合同约定,自主选择当日交收或是延期交收的交易方式。交易中心在指定时间段接受交易商的交收请求，对符合交收条件的请求进行交收处理。为解决申请交收时买卖数量不等造成的交收差额，由交易中心认定的中间仓交易商弥补交收差额。

3. 网上商城交易

网上商城是指在互联网上建设的"多个商铺对多个采购者"的大型商城，是一种"多对多"的网上交易模式，各供货商可以在网上商城分别建立自己的网上商铺，各采购者可以浏览各商铺展示的在售商品、进行在线购物。网上商城为供货商提供便利的自助开店、展示商品和店铺管理功能，为购物者提供方便的检索商品、浏览店铺、在线购物服务，为商城管理人员提供对会员、商铺及整个商城的后台管理功能。

4. 现货挂牌洽谈交易

现货挂牌洽谈交易可分为现货要约销售和现货要约采购两种，交易商首先进行现货挂牌要约（销售或采购），感兴趣的采购商查阅到挂牌要约信息后，可以应约（采购或销售），在买卖双方确认成交后，可以通过交易系统签署详尽的电子合同，双方可以打印合同，签字盖章后进入货物交收处理、货款了结、违约处理和违约金支付流程。

5. 现货挂牌交易

现货挂牌交易是指在交易市场组织下，买方或卖方通过交易市场现货挂牌电子交易系统，将可供需商品的品牌、规格等主要属性和交货地点、交货时间、数量、价格等信息对外发布要约，由符合资格的对手方提出接受该要约的申请，按照时间优先原则成交，并通过交易市场签订电子购销合同，按合同约定进行实物交收的一种交易模式。该交易方式分为买方挂牌交易和卖方挂牌交易。

6. 现货挂牌撮合交易

现货挂牌撮合交易是指卖方在交易市场委托销售定单/销售应单、买方在交易市场委托购买定单/购买应单，交易市场按照价格优先、时间优先原则确定双方成交价格，并生成电子交易合同，然后按交易定单指定的交收仓库进行实物交收的交易方式。

7. 现货竞价交易

现货竞价交易是指在交易市场组织下，买方或卖方通过交易市场现货竞价交易系统，将可供需商品的品牌、规格等主要属性和交货地点、交货时间、数量、底价等信息对外发布要约，由符合资格的对手方自主加价或减价，按照价格优先的原则，在规定时间内以最高买价或最低卖价成交并通过交易市场签订电子购销合同，按合同约定进行实物交收的交易方式，分为竞买专场和竞卖专场。

8. 网上超市交易

网上超市是一种类似于现实生活中的购物超市的交易模式。电子交易市场运营方统一负责所售货物的采购和销售，通过网上超市，可以发布各种类型的商品信息，采购者可以在网上超市中浏览、选购所需的商品，下订单（放进购物车），在收银台确认支付即可完成交易。网上超市是能够以较快的速度、立竿见影地带来电子商务"人气"和业务量的电子交易模式。

9. 竞价拍卖交易

竞价拍卖交易是指类似于现场拍卖会式的、卖方交易商对自己的现货进行竞价拍卖的"一对多"的竞价交易模式。卖方交易商填写、发布竞价销售商品委托报单的详细信息，买方交易商可以下单竞买，在交易期限内按照价格（高）优先、数量优先、时间优先的原则成交。

10. 竞价招投标交易

竞价招投标交易是指买方交易商提出自己的要求在电子交易市场进行招标购买、卖方交易商进行投标的"一对多"的竞价交易模式。买方交易商可在限定的商品范围内选择某种商品进行招标购买，填写、发布竞价采购商品委托报单的详细信息，预计交货日。有符合买方采购条件的商品的卖方交易商可以下单竞卖，在交易期限内按照价格（低）优先、数量优先、时间优先的原则成交。

11. 专场交易

专场交易是可对以上各种交易模式进行"特定专场"交易的特殊交易模式，即可以对某些商品或某批商品限定生产厂家、产地、交货地或交货日期等相关条件进行专场交易。

12. 团购

团购交易模式既可以作为系统的功能模块来使用，也可以单独使用，为客户快速建立团购平台。此平台既为广大顾客提供联合起来向商家进行大宗廉价购买的消费服务，又可为商家带来巨大的营业额。

第二节　现货挂牌交易

一、挂牌交易流程（见图 4-1）

（1）卖家发布资源信息，设置挂牌价格、挂牌数量及重量，是否洽谈、是否代购、是否可网下、是否融资、是否指定运输等信息，并进行挂牌销售，锁定卖家一定的挂牌保证金（可设置，监管资源不用锁定挂牌保证金）。

（2）卖家发布资源成功后，买家业务员即可在交易系统的资源选购中查找到相应的专场资源并选购，可以对选购的资源进行洽谈（即时通信工具）；买家对采购量、价格、是否代购等信息确认后生成合同，同时商城锁定买家一定的合同定金（可设置）。该合同为买卖双方交易的法律依据。

（3）买家支付货款后，货款将由买家交易账户划入交易平台账户并锁定，买家同时支付交易服务费（买家服务费可设置）。

第四章 大宗商品电子商务

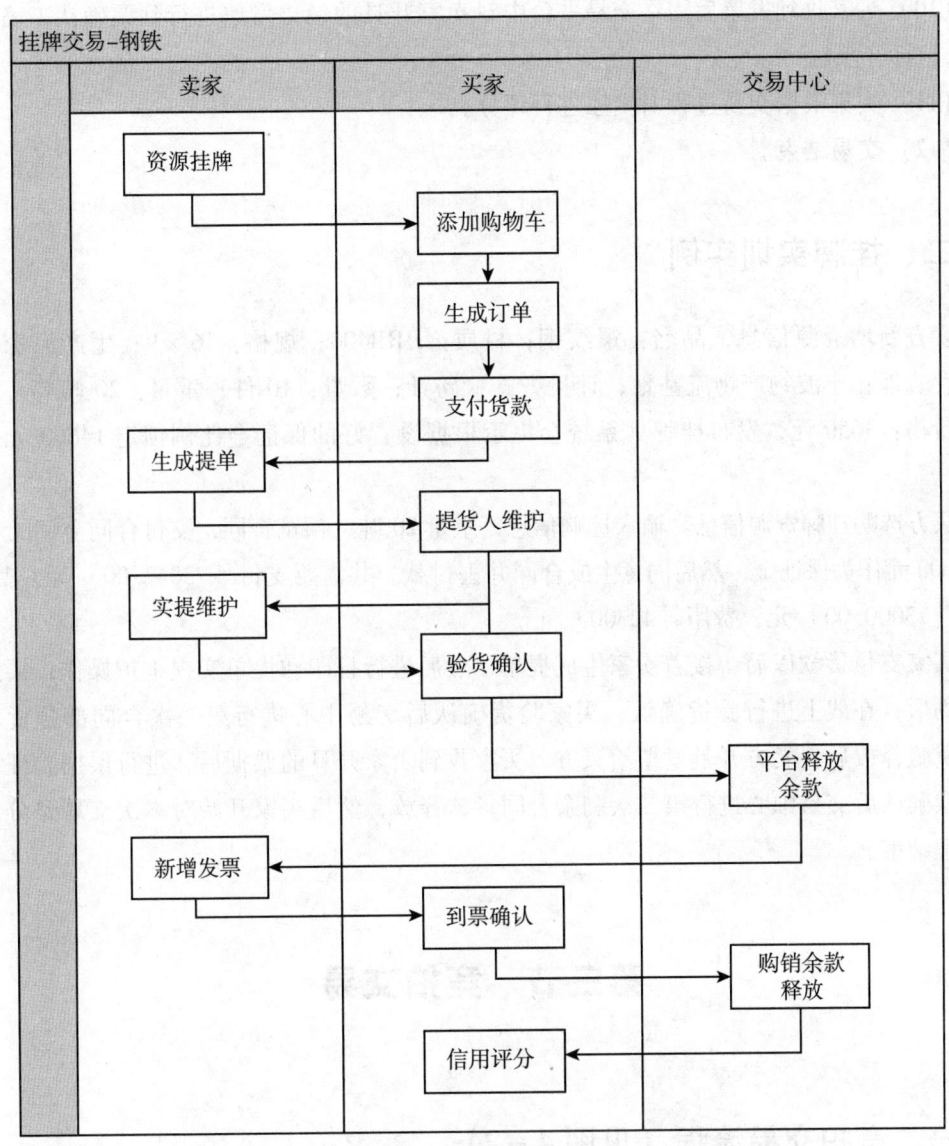

图 4-1 挂牌交易流程

(4) 买家支付货款后，合同状态变更。由卖家生成提单。

(5) 卖家根据合同生成提货单，针对一个合同可以开具多个提单。

(6) 买家进行提货人信息维护，提货车号、提货人等信息录入。

(7) 卖家进行实提维护操作，确认最终实提量后待买家进行验货确认。

(8) 买家验货确认后，交易中心即可开始结算货款。首先，交易中心释放给卖家货款的一定比例（可设置）给卖家，若该合同存在需要退还给买家的货款，则同时退还相应的货款给买家，比如实提量小于合同量的情况下。

(9) 卖家收到货款后（购销余款释放），即可开具增值税销售发票给买家。

（10）买家收到发票后需在交易平台中对卖家开具的销售发票进行到票确认，确认无误后，合同完成。

（11）买家根据交易过程对卖家进行评分。

（12）交易结束。

二、挂牌实训实例

卖方新增资源信息，品名：螺纹钢；材质：HRB400；规格：16×9；生产厂家：沙钢；存货地：宁波物产物流基地；计量方式：磅计；数量：10件；重量：20吨等，输入挂牌价格：3650元，发布挂牌（系统会提示根据设置好的保证金比例锁定14600元保证金）。

买方选购挂牌资源信息。输入选购信息，重量20吨，预览合同，支付合同金额的20%即14600元作为保证金，然后同意生成合同并去付款。共需要支付［73042.00］元，其中，货款［73000.00］元，费用［42.00］元。

买家支付货款以后，接着卖家生成提单，然后进行打印和提单实提维护操作；买家验收货物后，在线上进行验货确认；买家验货确认后交易中心进行第一次合同部分货款释放，货款释放后，卖方开具发票给买方，买家收到卖家开具的票据后，进行票据验证，买家到票确认后交易中心进行第二次剩余合同货款释放，然后买家开始对本次交易评分，交易流程结束。

第三节 竞拍交易

一、竞拍交易流程（见图4-2）

（1）交易买卖双方，须注册为交易商后，才能参与此交易，且买方有竞价权。

（2）资源维护完毕后，卖方需设置竞拍的场次信息。

（3）卖方会员竞拍场次信息设置完毕后，还需将竞拍信息提交到交易中心审核，同时锁定卖方会员相应比例的保证金和公告费，交易中心业务人员收到竞拍申请后，需对竞拍的时间、资源等信息进行核对。无误后，审核通过，收取相应的公告费，并点击公告后生效。

（4）竞拍信息的审核和发布分成两个动作，竞拍信息发布后系统直接收取委托方的公告费。

（5）竞拍报价要支持递减的报价方式，同时要在维护申请时选择中拍的规则：价高者

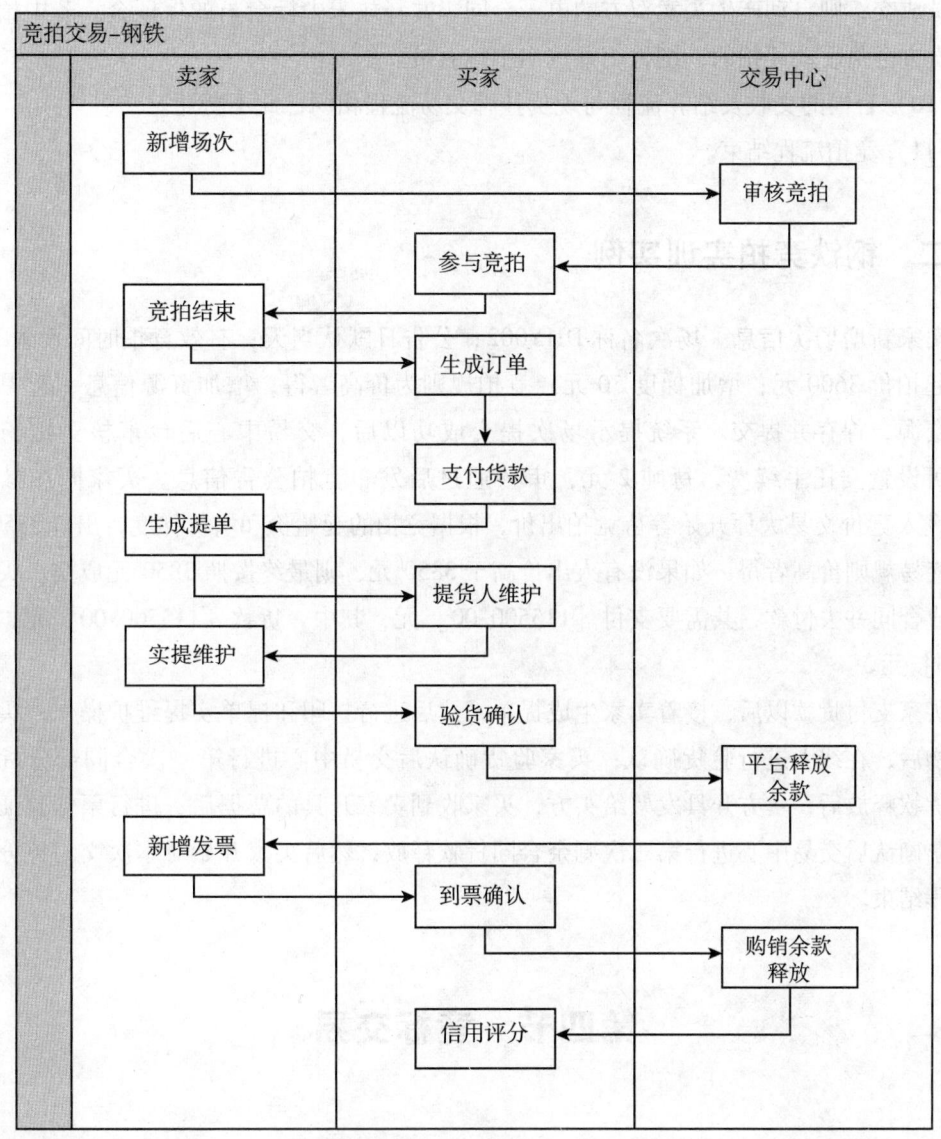

图 4-2 竞拍交易流程

得或人为选定。

（6）交易中心生效竞拍时，系统将自动锁定卖方相应额度的竞拍保证金（可设置为0），并同时产生竞拍公告。

（7）买方可在门户上看到竞拍公告，并可参加该场次的竞拍，买方须缴纳一定的保证金，才能获取到竞拍的出价资格，保证金不足的将给予提示。

（8）当竞拍开始后，买方可竞相出价，直到竞拍结束。

（9）当竞拍结束后，若中拍规则是价高者得，系统将自动判断是否有中标会员，若系统发现无任何会员中标，则系统自动释放买卖双方的保证金，本次竞拍流标；若系统发现有会员成交,则自动产生买卖双方的电子合同,并释放未中标会员的保证金。若中拍规则是要卖方会员手动评拍的,则人工评选出中拍会员。

(10) 合同的交收及结算流程与现货挂牌交易流程相同,此不赘述。

(11) 竞拍流程结束。

二、钢铁竞拍实训实例

卖家新增场次信息。场次名称DHY002;公告日默认当天;有效竞拍时间设置10分钟;起拍价3600元;增加梯度50元;竞拍规则为价高者得;增加资源信息,选中新增加的资源,保存并提交。系统提示场次提交成功以后,交易中心后台审核竞拍场次信息,可设置委托手续费,每吨2元,审核通过后发布竞拍公告信息。买家同意参加竞拍,进入竞价交易大厅开始等待竞拍出价,根据竞拍的起始价和增价梯度,出价3850元,根据交易规则价高者得,如果没有人出价高于3850元,则最终按照3850元成交。买家同意生成合同并去付款,共需要支付[115500.00]元,其中,货款[115500.00]元,费用[0.00]元。

买家支付货款以后,接着卖家生成提单,然后进行打印和提单实提维护操作;买家验收货物后,在线上进行验货确认;买家验货确认后交易中心进行第一次合同部分货款释放,货款释放后,卖方开具发票给买方,买家收到卖家开具的票据后,进行票据验证,买家到票确认后交易中心进行第二次剩余合同货款释放,然后买家开始对本次交易评分,交易流程结束。

第四节 竞标交易

一、竞标交易流程(见图4-3)

(1) 买方发布竞标信息,竞标信息分场次信息(主体信息)和明细信息(物资信息),设置好发标信息,提交交易中心审核。

(2) 交易中心审核,设置买方保证金额度(可以设置为0)。审核通过后,竞标生效,系统自动冻结采购方保证金,并发布竞标公告。

(3) 竞标公告发布后,销售方选择场次提交"竞标出价"。若采购方设置了定向会员,则只有定向会员有权限竞标出价。

(4) 竞标时间结束,符合规则的自动评标,买方评标。

(5) 买方提交的评标结果,若审核通过,则生成供货框架协议以及电子合同。若审核

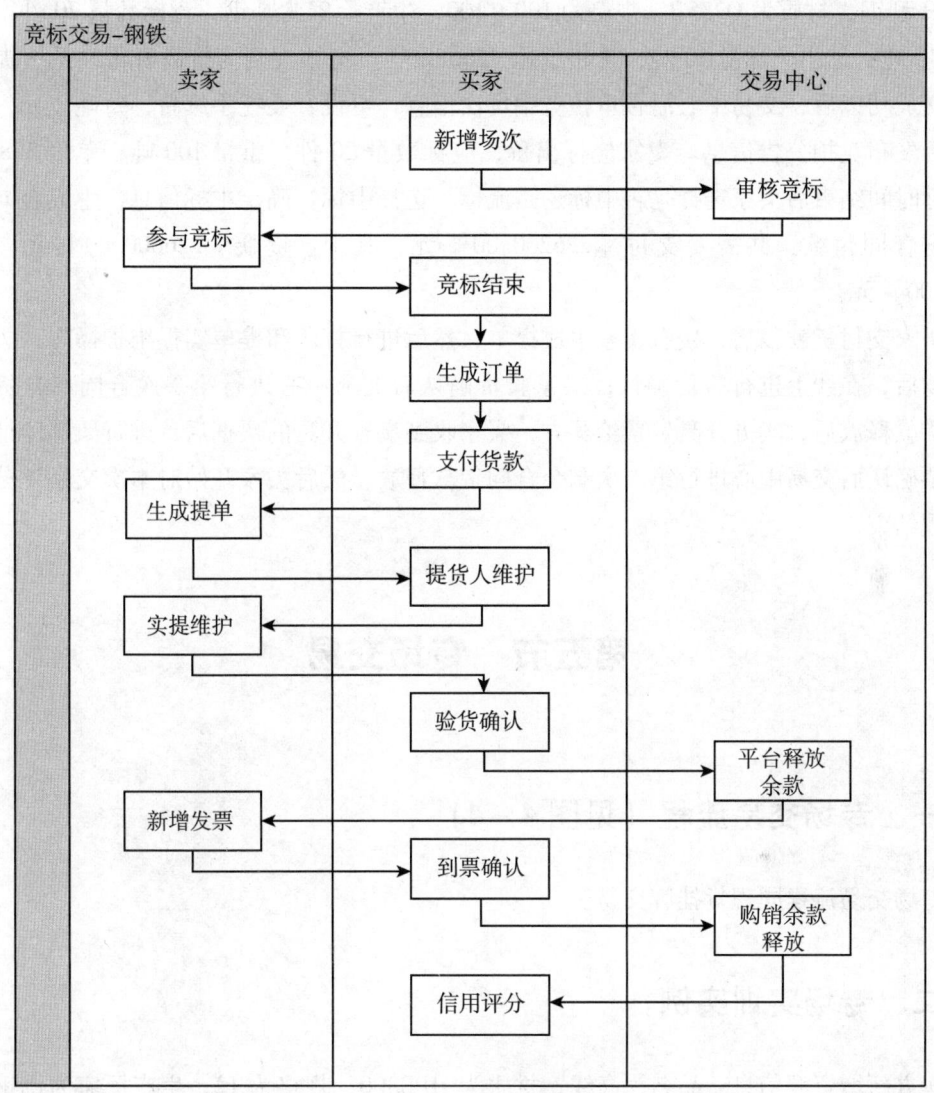

图 4-3　竞标交易流程

不通过，则流标。

（6）合同的交收及结算流程与现货挂牌交易流程相同，此不赘述。

（7）竞标流程结束。

二、钢铁竞标实训实例

买家新增场次信息，场次名称 DHY005，公告日默认当天，竞标方保证金 2000 元，有效竞标时间设置 10 分钟，设置评标结束时间，设置付款截止时间，设置交货时间范围，指定地点，货物所在区域范围等；然后增加物资信息，大类为型材，品种为优质型材，品名为 H 型钢，材质为 Q235B，规格为 100×100，生产厂家为鄂钢，竞标数量 20 件，竞标重量 40 吨，最小应标量 40 吨，价格上限 4200 元等。竞拍规则为价高者得，系统提示场次提交成功以后，交易中心后台审核竞拍场次信息，可设置委托手续费，每吨 2 元，审核通过后发布竞拍公告信息。卖家应标出价，应标数量 20 件，重量 100 吨，单价 2280 元。待竞标时间结束后买家选择是否中标还是流标。选择中标，确定中标信息，生成合同。买家根据合同付款：共需要支付［226200.00］元，其中，货款［226000.00］元，费用［200.00］元。

买家支付货款以后，接着卖家生成提单，然后进行打印和提单实提维护操作；买家验收货物后，在线上进行验货确认；买家验货确认后交易中心进行第一次合同部分货款释放，货款释放后，卖方开具发票给买方，买家收到卖家开具的票据后，进行票据验证，买家到票确认后交易中心进行第二次剩余合同货款释放，然后买家开始对本次交易评分，交易流程结束。

第五节 专场交易

一、专场交易流程（见图 4-4）

专场交易流程同现货挂牌交易。

二、专场实训实例

卖方新增资源信息：品名为高线，材质为 HPB300，规格为 12，生产厂家为柳钢，存货地在朝天门，计量方式为磅计，数量为 30 件，重量为 60 吨等。选中新增的物资信息，修改挂牌数量 12 件，挂牌重量 30 吨，输入挂牌价格 3600 元，发布挂牌（系统会提示根据设置好的保证金比例锁定 21600 元保证金）；买方选购专场挂牌资源信息；输入选购信息，数量 2 件，重量 5 吨，预览合同，支付合同金额的 20% 即 3600 元作为保证金，然后同意生成合同并去付款，共需要支付［14409.50］元，其中，货款［14400.00］元，费用［9.50］元。

买家支付货款以后，卖家生成提单，然后进行打印和提单实提维护操作；买家验收货物后，在线上进行验货确认；买家验货确认后交易中心进行第一次合同部分货款释放，货款释放后，卖方开具发票给买方，买家收到卖家开具的票据后，进行票据验证，买家到票确认后交易中心进行第二次剩余合同货款释放，然后买家开始对本次交易评分，交易流程结束。

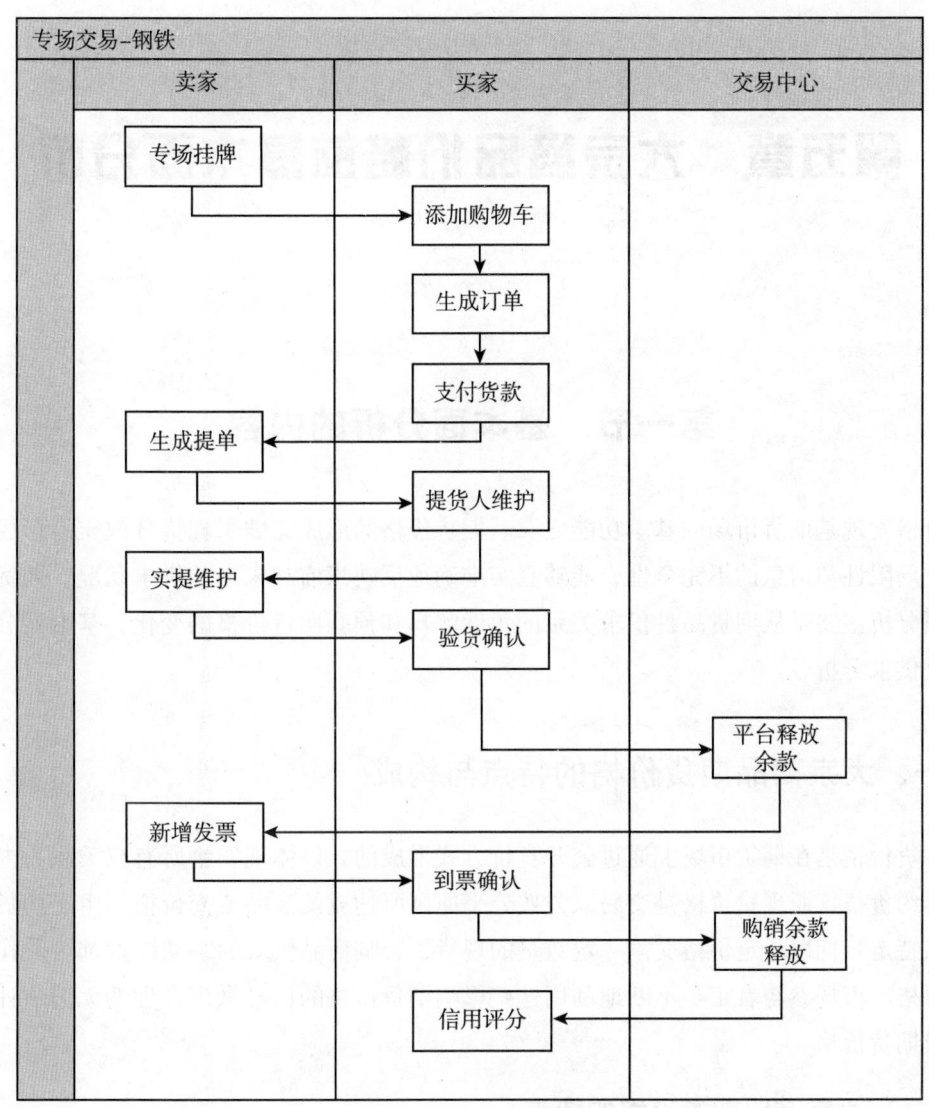

图 4-4 专场交易流程

【思考与练习】

1. 简述大宗商品交易的发展历程。
2. 具体分析金银岛的电子商务模式。
3. 具体分析甬商所的电子商务模式。

第五章 大宗商品价格的基本面分析

第一节 基本面分析的内容

价格发现是期货市场的基本功能之一。期货价格的形成突破了现货分散交易形成价格的时空局限性和信息的不完全性,能够真实准确地反映当前和未来的供求状况。期货投资基本面分析主要是从期货品种供求关系的角度解释和预测期货价格的变化。基本面分析的核心是供求分析。

一、大宗商品期货价格的特点与构成

期货价格是在期货市场上通过公开竞价方式形成的,以体现实物所有权关系为内容的期货合约价格,而现货价格是交易双方按公平原则所达成的商品成交价格。由于期货合约在未来特定日期以约定价格交割一定数量的现货,影响商品供求的一切因素都可能作用于期货价格。市场参与者正是不断地利用这些影响期货价格的信息做出合理的无偏估计,最终形成期货价格。

(一) 大宗商品期货价格的特点

与现货价格相比,期货价格具有以下特点:

(1) 连续性和预期性。期货价格是不断地反映供求关系及其变化的一种信号,交易双方在对当期现货市场价格分析的基础上,通过各自对该商品未来供求状况变化的预测,采取公开竞价的方式确定期货价格。由于大量的市场信息在场内聚集、反馈和扩散,以大量高质量的信息流为基础而形成的期货价格,动态地反映了不断变化的供求关系,从而使期货市场价格反映商品的价值具有时间上的连续性和预期性。

(2) 竞争性和公开性。期货价格是买卖双方在交易所通过公开竞价确定的,双方为了自身的利益,根据自己对价格走势的预测,力图以对自己最有利的价格成交。它通过合约的方式实现商品所有权的转移,使交易活动更为迅速和频繁,同时大量市场信息的存在,进一步增加了期货市场交易的透明度,使期货交易更具有竞争性和公开性。

（3）集中性和统一性。包括商品生产商、销售商、加工商在内的套期保值者和数量众多的投机者通过期货经纪商聚集在一起竞价交易，增强了期货合约的市场流动性，克服了现货交易市场流动性较低的局限，有助于价格的形成。同时，随着信息技术的发展，价格等信息在全球范围内迅速传播，使期货交易者能及时获取其他区域商品期货价格的信息，并通过竞争机制使各地交易所的价差消失，从而使期货价格在空间上趋于一致，具有统一性。

由于能够真实地反映供求及价格变化趋势，并具有以上特点，期货价格被视为一种权威价格，成为现货交易的重要参考依据。国际市场上，人们在收集、分析有关美国天气状况、农产品种植面积和生长状况时，所得出的结果几乎立刻就会在各种农产品期货价格上有所反映。有关智利铜矿生产经营情况的变化信息，也会立即在伦敦和上海的铜期货价格上充分体现出来。美联储有关货币政策执行情况的报告，可能立即对美国政府的长期国债价格产生影响。由于期货市场对各方面的价格信息反应最敏捷，期货价格因此成为全球金属、农产品和能源化工等大宗商品市场和金融市场中最广泛的参考价格。

（二）大宗商品期货价格的构成

期货价格的形成虽然以现货市场的商品价值为基础，但具有其自身的规律和机制。商品期货合约与股票、债券等有价证券一样本身并无价值，仅仅是一种商品所有权的凭证，可以给持有者带来一定的收入，因此，期货合约具有价格。期货价格就是期货合约进入市场以后通过期货市场的运作形成的。一般而言，期货价格由商品生产成本交易佣金、结算费、商品保险费、保管费、商品流通费、交易管理费、税金及预期收益等要素构成。

（1）商品生产成本。商品生产成本是商品期货价格最基本的组成部分，商品期货交易最终是以现货商品的生产为基础的。在期货合约所规定的时间内，生产这些未来商品的生产成本同现货商品中的生产成本在价值量上不可能完全相等，甚至会出现很大差距，但其生产成本结构是完全一致的。商品生产成本是形成商品期货价格的底线。如果商品期货价格低于商品生产成本，生产者就不会投资于商品的生产和销售，同时，商品期货交易也会丧失其现实依托而无法进行交易。

（2）商品期货交易成本。商品期货交易成本是指商品期货交易过程中所发生的各种费用，因此，也成为商品期货价格的构成要素之一。商品期货交易成本主要包括交易佣金、保证金利息、结算费、交易管理费、商品保险费等。

（3）期货商品流通费用。流通费用是指期货交易者将现货商品从产地或存放地运到交易所指定的地点所发生的费用，也包括在期货交易和实物交割期间发生的一切开支，包括商品运杂费、商品库存保管费和检验费等。

（4）预期收益。预期收益也称为期货利润，是指商品期货价格与商品生产成本、商品期货交易成本、流通费用三者之和的差额。交易者是否能获得期货利润，取决于他在期货交易中所获得的期货价格与各项成本开支的差额。当期货利润为正时，表明期货交易者盈

利,否则亏损。按照商品期货价格的一般构成形式,商品期货价格可以表示为:

商品期货价格 = 商品生产成本 + 商品期货交易成本 + 期货商品流通费用 + 预期收益

二、大宗商品期货定价的现货市场基础

期货价格是根据商品供求情况在交易所通过公开竞价形成的。作为期货市场的核心经济机制,一个规范成熟的期货市场价格可以较好地反映现货市场的供求趋势,达到提前发现未来现货市场的均衡价格,从而对现货生产、交换与消费起到事前调节的作用。相反,不成熟的期货市场价格可能完全背离现货基础,成为一种被市场资金力量炒作的抽象符号,产生恶劣的影响。

从市场特征的角度看,现货市场与期货市场具有各自的运行机制。在规范的市场条件下,现货价格取决于现货市场商品供求的对比;期货价格取决于期货合约供求的对比,各自在自己的市场中达到相应的供求平衡。作为一种衍生性产品,期货交易以现货市场为基础,虽然期货合约的交易大部分以平仓方式了结,无须实物交割,但合约期满日的实物交割作为纽带将二者紧密地联系起来。脱离现货交易基础的期货合约没有任何经济意义,期货市场价格更无从谈起。

就绝大多数商品而言,套利机制使期货价格与现货价格之间建立了某种内在稳定的联系。这种关系可表示为:$F = S \times e^{(c-y)T}$。其中,F 为期货价格,S 为现货价格,T 为当前至合约到期日的时间间隔,c 为期间内持有现货的净成本(它等于占用资金成本、储存成本等与期间内资产货币收益的差值),y 为消费性商品的便利收益(投资性商品可将此忽略)。

这种关系表明,期货市场在通过一种规范性的方式寻求未来某个时期商品价格的过程中,接受了现货市场中供求关系的影响。现货价格在体现当前供求状况的同时,也反映了将来供求关系对自己的制约作用。

现代意义上的市场是现货市场与期货市场的有机结合体,综合、动态的期货价格发现有利于现货价格的初步确立,脱离现货市场的期货价格犹如"无本之木"。有效率的现货市场形成的价格客观地体现了市场某个阶段的供求关系,并且成为确立期货价格的基础性条件。就现货市场本身而言,市场的供求对比关系形成了现货市场价格,市场价格是对现货供求状况的综合反映,供求与价格之间总是要达到某种均衡。但是,缺乏期货市场引导的现货价格不足以体现市场的内在要求,是一种相对割裂的、静态的、片面的价格,难以全面、动态、系统地反映高度发展的市场供求关系。

期货价格以现货市场某个阶段的供求关系作为基础,综合考虑各方面因素,形成对市场未来价格的预测。现货市场与期货市场在相互作用中共同"发现"了包含现货价格与期货价格的综合价格体系。期货市场的价格发现反映了市场对未来某一特定时间现货价格的平均预期。在这个发现过程中,市场通过套利机制已将影响未来供求的因素通过这种内在

的联系传递到现货价格中,并对现货市场的供求关系产生影响。同时,特定现货价格对应的市场供求关系是相应期货价格存在的基础,现货商品的储存与流通调节机制对将来的供求预期产生影响,期货价格在确立过程中受到了现货市场供求关系的约束。

三、大宗商品期货定价:现货的未来供求

期货市场的价格波动与现货市场的价格波动紧密相连,在具有充分市场流动性的条件下,期货价格的波动是由于实际的现货商品交易及其流通中的矛盾运动所造成的。当投机者对价格已经发生波动的现货商品的需求改变时,就会改变期货市场的供求关系,使原本源自现货市场的价格变动转化为期货价格的波动。期货市场具有杠杆作用,可以产生放大的交易量来改变期货合约的供求关系,从而使期货价格最终收敛于均衡价格。因此,期货市场的价格发现功能是市场有效性的一种表现,期货定价的本质就是对未来现货价格走势的预测,即对现货未来供求关系的判断。目前,建立在对现货未来供求关系基础上的期货价格预测,主要有三种不同的理论解释:蛛网理论、仓储理论和持有成本理论。

(一)蛛网理论

蛛网理论将市场均衡理论与弹性理论结合起来,再引进时间因素来考察市场价格和产量的变动状况,即用供求定理解释某些生产周期较长的商品在供求不平衡时所发生的价格和产量循环影响的变动。收敛型蛛网、发散型蛛网和封闭型蛛网分别代表了不同弹性关系下供给和需求的力量对比对下一周期产量的影响和最终价格的决定。

蛛网模型是期货市场价格形成机制的重要理论依据。通过对不同类型蛛网的分析,可以揭示期货市场的价格形成机制。当市场处于收敛型蛛网状态时,一旦价格较低,交易者就会买入期货合约,刺激市场需求,使价格上涨;反之,则会卖出期货合约,增加市场供给,使价格下跌,促使市场价格趋于均衡状态。当市场处于发散型蛛网和封闭型蛛网状态时,由于大量交易者参与期货市场,会对现货市场价格的剧烈波动产生一定的抑制作用,使现货市场价格不至于暴涨暴跌,并最终趋于均衡价格。蛛网模型在解释农产品的供求状况及其价格的基本走势方面具有较强的说服力。

(二)仓储理论

仓储理论由美国经济学家霍布鲁克·沃金(Holbrook Working)于1949年提出,系统地阐述了时间因素对基差的影响及期货价格与现货价格之间的关系。

仓储理论假设,在完全竞争的市场条件下,企业生产或经营与期货交易品种相关的商品,为获取最大的仓储收益,应在存仓或供应商品时使边际净持仓成本等于持仓阶段预期的价格变动,以此保证边际收益等于边际成本。设 X_t 为 t 时段末的商品仓储量,$M_t(X_t)$ 为持仓成本,$O_t(X_t)$ 为仓储费用支出,$C_t(X_t)$ 为风险成本,$R_t(X_t)$ 为持仓机会收益,

则储存商品的边际持仓成本可表示为：

$$M'_t(X_t) = O'_t(X_t) + C'_t(X_t) - R'_t(X_t)$$

图 5-1 直观地反映了不同存仓水平的边际持仓成本，其中 x 轴表示仓储量，y 轴表示基差，曲线 SS' 表示仓储供给，曲线 DD' 表示仓储需求，M 表示供给与需求相等时的基差。当仓储量在 B、C 之间时，仓储量适当，边际仓储费用支出和边际机会收益一般较小或为正。如果仓储量超过 C 点，存仓量过大，边际机会收益变小或为零，边际持仓成本大幅上升。若仓储量在 O、A 之间，则市场供不应求，边际机会收益变大，边际持仓成本为负。基差的变化与边际持仓成本的变化相一致，应在 $O \sim C$ 之间受边际持仓成本的制约。如果供求关系正常，仓储水平适当（B、C 之间），基差的大小最多应为边际持仓成本。如果基差大于边际持仓成本，则在期货市场上就会出现套购或套利行为，使基差回落到与边际持仓成本相等的状态。

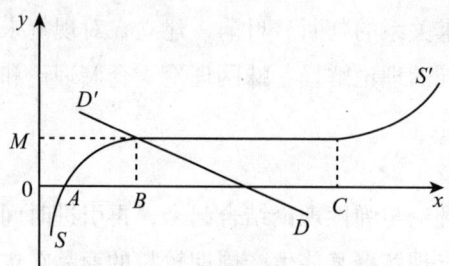

图 5-1　仓储供给与需求关系

仓储理论揭示了现货市场价格与期货市场价格的运行并不是截然分离的，它们之间是相互制约、相互影响的。该理论认为，基差基本上受制于边际持仓成本，随着交割期的临近，现货价格中包含的仓储成本越来越多，而期货价格中包含的仓储成本越来越少，期货价格与现货价格之间的差异逐步缩小，基差在交割期会趋近于 0。这种价格关系基本上反映了人们对各种影响市场因素的预期，以及现阶段和未来现货市场的供求关系。

（三）持有成本理论

持有成本理论是由约翰·梅纳德·凯恩斯（John Maynard Keynes）提出，并经约翰·理查德·希克斯（John Richard Hicks）进一步完善的。该理论认为，期货理论价格应等于即期的现货价格加上人们将现货持有到期货合约到期日所发生的持有成本，持有成本包括仓储费用、运输费用、保险费用和利息等。在市场均衡的情况下，现货和期货价格之间以及不同交割日的期货合约价格之间的价差，反映了不同时期持有现货的交易者支付的持有成本。

持有成本理论假设：商品的生产集中且具有季节性，而且商品可储存，商品的消费平均分布于全年；在商品的存储过程中，为了维护商品的质量，需要支付一定的持有费用；签订和持有期货合约可以锁定商品的价格，转移风险，但是没有成本费用；持有成本包括维护保管的费用和数量质量损耗的成本。

在供求均衡的静态市场上,期货价格(F)和现货价格(S)以及持有成本(CR)之间的关系可以表示为:$F = S + CR$。在动态的市场上,现货价格的决定则遵循$S = F - CR$,于是期货价格成为影响现货价格的主要因素。在这个意义上,期货价格便成为现货价格的基准价格。期货价格和现货价格通过持有成本联系起来后,如果期货价格和现货价格的偏离高于持有成本,即基差大于边际持仓成本,交易者就会采用套购或套利策略,最终使现货市场价格能够反映出期货市场中已经收集到的信息。

四、大宗商品价格的影响因素

期货价格是对商品未来价格的预期,任何影响商品供求的因素都会对期货价格产生影响。虽然不同期货品种价格的影响因素不尽相同,但依然存在一些共性因素。

(一)宏观经济形势

宏观经济形势是决定商品价格走势最重要的因素。从长期看,商品价格的波动与经济的周期波动紧密相关。期货价格作为对商品价格的预期,其走势也受到宏观经济形势的深刻影响。宏观经济形势的影响主要体现在经济的周期性方面。当经济处于从复苏到繁荣的阶段时,价格水平通常呈现逐步回升震荡上涨的走势,而在衰退和萧条阶段,期货价格走势常会经历快速下跌到低位调整的过程。因此,准确判断经济形势,认真观测和分析经济所处的周期阶段和特点,对正确把握期货市场价格走势具有重要意义。一些反映经济形势的重要指标,如GDP、失业率、价格指数、汇率等都要予以密切关注。同时,由于期货市场是与国际市场紧密联系的开放市场,世界经济的景气状况也会影响期货价格的波动。

由于政府制定的宏观经济政策具有"反周期性"的特点,调控政策的出台会影响宏观经济走势,进而影响一些商品原有的供求关系,使价格发生变化。对具体商品而言,政府所制定的特殊政策所带来的影响更为直接。譬如,1996年,美国国会批准新的《1996年联邦农业完善与改革法》,1997年美国大豆的播种面积猛增10%,从而导致大豆的国际市场价格大幅走低;2002年,中国大豆期货市场呈现戏剧性走势,大豆期货价格在中美两国关于"转基因问题"处理态度的变化中不断变化。

在某些大宗商品上,主要生产国和消费国往往会互相协调行业政策,通过订立贸易协定或成立国际性行业组织来维护自身利益。这些组织出台的政策措施通常也会对期货市场价格产生一定的影响。譬如,石油输出国组织(OPEC)经常协商各成员国原油的最高日产量,以防止因供应量过大而造成油价下跌。

(二)库存因素

供求关系是影响商品价格的根本原因,而库存是供求关系的重要显性指标。对一些重要的大宗商品，无论是国家，还是生产、流通、消费企业，都会保有一定的库存量。其中，国家库存表现为政府储备，政府储备不会因一般的价格变动而轻易投放市场，只有当市场供给出现严重短缺时，才有可能动用。但动用之后，还会在适当时候进行回补。

从一国的供求数量来看，期末库存与供求之间的关系为：期末库存＝期初库存＋（当期产量＋当期进口量）－（当期出口量＋当期消费）。其中，期初库存、当期产量和当期进口量为当期可供应量，而当期出口量和当期消费为当期需求量。如果当期可供应量大于当期需求量，则期末库存势必增加，反之库存不足。如果进出口渠道通畅，当国内供不应求时可以通过进口来弥补，这时实际进口价会成为影响国内价格的重要因素；当国内供大于求时可以通过出口来疏导，这时实际出口价也会成为影响国内价格的重要因素。期末库存减少，意味着当期需求大于供给，但不能妄断价格一定会涨，因为还得看这个期末库存是否正常。

如果从全球范围内观察，期末库存与供求之间的关系为：期末库存＝期初库存＋当期产量－当期消费。其中，期初库存和当期产量为当期可供应量；而当期消费为当期需求量。如果当期可供应量大于当期需求量，则期末库存势必增加，反之，则期末库存势必减少。

由于库存既是供求关系的重要表现，也是影响供求关系的重要因素，所以各种商品的基本面分析都会非常重视库存变化，并将其纳入预测模型中。值得注意的是，在预测模型中的库存指标因素，往往设计为库存与消费量的比率，而非库存的绝对数值大小。之所以如此，是因为从长远看基本商品的规模都在增长。如果将现在的正常库存规模与十年前的正常库存规模相比，显然扩大了许多。因此，考虑库存/消费量比率是比较科学的。

（三）金融货币因素

期货市场与金融货币市场有着天然的联系。在金融货币因素中，利率的高低和汇率的变动都会直接影响期货市场价格的变化。利率水平不仅关系期货交易成本的大小，也是货币当局政策的反映。中央银行对利率水平的调整不仅可以通过影响经济形势来影响期货价格，而且会通过影响市场预期的方式，造成期货价格的波动。汇率是各国货币的交换比率，在外国商品价格不变的情况下，汇率的变动将影响外国商品的本币价格，进而对期货市场产生影响。美元、欧元、英镑等国际主要货币的走势从来都是基本面分析者十分敏感的因素，也是人们预测国内外期货市场价格时必须关注的重要内容。

除利率、汇率因素外，股票、债券、黄金和外汇市场作为金融货币体系的重要组成部分，其运行变化也会影响期货市场运行，从而对期货市场价格产生影响。

（四）政治及突发事件因素

期货市场对政治形势的变化十分敏感，政局动荡不仅会对经济造成冲击，期货市场也会因此受到影响而剧烈动荡。政治因素主要指国际国内政治局势、国际性政治事件的爆发或国际关系格局的变化。譬如，一国的政变、内战、罢工、大选、劳资纠纷等，与其他国家之间的战争、冲突、经济制裁等，政坛重要人物逝世或遇刺等，都可能导致期货价格的剧烈波动。更重要的是，政治因素对期货市场的影响具有很强的短期爆发性，甚至可能直接决定某种商品期货的短期走势，其后果往往十分严重。同时，由于政治事件的爆发难以预料，值得投资者密切关注。

还要注意的是，在分析政治因素对期货价格的影响时，不同商品所受的影响程度是不同的。譬如，在国际局势紧张时，原油、基本金属等战略性商品的价格受影响的程度就比其他商品受影响的程度更大一些。

（五）替代品因素

一般而言，替代品与被替代品之间具有竞争关系。如果替代品的供求关系发生重大变化，就会打破被替代品原有的平衡，导致价格出现较大的波动。从图 5-2 中可以看到，与豆粕并列作为饲料的品种很多，除了图中列出的大麦、玉米之外，肉骨粉、鱼粉也是常用饲料。这些商品的供给数量如果出现较大的变动，就会引起豆粕、大豆价格的明显变化。譬如，当疯牛病出现后，由于一些国家的政府会出台禁止给牛喂肉骨粉饲料的政策，以至于只要出现关于疯牛病报告的新闻，就会导致豆粕、大豆价格出现上涨的反应。2003年 12 月 23 日，美国农业部宣布华盛顿州梅普尔顿的一家农场发现美国有史以来的首例疯牛病。从 24 日开始，芝加哥期货交易所（CBOT）的大豆、豆粕价格接连两天暴涨，国内大连商品交易所（DCE）的大豆、豆粕价格也随之上涨。当时有分析报告称，美国每年使用的肉骨粉高达 300 多万吨，因此肉骨粉被禁止使用之后，作为其替代品的豆粕年需求量预计将增加 200 多万吨，即增加 7% 的用量[①]。

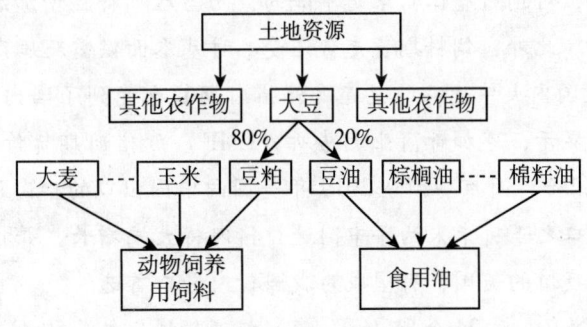

图 5-2 豆类油脂影响因素结构示意

---

① 资料来源：http://business.sohu.com/2003/12/30/13/article217621320.shtml。

拓展阅读

猪周期盛宴①

2019年以来,猪肉价格意外成为大宗商品及股市的关注焦点:生猪收入占比高的上市公司业绩上涨,国外猪肉期货跟涨,国内下游饲料期货也跃跃欲试。业内预计,随着生猪出栏急剧减少局面出现,生猪价格将在5月开始加速上涨,板块表现仍值得关注。所有的大宗商品涨价与猪周期比起来都算不上什么。

万德统计数据显示,2019年以来猪产业指数累计涨幅达87.67%,其间最高涨幅超100%。个股方面,正邦科技、新五丰涨幅均超2倍,分别为248.96%、246.45%;天邦股份、天康生物、牧原股份、金新农涨幅分别为148.53%、118.57%、112.17%、101.2%。

期货市场方面,4月,玉米期货持仓量增加41.07%,成交量同比增加43.22%,达到18922366手;1~4月,玉米成交量同比增加8%,达到51429460手。豆粕期货1~4月成交量同比减少7.54%,降至133069180手,其中4月持仓量同比减少39.08%,降至2633056手。此外,菜粕期货在2月大幅增加32.1万~92.1万手,随后有所减少。玉米、豆粕、菜粕期货3月以及4月月线均收涨,两月累计涨幅依次为4.5%、2.3%、3.6%。

豆粕、玉米是与生猪养殖产业直接相关的期货品种,其中,玉米饲用消费占到总消费的50%~60%,豆粕饲用消费占到总消费的90%以上。此外,考虑到鱼类对猪肉的替代作用,菜粕期货也会受到猪周期波动影响。不过,从历史走势来看,饲料产品作为猪周期的后周期品种,其价格涨势启动一般晚于生猪价格上涨。其逻辑在于,猪肉价格上涨期间,对饲料整体需求是下降的,而当后期补栏增加后,需求增加也将提振饲料期货价格。此外,饲料期货走势还受品种基本面供需及库存因素影响。

不仅是A股及国内大宗商品,就连海外猪肉期货也受到了国内猪周期行情提振。文华财经统计数据显示,芝加哥商业交易所(CME)瘦猪肉期货价格2019年年初以来已累计上涨26.12%,因市场预期2019年美国向中国出口的猪肉总量将增加。预计在国内猪周期和缺口之下,未来两年中国进口猪肉将大幅增长,并推升全球猪价。尤其是尚未发现相关疫情的美国,有望成为我国猪肉进口首选。

据国家统计局消息,对24个省(区、市)流通领域9大类50种重要生产资料市场价格的监测显示,2019年4月下旬与4月中旬相比,23种产品价格上涨,21种下降,6种持平。其中,生猪价格环比上升2.1%,处于中等水平,猪价呈现温和上涨格局。

---

① 资料来源:张利静. 猪周期盛宴:好戏还在后头[N]. 中国证券报,2019-05-08。

生猪价格是生猪养殖行业研究的核心要素。从生猪供给来看,能繁母猪存栏量、每年每头母猪出栏肥猪头数(MSY)以及生猪出栏体重共同决定了生猪的供给;从生猪需求来看,主要由家庭消费、餐饮消费、团膳消费以及食品加工共同构成,影响家庭和餐饮消费的因素主要和人均可支配收入和城镇化率相关,而影响团膳和食品加工的需求主要和宏观经济增速密切相关。

期货研究人士则认为,2019年4月出栏的生猪对应为2018年10月出生仔猪,而生猪产业相关疫情始于2018年8月,9月和10月的疫情加剧了生猪出栏及母猪淘汰,因此,2019年4月之后生猪出栏量将呈现急剧减少状态,预计全国猪价将自东北地区开始全面展开。5月开始,猪价上涨将逐渐进入高潮。此外,值得一提的是,从生猪价格季节性规律来看,一般1~4月是价格下行周期,5~8月中旬是价格上行周期,9~12月是价格横盘周期。

值得注意的是,2014年,中国香港地区1.8亿港元"人造蛋"的发售一度引发肉类消费的舆论浪潮,且有消息称,继"人造蛋"之后,"人造猪肉"即将面市。这部分产能会否弥补生猪存栏下降造成的缺口?对生猪价格影响几何?

基于相关疫情导致行业产能大幅去化的事实,本轮猪周期价格高点和高价持续时间远超以往猪周期是大概率事件。有分析师称,根据线性模型,在中性预期下,2019年和2020年生猪均价有望超过18元/公斤和23元/公斤,当前生猪养殖公司股价蕴含的猪价预期较之仍有较大差距,继续重点推荐生猪养殖板块。

(六)季节性因素

有些商品的供给或需求具有季节性特点。供求的季节性特点会引发价格的季节性波动。这一点在农产品上表现得特别明显。譬如,国内大豆市场的基本特点是,每年从三四月开始,南美新豆上市,进口量增加,致使现货价格跌到谷底,随着五六月消费旺季的来临,价格从谷底缓慢回升,至七八月大豆青黄不接时,价格达到年内顶峰,10月以后由于北半球的新豆上市,价格再次回落至谷底,一二月随新年消费高潮的来临,价格略有反弹,随后的三四月重回谷底。由于职业投资者和现货商都熟悉季节性因素的影响,这种特点一般在不同合约月份上会得到提前反映。譬如,5月大豆合约对3月大豆合约升水,而11月大豆合约对9月大豆合约贴水。但从全年走势来看,期货价格的低点往往会在收获季节出现。有些交易者在判断后市时,会将这一特点作为参考依据。当然,在应用之前,首先需要对历史数据作定量的统计分析,从中发掘更多有价值的信息。

需要注意的是,在参考商品走势的季节性规律时,其他因素也是不容忽视的。某些偶然性因素的出现可能会打破或淡化一贯的季节性特征。当供应的变化与消费的季节性变化产生相反作用,商品的季节性特征就会减弱;反之,如果供应的变化与消费的季节性变化产生共振,则会强化相关商品的季节性特征。譬如,在需求旺季时,如果进口量大幅增加,导致供应充裕,那么商品价格的季节性上涨就会减弱;如果由于生产装置的故障,导致供应大幅减少,则会强化商品价格的季节性上涨。

(七)自然因素

自然因素主要指气候条件、地理变化、自然灾害等因素,与粮食、金属、能源等商品的生产和消费密切相关,特别对农产品的影响尤为明显。不利的气候条件会影响农作物的产量,导致农产品供给趋紧,刺激价格上涨;反之,则会对农产品价格构成压力。譬如,巴西是全球第二大咖啡种植国,1994年7月,巴西遭受严重霜冻,消息一传出,全球咖啡期货价格连续几个交易日出现涨停板。因此,气候因素已经成为农产品期货炒作的一个重要因素。由于各种农产品在播种期、成长期或收割期对气候的要求不一样,因此,在不同时期,主产区的气候情况及其变化就会引起交易者的十分关注,一有风吹草动,就会引起价格波动。

自然因素的重大变化对工业品和能源化工品也会产生相当大的影响,譬如,当生产、运输和仓储因地震、雨雪等恶劣条件而造成较大损失或阻碍时,这些商品的期货价格就存在上涨的可能性。由于自然因素往往变幻莫测,突发性强,且目前人们对自然灾害的抵抗能力十分有限,自然因素对期货商品的制约性极强,作为期货交易者应时刻保持对自然因素的关注,以提高对期货价格预测的准确性。

(八)投机因素

投机因素对期货价格的影响主要表现在大投机商的市场操纵及投资者的心理因素上。期货市场上,大投机商经常利用一些消息人为地进行投机性的大量抛售或补进,使价格走势与基本面脱节,对期货价格的波动起着推波助澜的作用。大投机商如果过度投机,很可能导致期货价格的非理性涨跌,这种涨跌是用其他合理的因素无法解释的。譬如,美国的白银期货受亨特兄弟操纵,从1979年的6美元/盎司一度上涨到1980年年初的50美元/盎司。后来由于操纵失败,价格又回落到之前水平。因此,大户持仓数量及方向对于市场参与者非常重要,很多国家或地区的期货监管机构特别出台了信息披露和市场监管的相关措施。美国商品交易委员会(CFTC)每周五定期公布商业性和非商业性的持仓报告,这份报告被分析人士和交易者广泛重视,从中可以了解主力资金的基本动向。

此外,投资者的心理因素也会对期货价格产生影响。如果投机者对市场看好,即使没有什么好消息的情况下,市场也会因投机者的信心而上涨,反之,期货价格可能因投机者缺乏信心而下跌。投机者的心理因素与投机行为往往会相互影响,产生综合效应。一方面,投机者希望利用价格波动投机获利,这种心理会被其他交易者利用而诱发新的投机;另一方面,投机方式的变化又会反过来影响交易者的心理。值得注意的是,这种影响需要在一定的前提条件下才会出现,并产生作用。一般来说,当期货市场处于活跃期时,投机交易有了良好的条件,投机和心理才会容易结合,其产生的综合效应常会使市场产生极强的不稳定性甚至戏剧性的变化,对市场的正常发展造成不良的影响。

第二节 基本面分析的方法

对期货品种进行基本面分析,不仅需要了解品种的供求关系以及供求关系是如何影响价格的,还需要掌握对这些关系进行分析的方法。从某种程度上讲,基本面分析并没有固定的模式,经验法、产业链分析法平衡表法、图表法、回归分析法、经济计量模型法、季节性分析法、分类排序法、指数模型法等都是常见的分析方法。

一、平衡表法

一些重要的大宗商品都有专业的统计研究机构,这些机构既有官方的,也有非官方的。前者如美国农业部,定期公布各种农产品的数据报告,后者如国际橡胶研究组织,定期向会员提供全球橡胶的统计研究报告。在这些研究机构的各种统计报告中,供求平衡表备受市场关注。平衡表列出了大量的供给与需求方面的重要数据,如上期结转库存、当期生产量、进口量、消耗量、出口量、当期结转库存等。除此之外,平衡表还列出了前期的对照值及未来的预测值。市场分析人士非常强调平衡表的功能,他们重视供给与需求中各种成分的变动,借以预测价格变动的方向。尤其是对于那些易储存的大宗商品,供求平衡表能够反映出统计期末的结转库存,而库存数量对价格的确定关系很大。表5-1有效地反映了美国大豆的供求信息。

表5-1　　　　　2010年2月美国农业部美国大豆供求平衡表　　　　单位:百万蒲式耳

项目	2004/2005年	2005/2006年	2006/2007年	2007/2008年	2008/2009年（估计值）		2009/2010年（估计值）	
				2月	1月	2月	2月	变动
期初库存	3.06	6.96	12.23	15.62	5.58	5.58	3.76	0.00
产量	85.01	83.37	87.00	72.86	80.75	80.75	91.47	0.00
进口量	0.15	0.09	0.25	0.27	0.36	0.36	0.22	0.00
总供给量	88.22	90.42	99.48	88.75	86.69	86.69	95.45	0.00
压榨量	46.16	47.32	49.20	49.08	45.23	45.23	46.81	0.27
内需总量	51.40	52.16	53.47	51.63	48.00	48.00	51.64	0.28

续表

项　　目	2004/2005年	2005/2006年	2006/2007年	2007/2008年 2月	2008/2009年（估计值） 1月	2008/2009年（估计值） 2月	2009/2010年（估计值） 2月	变动
出口	29.86	25.58	30.39	31.54	34.93	34.93	38.10	0.68
总需求	81.26	78.19	83.86	83.17	82.93	82.93	89.74	0.96
结转库存	6.96	12.23	15.62	5.58	3.76	3.76	5.71	-0.96
库存消费比（%）	8.57	15.64	18.63	6.71	4.53	4.53	6.36	-1.15

资料来源：美国农业部（USDA）。

平衡表虽然清楚地列示了具有重要市场参考价值的数据，但其作为市场分析工具，本身具有一定的局限性，无法回答期货价格是否合理的问题。关于期货价格水平与基本面状况是否对应的分析，还需借鉴其他的分析方法。

二、图表分析法

除平衡表之外，期货基本面分析使用较多的就是图表法。平衡表只是涉及供给量和需求量的统计，没有直接考虑价格，而图表法检验平衡表中供求统计数据与价格之间的关系，并且还考虑了平衡表以外的价格影响因素，如收入、替代品等因素。相对而言，图表分析法更大限度地解决了价格预测问题。

"一个图表胜万言"。图表分析法就是根据影响商品价格变动的相关变量和价格本身的历史数据，分析和预测未来价格走势的基本面分析方法。一般而言，大多数商品价格的变化，不论原因如何，都具有一定的规律性，在一定时期表现出一种倾向或趋势。图表分析法可以反映和总结这种倾向和趋势。基于价格预测的基本要求，在观察和预测价格变化规律的同时，必须密切关注影响其变动的其他相关因素的变化。虽然这不是图表分析法本身的必要环节，但必须充分考虑这些因素的作用。因此，在价格分析和预测过程中，将从价格本身的历史变化规律中预测价格未来变化趋势的图表分析法与其他方法结合起来，往往会获得更好的预测效果。

最常见的图形分析模式有点数图、曲线图、柱状图、K线图四种基本图形，其中曲线图、K线图应用最为广泛。点数图是利用带方格的图表来记录、分析和预测交易价格的变动趋势的图形；点数图只是用来表现价格的变化，而不考虑价格变化的时间序列，更不考虑成交、持仓等情况。点数图以纵轴代表价格，以横轴代表期货价格的波动，以"×""○"来表示价格的升跌，所以又被称为圈叉图（见图5-3）。点数图的最大优点是，它过滤了一般价格波动的干扰，也杜绝了任何主观情绪的干扰，减少了假信号。绘制点数图的关键在于确定两个基本参数：每一圈叉符号所代表的价位"格数"大小和价格反转的

"格数"数量。在实际应用中,很多交易系统或分析工具本身就带有生成点数图的功能,只要将以上两个参数输入,就可以得到相应的点数图。不过,正因为点数图忽略了时间因素和成交数据,据此形成的价格判断也难免偏颇。

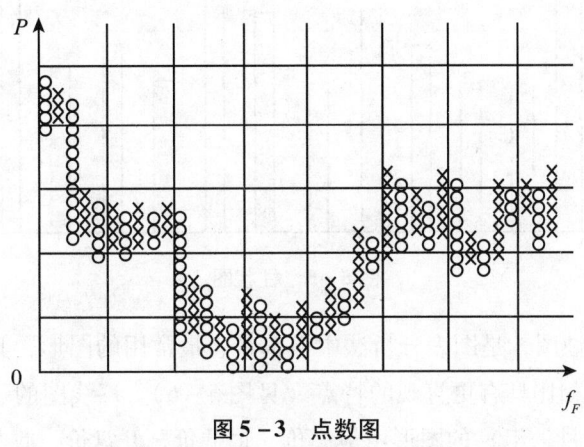

图 5-3 点数图

曲线图也是图表分析法中经常应用的一种图形,它将不同价位按照时间序列一次连接起来形成一个简单的图形(见图 5-4)。在曲线图上,纵轴代表价格水平,横轴代表时间序列。由于曲线图忽视单位时间内的价格波动,便于直观地观察价格波动的趋势,有利于分析较长时间段的图形信号,但不适用于价格的短期波动趋势判断。

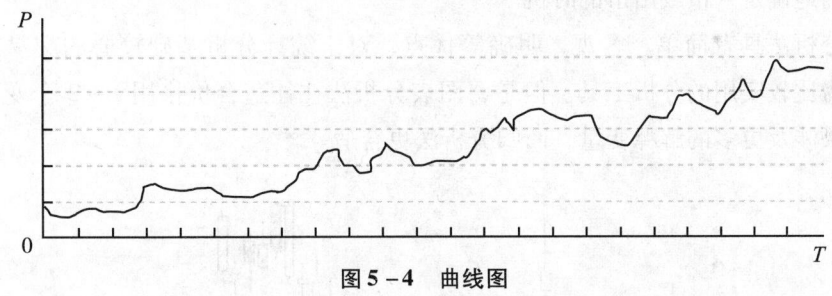

图 5-4 曲线图

柱状图由曲线图演化而来,它能记录每一时间内价格的波动情况,描述价格的波动趋势(见图 5-5)。在柱状图中,纵坐标代表价格,横坐标代表时间。绘制柱状图时,首先找出一定时间内(如一个交易日)的最高价和最低价,连接成一条直线,然后再依托该直线,将当日的收盘价和开盘价绘制在该直线上,就形成一个"柱状"单元。随着时间的推移,每天的价格变化情况均可绘出带有收盘价和开盘价的一条直柱,日积月累,就构成了一个高高低低、波浪起伏的日柱状图形。除了日柱状图外,还可以绘制周柱状图、月柱状图、年柱状图。通过柱状图的变化,我们可以很容易解读多空双方在市场中的争夺程度,了解市场心理的变化趋势。目前,很多交易终端也具有生成柱状图的功能。

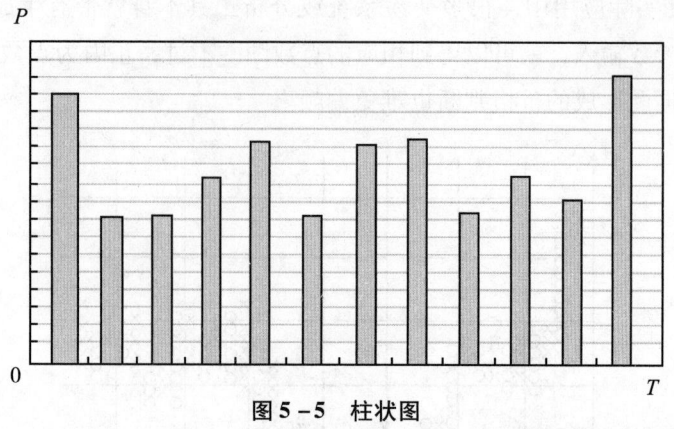

图 5-5 柱状图

K线图又称为蜡烛图，是图表分析法中最基本、最常用的图形，其原理和功能与柱状图相同，但与柱状图相比具有更直观的特点（见图5-6）。K线图的每一个特定交易时间单位（如小时、日、月、年）的图形由最高价、最低价、开盘价、收盘价组成。收盘价高于开盘价，则是阳线；收盘价低于开盘价，则是阴线。在阳线（或阴线）实体之上，最高价与收盘价（或开盘价）之间的线段为上影线；在阳线（或阴线）实体之下，最低价与开盘价（或收盘价）之间的线段为下影线。阳线或阴线的变化很多，每一种变化都能反映出价格的变化情况，如果将一段时间内的阳线和阴线组合在一起，辅助其他的分析方法，就能较准确地确定入市或出市的时机。

图表分析法具有简单、客观、明确等优点，对于统计分析基础较弱的交易或分析人士，不失为比较实用的分析工具。但是，图表分析法往往适合价格用1~2个变量解释的情况。如果涉及更多的解释变量，回归分析法更合适。

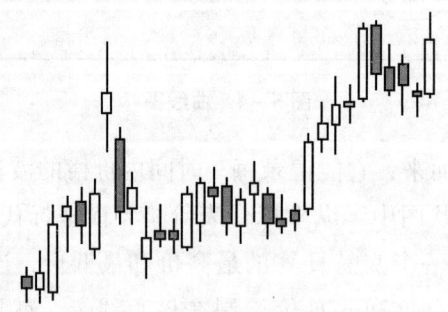

图 5-6 蜡烛图

三、回归分析法

回归分析法进一步拓展了平衡表法和图表分析法，它在自变量和因变量相关关系的基础上，建立变量之间的回归方程，并进行预测。通过回归分析，图表中的因果关系都可以转化为明确的数学方程式。

相对于平衡表法和图表分析法，回归分析法有以下优点：首先，回归分析法在分析多因素模型时，更加简单和方便。其次，运用回归模型，只要采用的模型和数据相同，通过标准的统计方法就可以计算出唯一的结果，但在图表的形式中，数据之间关系的解释往往因人而异，不同分析者画出的拟合曲线很可能也不一样。如果采用回归分析，不同的分析者根据这些数据可获得相同的拟合曲线。最后，回归分析可以准确地计量各个因素之间的相关程度与回归拟合程度的高低，提高预测方程式的效果。因此，回归分析是一种实用价值较高的、具体的分析工具。

四、经济计量模型法

经济计量模型法比回归分析法更复杂。回归分析法使用单一方程模型，即只用一个方程来描述某个经济变量与其影响因素之间的关系，模型中解释变量和被解释变量之间的因果关系是单向的。然而，在实践中，有些影响因素众多且相互间关系比较复杂的品种，一个简单的单因素或多因素回归分析模型也许无法很好地预测价格。譬如，在汇率预测中，有许多因素影响汇率，但汇率变动也会反过来影响其中一些因素。在这种情况下，一个回归分析方程式无法概括与表达这些因素之间的复杂关系。要准确反映它们的关系，就需要将多个方程有机组合起来，而且，有些方程还可能是非线性的。这种由一组联立方程式表达的模型就是联立方程计量经济模型。在运用联立方程计量经济模型预测时，必须运用更复杂的数学方法求解整组方程式。以农产品市场价格分析为例，为了反映农产品市场局部均衡的变化情况，我们可以设立如下模型：

$$Q_d = a_0 + a_1 P + a_2 Y + \varepsilon_1 \qquad (5-1)$$

$$Q_s = b_0 + b_1 P + b_2 R + \varepsilon_2 \qquad (5-2)$$

$$Q_d = Q_s \qquad (5-3)$$

在以上方程式中，Q_d、Q_s 分别为某农产品的市场需求量和供给量，P 为该农产品的价格，Y 为消费者收入，R 为影响农产品市场的天气条件指数。模型中方程（5-1）为需求函数，方程（5-2）为供给函数，方程（5-3）为平衡方程。由于商品价格的波动、市场均衡价格的形成是由供需双方共同决定的，只有用多个方程，同时从商品需求、供给和市场均衡三个方面考虑，才能准确反映农产品供需和价格之间相互依存、相互制约的关系，以及农产品市场的均衡变化情况。

从理论上说，联立方程计量经济模型比单一方程式更精密，结构也更完善，带来的预测效果可能更精确。但这是在大大增加预测模型复杂度的代价上获得的，模型复杂之后，不仅计算难度大大增加，对数据的要求也进一步提高。对大多数品种而言，获得符合要求的数据的难度很有可能大于建模本身。有观点认为，由于商品价格本身具有随机波动特性,期货价格预测的主要任务是区间预测,精确预测既不可能也没必要。从这个意义上说,联立方程计量经济模型相对于多元回归模型的精确性并不十分显著,所以不值得为此刻意增加模型的复杂度。

当然,是否采用更复杂的分析模型与使用者的条件有关。一些较大的专业机构投资者为了提高预测精度,争取更大的获胜把握,愿意投入更多的人力物力。因此,这种复杂的计量经济模型被大机构投资者采用的比例远高于一般投资者。

五、季节性类比法

季节性类比法比较适合于原油和农产品分析,但这并不意味着在其他品种中不能应用。在其他一些期货品种中,有时也会出现季节性特点。农产品之所以更适合应用季节性类比方法,是由其供给本身具有天然的季节性特点所决定的。

一些商品的价格由于季节的变动会产生规律性的变化,如在供应淡季或者消费旺季时价格高企,而在供应旺季或者消费淡季时价格低落。这一现象就是大宗商品的季节性波动规律。季节性分析则是绘制出这一价格运行走势图,为展望市场运行和把握交易机会提供方法。识别某个期货品种价格季节性走势的常用方法是计算季节性指数,即利用统计方法计算出预测目标的季节性指数,以测定季节波动的规律性。季节性图表法和相对关联法是其中两种最基本的计算方法。

(1)季节性图表法。季节性图表法在研究价格季节性变动时,计算出相应的价格变动指标,并绘制成图表,以发现商品的季节性变动模式。图表中包括的指标主要有上涨年数百分率、平均最大涨幅与平均最大跌幅差值、平均百分率变动等,以此来识别何时上涨概率较大,何时下跌概率较大,何时涨势较强,何时涨势较弱。其最大优点是实现了各个指标的相互验证,既直观地反映了特定研究周期的涨跌概率,又从绝对量和相对幅度对涨跌进行了度量,降低了因某个指标产生偏差的可能性。因此,季节性图表法对季节性变动的观察较为全面,准确性相对较高。

季节性图表法分析价格变动趋势的具体步骤是:第一步,确定研究时段,选取商品的期货价格数据,一般采用主力合约组成的连续合约价格数据。第二步,确定研究周期,分析者可以根据所分析商品的特点确定周期的时间跨度,可以是周、月或季度等。第三步,计算相关指标,如每个周期在研究时段上涨和下跌的年数及百分比、最高价格和期初价格差值及其平均值、最低价格和期初价格差值及其平均值、平均最大涨幅、平均最大跌幅、期初百分率、期末百分率、平均百分率及变动。最后,根据上述各指标判断研究时段的价格季节性变动模式。

(2)相对关联法。相对关联法是分析季节性指数的另一种方法。其基本步骤是:第一步,选取商品期货价格指数,一般采用主力合约组成的连续合约价格数据。第二步,把研究时段每个年度第一个月的价格定为基准价格,即为100%;把每年中每个月的平均价格

（月度平均价格是用该月各天的价格之和除以交易天数）与该月上一个月的月度平均价格相比分别得到每个月的百分比。第三步，综合研究时段的月度百分比数据，求解该时段相同月份的月度百分比的平均值，并画出一条月度百分比曲线。最后，根据该曲线判断商品价格的季节变动模式。在计算季节性指数的过程中，应检查历史数据中的异常年份。

季节性类比法的目的是，根据过去基本面条件类似季节的价格形态，推测当前季节的价格行为，指导入市时机的选择。其基本前提是"历史可以重复"，也就是说，在基本面类似的季节，对应的价格行为将有类似的形态。这正是技术分析的假设前提。因此，季节性类比法也称为"基本面的技术分析"。不过，其本质上仍属于基本面分析方法。

需注意的是，季节性类比法在某些阶段是非常有效的，但在某些阶段却是低效的。期货价格之所以会出现季节性变化，是因为供求关系存在季节性特点。如果出现特殊情况导致供求失衡，就会削弱原来的季节性规律，且容易走出反季节行情。譬如，在通货膨胀严重时，即使在需求淡季，期货价格也会趋于上涨；而经济形势不好时，季节性上涨就会被冲淡，甚至出现下跌。因此，我们不能简单地依据期货品种的季节性走势来预测价格走势，对其他一些阶段性因素也应作出客观评估。

六、分类排序法

上述几种方法的应用有一个共同前提：拥有足够多的数据。如果数据不足，不仅将严重影响预测效果，有时甚至将无法建立模型。譬如，对回归分析法而言，如果运用的数据资料太少，就不具有统计上的意义。而在期货交易的某些品种中，经常会碰到有效数据时间不长或数据不全面的情况。在定量分析方法无法应用时，分类排序法就是一个值得利用的替代方法。

分类排序法的基本步骤是：第一步，确定影响价格的几个最主要的基本面因素或指标。第二步，将每一个因素或指标的状态按照利多、利空的程度划分为几个等级，譬如以强烈利多、利多、中性、利空、强烈利空划分。然后赋予不同的状态以不同的数值，譬如，2对应强烈利多，1对应利多，0、-1、-2分别对应中性、利空、强烈利空。第三步，对每一个因素或指标的状态进行评估，得出对应的数值。最后，将所有指标得到的数值相加求和，并根据加总数值评估该品种的未来行情走势。

需指出的是，采用分类排序法，只适用于判断价格的未来趋势，并不能预测价格的绝对水平或价格的变动幅度。此外，由于基本面指标的状态判断及赋值大小与分析师个人的判断有关，这种分析方法所得到的结论与分析师个人的主观判断有较大的关系。

七、指数模型法

指数模型法是将若干自变量综合成单一的指数，从而对价格变化进行解释的方法。从某种意义上说，指数模型法是对回归分析法、经济计量模型法在应用层面的简化。一般而言，回归分析法或经济计量模型法适用于 5 个或 5 个以下的自变量，而不适用于更多变量。如果自变量数量过多，所建立的模型都采用过去的数据，这对预测未来的价格或价格趋势可能效果较差。此外，当自变量过多，这些变量之间的关联性较强，会产生多重共线性的统计方面问题，从而降低分析预测模型的可靠性。针对这种问题，就可采用指数模型法解决。

指数模型法的分析步骤是：第一步，如果认为目前市场价格处于上涨趋势，则设定指标为 +1；如果认为市场价格处于下跌趋势，则设定指标为 -1。第二步，将所有的指标数值相加获得指数值。第三步，将指数值除以指标的个数，再乘以 100，就得到标准化指数值。这样，标准化指数的值域范围就介于 -100 和 +100 之间。譬如，如果有 20 个指标，15 个为多头指标，5 个为空头指标，那么标准化指数值为 +50；如果多空指标值相等，则标准化指标为 0。

通过指数模型法，分析者基本上可以对市场价格的变化趋势或方向有一个基本判断。至于更精确的判断和预测，显然不是指数模型法能做到的。

第三节 基本面分析的步骤

一、搜集和处理数据

搜集和处理相关统计数据是进行基本面分析的基础。基本面分析所需要的数据，大多来自期货市场之外，不仅获取困难，而且存在无法全面掌握的问题。同时，基本面的相应变化，可能导致历史数据失去意义，必须挖掘新的有效数据。因此，针对基本面情况，在熟悉期货品种背景的基础上，搜集和处理相关数据尤为重要。

（一）熟悉品种背景

从事基本面分析，熟悉品种背景是第一步。熟悉品种背景的过程其实是学习的过程，这一过程从阅读大量的相关背景资料及文献开始。这些背景资料及文献，既可以在相关的书籍中获取，也可以在交易所的品种介绍汇编中找到，上述资料的优点是介绍比较系统，缺点在于缺乏动态跟踪且分析深度有限，对影响因素的分析往往比较简单。针对这一缺陷，分析者可以通过其他资料进行弥补，如相关研究机构的研究报告、专业资讯公司的资讯信息。通过认真搜集积累，研究者可以比较深入系统地了解与分析品种相关的背景知识，从而达到下列目的：对市场关注的各种影响因素有比较直观的认识；了解市场对这些因素变动的反应模式；获得这些因素的变动数据的方法等。

（二）搜集统计数据

熟悉品种背景之后，更进一步的要求是搜集数据。数据是基本面分析最基本的元素，对基本面分析来说，如果离开了数据一切都无从谈起。

基本面分析所需的数据，我们可以从特定的政府部门、非营利研究机构和营利性研究机构等组织获取。譬如，国内发布农产品供求信息的机构主要是农业农村部信息中心和国家粮油信息中心，其中，农业农村部市场与经济信息司严格按照各年农业经济信息发布日历规定的时间发布农产品市场信息，主要农产品市场预警信息按月度发布。对于未列入日历但社会广泛关注的农产品质量安全、动物疫情、植物病虫害和农业灾情等问题，根据需要不定期发布相关信息。作为全球最大的农产品生产国和出口国，美国农业部发布的信息是期货市场最受关注的，包括供给、需求、价格、趋势和发展等最新情况的数据。

对于很多市场来说，除了一般性的资料以外，还需要查询专业的资料来源。譬如，虽然美国农业部提供许多糖的重要数据，但德国的统计分析机构 F. O. Licht 是市场公认的主要糖资料供应机构；关于天然橡胶与合成橡胶的统计，全球公认的权威数据则来自位于新加坡的国际橡胶研究组织（IRSG）。

值得注意的是，目前各大机构，包括中国国家统计局、美国农业部、国际能源机构等，都形成了信息发布公示制度。这一制度一方面有利于分析人士及时掌握数据，另一方面为期货市场形成预期效应创造了条件。每逢重大数据公布之前，期货市场总是暗潮汹涌，对数据利空利多的预测展开拉锯。

（三）辨析及处理数据

如果对来源不同的统计数据进行比较，有时会发现矛盾之处。不同的统计组织，其原始数据来源有差别，导致这种情况的原因在于：统计口径或统计方法的不同。另外，即使运用先进的统计手段和方法，也仍有可能出错。譬如，2003～2004 年，大豆价格暴涨之后又暴跌，国内油脂加工商损失惨重，引发了市场的激烈辩论，辩论的主题就是"美国农业部报告误导中国投资者"，实际上就是质疑美国农业部以前发布报告的准确性。因此，对于分析者来说，仅仅知道有哪些数据还不行，还必须清楚地了解这些统计数据的含义及由来。

由于基本面分析涉及的时间周期较长，价格有自然上涨趋势，因此在涉及分析商品的长期价格时，应该去除通货膨胀对价格的影响。在预测价格时，我们可以将所有的当时价格除以生产者物价指数（PPI）。这样做的可取之处就是屏蔽了物价水平的影响之后，更容易看出商品本身供求关系对商品价格的影响，有助于提高对商品价格评估的合理性。譬如，2000 年 11 月美国生产者物价指数数值为 140，2008 年 11 月达到了 172.10，这意味着 8 年间生产者物价水平上升了 22.93%。假如某商品的供求关系当时是稳定的，而 2008 年 11 月份前后的供求情况与当时也差不多，即使价格上涨了 22.93%，从物价水平来讲也是合理的。

当然，是否需要对商品价格进行调整与采用什么样的分析模式及分析目的有关。譬如，在一些分析模式中，已经将价格水平（通货膨胀或通货紧缩）作为影响因素之一纳入，就无须再对历史价格进行调整。再如在预测某期货品种的季节性高点和低点时，尽管可能会涉及长达几十年的数据，但也未必需要对价格数据进行调整，因为这里关注的是价格的相对变动幅度，而不是绝对水平的比较。

二、建立和完善模型

基本面分析所需的数据经过有效整理后，就可以运用相应模型来分析预测价格水平和变化趋势。模型是否能够达到解释和预测价格变化的目的，在很大程度上取决于模型是否有效构建了核心变量与价格之间的逻辑关系。

（一）建立模型的目的

从逻辑上讲，由于价格变化是在各种因素的影响下发生的。如果能够将各种因素影响价格的机制及影响搞清楚并用数量关系表达出来，就可以在预知这些因素变动的前提下，预测价格的变动。显然，要达到这个目的，首要任务就是确立各种因素与价格之间的变动关系。建立模型实际上就是要解决这个问题，希望通过模型来预测未来价格。

在现实世界中，影响价格的因素有很多，有些因素是可以量化的，有些因素是无法量化的。期望将所有因素都包含在一个模型中是不现实的。这是因为，有些无法量化的因素无法纳入模型，而且不同因素对价格影响的大小不同。如果模型中将那些影响轻微的因素也全部纳入，则势必导致模型臃肿复杂。因此，有必要简化这些关系，剔除那些次要因素，而将主要因素纳入模型。

（二）解释模型和预测模型

模型反映了影响因素与价格之间的关系。假如 x、y、z 为三个不同的影响因素，P 为价格，$P=f(x,y,z)$ 是反映各影响因素与价格之间关系的函数。显然，这就是一个模型。从影响因素与价格之间的时间角度看，模型可以分为两类：解释模型和预测模型，两者具有本质上的区别。譬如，在变量下面以下标 t、$t-1$ 的形式来表示变量发生的时间，则解释模型可以表示为 $P_t=f(x_t,y_t,z_t)$；而预测模型则是 $P_t=f(x_{t-1},y_{t-1},z_{t-1})$。

解释模型试图说明历史价格对历史供求力量的响应。在解释模型中，影响因素（自变量）和价格（因变量）的时间几乎是同步发生的。譬如，我们观察到某商品某年的价格大涨，并且分析得出影响价格上涨的一系列因素。如果将这些变量的变动值代入模型中，完全符合。这就是一个典型的解释模型，因为其很好地解释了自变量的变动如何引起因变量的变动。

一个能够解释价格的模型不一定是一个能够进行有效预测的模型。因为如果不能提前知道影响因素将如何变化以及往哪一个方向变化，仍旧无法预测价格。譬如，交易者在进行铜期货交易的某个阶段，观察到美元指数的变动是铜价变动的最重要原因。如果能正确地预测美元指数的涨跌，则自然就可以比较正确地预测铜价涨跌。但是，要正确预测美元指数涨跌又谈何容易。因此，只有当解释模型中的因素预测相对较容易时，利用解释模型来进行价格预测才具备一定的可行性。

另外，实际建立的模型有可能是混合模型，即其中的一部分自变量与价格之间具有同步关系，而另一部分自变量具有提前关系。

（三）建立模型的过程及注意事项

建立模型是一个循序渐进的过程，也是不断探索的过程。如要建立"大豆价格预测模型"，首先是将大豆价格与大豆产量联系起来考虑。这实际上就是一个模型，但比较粗糙和简单。然后考察这个简单模型的有效性。当察觉到其中有不少异常情况，即用该简单模型无法解释的情况时，进一步寻求产生这些异常情况的可能原因。考察的结果是在模型中增加一个新的影响因素（如引入玉米产量），这实际上意味着模型已经更新。最后对前后两个模型进行对比分析，看看新模型是否优于原来的模型，如果新模型的解释能力还不如原来的模型，那就意味着这种改进是无效的，需要另外考虑其他途径；如果新模型的解释能力明显优于原来的模型，那就意味着这种改进是有效的。

在上述过程中有两个值得注意的地方。第一，对建立模型者而言，即使模型不能解释过去某段时间内的价格变化，也有积极的意义。因为它意味着模型可能有考虑不周的地方，譬如可能遗漏了比较重要的影响因素，这将有助于建模者提高模型质量。然而，在某些情况下，过去所发生的不寻常价格变化仅仅是受孤立事件的影响（如价格管制、出口禁运等）所致。在这种情况下，如果将其纳入模型中，就会破坏模型的有效性，将这些异常数据剔除可能反而是更好的处理方式。当然，在剔除数据之前，必须确认异常现象的确是孤立事件而不是基本影响因素所致。

第二，必须分清实际数据与在此之前的估计值之间的差别。譬如，在查找历史数据时，发现某一农作物某年度的实际产量很高，与其对应的价格应该偏低，但实际上当年的价格偏高。通过查询此前的预测报告发现，当时的产量估计值并不高。由于真实的产量必须在收获期结束之后一段时间才被市场确知，此前交易者的交易依据只能是当时的估计值。因此，实际上与当时的价格相匹配的是预估值，而非实际值。这说明在模型中如果采用过去的估计值而不用实际数据，拟合效果可能会更佳。因此，在模型构建与验证时，观察预期的统计数据是否可以改善模型效果是值得的。

三、检验和修正模型

建立后的模型是否能够有效解释或预测价格，需要通过引入具体的变量数值进行检验,在此基础上,对模型作进一步的调整和优化。

(一) 模型的检验

在应用模型进行预测时,首先要做的是输入自变量的具体数值。混合模型中具有提前量性质的自变量数值比较容易确定,但对同步性质的自变量数值,必须根据现有的资料进行估计。譬如,对农产品价格预测来说,下一年的产量显然是重要因素,在无法提前得知确切数量之前,只能根据种植意愿、历史收成与气候条件等资料进行预测。由于这种推测会有一定的误差,因此给这些变量设置一个合理的数值区间是比较合理的做法。

在模型中代入相应的数值后,可以得出相应的预测价格,如果输入的自变量数值本身具有一定的区间,则所得预测结果也将是区间形式。如果在模型构造中已经将历史价格用价格水平调整过,则应该对预测价格再进行反向调整,将其换算成预测期的价格。

(二) 模型的修正

在模型检验中产生一定的预测误差很正常,有些模型即使在应用初期预测效果较好,但随着时间的推移,预测效果会减弱,这就需要应用者仔细甄别出错的原因。在模型应用的过程中,导致预测误差的原因有很多。归纳起来,大致有以下四方面的原因。

第一,输入数据的准确度不能满足要求。预测模型要求自变量数据具有提前量,但实际中运用的模型往往是混合模型,即模型中既有提前性质的自变量数据,也有同步发生的自变量数据。对于那些同步发生的自变量数据,必须进行估计,估计的准确度自然会影响预测的准确度。即使对于那些具有提前量性质的自变量数据,也有个数据准确度问题。譬如,关于我国国产大豆的数量,由于国内统计组织、统计方法上都存在着较大的差别,即使在收割完毕后,有关部门的统计数据也不是那么准确,因此就经常可以见到存在数量之争的分析报告,其中一个争论的焦点就是究竟有多少没有作为统计对象的"黑地"。

第二,预测误差也可能是来自模型中函数形式的选择。变量之间的关系,有可能是线性的,也有可能是非线性的。如果将非线性关系简化呈线性关系处理,误差也会因此产生。

第三,市场发生重大变化,原先认为并不重要的因素突然起作用了,而这一因素在原来的模型中并没有被纳入。譬如,某市场过去的长期走势原本可以由一组变量给予充分解释,据此建立的预测模型也一直很有效,但后来突然出现了一个模型中没有考虑的新因素,该因素严重影响了价格,导致原来的模型再也无法准确预测。譬如,在通货膨胀较严重期间,储存保值心理被触发后,加大了对各种商品的需求,那些易于储存的商品(如基本金属)更是炙手可热。在这期间,不同市场之间呈现出高度而异常的互动关系,许多市场的价格都远超过基本面所反映的应有价值。对于任何特定市场所进行的基本面分析,如果没有考虑整体多头氛围对价格的潜在影响,预测价格必定会严重低估。反之,当发生比较严重的通货紧缩时,实质利率偏高对于存货心理的抑制作用被放大,如果在模型中没有考虑这种潜在影响，任何市场的预测价格都必然会高估。

第四，恶性投机与操纵也是容易被遗漏的因素。尽管这些因素一旦发生作用对期货价格的影响极大，但还是难以被纳入模型中。即使勉强纳入，也难以估计。譬如，1979～1980年在美国白银期货市场上发生的操纵事件，尽管从基本面上判断，价格早已远远偏离基本面，但这不仅在事前无法预期，即使在事中也无法给出正确的评估。

针对上述种种情况，有必要对模型进行调整，改进模型预测效果，尤其是当新的重要因素出现后，更应如此。

第四节　基本面分析的应用：以原油为例

一、原油期货价格的构成及其影响因素

期货投资基本面分析在很多品种的价格解释和预测中得到广泛应用。以原油价格的预测为例，可以清楚地了解期货投资基本面分析的具体应用，并对基本面分析与实际交易之间的关系有更深入的理解。

（一）原油期货价格的构成

原油是重要的工业原料之一，作为整个石化产业链的源头，原油的用途广泛，不仅可以用于一次性能源消费，还是许多化工品的原料来源。预测原油价格，首先要搞清楚究竟是预测哪种类型的原油价格。一般而言，对原油的分类有三种标准：按组成成分，可分为石蜡基原油、环烷基原油和中间基原油三类；按含硫量，可分为超低硫原油、低硫原油、含硫原油和高硫原油四类；按API比重，可分为轻质原油、中质原油、重质原油三类。目前，全球原油三大交易中心交易的是以API比重为基本标准确立的原油期货合约：伦敦国际石油交易所（IPE）的北海布伦特原油（BRENT）期货合约、纽约商品交易所（NYMEX）的西得克萨斯轻质原油（WTI）期货合约和新加坡国际金融交易所（SIMEX）的迪拜原油（DUBAI）期货合约。

原油期货价格与一般期货价格的构成基本类似，包括两大部分：一是产品生产过程中的成本、利润和税金；二是期货交易中发生的成本、商品流通费用和预期收益。具体来说，原油期货的价格由四部分构成。

1. 原油成本和税金

与其他商品一样，原油产品生产中也要发生诸如设备费用、人员工资等成本，同时还要向所在地区政府部门缴纳相关的税金，这些支出构成了原油期货价格的基础部分。但需要特别注意的是原油生产成本与期货价格的关系呈现两个显著特点。首先，原油生产的成

本只是间接地影响国际原油期货的价格。石油资源全球分布的不平衡性和原油需求的刚性，使得原油生产中存在高额的级差地租，世界原油价格一般向高成本原油和替代能源的价格看齐，实际上原油的生产成本远低于其价格。在原油生产领域，由于原油的埋藏条件、油品特性和开采技术方法的不同，生产成本有很大差别。其次，原油生产中前期用于勘探和开发的成本对价格的影响主要是通过影响生产者的产量决策进而影响市场供应量，最后才间接影响市场价格的。原油生产中，前期投资构成生产成本相当重要的组成部分。原油生产中的成本主要可以分为三个部分：地质勘探费用、钻井及油田地面建设费和开采操作费。

2. 原油利润

原油期货价格还包括原油生产过程中的利润，而且由于原油资源的垄断性，该利润比正常情况下的社会平均利润高得多，具有超额垄断利润的特点。由于原油形成需要特定的地质条件，世界原油资源的分布极不均匀，这决定了原油市场的垄断性。由跨国石油公司、石油输出国组织（OPEC）国家和非OPEC产油国组成的原油供应者集团已控制了全球绝大部分原油资源和产量，它们往往愿意维持原油的相对高价，以获得超额垄断利润，而这种利润预期也反映在原油期货的价格中。

3. 原油期货交易成本和费用

原油期货交易双方需要相应人员和设备的参与，需要以保证金的形式占用资金，而且要缴纳相应的交易佣金，这些交易成本都是石油期货价格中不可忽视的组成部分。以我国上海期货交易所的燃料油合约为例，合约持有者必须缴纳不低于合约价值8%的交易保证金，同时交易中还要付出不高于成交金额万分之二（含风险准备金）的交易手续费，这些沉淀资金的成本和手续费最后都要反映到期货价格当中。此外，期货贸易以未来实际物品的可交割性为基础，因此期货合约都规定了交割地点，如NYMEX中交易的轻质低硫原油期货合约的交割地定在美国俄克拉荷马州的库欣，上海期货交易所的燃料油交割库分布在广东、浙江和上海等地。由于大部分交易的原油不在交割地生产，因此生产者必须将它们运至交割地或者按照运输距离给予购买者相应的补偿，这些费用也是构成原油期货价格的重要组成部分。

4. 预期收益

期货交易中的预期利润既包括所占用资金的社会平均投资赢利也包括承担交易风险的风险报酬。总的来说，原油期货交易者可以分为两类：对冲者和投机者。对冲者参与期货交易的主要目的是锁定交易风险，并没有太高的利润预期，但投机者之所以进入市场，就是为了在价格波动中寻找机会获利。期货交易中，投机者的参与是市场活跃的重要条件也是合约成功的重要基础，因此原油期货的价格反映着他们合理的利润预期。

（二）全球原油供给及影响因素

全球原油资源分布很不均衡，主要集中在两大纬度带，一个在北纬20°~40°，即波斯湾、墨西哥湾和北非地区，集中了全球已探明原油储量的51.3%；另一个在北纬50°~70°，即北海、伏尔加及西伯利亚和阿拉斯加湾地区。2018年的英国石油公司（BP）数据显示，全球原油探明储量降至16966亿桶，OPEC国家原油储量约为非OPEC国家原油储量的两倍，其中，我国已探明的原油储量排名为第13位，约257亿桶[1]。

根据2018年的BP数据显示，委内瑞拉成为全球探明石油储量最多的国家，达3032亿桶，占全球18%；沙特阿拉伯紧随其后，以2662亿桶的探明储量位居全球第二，占比16%；加拿大排名第三，其探明石油储量为1689亿桶，占比10%[2]。就目前而言，全球范围内可用的原油储量较为充裕。从长期来看，全球原油剩余储备整体呈现上升趋势。据美国地质调查局（USGS）预测，全球原油剩余储备从1960年的零储备开始连年攀升，到2020年将达到48%，同时原油价格对于原油开采技术也会有所影响。

影响全球原油价格的供给因素主要包括全球原油储量，原油供给结构和原油生产成本。

1. 全球原油储量

原油产量必须以原油储量为基础。过去的几十年中，全球石油资源探明的储量一直在持续增加。《BP世界能源统计报告2018》显示，截至2017年底，全球原油储量约为1.697万亿桶，若按现在全球0.8亿桶/天的保守消耗速度计算，当前的世界原油储量可供全球消费58年。目前，全球还有众多可能含油的沉积盆地由于地理位置的相对偏远没有勘探，勘探技术的发展使原有油田的储量不断上升，非常规性原油资源（如油页岩、沥青砂等）还没有加以利用，原油储量本身不再是原油市场发展的障碍。

2. 全球原油供给结构

全球原油供给结构对石油供给具有重大影响。目前世界石油原油市场的供给方主要包括OPEC国家和非OPEC产油国。OPEC不仅是全球最大的石油输出国组织，实际上也是石油产量的主要来源，拥有世界上绝大部分探明石油储量，其产量和价格政策对世界石油供给和价格具有重大影响。OPEC做出的决定对原油市场平衡和原油价格都将产生巨大影响和杠杆作用。中长期来看，OPEC上游产能无论是原油生产还是整体的石化产业，产能均呈现上升态势。但是原油生产能力增速相对于整体的石化生产能力较慢，可见OPEC国家中长期原油相关油品生产产能将加速提升。除了OPEC国家之外，美国、俄罗斯、英国、挪威、墨西哥、厄瓜多尔和中国的原油生产和供给也较大。非OPEC产油国主要是作为价格接受者存在，根据价格调整产量。

自2002年以来，OPEC原油产量激增，产能利用率达到90%以上，通过增加产量平抑油价的能力减弱。这样，就迫使市场参与者通过构建商业库存作为应对风险的缓冲，而库存需求反过来刺激了油价上行。研究表明，OPEC的产量波动同国际油价的波动不存在数量上的显著关系。从绝对量来看，OPEC的产量水平同国际油价正相关，也就是说，国

---

[1][2] 资料来源：《BP世界能源统计报告2018》。

际油价高时，OPEC产量也高，国际油价低时，OPEC的原油产量也低。这种显著正相关关系很难解释OPEC对国际油价的操纵。

3. 原油生产成本

原油生产成本也将对原油供给产生影响。原油作为一种不可再生能源，其生产成本会影响生产者跨时期的产量配置决策，进而影响到市场供给量，间接地引起原油价格波动。世界原油价格的下限，一般主要由高成本地区的原油生产决定，而低成本地区的原油生产决定了价格的波动幅度。

（三）全球原油需求及影响因素

1. 全球经济发展水平及经济结构变化

原油作为现代经济社会的重要原料之一，经济活动的高涨一般伴随原油需求量的上升，因此，经济发展与原油消费的关系最为直接，而与原油价格是间接关系，经济发展引起原油市场供需关系的变化，从而影响原油价格。

研究表明，除20世纪70年代初和70年代末、80年代初的两次石油危机以外，世界原油消费量的增长与世界经济的发展是高度相关的。70年代，世界GDP总量快速增长，相应的世界原油消费量增加了33.78%；80年代，世界GDP总量增长了86.4%，同期世界原油消费量增加了7.6%（节能措施在此期间产生了一定的影响）；90年代，世界GDP总量增长了44.2%，同期世界原油消费量增加了14.1%[1]。世界经济增长状况与能源的供给息息相关。近年来，全球经济呈现较快的增长，经济持续增长的态势带动了原油需求的增加。

目前，全球原油需求最大的地区分别是北美、欧洲、亚太其他国家和中国。这些地区的原油需求占全球总需求的75%左右，其中北美地区的原油需求约占全球总需求的24%[2]。以中国、印度为代表的新兴经济体经济增长强劲，导致对原油的需求增加，推动全球原油价格震荡走高。但是，高油价势必会阻碍全球经济的持续增长，全球经济增速放缓又会影响石油需求的增加。预测原油的消费增长点主要根据石油消费国GDP的实际增长率，譬如，OECD国家的原油与GDP增长的比率大约是0.5，这意味着经济扩张每增长1%，原油的需求就上升约0.5%[3]。

2. 替代能源发展与节能技术

替代能源的成本将决定全球原油价格的上限。当原油价格高于替代能源成本时，消费者将倾向于使用替代能源；而节能技术的推广和应用将使全球原油市场的供求矛盾趋于缓和。目前各国都在大力发展可再生能源和节能技术，这势必将对原油价格的长期走势产生影响。

---

[1] 资料来源：Wind数据库。
[2][3] 资料来源：《BP世界能源统计报告2018》。

随着原油勘探及开采的难度和成本不断提高，世界各国寻求原油替代能源的呼声从20世纪70年代以来日益高涨。受两次石油危机的影响，各原油消费大国先后调整能源消费结构，更多地使用其他能源，推动煤炭天然气、核能等其他能源得到更广泛的使用，以减少对原油的依赖。近年来，连一直离不开原油的交通运输部门也开始使用乙醇、天然气、电力来代替汽柴油，作为运输工具的燃料和动力。

原油的众多替代能源大致可分为常规能源中的煤炭、天然气、水力和核裂变能，以及非常规能源中的油页岩、太阳能、风能、地热能、生物质能、潮汐能、核聚变能等。但就2018年全球的能源消费结构来看，原油占能源消费总量的33%，仍排在第一位；排在第二位的是传统能源—煤炭，占能源消费总量的30%；天然气具有热值高、用途广成本低、污染少、使用方便等特点，近年在世界能源结构中所占比例明显提高，占能源消费总量的24%，排在第三位。这三种能源在全球能源消费中的总比重达到了87%，而其他能源所占比重较小[1]。

（四）影响原油价格的短期因素

影响全球原油价格的因素可以从长期和短期两个方面来考察。影响油价长期走势的因素主要是供给因素和需求因素，而短期影响因素通过对供求关系造成冲击或短期内改变人们对供求关系的预期，从而对原油价格发挥作用。短期因素包括原油库存、地缘政治、人为干预、气候变化和投机资金等。

1. 原油库存

在全球范围内，原油需求则主要以原油的消费量来衡量。原油库存可以作为原油供求关系的晴雨表，在供给紧张时，原油库存可以看作潜在的供给，而在原油消费高峰时，原油库存一定程度上反映了原油的市场需求。在构成原油供求平衡表的数据中，库存统计最接近所谓的"黑匣子"。事实上，除了OPEC国家，其他地区库存的统计很可能不准确（甚至一些重要国家也是如此）。因此，平衡表分析和预测总是处于不断的变化中。

原油库存是供给和需求之间的一个缓冲，对稳定油价有积极作用。其数量变化直接关系到世界原油市场的供求差额的变化，抛出库存可使供应量增加，购进库存则使消费量增加。库存变化（增减以及流向）主要受供求差额、价格升贴水、库存目标量和经营状况等制约与调节，它是个存量的概念，与油价走势有相当密切的关系。

OPEC的库存水平已经成为国际油价的指示器，并且商业库存对原油价格的影响要明显强于常规库存。当期货价格远高于现货价格时，石油公司倾向于增加商业库存，刺激现货价格上涨，期现价差减小；当期货价格低于现货价格时，石油公司倾向于减少商业库存，现货价格下降，与期货价格形成合理价差。库存数据代表特定时期的变化，而非绝对的库存水平。这种变化就是预测的消费量与预测的产量（包括非OPEC产油国和OPEC国

---

[1] 资料来源：《BP世界能源统计报告2018》。

家产量）的差额。在统计原油库存时，美国的商业库存是相对较准确的，美国能源部的能源情报署（EIA）每周会及时公布全美原油的商业库存。

2. 地缘政治和突发重大政治事件

原油除了具有一般商品属性外，还具有战略物资的属性，其价格和供应很大程度上受政治势力和政治局势的影响。有时突发事件会迫使原油价格明显偏离正常区域，或者在该范围内进行调整。世界最主要的石油储藏大多处于政治敏感地区，其中包括伊朗、尼日利亚和委内瑞拉。一旦这些地区局势不安定并导致原油供应中断，原油价格将会立即飙升。近年来，随着政治多极化、经济全球化和生产国际化的发展，争夺石油资源和控制原油市场，已成为全球原油市场动荡的重要原因。

3. OPEC和国际能源署（IEA）的市场干预

OPEC控制着全球剩余原油产能的绝大部分，IEA则拥有大量的原油储备，能在短时期内改变市场供求格局，从而改变人们对石油价格走势的预期。OPEC的政策变化可能是预测原油价格的关键因素，主要政策是限产保价和降价保产。一般情况下，油价长时间在一定的区间内波动，但当价格低于该区间的底部区域时，OPEC就会减产。OPEC减产的结果是原油价格会慢慢止跌并逐渐回升。因此，原油价格偏离底部区域的时间一般不会太长。

4. 自然因素

欧美许多国家用石油作为取暖的燃料，因此，当气候变化异常时，会引起燃料油需求的短期变动，从而带动原油和其他成品油的价格变化。另外，异常的天气可能会对原油生产设施造成破坏，导致供给中断，从而影响油价。例如：美国的原油工业基地集中在墨西哥湾，而这一带恰是飓风多发地，一旦海上作业平台遭到飓风破坏，油价就会被迫上涨。2005年8月，卡特里娜飓风横扫了美国墨西哥湾的原油工业基地，摧毁了很多海上石油钻井平台，许多炼化厂装置受损，导致全球原油供需失衡。

5. 国际投机基金的短期流向

20世纪90年代以来，国际对冲基金和其他投机资金是全球原油市场最活跃的投机力量。由于基金对宏观基本面的理解更为深刻，所以基金的头寸与油价的涨跌之间有着非常好的相关性。虽然在基金参与的影响下，价格的涨跌都可能出现过度，但了解基金的动向也是把握原油价格走势的关键。2008年初，国际对冲基金、社保基金和指数基金为了规避美元贬值的风险，大举进入商品期货市场，特别是原油市场。资金的大量涌入快速推高了原油价格，而与此同时，美国的原油和汽油库存也在同步增长。这种情况表明，资金在推动原油价格走高方面起到了推波助澜的作用。

6. 汇率和利率变动

研究表明，原油价格变动与美元和国际主要货币之间的汇率变动存在弱相关关系。由于美元持续贬值，以美元标价的石油产品的实际收入下降，导致OPEC以维持原油高价作为应对措施。此外，在标准不可再生资源模型中，利率的上升会导致未来开采价值相对现在开采价值减少，因此会使得开采路径凸向现在而远离未来。高利率会减少资本投资，导致较小的初始开采规模，高利率也会提高替代技术的资本成本，导致开采速度下降，这样对原油价格也会产生一定影响。

二、原油基本面分析方法：以季节性类比法为例

适用于原油价格预测的方法有很多，季节性类比法是其中之一。就季节性类比法而言，所谓原油的季节性就是原油价格由于季节变动面产生的规律性变化，如供应淡季或消费旺季时价格高企，而在供应旺季或消费淡季时价格低落。针对这种现象，对原油进行季节性分析是合适的，也是必要的。

我们可以选取具有代表性的 Brent 原油作为分析对象，对其价格进行收集、整理及统计分析，并进一步绘制相关图表，为展望市场运行和把握交易机会提供相关参考。该预测所选取的数据为 2002～2011 年的 Brent 原油期货连续合约的日结算价。

（一）季节性图表法

季节性图表法以日结算价格为基础，通过对相关指标的计算，最终绘制出季节性统计分析表，进而绘制月度收益率图。表 5-2 和图 5-7 分别表示了 2002 年 1 月至 2011 年 12 月 Brent 原油期货价格季节性统计数据及 Brent 原油期货价格月度涨跌概率及月度均值收益率。可以看出，一年中 Brent 原油期货价格上涨概率超过 50% 的有 9 个月，上涨概率最高的是 2 月和 7 月，为 88.89%，其平均最大涨幅比平均最大跌幅分别高出 1.87 美元/桶和 2.08 美元/桶。无论是上涨概率还是最大涨跌幅差值及平均百分率变动，2 月和 7 月都居于前列，所以年中这两个月最具上涨动能。上涨概率低于 50% 的有 3 个月，分别是 5 月、8 月和 9 月，其中下跌概率最高的是 8 月，为 66.67%。8 月份平均最大跌幅比平均最大涨幅高出 2.4 美元/桶。综合考虑下跌概率及平均最大涨跌幅差值与平均百分率变动，一年中 8 月最具下跌动能。

表 5-2　　　　2002～2011 年 Blent 原油期货价格季节性统计分析　　　　单位:%

月份	上涨年数	下跌年数	上涨概率	月度收益率	平均最大 涨幅	平均最大 跌幅	平均最大 差值	平均百分比 期初	平均百分比 期末	平均百分比 变动
1	5	4	55.56	1.939	3.06	2.94	0.12	40	52	13
2	8	1	88.89	6.715	3.99	2.12	1.87	35	93	58
3	7	2	77.78	4.489	4.18	2.44	1.73	37	74	37
4	6	3	66.67	2.632	3.10	1.89	1.21	48	62	14
5	4	5	44.44	1.467	2.96	5.32	-2.36	52	55	2

续表

月份	上涨年数	下跌年数	上涨概率	月度收益率	平均最大			平均百分比		
					涨幅	跌幅	差值	期初	期末	变动
6	7	2	77.78	3.094	3.47	2.44	1.03	41	68	27
7	8	1	88.89	4.882	3.63	1.55	2.08	28	76	48
8	3	6	33.33	-0.080	2.32	4.72	-2.40	58	44	-14
9	4	5	44.44	1.145	2.73	3.97	-1.24	54	60	6
10	6	3	66.67	1.905	5.13	2.11	3.02	42	42	0
11	5	4	55.56	-0.092	3.31	2.45	0.87	43	54	11
12	5	4	55.56	2.616	2.73	2.72	0.01	44	67	23

资料来源：Wind 数据库。

注：由于 2008 年金融危机的影响，原油价格变化异常，故删除该年数据。

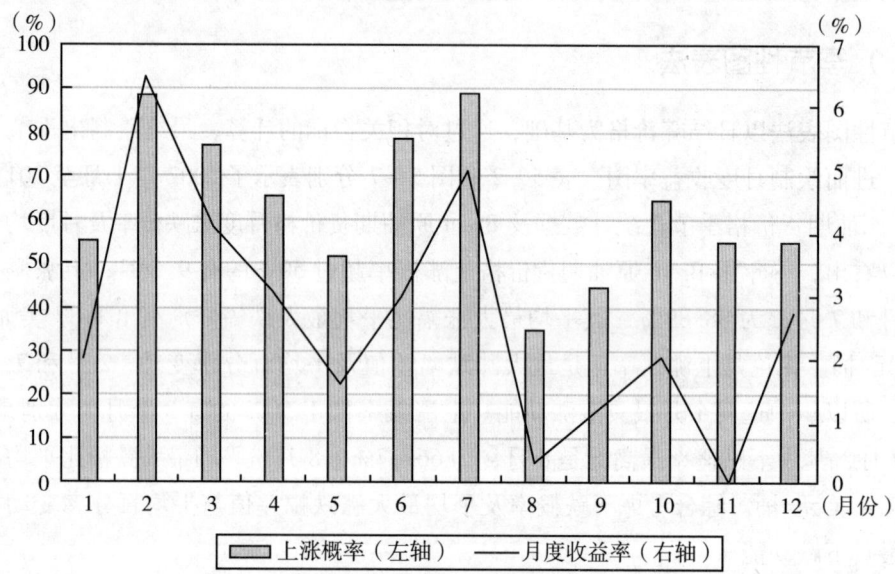

图 5-7　Brent 原油期货价格阅读涨跌幅概率及月度均值收益率（2002~2011 年）

资料来源：Wind 数据库。

从图 5-7 中的月度收益率均值来看，Brent 原油期货价格一年中有 4 个阶段性上涨高峰，分别是 2 月、7 月、10 月和 12 月，其中 2 月的收益率最高，达到 6.715%，11 月的收益率最低，为 -0.092%。此外，图 5-7 还反映了 Brent 原油期货价格的另外一个特点，月度收益率在 8 月出现明显下降，可能是受气候（如飓风）影响导致供给减少，之后逐步回升，11 月再创新低后回升，但总体收益率显著低于前三季度。

（二）相对关联法

相对关联法是在日结算价的基础上，通过统计分析，绘制出月度百分比曲线，以此判断原油的季节变动模式。表 5-3 和图 5-8 分别表示了 2002 年 1 月至 2011 年 12 月 Brent 原油期货价格月度百分比均值及 Brent 原油期货季节性指数。在图 5-8 中有虚、实两条线，实线代表排除 2008 年数据绘制的 Brent 原油期货价格季节性指数，可以发现 Brent 原油期货价格在 3 月份达到相对高点，第二季度回调，7、8 月份出现次高点，9 月再次回调，10 月反弹后，11 月继续回调，12 月上涨，这一结论与上涨年数百分率、月度收益率、平均最大涨跌幅变动及平均百分率变动得到的结果基本吻合。图 5-7 和图 5-8 也基本吻合。而虚线包括所有年份数据绘制的原油期货价格季节性指数则有所背离，主要原因是，2008 年是一个异常年份，全球金融危机导致油价波动剧烈，造成季节性计算失真。

表 5-3　　　　　　　　2002~2011 年 Brent 原油期货季节性指数

时间（月份）	平均月度百分比	剔除 2008 年平均月度百分比
1	1	1
2	1.02071095	1.018150965
3	1.076629969	1.077123291
4	1.042488734	1.039078392
5	1.017886497	1.005488131
6	1.035412354	1.031270966
7	1.030908312	1.033660525
8	1.013812759	1.031321422
9	0.977577323	0.989019368
10	1.002971214	1.033166922
11	0.968071848	0.993093358
12	0.99196105	1.014789157

资料来源：Wind 数据库。

由图 5-8 可知，第一、第三季度往往是原油需求高峰期，由于需求的拉动以及天气变化造成供应的暂时中断，导致原油价格在这两个季度相对坚挺。第二、第四季度由于上一个需求高峰结束，新的需求高峰尚未到来，因此价格相对较弱。这些变化可以从取暖油库存、汽油库存以及炼厂开工率的季节变化反映出来：每年第一季度由于燃料油消费高峰的到来，库存逐渐减少，进入第二季度库存才逐渐回升，在第三季度汽油消费高峰时库存则降至最低，之后库存水平季节性回升。

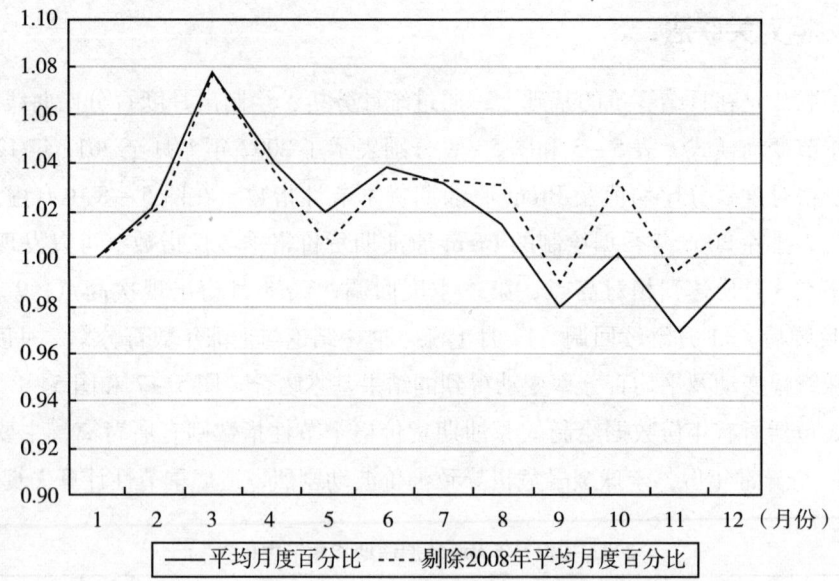

图 5-8 2002~2011 年 Brent 原油期货季节性指数

资料来源：Wind 数据库。

根据季节性类比法分析可以得出，原油基本面存在着季节性变化，由此造成油价的季节性波动，且在每年的某一固定时段，影响原油价格变化的基本面因素常常是相同的。尽管在相同时间内不同类型会导致市场不同的反应，但只要时间足够长，人们还是能从历史中总结归纳出市场对不同情况如何反应的共同模式。

这种方法隐含的前提就是：基本面类似的季节，他们的价格行为将有类似的形态。更进一步可以说，其前提是认为"历史可以重演"，而这正是技术分析的假设前提。当交易者根据基本面分析作出判断，认为现在的期价偏高，是否就可以立即入市做空，这时可以参考一下季节性特征，如果正处于季节性上涨阶段，或许应该先观望，等待一个更好的入场时机。

当然，季节性分析法在某些阶段是非常有效的，在某些阶段却是无效的。期货价格之所以会出现季节性变化，是因为供求关系存在季节性特点。但如果出现特殊情况导致供求失衡，就会削弱原来的季节性规律，且容易走出反季节行情。比如，在通货膨胀时，即使在需求淡季，期货价格也会趋于上涨；而经济形势不好时，季节性上涨就会被冲淡，甚至出现下跌。因此，不能仅凭季节性走势来预测期货价格走势，对一些其他的阶段性因素也需作出客观评估。总之，季节性类比法只是提供了一个分析预测原油价格的简单工具在具体分析中，还有必要结合其他方法及经济运行态势进行综合验证，从而判断原油价格走势。

【思考与练习】

1. 原油期货的上市对我国带来的影响。
2. 如果原油下跌，对有色金属的走势会带来什么样的影响。

第六章 大宗商品价格的技术分析

第一节 技术分析的主要理论

一、道氏理论

技术分析在很大程度上开始于道氏理论。1882年，查尔斯·道和他的合伙人爱德华·琼斯联手创立了道琼斯公司。19世纪末，道氏在华尔街日报上发表了一系列文章介绍了他对股票市场行为的研究心得。1903年纳尔逊在所著的《股市投机常识》一书中，首次使用了"道氏理论"。后来，《华尔街日报》的助手和传人威廉·彼得·汉密尔顿对道氏的理论进行了整理归纳，并发表在1922年出版的《股票市场晴雨表》一书中。罗伯特·雷又对道氏理论做了进一步的提炼与发展，并在1932年出版了《道氏理论》一书。

道氏理论的目标是判定市场中主要趋势的变化。道氏理论所考虑的是趋势的方向，不预测趋势所涵盖的期间和幅度。其主要原理包括：

（1）平均价格涵盖一切因素。所有可能影响供求关系的因素都可由平均价格来表现。道氏理论认为收盘价是最重要的价格，并利用收盘价计算平均价格指数。

（2）市场波动具有三种趋势。道氏理论把趋势分成主要趋势、次要趋势和短暂趋势。其最关心的是主要趋势，通常持续一年以上，有时甚至几年，看起来像大潮；次要趋势像波浪，是对主要趋势的调整，一般持续3周到3个月，常见的回撤约为一半，即50%；短暂趋势持续时间不超过3周，像波纹，波动幅度更小。

（3）主要趋势可分为三个阶段。以上涨趋势为例：第一阶段是建仓，有远见的投资者知道尽管现在市场萧条，但形势即将扭转，因而就在此时买入；第二阶段是上涨阶段，更多的投资者开始参与市场；最后，随着公众蜂拥而上，市场高峰出现，第三阶段来临，所有信息都令人乐观，价格惊人上扬，并不断刷新。

（4）各种平均价格必须相互验证。除非两个平均指数都同样发出看涨或看跌的信号，否则就不可能发生大规模的上升或下跌。如果两个平均价格的表现相互背离，那么就认为原先的趋势依然有效。

（5）趋势必须得到交易量的验证。辨认主要趋势中的三阶段走势时通常需要与交易量进行相互印证，交易量应在主要趋势的方向上放大。例如，如果大趋势向上，则价格上涨的同时交易量应该增加，而当价格下跌时，交易量减少。

（6）只有发生了确凿无疑的反转信号之后，才能判断一个既定的趋势已经终结，但是确定趋势的反转并不容易。这其实把物理学定律和市场运动联系起来了，也就是说，一个既成趋势具有惯性，通常要继续发展，除非有外力改变它的方向。

道氏理论主要目标是捕捉市场的基本趋势，一旦基本趋势确立，道氏理论假设这种趋势会一路持续，直到趋势遇到外来因素破坏被改变为止，但是道氏理论不能推论不同性质趋势的升幅或者跌幅。多年来，道氏理论在辨别主要牛市和熊市上是成功的。不过，即使如此，它也是难逃求全之苛。最常见的批评可能是嫌信号来得太迟。通常道氏理论的买入信号发生在上升趋势的第二阶段，即当市场向上穿越了从底部弹起的第一个峰值的时候。一般来说，在信号发生之前，我们大约错过了新趋势全部价格变化的20%～25%。道氏理论从来不是企图抢在趋势前头预测趋势，而是力求在大趋势发生后及时揭示大牛市或大熊市的降临，以便捕捉大趋势中发生大部分重要运动的中腹部分。正如绝大多数顺应趋势系统的设计精神一样，道氏理论的目的是捕获市场重要运动中幅度最大的中间阶段。就这种意义上说，上述批评是不能成立的。另外，这种责难本身也表明批评者对顺应趋势理论缺乏了解。实质上，没有哪个顺应趋势系统试图抓住底或顶。想抄底或压顶的人很少如愿以偿。很显然，在期货交易中，绝大多数交易者追逐的是中等趋势而不是大趋势，小幅度价格波动对选择时机意义极为重大。当然，对于道氏理论的解读也是因人而异的，具有人性的主观性。

道氏的研究对象是股价平均数。虽说道氏理论的绝大部分内容在期货市场均有一定的应用，但与股市中的应用也存在着某些重要区别。举例来说，道氏认为大多数投资人只做大趋势，而中等的调整被用作入市时机的选择，短暂趋势则置之不理。很显然，在期货交易中并非如此，绝大多数期货追逐的是中等趋势而不是大趋势。小幅度价格波动对选择时机意义重大。这就是说，在一个预计持续数月的中等上升趋势中，顺应趋势者会利用短暂的价格下跌买进。而在一个中等下降趋势中，短暂的价格上弹是卖出的好机会。这样，短暂趋势在期货交易中就显得极为重要。许多短线交易商在非常短的时间内开仓和平仓，他们更致力于把握日内的价格变化。

二、江恩理论

江恩理论是由20世纪最著名的投资大师威廉·江恩（William D. Gann）结合自己在股票和期货市场上的骄人成绩和宝贵经验提出的，是通过对数学、几何学、宗教、天文学的综合运用建立的独特分析方法和测市理论。

江恩把时间作为进行交易的最重要因素。江恩的时间间隔不只有数日、数周，也可以是数月、数年。江恩交易年，首先可以一分为二，即6个月或26周，也可以分为1/8和

1/16。在江恩年中，还有一些重要的时间间隔。如一周有7天，而7乘以7等于49，故江恩将49视为很有意义的数字。一些重要的顶或底的间隔为49～52天。中级趋势的转变时间间隔为42～45天（45天是一年的1/8）。

回调是指价格在主运动趋势中的暂时的反转运动。江恩认为，不论价格上升或下降，最重要的回调价位是在50%的位置，在这个位置经常会发生价格的支撑或阻挡，如果在这个价位没有发生，那么，在63%的价位上就会发生价格的支撑或阻挡。在江恩价位中，50%、63%、100%最为重要，他们分别与几何角度45°、63°和90°相对应，这些价位通常用来决定建立50%回调带。

1. 江恩循环周期理论

江恩认为较重要的循环周期有：

（1）短期循环：1小时、2小时、4小时、18小时、24小时、3周、7周、13周、15周、3个月、7个月。

（2）中期循环：1年、2年、3年、5年、7年、10年、13年、15年。

（3）长期循环：20年、30年、45年、49年、60年、82或84年、90年、100年。

30年循环周期是江恩分析的重要基础，因为30年共有360个月，这恰好是360度圆周循环，按江恩的价格带理论对其进行1/8、2/8、3/8……7/8等分割，正好可以得到江恩长期、中期和短期循环。

10年循环周期也是江恩分析的重要基础，江恩认为，10年周期可以再现市场的循环。例如，一个新的历史低点将出现在一个历史高点的10年之后；反之，一个新的历史高点将出现在一个历史低点的10年之后。同时，江恩指出，任何一个长期的升势或跌势都不可能不做调整，持续3年以上升势或跌势其间必然有3～6个月的调整。因此，10年循环的升势过程实际上是前6年中每3年出现一个顶部，最后4年出现最后一个顶部。

上述长短不同的循环周期之间存在着某种数量上的联系，如倍数关系或平方关系。江恩将这些关系按一定规律展开的圆形、正方形、六角形等图形包含了江恩理论中的时间法则、价格法则、几何角、回调带等概念，图形化地探索市场价格的运行规律。

2. 周期理论的运用

通常，周期分析者认为，波谷比波峰可靠，所以周期长度的度量都是从波谷到波谷进行的，原因大概是绝大多数周期的变异出现在波峰上，也就是说，波峰的形成比较复杂，因而认为波谷更可靠些。从实际应用结果来看，在牛市中周期分析远比在熊市中表现优异，这与周期理论研究倾向于关注底部有关。同时，牛市中波谷比波峰形成或驻留的时间相对较短，而波峰因常出现强势整理的态势，较为复杂，所以较难把握，适宜以波谷法度量；在熊市中则相反，因为市态较弱，市场常以整理形态取代反弹，所以波峰比波谷形成时间要短，易于发现，适宜以波峰法度量。

周期理论中四个重要的基本原理为叠加原理、谐波原理、同步原理和比例原理，两个通则原理为变通原理、基准原理。

（1）叠加原理是指所有的价格变化均为一切有效周期简单相加的结果。也就是假定我们能够从价格变化中分解出每个周期成分，那么，只要把每个周期简单地向后拖延，然后再合成起来，结果就应当是未来的价格走势了。谐波原理是指相邻的周期长度之间通常存在倍数关系，一般为2倍或者1/2倍的关系。同步原理是指一种强烈的倾向性，即不同长度的周期常常在同一时刻达到谷底。根据同步原理，不同市场、但长度相近的周期往往也是同时进退的。比例原理描述的是，在周期长度与波幅之间具备一定的比例关系，周期越长，那么其波幅也应当成比例地放大。

（2）变通原理是指上述四个基本原理只是说明了市场具有强烈的倾向性，而不是严格不变的规则。基准原理认为，尽管各种市场之间均存在一定的差异，并且在应用上述周期原理的时候也都容许我们有所变通，但是仍然存在一系列基准的谐波周期，适用于所有市场。这种基准的谐波模型是研究任何市场的起点。

3. 江恩共振

江恩认为：市场的波动率或内在周期性因素来自市场时间与价位的倍数关系。当市场的内在波动频率与外来市场推动力量的频率产生倍数关系时，市场便会出现共振关系，令市场产生向上或向下的巨大作用。如下情况可能引发共振现象：

（1）当长期投资者、中期投资者、短期投资者在同一时间点，进行方向相同的买入或卖出操作时，将产生向上或向下的共振。

（2）当时间周期中的长周期、中周期、短周期交汇到同一个时间点且方向相同时，将产生向上或向下共振的时间点。

（3）当长期移动平均线、中期移动平均线、短期移动平均线交汇到同一价位点且方向相同时，将产生向上或向下共振的价位点。

（4）当K线系统、均线系统、KDJ指标、MACD指标、布林通道指标等多种技术指标均发出买入或卖出信号时，将产生技术分析指标的共振点。

（5）当金融政策、财政政策等多种政策方向一致时，将产生政策面的共振点。

（6）当基本面和技术面方向一致时，将产生极大的共振点。共振并不是随时都可以发生，而是有条件的。当这些条件满足时，可以产生共振；当条件不满足时，共振就不会发生；当部分条件满足时，也会产生共振，但作用较小；当共振的条件满足得越多，共振的威力就越大。在许多时候，已经具备了许多条件，但是共振并没有发生，如果没有关键条件，共振将无法产生，在这一点上江恩特别强调自然的力量，认为市场的外来因素是从大自然循环及地球季节变化的时间循环而来。共振是种合力，是发生在同一时间多种力量向同一方向推动的力量。

三、波浪理论

1946年，波浪理论的奠基人拉尔夫·纳尔逊·艾略特完成了波浪理论的集大成之作——《自然法则——宇宙的秘密》。1953年起，汉密尔顿·博尔顿在《银行信用分析家》发表了《艾略特波浪附刊》,并在1967年由弗罗斯特接手该刊。1978年,弗罗斯特和罗伯特·普里克特合作发表了《艾略特波浪理论》。同年,查尔斯·柯林斯发表了他的专著《波浪理论》。自此,波浪理论广泛流传,人称"艾略特波浪理论"。波浪理论中有很多道氏理论的印迹,是"对道氏理论极为必要的补充"。艾略特的五浪上涨的思想和道氏理论的牛市上涨三阶段论具有明显的联系。

(一)波浪理论的原理

波浪理论具有三个重要方面——形态、比例和时间,并且其重要程度依序降低。所谓形态是指波浪的形态或构造,而比例分析是通过测算各个波浪之间的相互关系,来确定回撤点和价格目标。各波浪之间在时间上也相互关联,可以利用这种关系来验证波浪形态和比例。

波浪理论以周期为基础,并把大的运动周期分成时间长短不同的各种周期,每个周期无论时间长短,都是以一种模式进行,即都由上升(或下降)的5个过程和下降(或上升)的3个过程组成。因此,波浪理论认为市场的发展遵循着5浪上升,3浪下降的基本形态,从而形成包含8浪的完整周期。前面5浪所组成的波浪是市场价格运行的主要方向,而后面3浪所组成的波浪是市场价格运行的次要方向。

(1)调整浪。一般说,调整浪难以辨识和预料。然而,有一点却是明确的,即调整浪一般属于三浪结构(唯一例外是在三角形形态中)。调整浪有锯齿形(见图6-1)、平台形(见图6-2和图6-3)、三角形(见图6-4)、双三浪结构和三三浪结构(见图6-5)等类型。

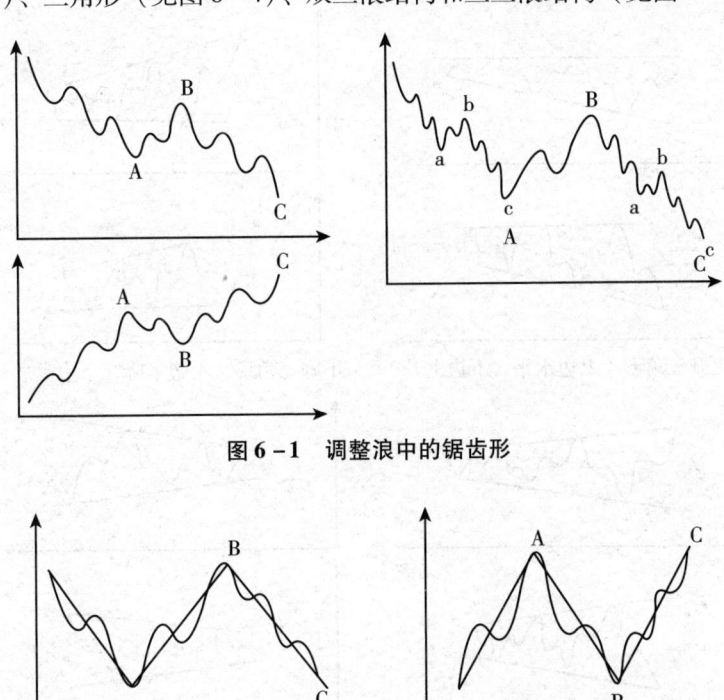

图6-1 调整浪中的锯齿形

图6-2 调整浪中的平台形

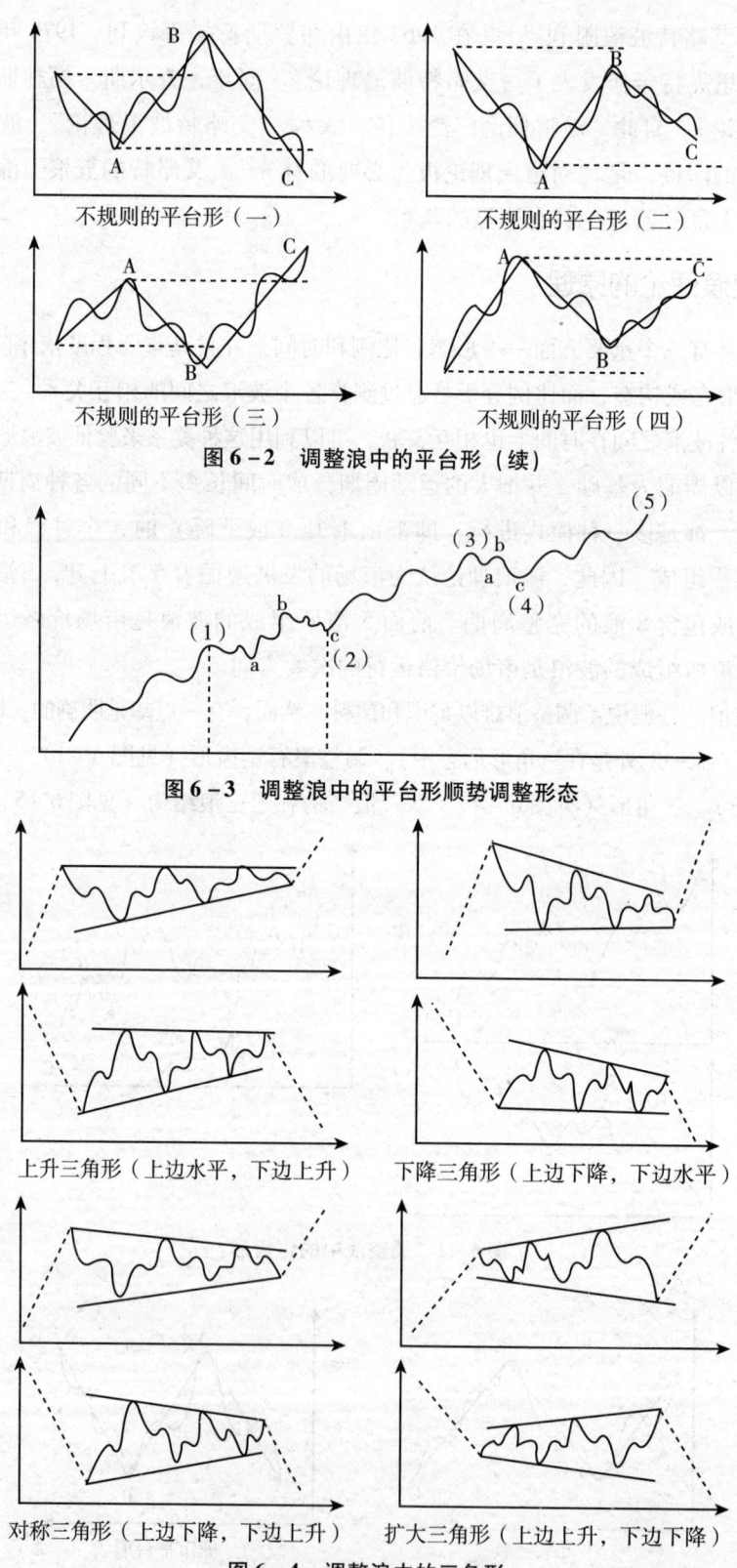

图 6-2 调整浪中的平台形（续）

图 6-3 调整浪中的平台形顺势调整形态

图 6-4 调整浪中的三角形

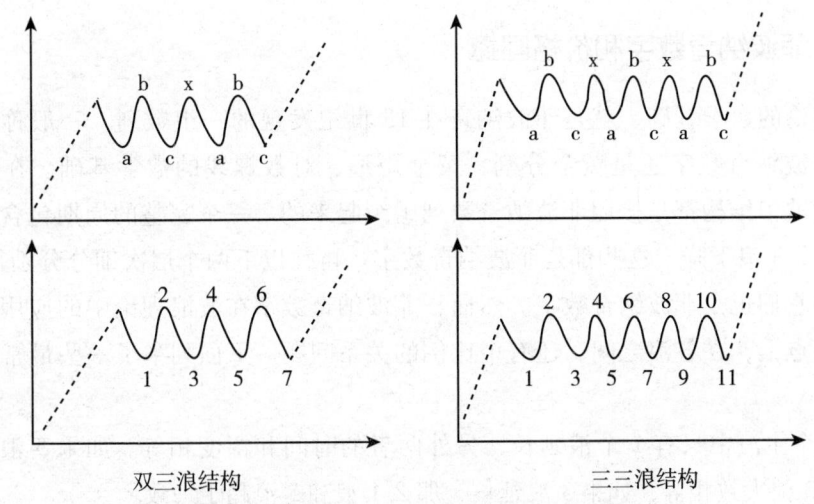

图6-5 调整浪中的双三浪结构和三三浪结构

（2）交替规则。从较为广义的角度来看，交替规则认为，市场通常不会接连以同样的方式演变，调整形态会交替出现。例如，如果调整浪是简单的a-b-c结构，那么4浪很可能就是复杂的形态，比如三角形。

（3）波浪理论的价格管道。在艾略特波浪理论中，价格管道也是预测价格目标的方法之一，并且有助于验证波浪序列的完成。一旦上升趋势确立了，我们就可以通过1浪和2浪的低点连接出基本的上升趋势线（见图6-6）。然后，通过1浪的高点，引出其平行线，这便是管道线。上升趋势常常完全局限于这两条边界线之间。如果3浪开始加速，突破上方的管道线，那么，我们就必须分别从1浪的顶点和2浪的低点处，引出另一组平行线，如图6-6中的虚线所示。最后所得的管道如图6-7所示，下边线沿着两个调整浪——2浪和4浪的低点，上边线通常经过3浪的顶点。如果3浪极度强劲，或者是延长浪，那么，上边线或许就得从1浪的顶点引出了。第5浪在终结之前，应当向上抵近上侧的管道线。如果需要对长期趋势作出管道线，那么，建议大家采用半对数刻度图表，以同算术刻度的图表相参照。

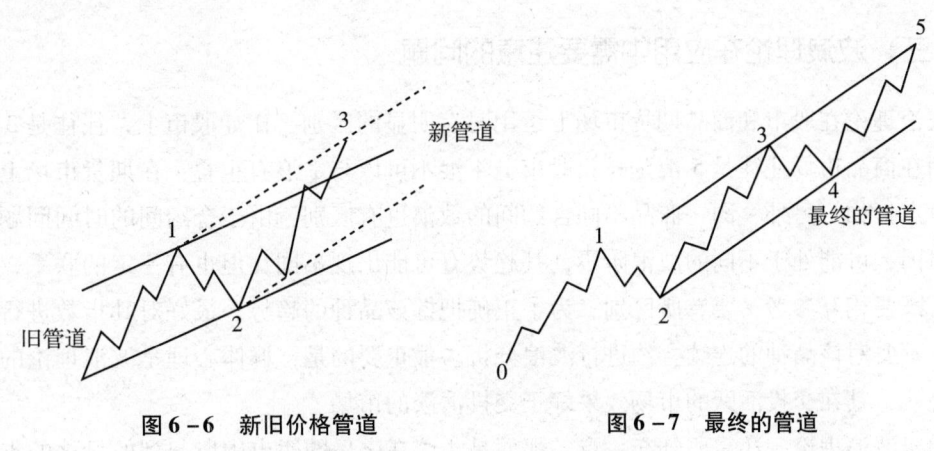

图6-6 新旧价格管道 　　　　图6-7 最终的管道

（二）菲波纳奇数字和价格回撤

波浪理论的数学基础，就是菲波纳奇在 13 世纪发现的一组数列，一般称为菲波纳奇数字。菲波纳奇数字还是黄金分割、黄金矩形、对数螺线的数学基础。在波浪理论中，基本的波浪结构都是按照菲波纳奇数列组织起来的。一个完整的周期包含 8 浪，其中 5 浪上升，3 浪下降，这些都是菲波纳奇数字。再往以下两个层次细分分别得到 34 浪和 144 浪，它们也是菲波纳奇数字。然而，菲波纳奇数字在波浪理论中的应用，并不只在数浪这一点上，在各浪之间，还有个比例的关系问题。下面列举了一些最常用的菲波纳奇比数：

（1）3 个主浪中只有 1 个浪延长，另外两者的时间和幅度相等。如果 5 浪延长，那么，1 浪和 3 浪大致相等，如果 3 浪延长，那么 1 浪和 5 浪趋于一致。

（2）把 1 浪乘以 1.618，然后加到 2 浪的低点上，可以得出 3 浪起码目标。

（3）把 1 浪乘以 3.236（2×1.618），然后分别加到 1 浪的顶点和低点上，大致就是 5 浪的最大和最小目标。

（4）如果 1 浪和 3 浪大致相等，我们就预期 5 浪延长。其价格目标的估算方法是，先量出从 1 浪低点到 3 浪顶点的距离，再乘以 1.618，最后，把结果加到 4 浪的低点上通过百分比回撤，我们可以估算出价格目标。在回撤分析中最常用的百分比数是 61.8%（通常近似为 62%）、38% 和 50%。市场通常按照可预知的百分比回撤——最熟悉的是 33%、50% 以及 67%。菲波纳奇数列对上述数字稍有调整。在强劲的趋势下，最小回撤在 38% 上下。而在脆弱的趋势下，最大回撤百分比通常为 62%。我们熟知的 50% 回撤其实也是一个菲波纳奇比数。2/3 回撤、1/3 回撤也一样，标志着重要的支撑或阻挡区。

另外，菲波纳奇时间关系是存在的，只不过预测这方面关系较为困难。菲波纳奇时间目标是通过向未来数数，计算显著的顶和底的位置。在日线图上，分析者从重要的转折点出发，向后数数到第 5、第 8、第 13、第 21、第 34、第 55，或者第 89 个交易日，预期未来的顶或底就出现在这些"菲波纳奇日"上。

（三）波浪理论在应用中需要注意的问题

波浪理论在股市和商品期货市场上运用时有明显的区别，比如股市上，往往是 3 浪延长，而在商品市场往往是 5 浪延长；股市上 4 浪不可以与 1 浪有重叠，在期货市场上这点却要打点折扣。另外，同一商品不同合约间的数浪也有区别，由于合约间的时间问题和交割的原因，可能处于不同的波浪阶段，其趋势可能出现不同，但也有一定的联系，在数浪时，既要相互参考又要有所区别。为了正确把握该品种的趋势，最好对其指数进行波浪分析，不要对该品种的连续合约进行波浪分析。最重要的是，群体心理是波浪理论的重要依据之一，其在交投活跃的市场效果好于交投清淡的市场。

关于波浪理论，还需要补充一点，那便是 4 浪在之后的熊市中所起到的显著的支撑作用。当五浪结构的上升阶段完成后,熊市就开始了。通常,这一轮熊市不会跌过前面的第4浪(即在此之前的牛市中形成的第4浪)。这是个惯例,虽然也有例外,但是通常看来,第4浪的底还是兜得住这个熊市的。在我们测算价格下跌的最远目标时,这点信息的确非常有用。

在有些场合,艾略特图形清晰可辨,但也有些场合不适合。如果无视其他技术指标,给不清晰的市场变化勉强加上艾略特形态的话,那就是生搬硬套了,后果并不乐观。关键仍然是只把艾略特波浪理论看作市场预测之谜解答的一部分。该理论与本章中其他技术分析理论相得益彰,如果我们把它们协调起来使用,就大有胜算了。

四、K线(蜡烛图)理论

K线图源于日本,也被称为蜡烛图,为古时日本米市的商人用来记录米市的行情与价格波动,后因其细腻独到的标画方式而被引入到期货市场及股票市场。

K线形态是对市场参与者心理过程的刻画,生动地展示了交易者行为随着行情发展而逐步演变的过程。人类在相似的环境下作出相似的反应这一事实构成了K线形态分析的理论基础。K线形态既可以是特定的单根蜡烛线,也可以是若干根特定蜡烛线的组合。绝大多数K线形态都是用来判定市场转折点的,也有少数几种形态是用来判定趋势持续的,分别被称为反转形态和持续形态。

K线形态分析在抉择市场时机方面是行之有效的。把K线形态和其他技术指标综合运用,用后者作为过滤机制,几乎总能赶在其他以价格数据为基础的技术指标柱之前,为我们提供交易信号。

在分析K线图形态时,除了注意其基本形态外,还应注意以下几点:

(1)要注意上影线及下影线的长度关系。当上影线极长而下影线极短时,表明市场上卖方力量较强,对买方予以压制;当下影线极长而上影线极短时,表明市场上卖方受到买方的顽强抗击。

(2)要注意实体部分和上下影线相对长短的比例关系,以此来分析买卖双方的力量。

(3)还要注意K线图所处的价位区域。对于同一K线形态,当出现在不同的地方时,它们的意义与解释不同,甚至完全相反。比如,K线实体上下都带长影线,如果出现在上升行情末期,则一般意味着天价的形成;如果出现在下跌行情末期,则一般意味着底价的出现。

又如上下影线的阳线锤子和阴线锤子,如出现在高价位时,一般预示后市转跌,若出现在低价位时,一般预示后市看涨。所以,进行K线图分析,就要观察阴线或阳线各部分之间的长度比例关系和阴阳线的组合情况,以此来判断买卖双方实力的消长,来判别价格走势。

图6-8为一些较常用的反转形态K线组合。

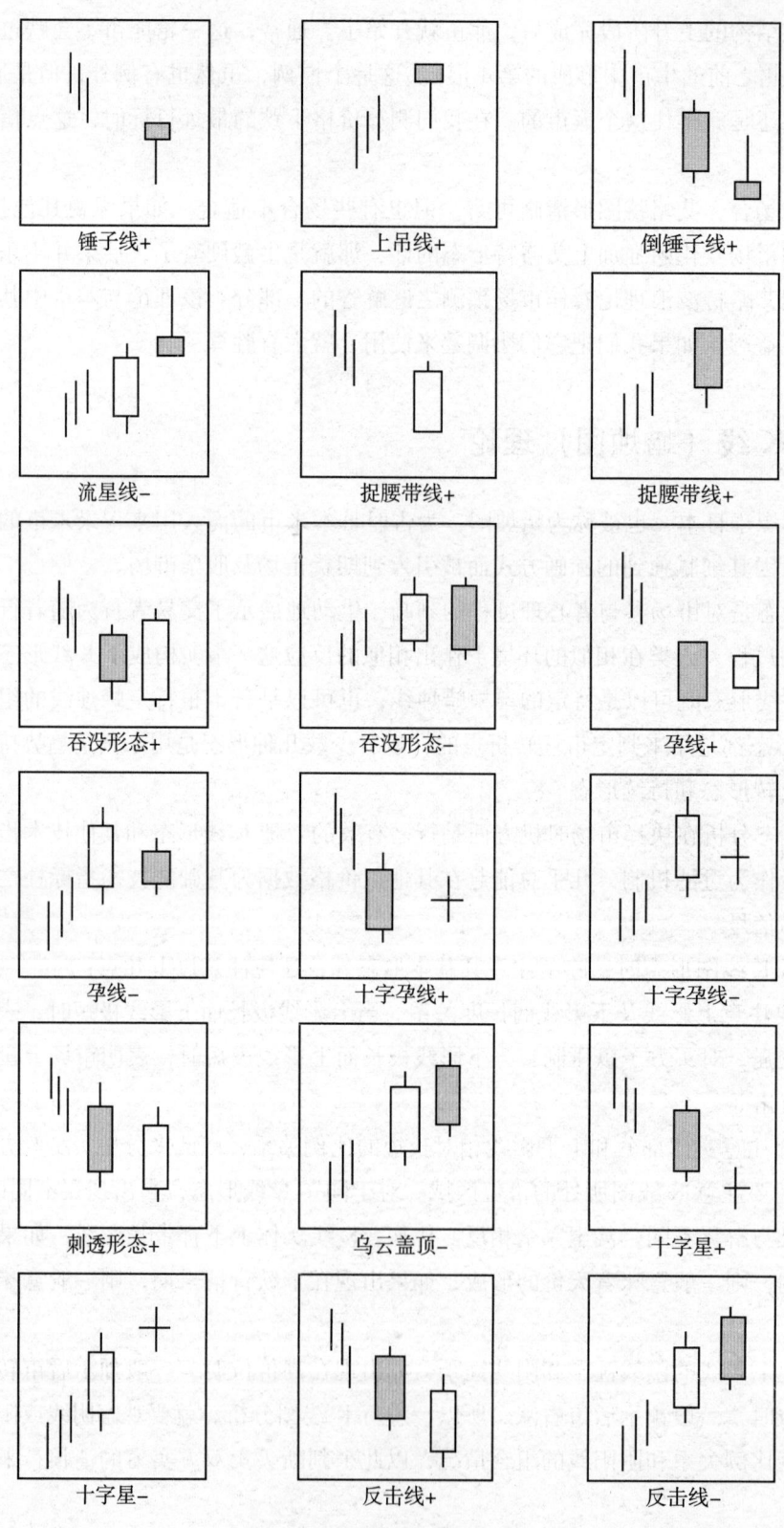

图 6-8 反转形态

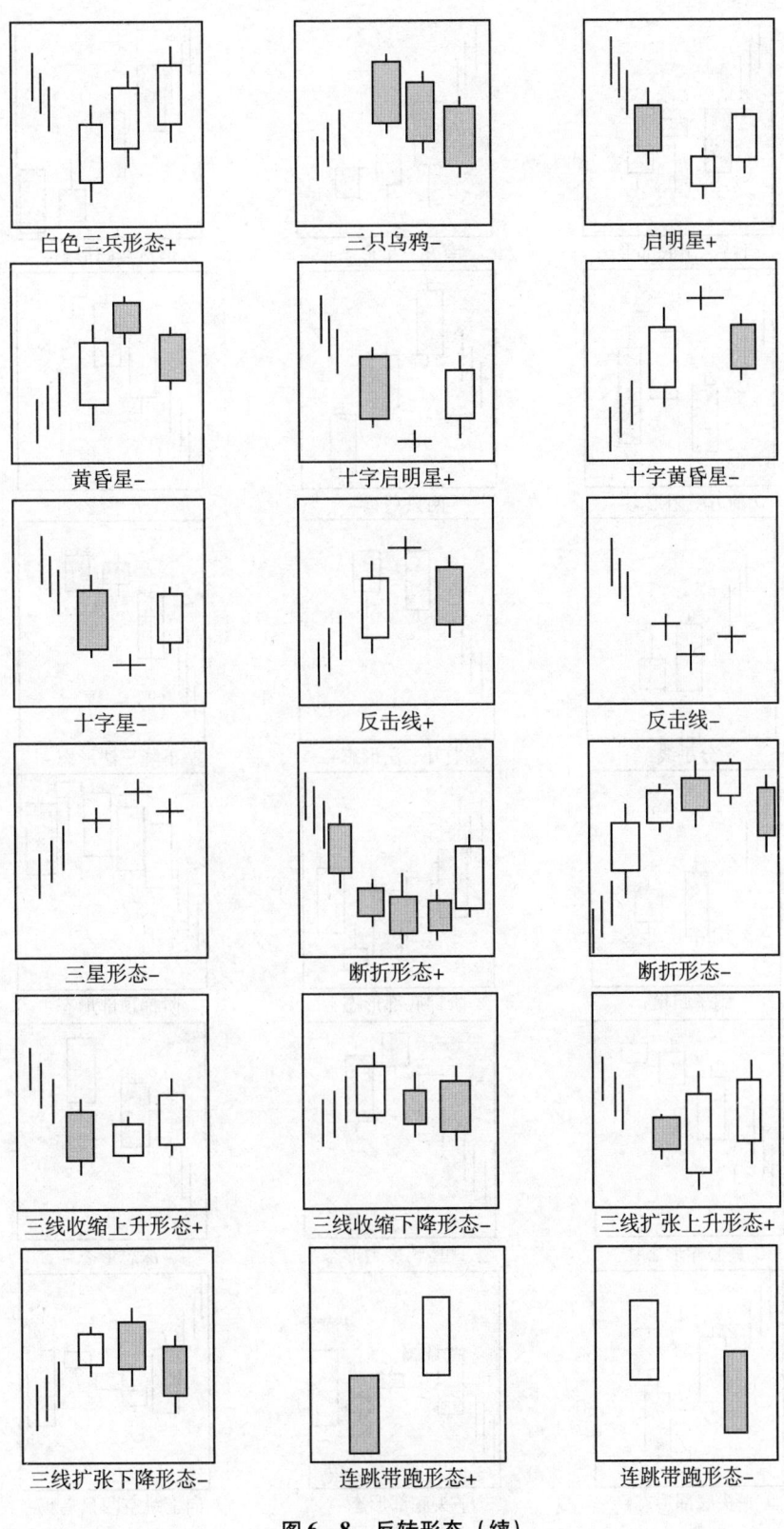

图6-8 反转形态（续）

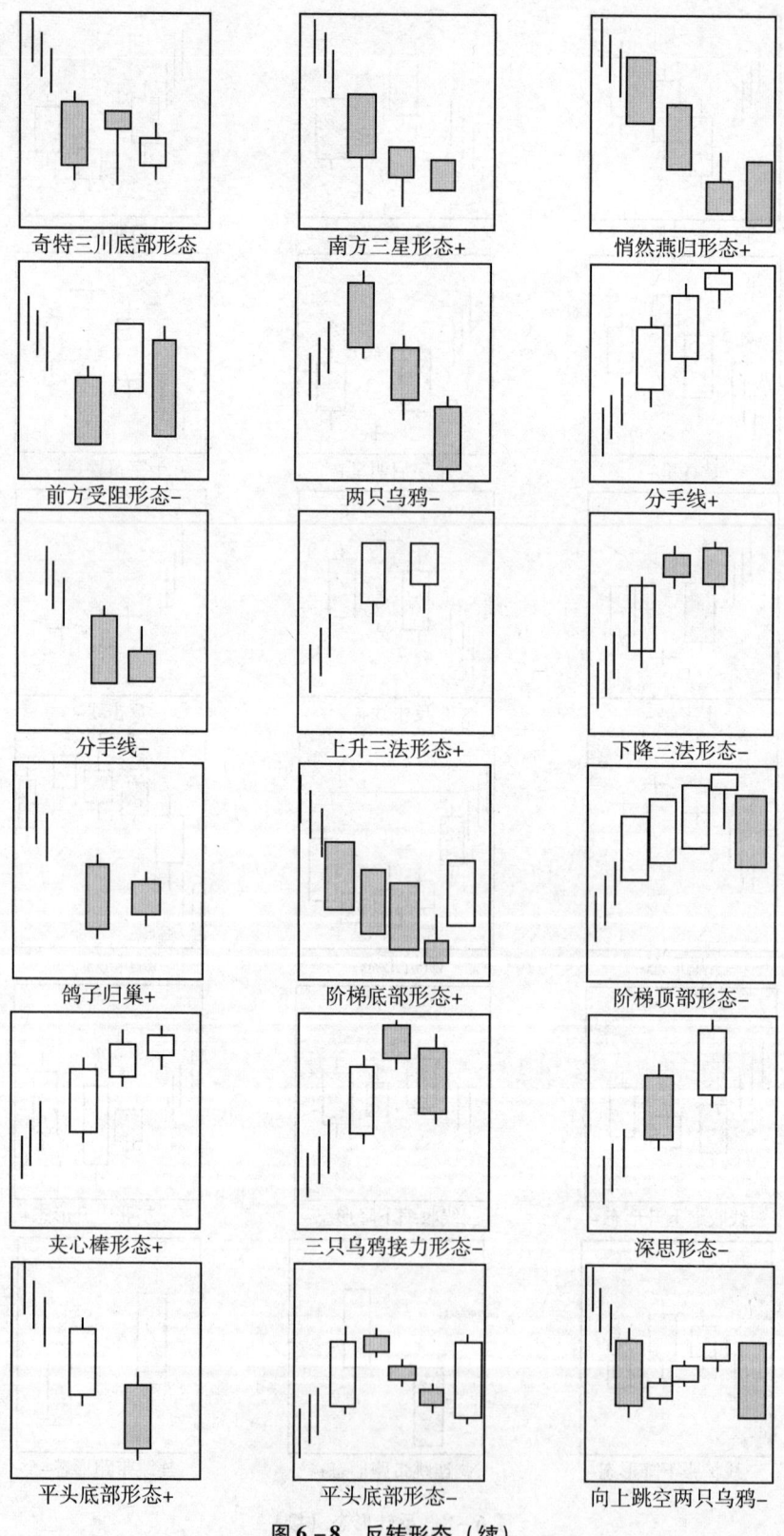

图 6-8 反转形态（续）

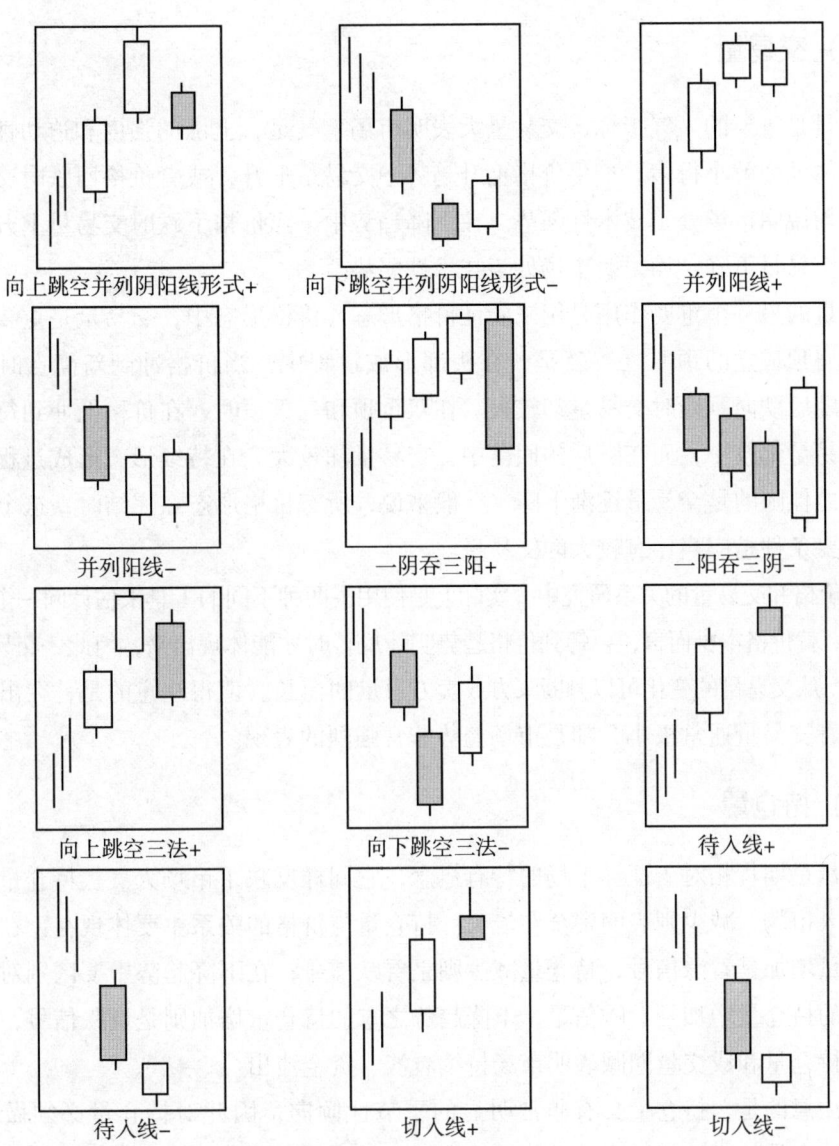

图 6-8　反转形态（续）

注：图中的（+）表示看涨的反转形态，图中的（-）表示看跌的反转形态。

五、量价关系理论

它是运用成交量、持仓量与价格的变动关系分析、预测期货市场价格走势的一种方法。成交量是指某一时间内买进或卖出的期货合约数量，通常是指每一交易日成交的合约量。持仓量是指到某日收市为止，所有未平仓了结的合约的总数。我国期货市场的成交量和持仓量是双边统计的。

(一)交易量

交易量是重要的人气指标,交易量大表明市场人气足,上涨的强度和迫切性更高;反之,上涨的动力就小得多。如果价格上升趋势中交易量上升,或者价格回跌时交易量减少或收缩,均说明市场处于技术性强势。在下降趋势中,当价格下跌时交易量上升,或者价格反弹时交易量下降,均说明市场处于技术性弱势。

交易量的另一个重要作用是用来验证价格形态。价格形态中,交易量是重要的验证指标。如头肩顶成立的预兆之一就是,在头部形成过程中,当价格冲到新高点时交易量较小,而在随后跌向颈线时交易量却较大。在双重顶和三重顶时,在价格上冲到每个后继的峰时,交易量都较小,而在随后的回落中,交易量却较大。在持续形态形成过程中,如三角形,与之伴随的是交易量逐渐下降。一般来说,所有价格形态在完结时,这个突破信号成立的必要条件是应当伴有较大的交易量。

在对价格和交易量的关系研究中,实际上是使用了两种不同的工具来估计同一个对象——市场力量。就价格本身而言,要等到价格趋势实际反转时才能体现出来,因此,交易量是领先于价格的,从交易量的变化可以判断买方或卖方力量的消长。值得注意的是,在出现涨跌停板时,尽管交易量通常极小,却是市场趋势非常强烈的表现。

(二)持仓量

持仓量是期货相对于证券市场的特有概念,它同样反映了市场人气。持仓量增加,表明资金流入市场,减少则表明资金在流失。持仓量与价格的关系主要体现在:在上升趋势中,持仓量增加是看涨信号,持仓量减少则是看跌信号;在下降趋势中要区别对待,下降趋势之初的持仓量增加是看跌信号,下降趋势之末的持仓量增加则是抗跌信号,下降趋势过程中的持仓量和成交量同减表明市场持续看淡、资金流出。

值得注意的是,持仓量具有非常明显的季节性倾向,因此对持仓量必须做季节性修正。仅当持仓量的增加超过了其季节性的增长之后,这个变化才具有重要意义。如果价格正在上升趋势中,同时总持仓量又高出季节性平均水平(如5年平均),那么就意味着新资金已流入市场,买盘强劲,牛市已现。如果价格上扬而持仓量下滑至季节性平均水平以下,那么这种走高就有可能是由于空头止损平仓而造成的,资金正在流出市场,这是一种弱势情况,反弹将宣告失败。

另外,除了以上倾向性外,还有其他一些市场环境,持仓量也能给出一些指引:

(1)当主要的市场趋势尾声时,持仓量已经随着价格趋势的整个过程增加到了一定高度,那么,一旦持仓量不再继续增加甚至开始减少,就是趋势即将发生变化的迹象,如图6-9中连豆指数在2003年下半年以及2008年上半年的情况。

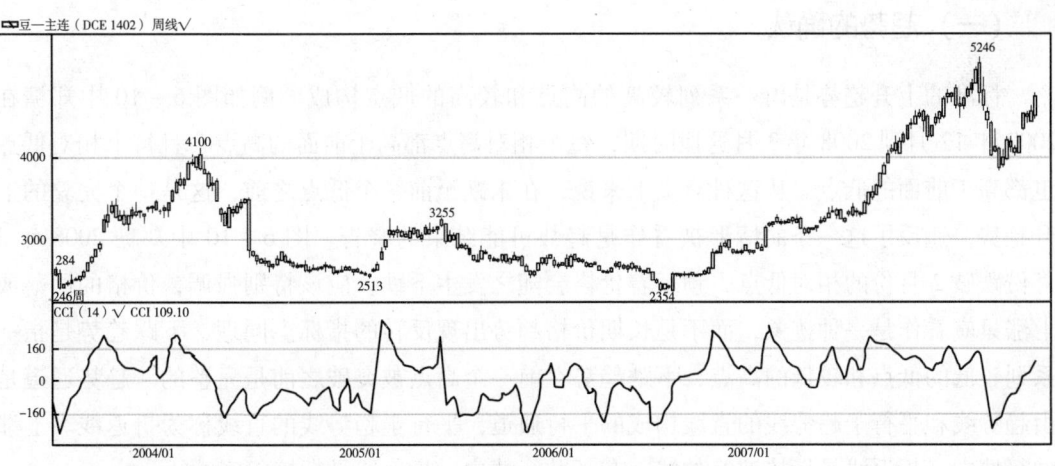

图6-9 连豆指数持仓量走势图与价格变化

资料来源：赢顺软件。

（2）如果在市场顶部，持仓量处在高水平，而价格下跌又突如其来，那么这是一个看跌信号。这种情况就意味着，在上升趋势接近尾声时建立多头头寸的交易者均处于损失之中。这将迫使他们卖出斩仓，所以使价格遭到压力。这种情况将一直维持到持仓量减少到足够大幅度之后。

（3）如果在市场横向调整期间持仓量逐渐增加，那么一经发生向上或向下的价格突破，随后而来的价格运动将会加剧。

（4）在价格形态完成时的持仓量增加可视为对可靠趋势信号的补充印证。例如，如果出现在随成交量放出的持仓量增加基础上，对头肩底的颈线的突破就更加可信。值得注意的是，由于跟随在趋势初始信号后的推动力常常是由陷于市场错误一方的交易者产生的，因此有时持仓量会在新趋势开始时略有减少。这种持仓量的初始性减少可能使人误入歧途，因此，不必对持仓量在极短时期内的变化过分关注，需要结合成交量和价格区间综合判断。持仓量和成交量是能够辅助确认图表中其他技术信号的次级技术指标，不宜单独基于成交量或者持仓量的数字而做出交易决策，可以将它们与其他技术信号结合使用来加以确认。

六、切线理论

简单地说，趋势就是价格运动的方向。技术分析的三大假设中的第二条明确说明价格的变化是有趋势的，价格将沿着这个趋势继续运动，这点就说明趋势这个概念在技术分析中占有很重要的地位，是投资者应该注意的核心问题。

（一）趋势的确认

标准的上升趋势是由一系列较高的高点和较高的低点构成。例如图6-10中郑糖在2007年12月到2008年3月这段时期，每个相对高点都高于前面的高点，且每个相对低点也都高于前面的低点。从这种意义上来说，在未跌至前一个低点之前，这是一个完整的上升趋势，违反了这一条的情形被看作是趋势可能结束的警告。图6-10中郑糖2008年3月份跌破2月份的相对低点，预示着价格会随之发生下跌。应该特别强调，价格的回落或上涨只应看作是一种迹象，而不是长期价格趋势出现反转的指标。同理，下跌趋势是指一系列较低的低点和较低的高点，下跌趋势在前一个高点被突破之前是完整的。趋势通道是由趋势线和平行于趋势线的直线构成的平行通道，平行于趋势线的直线称为折返线。上涨的行情中，折返线是衔接波峰的线，在下跌行情中，折返线是衔接谷底的线。

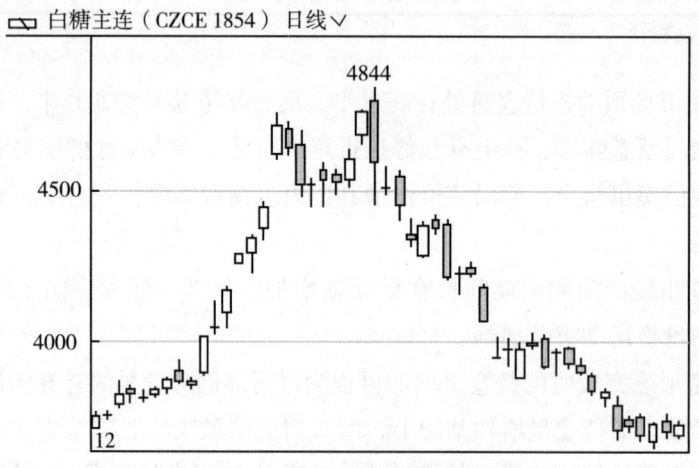

图6-10 白糖主连趋势变化

资料来源：赢顺软件。

以下规则经常被应用于趋势线和通道：

（1）上升趋势线由依次上升的波动低点连成，下降趋势线由递降的波动高点连成。

（2）趋势线必须有第三个点来测试，才能确认这条趋势线有效，同时被测试的次数越多，趋势线越重要。

（3）无论是在上升或下跌趋势轨道中，当价格触及上方的趋势线时就是卖出的时机；当价格触及下方的支撑线时，就是买进的时机。上升趋势线是价格回落的支撑线，当上升趋势线被跌破时，形成多单离场信号；下降趋势线是价格反弹的阻力位，一旦下降趋势线被突破，形成空单离场信号。

（4）只有趋势线被突破一定幅度才能认为趋势线被有效破坏，否则可能只是一些毛刺，并没有根本性扭转趋势，至多是需要对趋势线进行一定幅度的修正。这种有效突破幅度的设定需要根据品种的活跃程度以及品种自身属性有所区别，但一般处于1%~3%的水平。

（5）向上突破下降趋势线时必须有成交量配合，而向下跌穿上升趋势线时无须量的配合，确认有效后成交量方会增大。

（6）如果以缺口形式突破趋势线，则突破将是强劲有力的。

（7）在上升或下降趋势的末期，价格会出现加速上升或加速下跌的现象，所以，市场反转时的顶点或底部一般均远离趋势线。

（8）我们可以依据构筑不同周期的趋势线，组合分析价格走势和指导交易，使交易具备更多的灵活性和可控性。

（9）一条过于陡峭的趋势线通常不具有实质意义，总体来说斜率45°左右的趋势线最有意义。

趋势线比较简明、直观和实用，但是趋势线根据事后经验来画，它的可靠性容易被高估，而且随着趋势发展需要重画趋势线的情况也相当普遍。另外，做趋势线是一个高度人为的过程，对于同样一幅图表，不同的人会作出不同的趋势线。

（二）内部趋势线

常规趋势线的画法特征是包含极高点和极低点，这样就会产生争议，极高点和极低点代表了市场由于感情用事而出现反常，这些点不一定代表着市场中占主导地位的趋势，内部趋势线不顾及这种非得在极端的价格偏离的基础上做趋势线的暗含要求。一个内部趋势线最大可能地接近主要相对高点或相对低点，不能考虑任何可能的极点（见图6-11）。粗略地说，内部趋势线可以看作是相对高点和相对低点的最佳配置线。

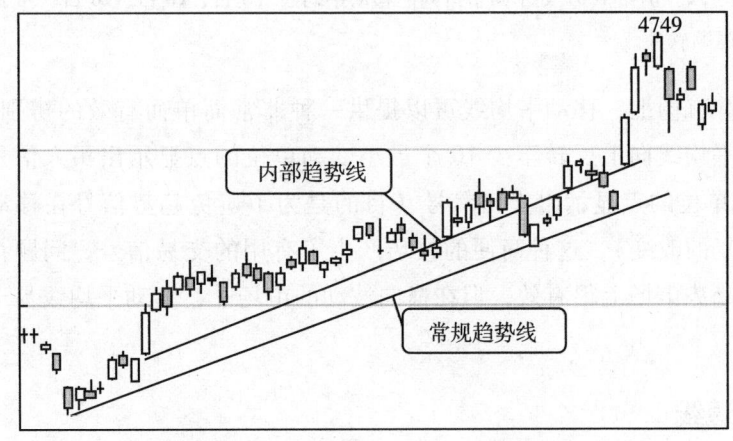

图6-11 内部趋势线与常规趋势线

资料来源：赢顺软件。

内部趋势线的一个缺点是难以避免任意性，甚至可能比常规趋势线更为严重。实际上，在一幅图中常常会作出多条似乎很有可信度的内部趋势线。然而，一般来说，内部趋势线在界定潜在的支撑和阻力区方面的作用远大于常规趋势线。

（三）移动平均线

移动平均线提供了一种非常简单的价格序列，并且使趋势更易于辨认的方法，即根据移动平均值相对前一交易日的变动方向来确认。例如，如果当日值高于前日值，一个移动平均线将会被认为正在上升，如果当日值低于前日值则为下降。既然移动平均线是过去价格的平均，移动平均线的转向点将总是比原始价格序列相应的转向点滞后，这一特征在图6-12中也显而易见。

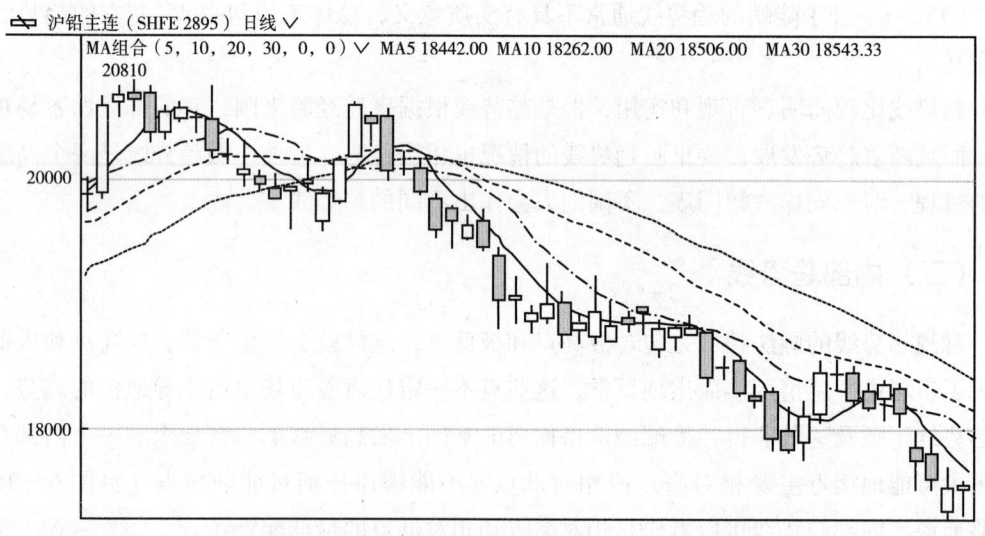

图6-12　沪铅1807处于向下排列的移动平均线（5日、10日、20日、30日）

资料来源：赢顺软件。

在单边趋势市场上，移动平均线可以提供一种非常简单而有效的辨别趋势的方法。比如，在移动平均线向上反转至少10个最小变动单位的点显示出买入信号，向下反转10个最小变动单位的点显示出卖出信号（目的是为了避免趋势信号在移动平均线接近于零时来回重复的改变），这种简便的技巧产生了有用的交易信号。问题在于虽然移动平均线在单边趋势市场上很有效，但在横向波动的市场上，移动平均线易于产生许多虚假信号。

（四）管道线

管道线有时也被称为返回线。在有些情况下，价格趋势局限于两条平行线之间，其中一条为基本的趋势线，另一条便是管道线（见图6-13）。当这种情形出现后，如果分析者判断及时，就有利可图。

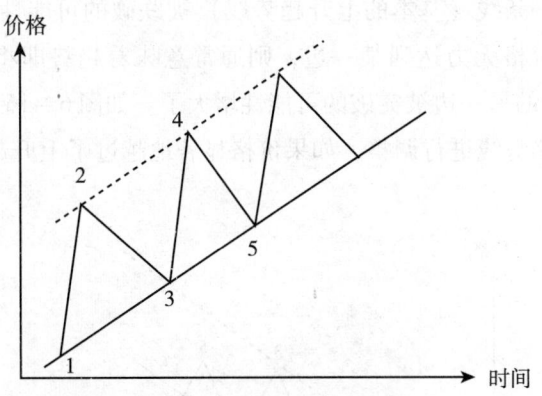

图 6–13　趋势管道线（上升趋势中）

如图 6–13 所示，在上升趋势中，我们首先沿着低点画出基本趋势线，然后从第一个显著波峰（点 2）出发，用虚线引出其平行线。两条直线均向右上方伸展（如点 4 处所示），那么该管道就成立了一半。如果这次折返一直跌回原先的趋势线上（如点 5 处所示），那么该管道就基本上得到了肯定。在下降趋势中，情况与上升趋势类似，但方向相反（见图 6–14）。

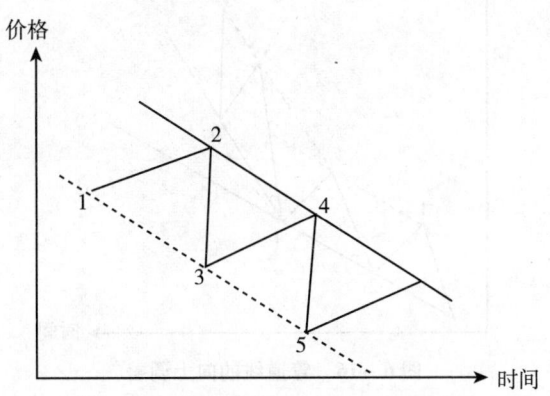

图 6–14　趋势管道线（下降趋势中）

基本的上升趋势线是开立新的多头头寸的依据，而管道线则可用作短线平仓获利的参考。更积极的交易商甚至可利用管道线来建立与趋势方向相反的空头头寸（虽然这种逆着流行趋势方向做交易的策略可能招致危险，且常常要付出高昂的代价）。正如趋势线的情况一样，管道线未被触及的时间越长，试探成功的次数越多，那么，它就越重要，越可靠。重要趋势线被突破后，表明现行趋势发生了重大突破。但是，上升管道线的突破恰好具有相反的意义，它表示流行趋势开始加速。有些交易商把上升趋势的管道线的突破视为增加多头头寸的依据。

此外，我们通常还可以利用管道技术来辨别趋势减弱的信号，这就是价格无力抵达管道线的情况。在图 6–15 中，价格无力达到管道的顶点（点 5 处），这也许就是趋势即将有变的警号，显示另一条线（基本的上升趋势线）被跌破的可能性有所增加。一般来说，如果在既有管道中，价格无力达到某一边，则通常意味着趋势即将发生变化（加速或转折），也就是说，管道的另一边被突破的可能性增大了。如图6-16和图6-17，我们还可以利用管道线对基本趋势线进行调整。如果价格显著地越过了上升趋势的管道线，则通常表明趋势增强。

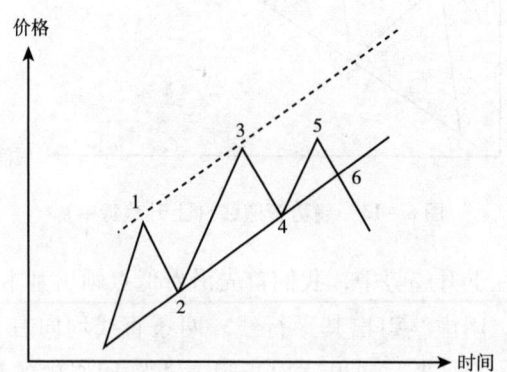

图6-15 市场无力抵达上侧管道线经常构成警示信号

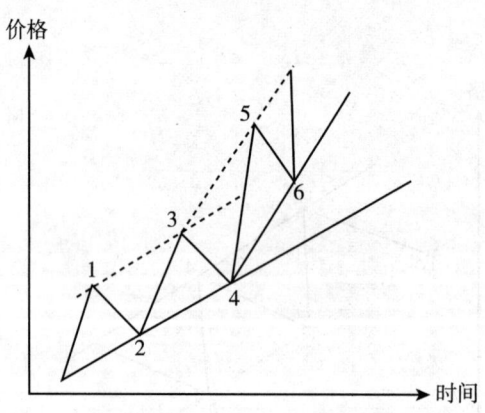

图6-16 管道线的向上调整

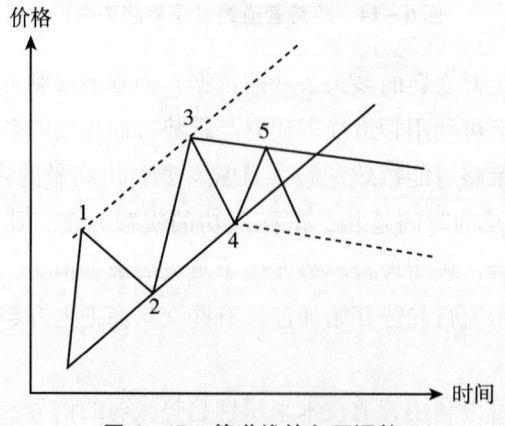

图6-17 管道线的向下调整

管道线还具有测算意义。一旦在价格管道的两条边线上发生了突破,价格管道将顺着突破方向达到与管道宽度相等的距离。因此,我们可以根据管道的宽度,从管道边线上的突破点起,简单地顺着突破方向投影出去,得到价格目标(见图6-17)。然而,在组成管道的两条线中,基本的趋势线远比管道线重要,也更可靠,管道线是第二位的。

(五)速度阻挡线

埃德森·古尔德开创的速度线实质上也属于趋势线三分法的具体应用。它与百分比回撤概念的最大区别在于,速度阻挡线(或称速度线)测绘的是趋势上升或下降的速率(也就是趋势的速度),如上升趋势中速度阻挡线的例子(见图6-18)。

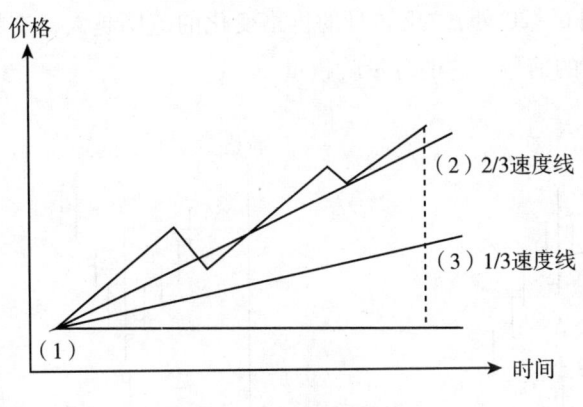

图6-18 速度阻挡线

(六)趋势线的突破

一般来说,收盘价格越过趋势线要比仅仅只有日内价格穿越趋势线更有分量。但有时只有一个收盘价的穿越也还不足以说明问题。为了辨别趋势线的有效突破,技术分析者设计了不少时间和价格过滤器。比如收盘价破趋势线的幅度达3%,并且时间在2~3天以上往往会被认为有效突破。一旦上升或下降趋势线被突破,它们的作用将相互调换——支撑变为压力、压力变为支撑。

(1) 3%原则。3%原则仅仅是有效突破的一个例子。有些图表分析者针对不同市场,选用了各种最小价格波动容许值。如果过滤器设置得太小,则减少拉锯影响的效果不佳;如果选得太大,那么在有效信号出现之前,就错过了较大的机会。因此,必须结合考虑所追随市场的趋势发展程度,灵活选择最适合的过滤器,具体市场具体分析。

还有另外一种选择,就是时间过滤器。最为常见的是2天原则,换句话说,为了对趋势线构成有效突破,市场必须连续两天收市在该直线的另一侧。于是,要突破下降趋势线,价格就必须连续两天收市在该直线的上方。需要补充的是,3%原则和2天原则不仅适用于考查重要趋势线的突破，也同样可以应用于鉴别市场对重要支撑和阻挡水平的突破。

另外，趋势线的斜率也很重要，当斜率为45°时最有意义。该斜率反映的是上升或下降的速率正好从价格和时间两方面完美的平衡。如斜率过于陡峭，说明上升或下降过快，一般难以持久，如果突破了趋势线，就意味着趋势的斜率可能要调整到45°，而不是趋势的逆转；如过于平缓，说明该趋势虚弱而不可靠并会演变成"无趋势"。有时要对趋势线进行调整，以适应趋势变缓或变快。

（2）反转日。反转日发生在市场顶部或者底部。顶部反转日有个通行的定义，在上升趋势中，某日价格达到了新的高位，但当天收市价格却低于前一日收市价（见图6-19处）。底部反转日指在下降趋势中，某天市场曾跌出新的最低点，但当日收市价格却高于前一日收市价（见图6-20处）。反转日的价格变化的范围越大，交易量越大，那么，作为近期趋势可能反转的信号，它的分量就越重。

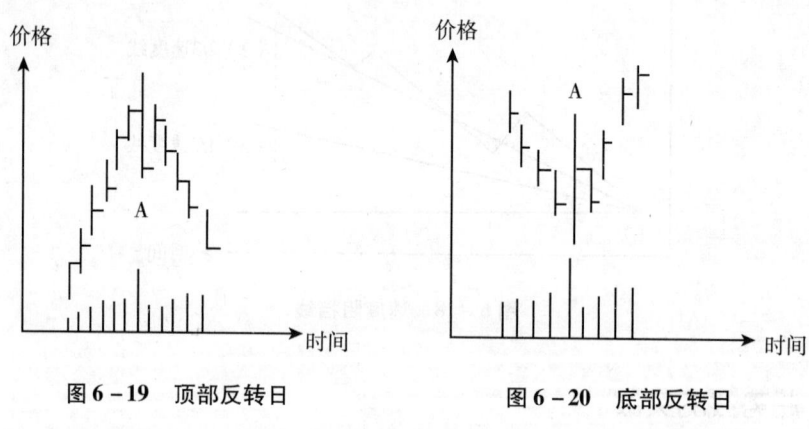

图6-19　顶部反转日　　　图6-20　底部反转日

这种反转形态出现在周线图和月线图上时，意义尤其深远。在周线图上，每根竖直线段代表相应一个星期的全部价格范围，并且它右侧的线头表示周五的收市价。这样，向上的周反转的情况就是，市场在该星期内向下试探，并且跌出了新的低点，但是周五的收市价却又回到上周五的收市价之上。

很显然，周反转比日反转重要得多，月线图上的月反转就更要紧了。

七、形态理论

价格形态是期货价格图上的特定图案或花样，具有预测性。价格形态有两种最主要的分类——反转形态和持续形态。反转形态意味着趋势正在发生重要反转；相反，持续形态显示市场很可能仅仅是暂时作一段时间的休整，之后当前趋势仍将继续发展。关键是必须在形态形成的过程中尽早判别出其所属类型。

反转形态主要有头肩形、三重顶（底）、双重顶（底）、V字顶（底）、圆形（盆形）顶（底）等形态。持续形态则主要包括三角形、旗形、楔形、矩形等，这类形态通常反映出现行趋势正处于休整状态，而不是趋势的反转，因此，通常被归纳为中等的或次要的形态，算不上主要形态。

交易量在所有价格形态中，都起到重要的验证作用。在形势不明时（许多情况下都是这样的），研究价格数据伴生的交易量形态，是判断当前价格形态是否可靠的决定性办法。

绝大多数价格形态各有其具体的测算技术，可以确定出最小价格目标。虽然这些目标仅是对下一步市场运动的大致估算，但仍有助于交易商确定其报偿—风险比。

（一）反转突破形态

所有反转形态几乎都包含了几个基本要素：第一，在市场上事先确有趋势存在，是所有反转形态存在的前提；第二，现行趋势即将反转的第一个信号，经常是重要的趋势线被突破；第三，形态的规模越大，则随之而来的市场动作越大；第四，顶部形态所经历的时间通常短于底部形态，但其波动性较强；第五，底部形态的价格范围通常较小，但其酝酿时间较长；第六，交易量在验证向上突破信号的可靠性方面，更具参考价值。

1. 头肩形态

头肩顶和头肩底是实际价格形态中出现最多的形态，是最著名和最可靠的反转突破形态。对于头肩顶来讲，当颈线被向下突破之后，价格向下跌落的幅度等于头和颈线之间的垂直距离，也就是价格至少下跌了这个幅度后才有可能获得较好的支撑。同样，对于头肩底来讲，价格向上突破颈线之后，其上涨的幅度等于底部与颈线之间的垂直距离，此时，价格上升才有可能遇到像样的压力。图6-21是头肩顶的例子，图6-22是头肩底的例子。

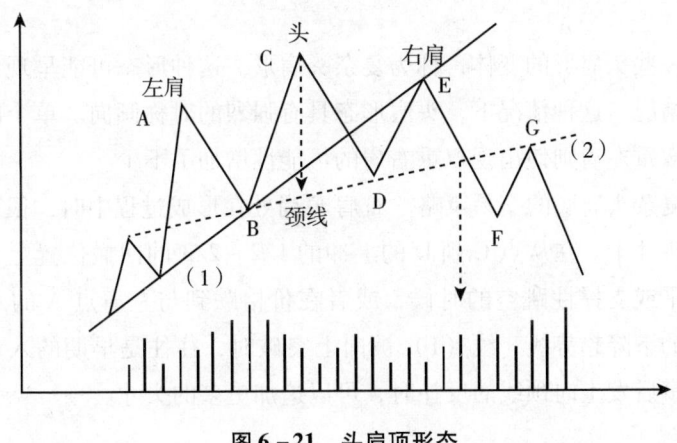

图6-21 头肩顶形态

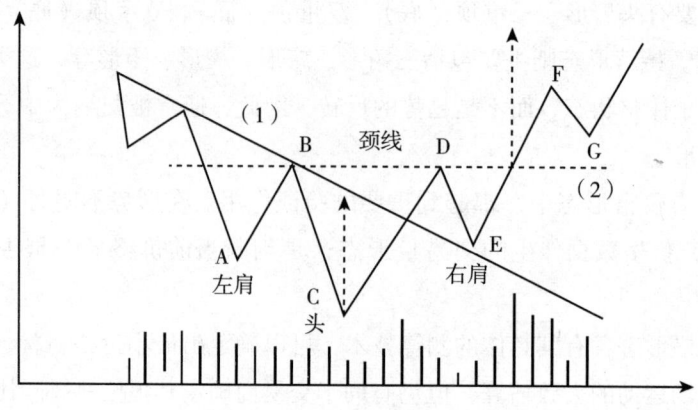

图 6-22 头肩底形态

在头肩顶中，价格向下突破颈线后有一个回升的过程，当价格回升至颈线附近后受到其压力又继续掉头向下运行，从而形成反扑。在头肩底中则刚好与之相反。对于反扑，应该注意两方面问题：第一，在头肩顶中反扑为多方提供了最后一次出逃的机会。在头肩底中，反扑为空方提供了补买机会；第二，反扑不是这两个形态的必然组成部分，所以，不能指望定要等到反扑出现后才采取行动，而应该在颈线被突破后坚决采取行动。

对于头肩顶来说，头是第一卖出点，但大部分投资者认为先前的上升趋势仍然持续，故而不太可能把握住这一卖出点；右肩是第二卖出点，这一点是整个头肩顶形态的较佳卖出点，此时价格上升至左肩位置，由于买方动能不足而回落，头肩形态基本成形，因此投资者在此位置要主动卖出；颈线被突破是第三卖出点，这一点是头肩顶最重要的卖出点，当颈线被突破后，头肩顶宣告成立，价格运动趋势逆转无疑，投资者应坚决卖出；价格突破后反弹至颈线附近时是第四卖出点，这一点也是头肩顶最后一个卖出点，但正如前面提到的，这一点有时不会出现。值得注意的是，对于头肩顶来讲，左肩、头和右肩所对应的成交量依次减少。而对于头肩底来讲，其左肩、底和右肩所对应的成交量没有明显的规律，但是都存在低位放量抗跌迹象，尤其向上突破颈线时需要大成交量的配合。

有时会出现一些头肩形的变体，称为复杂头肩形。这种形态可能呈现出双头或两个左肩和两个右肩的情况。这种情况下，头肩形态具有强烈的对称倾向。单个的左肩通常对应着单个的右肩，双重左肩则使出现双重右肩的可能性增加了不少。

图 6-23 是复杂头肩底的交易策略。右肩 E 尚处在形成过程中时，很多技术型交易商就开始建立多头头寸了。在从点 C 到 D 的上冲的 1/2~2/3 的回撤位置上，或者当价格跌向近期的支撑水平或支撑性跳空的时候，或者在价格跌到与左肩点 A 的水平差不多的时候，或者当短暂的下降趋势线，线（1）被向上突破时，往往是早期的入市机会。当颈线被突破后，或者事后发生向颈线的反扑时，可以追加更多的头寸。

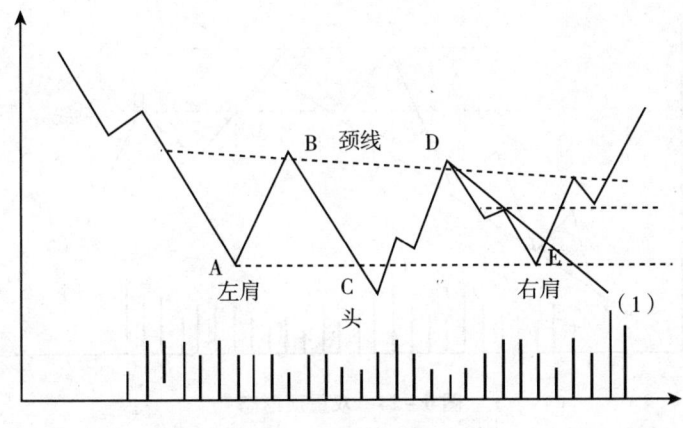

图 6-23 复杂头肩底形态

2. 双重顶（底）与三重顶（底）

双重顶和双重底即 M 头和 W 底，这种形态在实际中出现得非常频繁，仅次于头肩形，而且容易辨识。当 M 头被向下突破颈线之后，价格向下跌落的幅度等于头和颈线之间的垂直距离，也就是价格至少下跌了这个幅度后才有可能获得像样的支撑。同样，对于 W 底来讲，价格突破颈线之后，其上涨的幅度等于底部与颈线之间的垂直距离，此时，价格上升才有可能遇到像样的压力。对于双头来说，有三个卖出点：第一，右边的头部；第二，颈线被向下突破的位置；第三，价格反弹至颈线附近受阻的位置（这一卖出点有可能不出现）。

首先从成交量的变化来看，在形成双重顶的第一个峰的过程中，会出现较大的交易量，随之则呈现小量拉回，接着当价格再度上涨到几乎与第一个波峰相同的高度，交易量随之放大，但是却小于第一个波峰的量。其次，两峰之间的持续时间很重要，持续时间越长、形态的高度越大，即将来临的反转潜力越大。一般地，最有效力的双重顶双峰至少应该持续一个月。需要注意的是，双重底形态是个中期到长期的反转形态，两个底部之间最好相距至少 4 周，有的甚至可能达到两三个月之久。底部的形成一般比头部的形成需要更长的时间。另外，在判别突破成立与否时，一般会要求收盘价超过前一个阻挡峰值，而不仅仅是日内的突破。我们也可以选择双日穿越原则，也就是价格必须连续两天收市在第一峰之上。虽然这种过滤未必是绝对可靠，但至少有助于减少经常发生的错误信号。

图 6-24 是双重顶的例子。本形态有两个峰（A 和 C），处在大致相同的水平。当其中的中间谷点（B）被收市价跌破后，通常宣布本形态完结，在第二个峰（C）交易量较少，而在向下突破时（D），交易量有所增加。

双重顶的测算方法是，自向下突破点（中间谷点 B 即被突破的价位开始，往下投射与形态高度相等的距离）；另一种方法是，先测出双重顶中第一条下降轨迹（点 A 到 B）的幅度，然后从被突破的价位开始向下投射相同的长度。

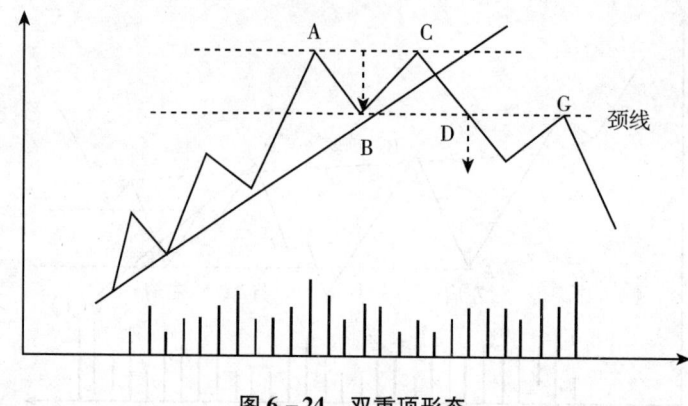

图6-24 双重顶形态

三重顶（底）形态是头肩形态一种小小的变体，它是由三个一样高或一样低的顶和底组成（见图6-25）。在三重顶中，交易量往往随着相继的峰而递减，而在向下突破时则相应增加。三重顶只有在连接两个中间低点的支撑线——颈线被向下突破后，才得以完成。三重底是三重顶的镜像，不过对于向上突破来说，交易量因素更重要。

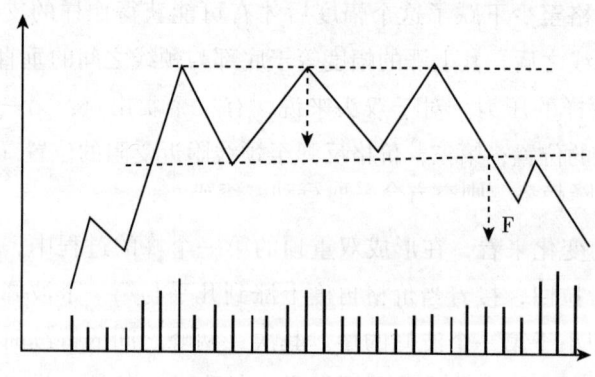

图6-25 三重顶形态

3. 圆弧形态

圆弧顶是指将价格在一段时间的顶部高点用折线连起来，得到一条类似于圆弧的弧线，盖在价格之上。圆弧底是指将价格在每个局部的低点连在一起所得到的一条弧线，托在价格之下。圆弧形态代表着趋势很平缓、逐渐的变化。同时，交易量也倾向于形成相应的盆状形态。在圆弧顶部和底部，交易量均随着市场的逐步转向而收缩，随后，与形态方向一致的价格运动占据主动时，交易量又相应地逐步增加。对于圆弧顶（底）来说，当价格向下（上）突破颈线时是第一卖出（买入）点，当价格反扑受到颈线压制（支撑）后是第二卖出（买入）点。

圆弧形态出现的频率较少，但是，一旦出现则是绝好的机会。总的来说，其未来的涨跌幅度与圆弧形态形成的时间成正比，即形成圆弧形态的时间越长，其未来的涨跌幅度就越大，反之越小。此外，人们通常以圆弧弦高作为其未来涨跌的第一个目标量幅。

4. V 形形态

V 形反转是最难把握的一种形态，前面讨论的都是逐渐变化的反转形态，而 V 形代表着剧烈的市场反转，趋势往往出乎意料的突然转向。

V 形底出现之前，常常会在下跌之后形成一个中继平台，加速下跌又使得下跌趋势十分明显。形成 V 形反转的主要条件是陡峭的趋势，转折点往往在恐慌交易中出现，同时伴随着巨大的交易量，持仓量也会变得较大。出现 V 形反转后，价格通常在极短的时间内回撤到原先趋势的某个比例位置。

（二）持续整理形态

1. 三角形

三角形整理形态主要分为：上升三角形、下降三角形、对称三角形、扩大三角形，具体图形见"波浪理论"中的图 6-4。

2. 矩形

矩形又叫箱形，也是一种典型的整理形态，价格在两条横着的水平直线之间上下波动，作横向延伸的运动。矩形为冲突均衡整理形态，是多空双方实力相当的斗争结果，多空双方的力量在箱体范围间完全达到均衡状态，这期间谁也占不了上风。随着时间的推移，双方的热情逐步减弱，成交量减少，市场趋于平淡。如果原来的趋势是上升，那么经过一段时间整理，会继续原来的趋势，多方会占优势并采取主动，使市场价格突破矩形的上界；如果原来是下降趋势，则空方会采取行动，突破矩形的下界。

就持续时间来说，矩形通常属于 1~3 个月的类别，但区别在于，由于矩形的价格摆动范围广阔，避免了在其余形态中通常可见的交易活动萎缩的现象。关于矩形，最常用的测算技术是基于价格区间的高度之上的。我们先从顶到底量出交易区间的高度，然后从突破点起，顺势投射相等的竖直距离。

与别的大部分形态不同，矩形为投资者提供了一些短线操作的机会。如果在矩形形成的早期能够预计到价格将进行矩形调整，那么，就可以在矩形的下界附近买入，在矩形的上界附近抛出，来回做几次短线的进出。如果矩形的上下界线相距较远，短线的收益也是相当可观的。

3. 旗形和楔形

旗形和楔形也是最为常见的持续整理形态。在一段上升或下跌行情的中途出现的次数较多。这两个形态是一个趋势的中途休整过程，本身有明确的趋势，并与价格波动原来的趋势方向相反，休整之后，还保持原来的价格趋势。

旗形形态一般在急速上升或下跌之后出现，成交量则在形成形态期间不断地显著减少。在形态形成中，若价格形态形成旗形而其成交量为不规则或并非渐次减少时，下一步将是很快地反转，而不是整理，即一段上涨行情后出现的旗形往下突破，而一段下跌行情后出现的旗形则是向上升破。换言之，高成交量的旗形形态可能出现逆转，而不是整理形态。因此，成交量的变化在旗形走势中是十分重要的，它是观察和判断形态真伪的主要方法。

楔形与对称三角形相似，通常持续一个月以上，但不超过三个月。楔形最经常地出现在既存趋势中间，也可能出现在顶部或底部过程中。然而，无论楔形出现在市场运动的中间还是尾部，市场分析者总能从以下这条一般经验中得到些启发：上升楔形看跌，下降楔形看涨。在形成楔形的过程中，成交量是逐渐减少的。楔形形成之前和突破之后，成交量都很大。

4. 持续型头肩形

在持续型头肩形形态中，价格图形的外观与横向伸展的矩形形态极为相似，但区别是，在上升趋势中，中间低谷低于两肩，在下降趋势中，这种调整过程的中间峰超过了两侧的峰。图6-26是看涨的持续型头肩形形态的例子，图6-27是看跌的持续型头肩形形态的例子。

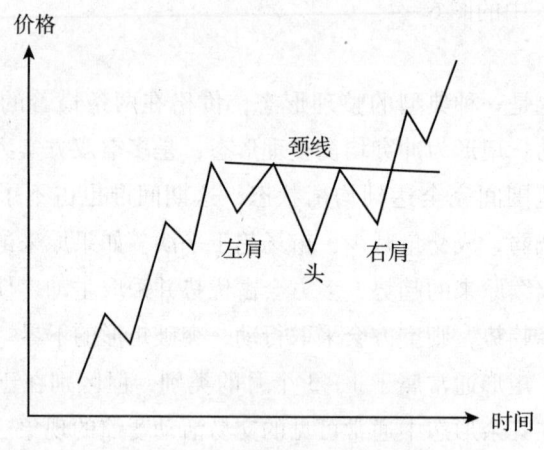

图6-26　看涨的持续型头肩形

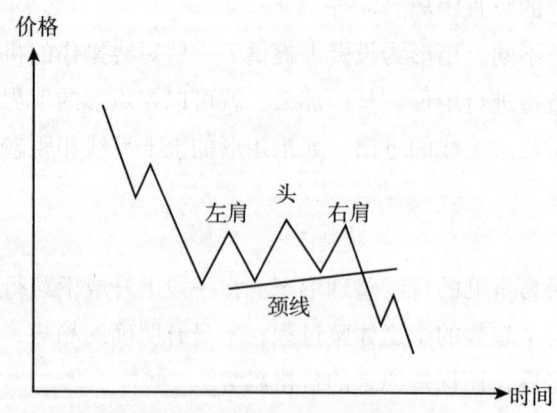

图6-27　看跌的持续型头肩形

综上，形态理论是比较早就得到应用的方法，相对比较成熟，尽管如此，也有正确使用的问题。一方面，站在不同的角度，对同一形态可能产生不同的解释；另一方面，进行实际操作时，形态理论要求形态完全明朗才能行动，从某种意义上讲，有错过机会的可能。

另外，我们还应该注意相互验证与相互背离原则在价格形态分析中的应用。所谓相互验证，是指我们应该把所有技术信号和指标加以比较参照，从而保证它们中的大部分相互验证，指向共同的方向。相互背离同相互验证恰恰相反，是指各类技术指标之间不能相互验证的情形。

八、相反意见（相反）理论

相反意见理论是关于市场极端状态的一种极为流行的研究方法。相反意见理论认为，当绝大部分人看法一致时，他们一般是错误的一方，那么我们正确的选择应当是，首先确定大多数人的行为，然后反其道而行之。

汉弗莱·B. 尼尔是逆向思考方法的创始者，他在1954年出版的《逆向思考的艺术》中，提出了他的理论。1964年，詹姆斯·西贝特着手把尼尔的理论应用到期货交易中，创立了《市场风向标通讯服务》，并在其中引入了"看涨意见一致数字"。他对商品市场上的各种咨询材料每周进行一次统计，以确定在专业人士中看涨或看跌的程度。这项调查的目的在于，把市场情绪通过一系列的数字表示出来，以便于分析研究和预测。该方法的理论前提是，绝大多数期货商在很大程度上都受到市场咨询机构的影响。因此，通过跟踪各种专业性咨询材料的观点，估计交易者大众所采取的态度。

国外还有一家信息服务公司也提供关于市场情绪的指标，称为"市场看好意见一致程度指数"，刊登在《全国商品期货周刊》上，每周五出版。在该指数中，以75%作为超买标志，25%作为超卖标志。如果数字大于75%，认为市场处于超买状态，意味着可能即将出现顶部过程；如果数字低于25%，认为是市场处于超卖状态，表明市场或许即将发生底部过程。

相反理论的主要思想包括：

（1）相反意见理论显示了买方或卖方的余力。如果有80%～90%的交易商对某市场都看好，那么意味着他们已经在这个市场买入了头寸。那么，还有谁来继续买入，把市场推得更高呢？这是理解相反理论的关键。如果交易商们已经以压倒性的多数倒向了市场的某一边，那么，简言之市场上已经没有足够的买进或卖出压力来把当前趋势继续推动下去了。

（2）相反意见理论体现了大小户的实力对比。期货交易的"总和为零"，每一手多头合约都伴随着别人的一手空头合约。如果80%的交易商都站到了市场的多头一边，那么，剩下的20%的人（空头持有者）必定资金雄厚，才能完全容纳其余80%的人所持有的多头头寸。因此，空头者的头寸规模必定比多头者大得多。这就意味着，空头者必定拥有庞大的资本，他们才是市场上的强者。相比之下，另外80%的人平均每人拥有的头寸就小得多了，因此，他们是弱者。每当价格出现突然变化的时候，他们往往不得不把这些多头头寸卖出平仓。

（3）并非只要大部分人看好，相反理论者就要看淡，或大众看淡时他们便要看好。相反理论会考虑这些看好看淡比例的趋势，这是一个动态的概念。相反理论并不是说大众一定是错的。市场大众通常都在主要趋势上看得对。大部分人看好,价格也会因这些看好情绪变成实质购买力而上升,这个现象有可能维持很久,直至所有人看好情绪趋于一致时,将发生质的变化——供求失衡。

(4) 在牛市最疯狂时,媒体如报纸、电视、杂志等都宣传市场的看好情绪,人人热情高涨时,就是市场暴跌的先兆。相反,市场已经没有人去理会,新闻全部都是坏消息时,就是市场黎明的前一刻最黑暗的时候,曙光就在前面。

(5) 在研究看涨意见一致时,要兼顾持仓量,还要研究交易商分类报告,并密切关注市场对基本面的新闻的反应。一般来说,应当顺着意见一致所指的趋势方向进行交易,直到它达到极限为止。然后,就要警惕它的趋势可能发生变化的信号。在这种关键时刻,为了有利于确认市场的转折,也应当同时兼顾那些更正统的技术分析手段,如支撑或阻挡水平的突破、趋势线、移动平均线等,以验证趋势的反转事实。在看涨意见一致数字处于超买或超卖区时,摆动指数图上的背离现象特别有参考价值。

相反理论的另一个重要应用在于和期望理论的结合。相反理论认为,投资者往往具有过早结清其盈利头寸而过晚结清其损失头寸的倾向,有经验的交易者利用这种不对称偏好遵循"结清损失头寸而保持盈利头寸"就能获利。交易者还有一种损失厌恶的倾向,在损失增加时反而增加其头寸。这样在操作上,可以反其道而行之,从而获利。

相反理论给投资者以下启示:一是要深思熟虑,不要被他人所影响,要自己去判断;二是要向传统智慧挑战,市场大众所想所做未必是对的,即使投资专家所说,也要用怀疑态度去看待处理;三是凡事物发展,并不一定像表面一样,要高瞻远瞩,看得远,看得深,才会取得胜利;四是要控制个人情绪,恐惧和贪婪都是不可取的;五是当事实和希望不相符时,勇于承认错误。

总之,期货市场蕴含着巨大的风险,投资者的各种个性优点可能并不能帮助投资者从市场中获利,然而投资者的某个个性弱点却可能被市场放大,导致巨额亏损。所以,投资者应时刻保持警惕,自觉认知并克服自身弱点,避免大的投资损失。

第二节 主要技术分析指标及其应用

一、趋势型指标

(一) 移动平均线 (MA)

在所有的技术指标中,移动平均线最富灵活性,适用最广泛。

移动平均线的优点主要体现在:一是运用移动平均线可以观察价格总的走势,不考虑价格的偶然变动，这样可选择出入市的时机。二是移动平均线能发出出入市的信号，将风险水平降低。无论移动平均线怎样变化，反映买或卖信号的规则一样。三是移动平均线分析比较简单，使投资者能清楚了解当前价格动向。

移动平均线的缺点：一是移动平均线变动缓慢，不易把握价格趋势的高峰与低谷。二是在价格波幅不大的牛皮市期间，平均线折中于价格之中，出现上下交错型的出入市讯号，使分析者无法定论。三是平均线的参数没有一定标准和规定，常根据市场的不同发展阶段、分析者思维而各有不同。投资者在设定计算移动平均线的周期时，必须先清楚了解自己的投资期限。

为了避免平均线的局限性，更有效掌握买卖的时机，充分发挥移动平均线的功能，一般将不同期间参数的平均线予以组合运用，组内移动平均线的相交与同时上升排列或下降排列均为趋势确认的信号。

（二）平滑移动平均线（MACD）

MACD 指标是运用快速（短期）和慢速（长期）移动平均线及其聚合与分离的征兆，加以双重平滑运算。而根据移动平均线原理发展出来的 MACD，一则去除了移动平均线频繁发出假信号的缺陷，二则保留了移动平均线的效果，因此，MACD 指标具有均线趋势性、稳重性、安定性等特点，是用来研判买卖时机、预测价格涨跌的技术分析指标。

MACD 指标的一般研判标准主要是围绕快速和慢速两条均线及"空心柱""实心柱"状况和它们的形态展开。一般分析方法主要包括 DIF 和 DEA 值及其位置、DIF 和 DEA 的交叉情况、柱状的收缩情况（柱状值 = DIF − DEA）、MACD 图形的形态这四个大的方面分析。

MACD 图形的形态法则主要有：

（1）M 头 W 底等形态。MACD 指标的研判还可以从 MACD 图形的形态来帮助研判行情。当 MACD 的红柱或绿柱构成的图形呈现双重顶（底）（即 M 头和 W 底）、三重顶（底）等形态时，也可以按照形态理论的研判方法来加以分析研判。

（2）顶背离和底背离。MACD 指标的背离就是指 MACD 指标的图形的走势和价格 K 线图的走势方向正好相反。MACD 指标的背离有顶背离和底背离两种。

当价格 K 线图上的价格走势一峰比一峰高，而 MACD 指标图形上由红柱构成的图形的走势是一峰比一峰低，这叫顶背离现象。顶背离现象一般是价格在高位即将反转转势的信号，表明价格短期内可能下跌，是看跌的信号。底背离一般出现在价格的低位区。当价格还在下跌，而 MACD 指标图形上由绿柱构成的图形的走势是一底比一底高，这叫底背离现象。底背离现象一般是预示价格在低位可能反转向上的信号，是短期看涨的信号（见图 6−28）。

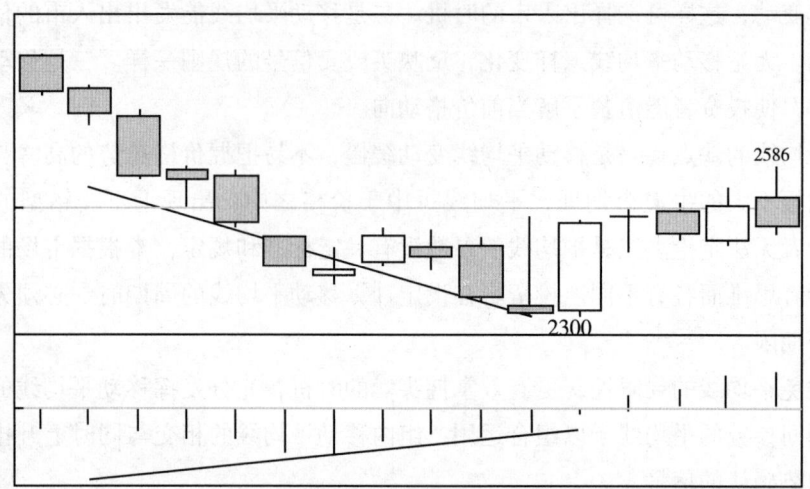

图 6-28　甲醇 1905 合约 MACD 指标的底背离

资料来源：赢顺软件。

在实践中，MACD 指标的背离一般出现在强势行情中比较可靠。价格在高价位时，通常只要出现一次背离的形态即可确认价格即将反转。而价格在低位时，一般要反复出现几次背离后才能确认。因此，MACD 指标的顶背离研判的准确性要高于底背离。

MACD 的优点是利用了二次移动平均来消除价格变动当中的偶然因素，因此，对于价格运动趋势的把握是比较成功的。当然，MACD 也有不足，当市场没有明显趋势而进入盘整时，其经常会发出错误的信号，另外，对未来行情的上升和下降的深度也不能提出有帮助的建议。

（三）三重交叉法

最常用的三重交叉法系统，要数 4-9-18 天移动平均线的组合。这个概念最先出自艾伦 1972 年的著作《怎样从商品市场发财》以及 1974 年的著作《怎样利用 4 天、9 天、18 天移动平均线的组合从商品市场获取更多利润》。

在上升趋势中，合理的排列应该是，4 天平均线高于 9 天平均线，而后者又高于 18 天平均线；在下降趋势中，4 天平均线最低，9 天平均线次之，18 天平均线居上。

在下降趋势中，当 4 天平均线同时向上穿越了 9 天和 18 天平均线后则构成买入的预警信号。随后，一旦 9 天平均线也向上越过了 18 天平均线，则该预警就得到了验证，说明上述买入信号成立。当上升趋势反转为下降趋势时，首先是最敏感的 4 天平均线向下跌破 9 天平均线和 18 天平均线，形成卖出的预警信号。随后，如果 9 天平均线也向下跌破了 18 天平均线，则卖出信号得到确认。

（四）布林通道（BOLL）

BOLL 指标是美国股市分析家约翰·布林根据统计学中的标准差原理设计出来的一种

非常简单实用的技术分析指标。布林通道通常采用 20 日移动平均线，并将其分别向上和向下偏移两个标准差，从而确保95%的价格数据分布在这两条交易线之间。

一般来说，布林通道线是由上、中、下三条轨道线组成。日 BOLL 指标的计算公式为：

中轨线 = N 日的移动平均线

上轨线 = 中轨线 + 两倍的标准差

下轨线 = 中轨线 - 两倍的标准差

上、下轨线位于通道的最外面，分别是该趋势的压力线与支撑线，中轨线为价格的平均线。多数情况下，价格总是在由上下轨道组成的带状区间中运行，且随价格的变化而自动调整轨道的位置。而带状的宽度可以看出价格变动的幅度，愈宽表示价格的变动愈大。

1. BOLL 指标中的上、中、下轨线的意义

（1）BOLL 指标中的上、中、下轨线所形成的价格通道的移动范围是不确定的，通道的上下线随着价格的上下波动而变化。在正常情况下，价格应始终处于价格通道内运行。如果价格脱离通道运行，则意味着行情处于极端的状态下。

（2）在 BOLL 指标中，价格通道的上下轨线是显示价格安全运行的最高价位和最低价位。上轨线、中轨线和下轨线都可以对价格的运行起到支撑作用，而上轨线和中轨线有时则会对价格的运行起到压力作用。

（3）一般而言，当价格在布林通道的中轨线上方运行时，表明市场处于强势；当价格在布林通道的中轨线下方运行时，表明市场处于弱势。

2. K 线和布林通道上、中、下轨线之间的关系

图 6-29 以郑醇主连 1905 合约为例说明 K 线和布林通道的应用，图中序号分别与以下分析序号对应。

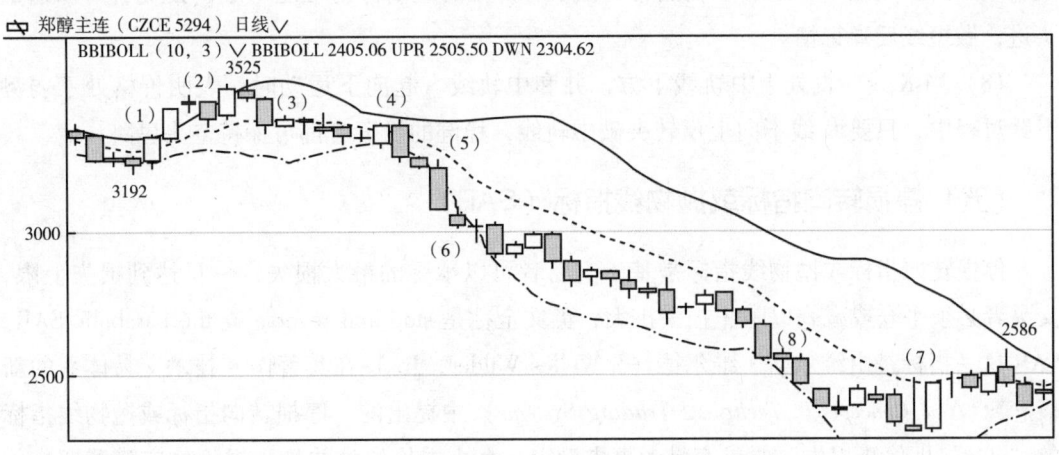

图 6-29　K 线和布林通道在郑醇主连 1905 上的应用

资料来源：赢顺软件。

（1）当 K 线从布林通道的中轨线以下向上突破布林通道中轨线时，预示着价格的强势特征开始出现，价格将上涨，投资者应以中长线买入为主。当 K 线从布林通道的中轨线以上向上突破布林通道上轨线时，预示着价格的强势特征已经确立，价格将可能短线大涨，投资者应以持有待涨或短线买入为主。

（2）当 K 线向上突破布林通道上轨线以后，其运动方向继续向上时，如果布林通道的上、中、下轨线的运动方向也同时向上，则预示着市场的强势特征依旧，价格短期内还将上涨，投资者应坚决持有待涨，直到 K 线的运动方向开始有掉头向下的迹象时才密切注意行情是否转势。

（3）当 K 线在布林通道上方向上运动了一段时间后，如果 K 线的运动方向开始掉头向下，投资者应格外小心，且 K 线掉头向下并突破布林通道上轨线时，预示着价格短期强势行情可能结束，价格短期内将大跌，投资者应及时短线离场观望。特别是对于那些短线涨幅很大的品种。

（4）当 K 线从布林通道的上方向下突破布林通道上轨线后，如果布林通道的上、中、下轨线的运动方向也开始同时向下，预示着价格的短期强势行情即将结束，价格的短期走势不容乐观，投资者应以逢高减仓为主。

（5）当 K 线从布林通道中轨线上方向下突破布林通道的中轨线时，预示着价格前期的强势行情已经结束，价格的中期下跌趋势已经形成，投资者应中线及时卖出。如果布林通道的上、中、下轨线也同时向下则更能确认。

（6）当 K 线向下跌破布林通道的下轨线并继续向下时，预示着价格处于极度弱势行情，投资者应坚决以持币观望为主，尽量不抢反弹。

（7）当 K 线在布林通道下轨线运行了一段时间后，如果 K 线的运动方向有掉头向上的迹象时，表明价格短期内将止跌企稳，投资者可以少量逢低建仓。当 K 线从布林通道下轨线下方向上突破布林通道下轨线时，预示着价格的短期行情可能回暖，投资者可以适量买进，做短线反弹行情。

（8）当 K 线一直处于中轨线下方，并和中轨线一起向下运动时，表明价格处于弱势下跌过程中，只要 K 线不向上反转突破中轨线，稳健的投资者都可保持空头思路。

（五）停损转向指标或抛物线指标（SAR）

停损转向指标或抛物线指标是基于交易者可以承受的最大损失，一旦达到损失上限，交易者必须平仓或减仓以阻止损失扩大，英文全称是 stop and reverse 或 the parabolic SAR。SAR 这一指标是由维尔斯·维尔德（J. Welles Wilder, Jr.）在其著作《技术交易体系的新概念》（*New Concepts in Technical Trading Systems*）中提出的。停损转向指标或抛物线指标的"stop"即停止损失，要求交易者事先设定一个止损价位，并且止损价位应随着期货价格的波动不断调整；"reverse"即反向操作，要求交易者在价格达到止损价位时，进行平仓与反向操作，谋求收益最大化。停损转向指标或抛物线指标适用于趋势市场，通常用于确定止损价位，也可用于确立市场的反转价位。

1. 停损转向指标或抛物线指标 SAR 的计算

$$SAR_n = SAR_{n-1} + AF \times (EP - SAR_{n-1})$$

n 为计算周期，如 n 日或 n 周或 n 月，SAR 的基准计算周期为 2，n 的变动范围是 2~8。

AF（acceleration factor）为加速系数，分为上升加速因子和下降加速因子两类。AF 的取值范围是 0.02~0.2，其基础值是 0.02，每当价格创新高（上升行情中）或新低（下降行情中），即每当出现一个新的价格极值的时候，AF 即按照 0.02 的倍数增加。如果市场行情转变，AF 就必须重新由 0.02 开始计算。AF 取值越高，SAR 指标对于价格的反应越灵敏。

EP（extreme price）为极值，指上涨波段的最高价格（extreme high）或下降波段的最低价格（extreme low）。计算 SAR_n 时，EP 是 $n-1$ 期以前的值，不包含 n 期值。

SAR_n 为第 n 期的 SAR 值，SAR_{n-1} 为第 $n-1$ 期的 SAR 值。SAR_0 的计算需要区分市场的上升或者下降趋势。在上涨波段中，最高价格 EP 为 SAR_0；在下降波段中，最低价格 EP 为 SAR_0。市场行情发生反转时，前波段的 EP 是下一波段的 SAR 起始值。在看涨行情中，计算出的当日 SAR 值如果比当日或前一日的最低价格高，则应当以当日或前一日的最低价格为当日的 SAR 值；在看跌行情中，计算出的当日 SAR 值如果低于当日前一日的最高价格，则应当以当日或前一日的最高价格为该日的 SAR 值。

2. SAR 指标的应用

（1）当价格从 SAR 曲线下方向上突破 SAR 曲线时，为买入信号，预示着上涨行情即将开始，应迅速及时地买入建仓（见图 6-30）。

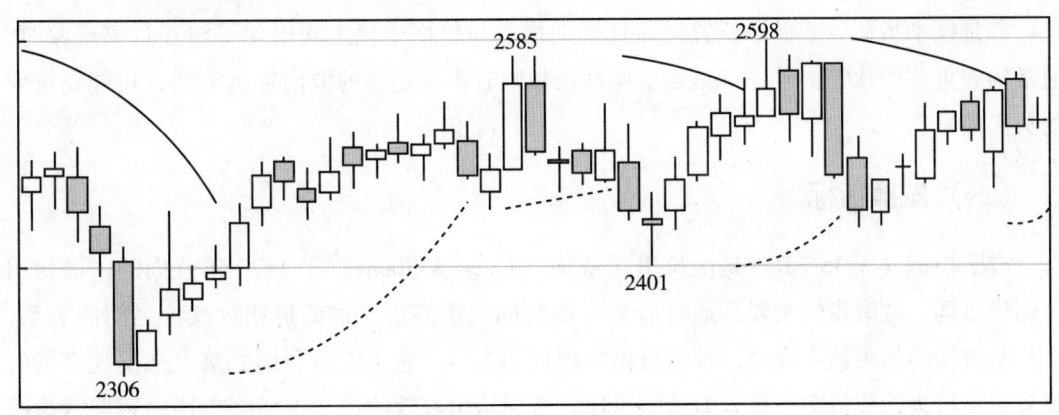

图 6-30　SAR 指标的应用

资料来源：赢顺软件。

（2）当价格向上突破 SAR 曲线后继续上行，同时，SAR 曲线也向上运动时，价格上涨趋势已经形成，SAR 曲线对价格形成强劲支撑，应坚决持仓待涨或逢低加仓。

(3) 当价格从 SAR 曲线上方向下跌破 SAR 曲线时候，为卖出信号，预示着下跌行情即将开始，投资者应迅速及时地卖出减仓。

(4) 当价格向下跌破 SAR 曲线后继续下行，同时，SAR 曲线也向下运动时，表明价格下跌趋势的形成，SAR 曲线对价格形成巨大的压力，应坚决持币观望或逢高减仓。

（六）四周规则

根据四周规则建立的系统很简单：

(1) 只要价格涨过前四个日历周内的最高价，则平回空头头寸，开立多头头寸。

(2) 只要价格跌过前四个日历周内的最低价，则平回多头头寸，建立空头头寸。

如上所述，本系统属于连续工作性质（连续在市），即系统始终持有头寸，或者是多头，或者是空头。连续在市系统具有一个基本的缺陷：当市场进入了无趋势状态时，它仍处在市场中，难免出现"拉锯现象"。也可以对四周规则进行修正，使之不连续在市。办法是采用较短的时间跨度，比如一周或两周，作为平仓的信号。换言之，必须出现"四周突破"，才能建立头寸，但只要朝相反的方向的一周或两周的信号出现，就平回该头寸。之后，交易商将居于市场外，直到下一个四周突破信号出现再入市。

二、摆动型指标

摆动型指标必须附属于基本的趋势分析，从这个意义上说，它只是第二位的指标。有三种情况，摆动型指标最有用。这三种情况对绝大多数摆动指数来说都是共同的：一是当摆动指数的值达到上边界或下边界的极限值时，表示市场趋势走得太远，可能开始趋于弱化；二是摆动指数处于极限位置，并且摆动指数与价格变化之间出现了相互背离现象时，通常构成重要的预警信号；三是如果摆动指数顺着市场趋势的方向穿越零线，可能是重要的买卖信号。

（一）威廉指标

威廉指标（WMS%R）是由拉里·威廉（Larry Williams）于 1973 年首创的，最初用于期货市场。威廉指标主要是通过分析一段时间内最高价、最低价和收盘价之间的关系，来判断市场的超买超卖现象，预测价格中短期的走势。它主要是利用振荡点来反映市场的超买超卖行为，分析多空双方力量的对比，从而给出有效的信号来研判市场中短期行为的走势。

WMS%R 指标的一般研判标准主要是围绕 WMS%R 的数值大小、WMS%R 曲线形状等方面展开的。和其他技术分析指标一样，WMS%R 指标的背离也分为顶背离和底背离两种。顶背离一般是价格将高位反转的信号，是比较强烈的卖出信号。底背离一般是价格将低位反转的信号，是比较强烈的买入信号。

WMS%R 指标作为一个短线指标，能够较为准确地发现短期内超买和超卖的信号，从而为投资者短期操作行为提供有效的指导。但是，该指标在参考数值选择上也没有固定的标准，这无疑会给实际操作带来麻烦。同时应该注意到的是，在盘整过程中 WMS%R 的准确性较高，而在上升或下降趋势当中，却不能只以 WMS%R 超买超卖信号为依据来判断行情即将反转。

（二）KDJ 指标

KDJ 指标是由乔治·莱恩（George Lane）首创的，最早也是用于期货市场。它主要是利用价格波动的真实波幅来反映价格走势的强弱和超买超卖现象，在价格尚未上升或下降之前发出买卖信号的一种技术工具。它在设计过程中主要是研究最高价、最低价和收盘价之间的关系，同时也融合了动量观念、强弱指标和移动平均线的一些优点，因此，能够比较迅速、快捷、直观地研判行情。

随机指标 KDJ 最早是以 KD 指标的形式出现，而 KD 指标是在威廉指标的基础上发展起来的。不过威廉指标只判断超买超卖的现象，在 KD 指标中则融合了移动平均线速度上的观念，形成比较准确的买卖信号依据。在实践中，K 线与 D 线配合 J 线组成 KD 指标来使用。由于 KD 线本质上是一个随机波动的观念，故其对于掌握中短期行情走势比较准确。

随机指标 KDJ 主要是通过 K、D 和 J 这三条曲线所构成的图形关系来分析市场上的超买超卖、走势背离及 K 线、D 线和 J 线相互交叉突破等现象，从而预测价格中、短期及长期趋势。图 6-31 以 PTA1809 为例说明了 KDJ 曲线的应用，图中序号分别与以下分析序号对应。

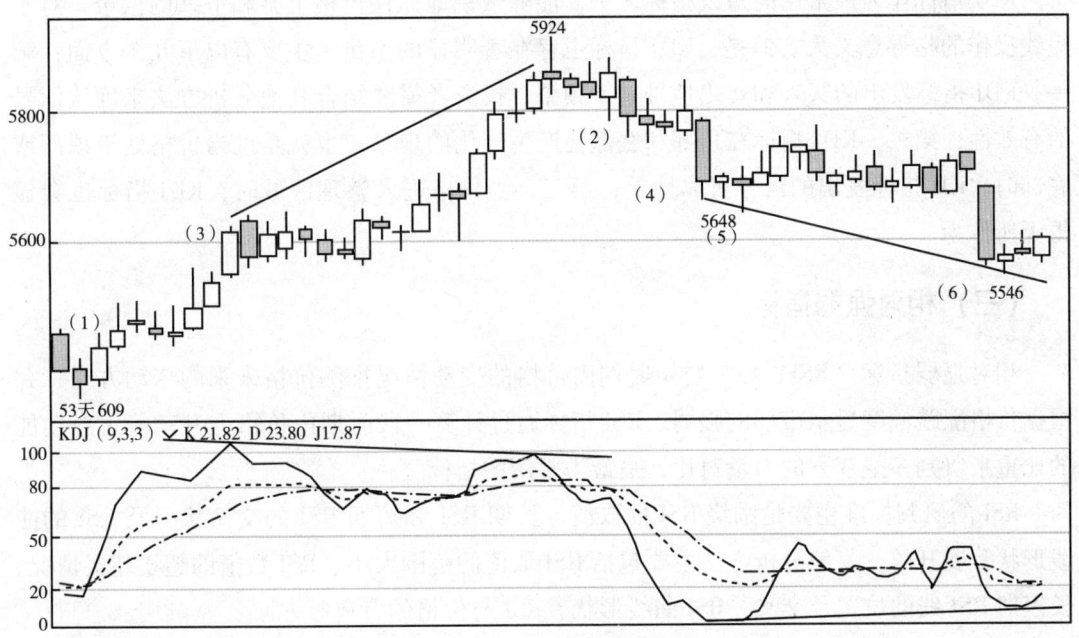

图 6-31 KDJ 曲线在 PTA1809 合约上的应用

资料来源：赢顺软件。

（1）当 KDJ 曲线与价格曲线从低位（KDJ 值均在 50 以下）同步上升，表明价格中长期趋势向好、短期内价格有望继续上涨趋势，投资者应继续持有多单或逢低买入。

（2）当 KDJ 曲线与价格曲线从高位（KDJ 值均在 50 以上）同步下降，表明短期内价格将继续下跌趋势，投资者应继续持币观望或逢高卖出。

（3）当 KDJ 曲线从高位回落，经过一段时间强势盘整后再度向上并创出新高，而价格曲线也在高位强势盘整后再度上升创出新高，表明价格的上涨动力依然较强，投资者可继续持有待涨。

（4）当 KDJ 曲线从高位回落，经过一段时间盘整后再度向上，但到了前期高点附近时却掉头向下、未能创出新高时，而价格曲线还在缓慢上升并创出新高，KDJ 曲线和价格曲线在高位形成了相反的走势，这可能就意味着价格上涨的动力开始减弱，KDJ 指标出现了顶背离现象，一旦价格向下，应果断及时地离场。

（5）当 KDJ 曲线在长期弱势下跌过程中，经过一段时间弱势反弹后再度向下并创出新低，而价格曲线也在弱势盘整后再度向下创出新低，表明价格的下跌动能依然较强，投资者可继续持币观望。

（6）当 KDJ 曲线从低位向上反弹到一定高位再度向下回落，但回调到前期低点附近时止跌企稳、未能创出新低时，而价格曲线还在缓慢下降并创出新低，KDJ 曲线和价格曲线在低位形成相反的走势，这可能就意味着价格下跌的动能开始衰弱，KDJ 指标出现了底背离现象。此时投资者也应密切关注价格动向，一旦价格向上就可以短线买入，等待反弹的出现。

KDJ 指标作为最常用的短线指标之一，能够敏锐地抓住价格上升和下跌的信号，对于短线操作的指导意义大。但是，KDJ 指标也存在着明显的不足，主要有以下几个方面：第一，KDJ 指标发出的买入和卖出信号过于频繁，投资者需要结合其他分析方法来确认信号的有效性；第二，KDJ 指标在顶部和底部会产生钝化的现象，也就是说当价格处于顶部或底部时，KD 指标发出的信号可靠性差；第三，当价格进入整理区域时，KDJ 指标也会显得无所作为。

（三）相对强弱指标

相对强弱指标（RSI）以一特定时期内价格的变动情况推测价格未来的变动方向，并根据价格涨跌幅度显示市场的强弱。RSI 指标通过计算一段时期内价格上升动能占总动能的比重来研判多空双方的力量对比，是最为常用的指标之一。

RSI 的研判标准主要是围绕 RSI 的取值、长期 RSI 和短期 RSI 的交叉状况及 RSI 的曲线形状等展开的。一般分析方法主要包括 RSI 取值的范围大小、RSI 数值的超卖超买情况、长短期 RSI 线的位置及交叉、RSI 曲线形状、RSI 与价格的背离等方面。

但是，RSI 指标也存在着不足，投资者应该正确认识并客观对待，如 RSI 在第一次进入应该采取行动的区域而形成单峰或是单谷的时候发出的信号不太可靠，需要结合其他技术分析方法加以确认。

（四）乖离率

乖离率（BIAS）描述价格与价格的移动平均线相距的远近程度，BIAS 指的是相对距离。

1. BIAS 的计算公式及参数

$$N 日乖离率 = (当日收盘价 - N 日移动平均价)/N 日移动平均价$$

式中，分子为价格（收盘价）与移动平均价的绝对距离，可正可负，除以分母后，就是相对距离。BIAS 的公式中含有参数的项只有一个，即 MA。这样，MA 的参数就是 BIAS 的参数，也就是天数。参数大小的选择首先影响 MA，其次影响 BIAS。一般说来，参数选得越大，则允许价格远离 MA 的程度就越大。

2. BIAS 的应用法则

BIAS 的应用法则主要是从三个方面考虑：

（1）从 BIAS 的取值大小方面考虑。找到一个正数或负数作为上下分界线，正数的绝对值一般可以设置的比负数的绝对值大一些。只要 BIAS 超过这个正数，就应该考虑卖出，只要 BIAS 低于这个负数，就应该考虑买入。这条分界线与三个因素有关：BIAS 选择的参数的大小、选择的品种合约、所处的时期。一般来说，参数越大，采取行动的分界线就越大。市场越活跃，选择的分界线也越大。

（2）从 BIAS 的曲线形状方面考虑，切线理论在 BIAS 上也能得到应用。BIAS 形成从上到下的两个或多个下降的峰，而此时市场价格还在继续上升，则是抛出的信号。BIAS 形成从下到上的两个或多个上升的谷，而此时市场价格还在继续下跌，则是买入的信号。

（3）从两条 BIAS 线结合方面考虑。当短期 BAS 在高位下穿长期 BIAS 时，是卖出信号；在低位，短期 BIAS 上穿长期 BIAS 时是买入信号。

3. 应用 BIAS 应注意的问题

（1）应该在实践中寻找适合自己风格的分界线的具体位置。

（2）在 BIAS 迅速地达到第一峰或第一谷时，是最容易出现操作错误的时候。

（3）BIAS 的应用应该同移动平均线（MA）的使用结合起来，这样效果可能更好。当然，同更多的技术指标结合起来也会极大地降低 BLAS 的错误信号的概率。具体方法如下：①BIAS 从下向上穿过 0 线，或 BIAS 从上向下穿过 0 线可能也是采取行动的信号。上穿为买入信号，下穿为卖出信号。因为此时，价格也在同方向上穿过了 MA。②BIAS 是正值，价格在 MA 之上，如果价格回落到 MA 之下，但随即又反弹到了 MA 之上，同时 BIAS 也是呈现相同的走势，则这是买进信号。对于下降的卖出信号也可类似处理。③BIAS 是正值，并向 0 回落，如果接近 0 时，反弹向上，则这是买入信号。对于 BIAS 是负值可照此处理。

图 6-32 以郑醇主连为例说明了以上三种情况在实际中的应用，图中序号与以上分析对应。

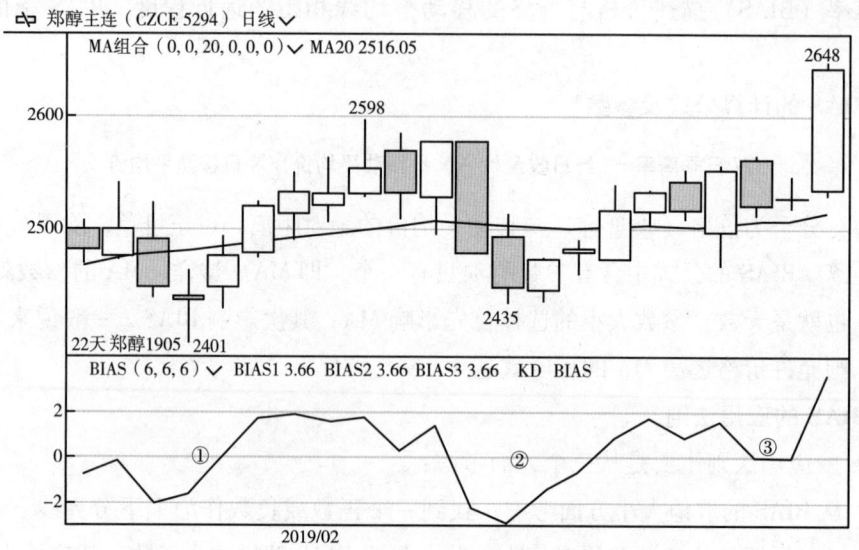

图 6-32　BIAS 与 MA 在郑醇主连中的综合应用

资料来源：赢顺软件。

BIAS 指标的实质是测算价格偏离均线即市场平均成本的程度，从而计算出在一定时期内市场的平均盈利程度和平均亏损程度，以发现短期的买入和卖出信号，其有效性不容置疑。但不同的市场和不同的投资者对于盈利的期望大小和亏损的承受能力是不同的，因而导致了 BIAS 没有一个公允的判断标准，这就给投资者在使用这个指标时造成了一定的困难。

（五）顺势指标

顺势指标（CCI）的英文全称是 commodity channel index，由唐纳德·兰伯特（Donald R. Lambert）创立，是一种中短线超买超卖指标。

CCI 指标没有运行区域的限制，在正无穷和负无穷之间变化，但是，该指标有一个相对的技术参照区域，即 +100 与 -100。

1. CCI 指标的应用

（1）当 CCI 指标自下而上突破 +100 线，进入非常态区间时，表明股价脱离常态而进入异常波动阶段，中短线应及时买入。如果有较大的成交量配合，买入信号则更可靠。

（2）当 CCI 指标自上而下跌破 -100 线，进入另一非常态区间时，表明价格盘整的结束，即将进入一个较长的寻底过程，投资者应以持币观望为主。

（3）当 CCI 指标自上而下跌破 +100 线，进入常态区间时，表明价格上涨阶段可能结束，即将进入一个比较长时间的盘整阶段，投资者应及时逢高卖出。

（4）当 CCI 指标自下而上突破 –100 线，进入常态区间时，表明价格探底阶段可能结束，即将进入一个盘整阶段，投资者可以逢低少量买入。

（5）当 CCI 指标在 +100 与 –100 线之间的常态区间运行时，投资者应使用 KDJ、WMS%R 等其他超买超卖指标进行研判。

2. CCI 指标的背离

（1）当 CCI 指标在远离 +100 线的高位出现顶背离后，价格回落的可能性较大，是比较强烈的卖出信号。

（2）期货价格在低位，CCI 远离 –100 线以下低位区出现底背离时，一般要反复出现几次底背离才能确认价格见底，投资者只能做战略建仓或做短期投资。

（六）价格变动速率

价格变动速率（ROC）的英文全称是 rate of change，由当天的股价与一定的天数之前的某一天股价比较，反映市场价格变动的快慢程度。该指标采用 12 天或 25 天周期效果较好。

1. ROC 的计算

$$AX = 当日收盘价 - 12 天前的收盘价$$
$$BX = 12 天前的收盘价$$
$$ROC = AX/BX$$

ROC 指标用来测量价位动量，可以同时监视常态性和极端性两种行情。ROC 以 0 为中轴线，可以上升至正无限大，也可以下跌至负无限小。以 0 轴到第一条超买或超卖线的距离，往上和往下拉一倍、两倍的距离，再画出第二条、第三条超买超卖线，则图形上就会出现上下各三条的天地线。

当 ROC 向上则表示强势，以 0 为中心线，由中心线下方上穿，大于 0 时为买入信号；当 ROC 向下则表示弱势，以 0 为中心线，由中心线上方下穿，小于 0 时为卖出信号；当价格创新高时，ROC 未能创新高，出现背离，表示头部形成；当价格创新低，ROC 未能创新低，出现背离，表示底部形成。不同期货品种的价格比率不同，其超买超卖范围也略有不同，但一般介于正负 6.5 之间。

2. ROC 指标的应用

（1）ROC 波动于"常态范围"内，当上升至第一条超买线时，应卖出。

（2）ROC 波动于"常态范围"内，当下降至第一条超卖线时，应买进。

（3）ROC 向上突破第一条超买线后，指标继续朝第二条超买线涨升的可能性很大，指标碰触第二条超买线时，涨势多半将结束。

（4）ROC 向下跌破第一条超卖线后，指标继续朝第二条超卖线下跌的可能性很大，指标碰触第二条超卖线时，跌势多半将停止。

（5）ROC 向上穿越第三条超买线时，属于疯狂性多头行情，回档之后还要涨，应尽量不轻易卖出。

（6）ROC 向上穿越第三条超卖线时，属于崩溃性空头行情，反弹之后还要跌，应克制不轻易买进。

（七）平均真实波幅

平均真实波幅（average true range，ATR）是维尔斯·维尔德（J. Welles Wilder, Jr.）首先提出的，用于衡量价格的波动性。ATR 指标是交易系统设计者不可或缺的工具之一，也是资金管理的重要辅助工具之一。

1. ATR 的计算公式

真实波动幅度（TR）是以下三个指标中的最大值：
（1）当前的最高价格减去当前的最低价格。
（2）当前的最高价格与前一日收盘价之差的绝对值。
（3）当前的最低价格与前一日收盘价之差的绝对值。
ATR 是 TR 的 N 日简单移动平均，即：

$$ATR = [ATR(t-1) \times (n-1) + TR(t)]/N$$

其中，N 为 ATR 的计算周期，t 表示当前交易日；参数 N 通常设置为 14。

2. ATR 指标的应用

（1）常态时，波幅围绕均线上下波动。
（2）极端行情时，波幅上下幅度剧烈加大。
（3）波幅 TR 过高，并且价格上涨过快时，应当卖出。
（4）波幅 TR 过低，并且平均真实波幅 ATR 连创新低时，表明价格已经进入窄幅整理行情中，随时将面临突破。
（5）波幅的高低根据交易品种及其在不同的阶段由使用者确定。

三、人气型指标

（一）心理线指标（PSY）

PSY 主要是从投资者的买卖趋向的心理方面，对多空双方的力量对比进行探索。它是以一段时间收盘价涨跌天数的多少为依据，其计算方法很简单。

1. PSY 的计算式

$$PSY(N) = A/N \times 100$$

其中，N 为周期，是 PSY 的参数，可以为日、周、月、分钟等，A 为在这周期之中价格上涨的日、周、月、分钟数等。参数选择的越大，PSY 的取值范围越集中、越平稳，但又有迟滞性的缺点；参数选择的越小，PSY 取值范围的波动性越大且敏感性越强。

2. PSY 指标的应用法则

（1）在盘整局面，PSY 的取值应该在以 50 为中心的附近，下限和上限一般定为 25 和 75。PSY 取值在 25～75 说明多空双方基本处于平衡状况。如果 PSY 的取值超出了这个平衡状态，就是超买超卖，投资者就应该注意准备行动了。

（2）如果 PSY 的取值高得过头或低得过头，都是行动信号。一般说来，如果 PSY < 10 或 PSY > 90 这两种极低和极高的局面出现，就可以不考虑别的因素而单独采取买入和卖出行动。

（3）当 PSY 的取值第一次进入采取行动的区域时，往往容易出错，要等到第二次出现行动信号时才安全，这对 PSY 来说尤为重要，如图 6－33 中（2）处 PSY 虽短暂突破 75，但此后价格继续单边上涨，如此时做空风险极大，直到（3）处价格才开始回调。

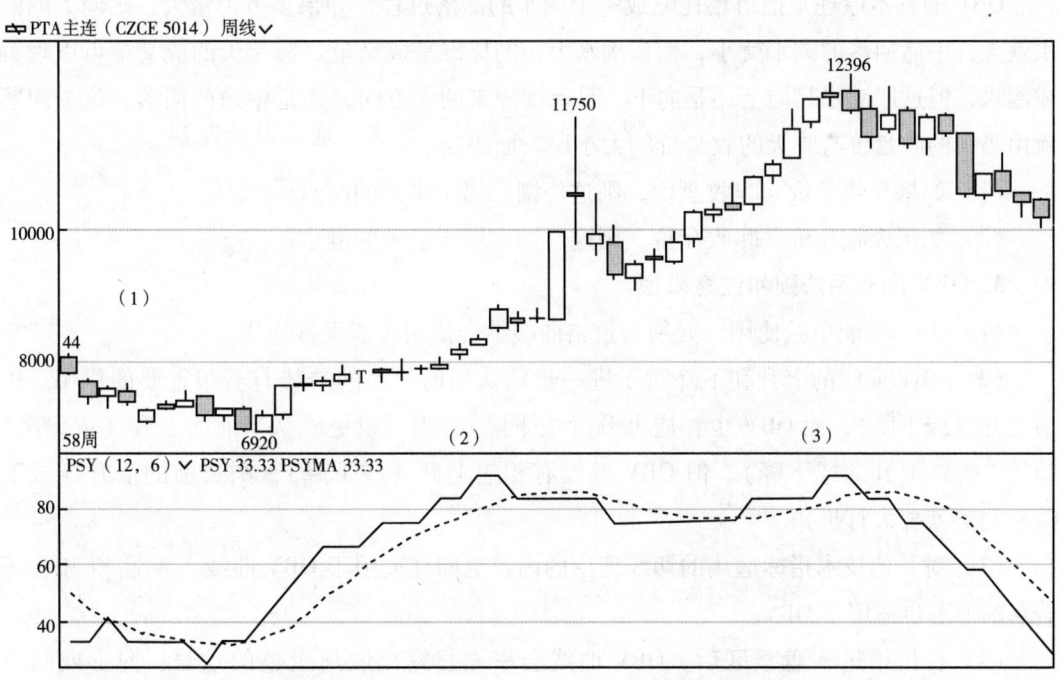

图 6－33　PSY 指标在 PTA 连续合约周线上的应用

资料来源：赢顺软件。

（4）PSY 的曲线如果在低位或高位出现大的 W 底或 M 头是买入或卖出的行动信号。别的形态对 PSY 也适用。

(5) PSY 一般最好同价格曲线配合使用,这样更能从价格的变动中了解超买或超卖的情形,背离现象在 PSY 中也是适用的。

(二)能量潮指标(OBV)

OBV(on balance volume)也叫平衡交易量。有些人把每一天的成交量看作海的潮汐一样,形象地称 OBV 为能量潮。

1. OBV 的计算公式

OBV 的计算公式很简单,首先假设已知上一个交易日的 OBV,根据今天的成交量以及今天的收盘价与上个交易日的收盘价的大小比较计算出今天的 OBV,公式如下:

$$今日 OBV = 昨日 OBV + sgn \times 今日成交量$$

其中,sgn 可能是 +1,也可能是 -1:

(1) 如果今日收盘价 > 昨日收盘价,则 sgn 为 +1;

(2) 如果今日收盘价 < 昨日收盘价,则 sgn 为 -1。

2. OBV 的构造原理

OBV 的基本原理是把市场比喻成一个潮水的涨落过程,如果多方力量大,则向上的潮水就大,中途回落的潮水就小,衡量潮水大小的标准是成交量。每一天的成交量可以理解成潮水,但这股潮水是向上还是向下,是保持原来的大方向,还是中途的回落,这个问题就由当天的收盘价与昨天的收盘价的大小比较而决定。

(1) 如果今收盘价 > 昨收盘价,则这一潮水属于多方的潮水。

(2) 如果今收盘价 < 昨收盘价,则这一潮水属于空方的潮水。

3. OBV 的应用法则和注意事项

(1) OBV 不能单独使用,必须与价格曲线结合使用才能发挥作用。

(2) OBV 曲线的上升和下降对于进一步确认当前价格的趋势有着很重要的作用:价格上升(或下降),而 OBV 也相应上升(或下降),则可以更确认当前的上升(或下降)趋势。价格上升(或下降),但 OBV 并没有相应上升(或下降),则目前的上升(或下降)趋势就要大打折扣。

(3) 对其他技术指标适用的切线理论的内容也同样适用于 OBV 曲线,W 底和 M 头等著名的形态也适用于 OBV。

(4) 在价格进入盘整区后,OBV 曲线会率先显露出脱离盘整的信号,向上或向下突破。

拓展阅读

BDI 指数暴跌之谜[①]

尽管中美贸易谈判取得一些进展，但作为全球贸易发展前景的一个重要风向标——波罗的海干散货运价指数（BDI）依然处于低谷徘徊。截至 2019 年 2 月 28 日，BDI 指数徘徊在 651 点附近，较 2 月初创下的 2016 年 6 月以来最低值 595 点仅仅回升了约 50 个点。值得注意的是，2018 年 7 月至今，BDI 指数累计跌幅依然超过 60%。

"BDI 指数的低迷，可能是季节效应叠加时运不济的产物。" 2 月 28 日，一位国际航运领域经纪商向 21 世纪经济报道记者表示，所谓季节效应，主要是春节期间中国进口大宗商品、工业原材料、半成品的数量大幅回落，导致 BDI 指数 "习惯性" 回落；而时运不济，则是 1 月底巴西淡水河谷位于巴西米纳斯吉拉斯州的一处铁矿废料矿坑堤坝发生决堤事故，导致当地铁矿石供应量骤降，令很多干散货船只一度陷入无货可运的窘境，加剧了 BDI 指数下跌幅度。但在他看来，若抛开上述因素，当前制约 BDI 指数持续低迷的最大因素，还是全球贸易紧张格局与全球经济不景气。

值得注意的是，随着 BDI 指数持续低迷，不少大宗商品型对冲基金纷纷以此开展新的套利投资策略。"BDI 指数的低迷，一方面反映农产品、煤炭等大宗商品贸易量转弱，由此带来供应过剩问题，成为不少对冲基金借机逢高沽空农产品或铁矿石的重要依据。另一方面在巴西淡水河谷遭遇决堤事故后，它又能间接反映巴西铁矿石开采出口大降状况，吸引事件驱动型对冲基金短期投机买涨铁矿石套利。" 一位美国大宗商品型对冲基金经理指出。尤其是部分事件驱动型对冲基金借 BDI 指数低迷开展各类大宗商品套利投资，收获颇丰，甚至个别基金的这项交易策略通过杠杆化操作，已创造最高逾 10% 的投资回报。

通常年初 BDI 指数都会承受一些下跌压力，但近期以来的跌幅却是极其罕见的。

在上述国际航运领域经纪商看来，过去数月 BDI 指数大幅回落，主要受到很多经济组织纷纷调低 2019 年全球经济增长速度与贸易量增速的影响。比如 2018 年 10 月世界贸易组织（WTO）将 2019 年全球商品贸易量增速从原先的 4%，下调至 3.7% 后，BDI 指数市场看空声音开始迅速增加，引发航运价格指数开始呈现快速下跌态势。

以经常用于运输铁矿石、煤炭等大宗商品的海岬型船舶为例，1 月底这类干散货航运船舶的运费曾出现单日暴跌 500 美元/天的景象，甚至有船东为了成功招揽生意，将报价降至 8000 美元/天左右。值得注意的是，这个报价较 2018 年航运生意旺盛时期的 20000 美元/天运费低了 60%，甚至较国际航运市场平均盈亏平衡线 15000 美元/天

[①] 资料来源：陈植. BDI 指数暴跌之谜 [N]. 21 世纪经济报道，2019-03-01.

低了约45%。其间也有部分船东决定转做从澳洲向中国出口铁矿石的生意，因为他们认为巴西淡水河谷决堤事故导致当地铁矿石开采出口量大降，迫使中国买家转而加大澳洲铁矿石进口量。但他们很快听说从澳洲出口到中国的煤炭在中国港口的清关进程缓慢，担心自身可能会遭遇类似困局，又不大敢接这类生意。

以往每逢年初，船商主要将美国大豆运往中国，但由于此前中美贸易摩擦导致中国进口美国大豆骤降，令他们一度无生意可做，后来他们曾考虑转做南美农产品出口欧洲的航运生意，但发现这项业务同样不好做，因为受困全球经济不景气与贸易紧张格局而被动"闲置"的干散货航运船舶不少。

值得注意的是，围绕BDI指数持续低迷，不少对冲基金很快找到新的套利投资策略。"目前最成功的一次套利投资，就是不少事件驱动型对冲基金趁着巴西淡水河谷决堤事故，大幅投机买涨铁矿石套利。"上述大宗商品对冲基金经理告诉记者。其间这些对冲基金在大举买涨新加坡与澳洲铁矿石期货同时，还密切关注全球BDI指数价格波动，以此判断巴西淡水河谷旗下铁矿石开采出口业务恢复最新进展，作为他们持续投机推高铁矿石期货价格获利的最大依据之一。

"只要BDI指数价格持续低迷，这些对冲基金就认为巴西淡水河谷铁矿石开采出口进展缓慢（导致很多干散货船舶无货可运），因而加大投机买涨铁矿石的力度。"他透露，部分操作激进的事件驱动型对冲基金仅此一项投资（用4~5倍资金杠杆），就斩获逾10%的投资回报。

"但是，这类基于BDI指数低迷的套利策略几乎都是短期操作，因为影响大宗商品价格波动的因素很多，包括供应是否出现短缺、美元指数涨跌、全球货币政策松紧与中国经济是否触底反弹等。"他透露，因此不少事件驱动型对冲基金的上述套利投资策略不会动用太多的资金，最高投入额不大会超过基金总资产的20%，且基金交易员随时会根据大宗商品市场变化快速调整BDI指数的权重，避免自己稍不留神陷入套利失败困局。

【思考与练习】

1. 在模拟操作过程中，我们应如何选取指标进行组合？又应如何建立自己的操作体系？
2. 根据2018年以来的中美贸易摩擦发展进程，分析相关产品的技术走势。
3. 结合自身实际情况分析，如何实现期货市场的量化交易？

第七章 大宗商品期权交易

第一节 期权合约

一、期权简介

（一）期权的定义

期权是指一种合约，该合约赋予持有人在某一特定日期或该日之前的任何时间以固定价格购进或售出一种资产的权利。期权定义的要点如下：

（1）期权是一种权利。期权合约至少涉及买方和出售方两方。持有人享有权力但不承担相应的义务。

（2）期权的标的物。期权的标的物是指选择购买或出售的资产。它包括股票、政府债券、货币、股票指数、商品期货等。期权是这些标的物"衍生"的，因此称衍生金融工具。值得注意的是，期权出售人不一定拥有标的资产。期权是可以"卖空"的。期权购买人也不一定真的想购买资产标的物。因此，期权到期时双方不一定进行标的物的实物交割，而只需按价差补足价款即可。

（3）到期日。双方约定的期权到期的那一天称为"到期日"，如果该期权只能在到期日执行，则称为欧式期权；如果该期权可以在到期日或到期日之前的任何时间执行，则称为美式期权。

（4）期权的执行。依据期权合约购进或售出标的资产的行为称为"执行"。在期权合约中约定的、期权持有人据以购进或售出标的资产的固定价格，称为"执行价格"。

期权是在期货的基础上产生的一种金融工具。这种金融衍生工具的最大魅力在于，可以使期权的买方将风险锁定在一定的范围之内。从其本质上讲，期权实质上是在金融领域中将权利和义务分开进行定价，使得权利的受让人在规定时间内对于是否进行交易，选择是否行使其权利，而义务方必须履行。在期权交易时，购买期权的合约方称作买方，而出售合约的一方则称作卖方；买方即是权利的受让人，而卖方则是必须履行买方行使权利的义务人。具体的定价问题则在金融工程学中有比较全面的探讨。

(二) 期权初期发展

期权交易起始于18世纪后期的美国和欧洲市场。由于制度不健全等因素影响，期权交易的发展一直受到抑制。19世纪20年代早期，看跌期权/看涨期权自营商都是些职业期权交易者，他们在交易过程中，并不会连续不断地提出报价，而是仅当价格变化明显有利于他们时，才提出报价。这样的期权交易不具有普遍性，不便于转让，市场的流动性受到很大限制，这种交易体制也因此受挫。对于早期交易体制的责难还不止这些。以XYZ期权交易为例，完全有可能出现只有一个交易者在做市的局面，致使买卖价差过大，结果导致"价格发现"——达成一致价格的过程受阻。客户经常会问："我怎么知道我的指令成交在最好（即公平）的价位上呢?"对市场公平性的顾虑，使得市场无法迅速吸引到更多的参与者。

直到1973年4月26日芝加哥期权交易所（CBOE）开张，进行统一化和标准化的期权合约买卖，上述问题才得到解决。期权合约的有关条款，包括合约量、到期日、敲定价等都逐渐标准化。起初，只开出16只股票的看涨期权，很快，这个数字就成倍地增加，股票的看跌期权不久也挂牌交易。之后，美国商品期货交易委员会放松了对期权交易的限制，有意识地推出商品期权交易和金融期权交易。由于期权合约的标准化，期权合约可以方便地在交易所里转让给第三人，并且交易过程也变得非常简单，最后的履约也得到了交易所的担保，这样不但提高了交易效率，也降低了交易成本。

1983年1月，芝加哥商业交易所提出了S&P500股票指数期权，纽约期货交易所也推出了纽约股票交易所股票指数期货期权交易，随着股票指数期货期权交易的成功，各交易所将期权交易迅速扩展至其他金融期货上。自期权出现至今，期权交易所已经遍布全世界，其中芝加哥期权交易所是世界上最大的期权交易所。

20世纪80～90年代，期权柜台交易市场（或称场外交易）也得到了长足的发展。柜台期权交易是指在交易所外进行的期权交易。期权柜台交易中的期权卖方一般是银行，而期权买方一般是银行的客户。银行根据客户的需要，设计出相关品种，因而柜台交易的品种在到期期限、执行价格、合约数量等方面具有较大的灵活性。外汇期权出现的时间较晚，现在最主要的货币期权交易所是费城股票交易所（PHLX），它提供澳大利亚元、英镑、加拿大元、欧元、日元、瑞士法郎这几种货币的欧式期权和美式期权合约。目前外汇期权交易中大部分的交易是柜台交易，中国银行部分分行已经开办的"期权宝"业务采用的是期权柜台交易方式。

(三) 期权的分类

由于期权交易方式、方向、标的物等方面的不同，产生了众多的期权品种，对期权进行合理的分类，更有利于我们了解期权产品。

1. 期权种类的划分

（1）按期权的权利划分，有看涨期权和看跌期权两种类型。

（2）按期权的种类划分，有欧式期权和美式期权两种类型。

（3）按行权时间划分，有欧式期权、美式期权、百慕大期权三种类型。欧式期权是指买方可在行权日开市后、行权截止时间之前选择行权。美式期权是指买方可在成交后、行权日行权截止时间之前的交易时段选择行权。百慕大期权（Bermuda option）一种可以在到期日前所规定的一系列时间行权的期权。界定百慕大期权、美式期权和欧式期权的主要区别在于行权时间的不同，百慕大期权可以被视为美式期权与欧式期权的混合体，如同百慕大群岛混合了美国文化和英国文化一样。

（4）按期权的交割时间划分，有美式期权和欧式期权两种类型。美式期权是指在期权合约规定的有效期内任何时候都可以行使权利。欧式期权是指在期权合约规定的到期日方可行使权利，期权的买方在合约到期日之前不能行使权利，过了期限，合约则自动作废。按期权合约上的标的划分，有股票期权、股指期权、利率期权、商品期权以及外汇期权等种类。

2. 特殊类型介绍

（1）标准欧式期权的最终收益只依赖于到期日当天的原生资产价格。而路径相关期权（path-dependent option）则是最终收益与整个期权有效期内原生资产价格的变化都有关的一种特殊期权。

按照其最终收益对原生资产价格路径的依赖程度可将路径相关期权分为两大类：一类是其最终收益与在有效期内原生资产价格是否达到某个或几个约定水平有关，称为弱路径相关期权；另一类期权的最终收益依赖于原生资产的价格在整个期权有效期内的信息，称为强路径相关期权。

弱路径相关期权中最典型的一种是关卡期权（barrier option）。严格意义上讲，美式期权也是一种弱路径相关期权。强路径相关期权主要有两种：亚式期权（Asian option）和回望期权（look back option）。亚式期权在到期日的收益依赖于整个期权有效期内原生资产经历的价格的平均值，又因平均值意义不同分为算数平均亚式期权和几何平均亚式期权；回望期权的最终收益则依赖于有效期内原生资产价格的最大（小）值，持有人可以"回望"整个价格演变过程，选取其最大（小）值作为敲定价格。

（2）看涨期权（call options）是指期权的买方向期权的卖方支付一定数额的权利金后，即拥有在期权合约的有效期内，按事先约定的价格向期权卖方买入一定数量的期权合约规定的特定商品的权利，但不负有必须买进的义务。而期权卖方有义务在期权规定的有效期内，应期权买方的要求，以期权合约事先规定的价格卖出期权合约规定的特定商品。

【例7-1】看涨期权：某年1月1日，标的物是铜期货，它的期权执行价格为1850美元/吨。A买入这个权利，付出5美元；B卖出这个权利，收入5美元。2月1日，铜期货价上涨至1905美元/吨，看涨期权的价格涨至55美元。A可采取两个策略：行使权利——A

有权按 1850 美元/吨的价格从 B 手中买入铜期货；B 在 A 提出这个行使期权的要求后，必须予以满足，即便 B 手中没有铜，也只能以 1905 美元/吨的市价在期货市场上买入而以 1850 美元/吨的执行价卖给 A，而 A 可以 1905 美元/吨的市价在期货市场上抛出，获利 50 美元/吨（1905－1850－5），B 则损失 50 美元/吨（1850－1905＋5）。售出权利——A 可以 55 美元的价格售出看涨期权，A 获利 50 美元/吨（55－5）。如果铜价下跌，即铜期货市价低于敲定价格 1850 美元/吨，A 就会放弃这个权利，只损失 5 美元权利金，B 则净赚 5 美元。

（3）看跌期权（put options）：期权买方按事先约定的价格向期权卖方卖出一定数量的期权合约规定的特定商品的权利，但不负有必须卖出的义务。而期权卖方有义务在期权规定的有效期内，应期权买方的要求，以期权合约事先规定的价格买入期权合约规定的特定商品。

【例 7－2】看跌期权：某年 1 月 1 日，铜期货的执行价格为 1750 美元/吨，A 买入这个权利，付出 5 美元；B 卖出这个权利，收入 5 美元。2 月 1 日，铜价跌至 1695 美元/吨，看跌期权的价格涨至 55 美元/吨。此时，A 可采取两个策略：行使权利——A 可以按 1695 美元/吨的中价从市场上买入铜，而以 1750 美元/吨的价格卖给 B，B 必须接受，A 从中获利 50 美元/吨（1750－1695－5），B 损失 50 美元/吨。售出权利——A 可以 55 美元的价格售出看跌期权。A 获利 50 美元/吨（55－5）。如果铜期货价格上涨，A 就会放弃这个权利而损失 5 美元权利金，B 则净赚 5 美元。

通过上面的例子，可以得出以下结论：一是作为期权的买方（无论是看涨期权还是看跌期权）只有权利而无义务。他的风险是有限的（亏损最大值为权利金），但在理论上获利是无限的。二是作为期权的卖方（无论是看涨期权还是看跌期权）只有义务而无权利，在理论上他的风险是无限的，但收益是有限的（收益最大值为权利金）。三是期权的买方无须付出保证金，卖方则必须支付保证金以作为必须履行义务的财务担保。

买进一定敲定价格的看涨期权，在支付一笔很少权利金后，便可享有买入相关期货的权利。一旦价格上涨，便履行看涨期权，以低价获得期货多头，然后按上涨的价格水平高价卖出相关期货合约，获得差价利润，在弥补支付的权利金后还有盈利。如果价格不但没有上涨，反而下跌，则可放弃或低价转让看涨期权，其最大损失为权利金。看涨期权的买方之所以买入看涨期权，是因为通过对相关期货市场价格变动的分析，认定相关期货市场价格较大幅度上涨的可能性很大，所以，他买入看涨期权，支付一定数额的权利金。一旦市场价格果真大幅度上涨，那么，他将会因低价买进期货而获取较大的利润，大于他买入期权所付的权利金数额，最终获利，他也可以在市场以更高的权利金价格卖出该期权合约，从而对冲获利。如果看涨期权买方对相关期货市场价格变动趋势判断不准确，一方面，如果市场价格只有小幅度上涨，买方可履约或对冲，获取一点利润，弥补权利金支出的损失；另一方面，如果市场价格下跌，买方则不履约，其最大损失是支付的权利金数额。

（四）期权的创新产品

（1）实物期权（real options）是指在不确定性条件下，与金融期权类似的实物资产投资的选择权。相对于金融期权，实物期权的标的物不再是股票、外汇等金融资产，而是投资项目等实物资产。与传统的投资决策分析方法相比，实物期权的思想不是集中于对单一的现金流预测，而是把分析集中在项目所具有的不确定性问题上。

实物期权的概念最初是由梅耶斯（Stewart Myers，1977）在麻省理工学院时所提出的，他指出，一个投资方案产生的现金流量所创造的利润，来自对所拥有资产的使用，再加上一个对未来投资机会的选择。也就是说企业可以取得一个权利，在未来以一定价格取得或出售一项实物资产或投资计划，所以实物资产的投资可以应用类似评估一般期权的方式来进行评估。同时又因为其标的物为实物资产，故将此性质的期权称为实物期权。布莱克和斯科尔斯（Black & Scholes）的研究指出：金融期权是处理金融市场上交易金融资产的一类金融衍生工具，而实物期权是处理一些具有不确定性投资结果的非金融资产的一种投资决策工具。因此，实物期权是相对金融期权来说的，它与金融期权相似但并非相同。

与金融期权相比，实物期权具有以下四个特性：①非交易性。实物期权与金融期权本质的区别在于非交易性。不仅作为实物期权标的物的实物资产一般不存在交易市场，而且实物期权本身也不大可能进行市场交易。②非独占性。许多实物期权不具备所有权的独占性，即它可能被多个竞争者共同拥有，因而是可以共享的。对于共享实物期权来说，其价值不仅取决于影响期权价值的一般参数，而且还与竞争者可能的策略选择有关。③先占性。先占性是由非独占性所导致的，它是指抢先执行实物期权可获得的先发制人的效应，结果表现为取得战略主动权和实现实物期权的最大价值。④复合性。在大多数场合，各种实物期权存在着一定的相关性，这种相关性不仅表现在同一项目内部各子项目之间的前后相关，而且表现在多个投资项目之间的相互关联。实物期权也是关于价值评估和战略性决策的重要思想方法，是战略决策和金融分析相结合的框架模型。

（2）比标准欧式或美式看涨期权和看跌期权盈亏状态更复杂的衍生证券有时称为新型期权（exotic options）。大多数新型期权在场外交易。它们是由金融机构设计以满足市场特殊需求的产品。有时候它们被附加在所发行的债券中以增加对市场的吸引力。有些金融机构十分积极地促销新型期权，他们几乎对客户提议的任何交易都准备好报价。

（3）二元期权（binary options），又称数字期权、固定收益期权，是操作最简单的金融交易品种之一。二元期权在到期时只有两种可能结果，基于一种标的资产在规定时间内（例如未来的一小时、一天、一周等）收盘价格是低于还是高于执行价格的结果，决定是否获得收益。如果标的资产的走势满足预先确定的启动条件，二元期权交易者将获得一个固定金额的收益，反之则损失固定金额的部分投资，即固定收益和风险。二元期权的一个突出特征和投资优势在于，它只需满足在到期时期权的到期价格比执行价格是有价格上的增额（即使只波动了一分钱），即可获得很高的盈利。因此，即便是在市场清淡时期，二元期权也会给投资者带来显著的投资收益。相反,如果购买股票或外汇等金融品种,那么要想获得正的投资收益就要求有较大的市场波动。二元期权已经被我国国务院明令禁止为非法,在中国境内的一切二元期权交易资金得不到保护。

(4)打包期权是由标准欧式看涨期权、标准欧式看跌期权、远期合约、现金及标的资产本身构成的组合。

(5)非标准美式期权:在标准美式期权的有效期内任何时间均可行使期权且执行价格总是相同的。而实际中,交易的美式期权不一定总是具有这些标准特征。有一种非标准美式期权称为Bermudan期权。在这种期权中提前行使只限于期权有效期内特定日期。例如美式互期期权就只能在指定日才能行使。

(6)远期开始期权是支付期权费但在未来某时刻开始的期权,它们有时用来对雇员实施奖励。通常选择合适的期权条款以便该期权在启动时刻处于平价状态。

(7)复合期权是期权的期权。复合期权主要有四种类型:看涨期权的看涨期权,看涨期权的看跌期权,看跌期权的看涨期权,看跌期权的看跌期权。复合期权有两个执行价格和两个到期日。

(8)任选期权具有如下的特征:即经过一段指定时期后,持有人能选择看涨期权或者看跌期权。

(9)比特币期权,即比特币指数期权,是指期权购买者通过支付一笔期权费给期权出售方,换取在未来某个时间以某种价格买进或卖出基于比特币指数的标的物的权利。

二、期权合约

期权合约是以金融衍生产品作为行权品种的交易合约,指在特定时间内以特定价格买卖一定数量交易品种的权利。合约买入者或持有者(holder)以支付保证金——期权费(option premium)的方式拥有权利;合约卖出者或立权者(writer)收取期权费,在买入者希望行权时,必须履行义务。

期权的买方向卖方支付一定数额的权利金后,就获得这种权利,即拥有在一定时间内以一定的价格(执行价格)出售或购买一定数量的标的物(实物商品、证券或期货合约)的权利。期权合约的构成要素主要有以下几个:买方、卖方、权利金、敲定价格、通知和到期日等。期权合约是一种赋予交易双方在未来某一日期,即到期日之前或到期日当天,以一定的价格(履约价或执行价)——买入或卖出一定相关工具或资产的权利,而不是义务的合约。期权合约的买入者为拥有这种权利而向卖出者支付的价格称为期权费。期权合约是关于在将来一定时间以期权合约一定价格买卖特定商品的权利的合约。

期权的标的资产包括:股票、股票指数、外汇、债务工具、商品和期货合约。期权有两种基本类型,看涨期权和看跌期权,亦称买入期权和卖出期权。看涨期权的持有者有权在某一确定时间以某一确定的价格购买标的资产。看跌期权的持有者有权在某一确定时间以某一确定的价格出售标的资产。期权合约中的价格被称为执行价格或敲定价格。合约中的日期为到期日、执行日或期满日。美式期权可在期权有效期内任何时候执行。欧式期权只能在到期日执行。在交易所中交易的大多数期权为美式期权。但是，欧式期权通常比美式期权更容易分析，并且美式期权的一些性质总是可由欧式期权的性质推导出来。

需要强调的是，期权赋予其持有者做某件事情的权利，持有者不一定必须行使该权利。这一特点使期权合约不同于远期和期货合约，在远期和期货合约中持有者有义务购买或出售该标的资产。请注意，投资者签署远期或期货合约时的成本为零，但投资者购买一份期权合约必须支付期权费。

1. 期权合约的构成要素

（1）交易单位是指每手期权合约所代表标的的数量。

（2）最小变动价位是指买卖双方在出价时，权利金价格变动的最低单位。

（3）每日价格最大波动限制是指期权合约在一个交易日中的权利金波动价格不得高于或低于规定的涨跌幅度，超出该涨跌幅度的报价视为无效。

（4）执行价格间距是指相邻两个执行价格之间的差，并在期权合约中载明。

（5）合约月份是指期权合约的交易月份。与期货合约不同，为了减少期权执行对标的期货交易的影响，期权合约的到期日一般提前至其合约月份前的一个月内。

（6）权利金（premium）又称期权费、期权金，是期权的价格。权利金是期权合约中唯一的变量，是由买卖双方在国际期权市场公开竞价形成的，是期权的买方为获取期权合约所赋予的权利而必须支付给卖方的费用。对于期权的买方来说，权利金是其损失的最高限度。对于期权卖方来说，卖出期权即可得到一笔权利金收入，而不用立即交割。

（7）执行价格是指期权的买方行使权利时事先规定的买卖价格。执行价格确定后，在期权合约规定的期限内无论期权合约论价格怎样波动，只要期权的买方要求执行该期权，期权的卖方就必须以此价格履行义务。如：期权买方买入了看涨期权，在期权合约的有效期内，若价格上涨，并且高于执行价格，则期权买方就有权以较低的执行价格买入期权合约规定数量的特定商品。而期权卖方也必须无条件地以较低的执行价格履行卖出义务。对于外汇期权来说，执行价格就是外汇期权的买方行使权利时事先规定的汇率。

（8）合约到期日是指期权合约必须履行的最后日期。欧式期权规定只有在合约到期日方可执行期权。美式期权规定在合约到期日之前的任何一个交易日（含合约到期日）均可执行期权。同一品种的期权合约的在有效期时间长短上不尽相同，按周、季度、年以及连续月等不同时间期限划分。

2. 期权合约与一般期货合约的区别

期权合约与一般期货合约内容最重要的区别在于期权合约中有"敲定价格"这一项，而一般的期货合约没有，也无须有。期权交易中的"敲定价格"又称履约价格，是指按照看涨期权或看跌期权约定价格买进或卖出相关期权合约的价格。具体地说，是指看涨期权的购买者依据合约规定买进相关期权合约，或看跌期权购买者依据合约规定卖出相关期权合约的价格。在期权交易中，相对于每一个看涨期权的买方，有一个看涨期权的卖方，相对于每一个看跌期权的买方，有一个看跌期权的卖方。为了便于买卖双方交易，在期权合约中列明了双方应共同遵守的"敲定价格"。

这一价格是由交易所依一定的机制来决定的，除了某些特殊情况外，这一价格在合约期间内不会改变，市场上买卖双方所决定的是权利金（或称保险费、保险金），而非敲定价格。而在期货合约中，期货价格由市场的供需双方决定，由于双方力量消长不定，期货价格也随时在变动。期货合约在成交时，其价值为零，故双方并无现金的转移，双方所交保证金只是作为违约时的赔偿准备而已；期权合约在成交时，买方必须支付权利金给卖方，但并不须缴纳保证金，这是因为买方本来就有违约的权利，至于期权的卖方因只有义务而无权利，故虽得到权利金，也必须缴纳保证金。

期权与期货的标的物很多都是一样的，但一个重要区别是有以期货为标的物的期权，即期货期权，而无以期权为标的物的期货。由于期货价格由市场决定，在任一时点仅能有一种期货价格，故在创造合约种类时，仅有交割月份可供变化，期权的履约价格由交易所决定，在任一时点，可能有多种不同履约价格的合约存在，再搭配不同的权利期间，便可产生数倍于期货合约种类数的期权合约，最后又由于权利义务不对称，而形成买权与卖权两大类，故期权在创造金融商品的能力上大大高于期货。

例如，假设期货合约有 5 种不同的交割月份，即代表 5 种不同的合约，若期权也有 5 种不同的权利期间，5 种不同的履约价格，则可形成 25 个买权与 25 个卖权，共 50 个不同的期权合约，为期货合约种类数的 10 倍。期货合约是在未来某个远期交付一定数量和等级的特定商品的标准化合约，而期权合约则是支付了期权保险费的买方有权在商定的有效期限内买进或卖出一定数量的期货合约的合约。

第二节 期权定价

一、平价公式

期权种类繁多，期权中最重要的无套利价格关系式是看跌—看涨平价公式。该公式产生于同时买卖看涨期权、看跌期权和标的资产的背景下。欧式期权看跌价关系式为：

$$C + K \times e^{-rT} = P + S$$

其中，C 和 P 分别表示欧式看涨期权和看跌期权的价格，S 表示标的资产的价格，K 和 T 表示欧式期权的执行价格和到期日，r 表示无风险利率。该平价关系式说明欧式看涨期权的价值可根据与其相同执行价格和到期日的欧式看跌期权的价值推导出来，反之亦然。下面我们运用无套利原理来推导看涨期权和看跌期权之间的平价关系。考虑两个投资组合。组合 1：一个欧式看涨期权加上金额为 $K \times e^{-rT}$ 的现金；组合 2：一个欧式看跌期权加上一股股票。

在组合 1 中，现金按无风险利率进行投资，则在期权到期日，组合 1 的价值为：

$$\max(S_t - K, 0) + K$$

组合 2 在期权到期日的价值为：

$$\max(K - S_t, 0) + S_t$$

即上面两个组合在期权到期日的价值相同，都等于 $\max(S_t, K)$。

由于欧式期权只能在到期日时执行，所以组合 1 和组合 2 在当前也必须具有相等的价值。也就是说 $C + K \times e^{-rT} = P + S$，如果该式不成立，则存在套利机会。若 $C + K \times e^{-rT} > P + S$，我们可以卖出组合 1 并且购买组合 2，那么我们在初始时刻获得收益 $C + K \times e^{-rT} - P - S > 0$。由于组合 1 和组合 2 在期权到期日价值相同，因此通过构造该资产组合，可获得无成本套利利润 $C + K \times e^{-rT} - P - S$。反之，可获得无成本套利利润 $P + S - C - K \times e^{-rT}$。

【例 7 – 3】假设股票价格是 31 美元，无风险利率为 10%，3 个月期的执行价格为 30 美元的欧式看涨期权的价格为 3 美元，3 个月期的执行价格为 30 美元的欧式看跌期权的价格为 1 美元。通过计算知：

$C + K \times e^{-rT} = 3 + 30 \times e^{-0.1 \times 0.25} = 32.26$（美元）

$P + S = 1 + 31 = 32.00$（美元）

如果在初始时刻，卖出看涨期权、买入看跌期权和股票，则初始投资为：$1 + 31 - 3 = 29.00$（美元）；若在初始时刻以无风险利率借入资金，则 3 个月后需要偿付的金额为：$29 \times e^{0.1 \times 0.25} = 29.73$（美元）。

我们在到期日，无论执行看涨期权还是执行看跌期权，都会使股票以 30 美元的价格出售，此时净利为：$30 - 29.73 = 0.27$（美元）。因此我们获得了 0.27 美元的无成本套利利润。

现在考虑另一种情况，假设 3 个月期的执行价格为 30 美元的欧式看期权的价格为 3 美元，3 个月期的执行价格为 30 美元的欧式看跌期权的价格为 2.25 美元。通过计算可以得到：

$C + K \times e^{-rT} = 3 + 30 \times e^{-0.1 \times 0.25} = 32.26$（美元）

$P + S = 2.25 + 31 = 33.25$（美元）

初始时刻，买入看涨期权、卖出看跌期权，借入股票并卖出，则这一策略的初始收益为：31 + 2.25 – 3 = 30.25（美元）；初始时刻将收入以无风险利率投资，则3个月后总金额为：$30.25 \times e^{0.1 \times 0.25} = 31.02$（美元）。

在到期日，无论执行看涨期权还是执行看跌期权，都会以30美元的价格购买股票，之后偿还该股票。因此净利润为：31.02 – 30 = 1.02（美元）。同样，我们可获得套利利润。

我们采用套利理论推导了看涨期权和看跌期权之间的平价关系。在对欧式期权进行精确定价之前，我们继续采用该理论推导欧式看涨或看跌期权的价格上下限。也就是说，如果期权的价格超过了其上限，或者其下限，则存在套利。

我们知道，期权赋予了其持有者购买或者出售该种基础资产的权利，因此期权的价格必须大于零。其原因非常明显：我们取得权利是要付出代价的。另一方面，我们可以由看涨期权和看跌期权之间的平价关系，得到欧式看涨期权和看跌期权的价格满足的另一个关系式，即：

$$C + K \times e^{-rT} - S - P \geq 0$$
$$P + S - K \times e^{-rT} - C \geq 0$$

因此，欧式看涨期权和看跌期权的价格一个下限分别是：

$$C \geq \max(S - K \times e^{-rT}, 0)$$
$$P \geq \max(K \times e^{-rT} - S, 0)$$

【例7–4】假设股票价格是31美元，无风险利率为10%，则3个月期的执行价格为30美元的欧式看涨期权的价格的下限为：

$$\max(S - K \times e^{-rT}, 0) = \max(31 - 30 \times e^{-0.1 \times 0.25}, 0) = 1.74（美元）$$

【例7–5】假设股票价格是38美元，无风险利率为10%，则3个月期的执行价格为40美元的欧式看跌期权的价格的下限为：

$$\max(K \times e^{-rT} - S, 0) = \max(40 \times e^{-0.1 \times 0.25} - 38, 0) = 1.01（美元）$$

类似地，我们考虑下面两个投资组合。组合1：一个欧式看涨期权加上金额为 $K \times e^{-rT}$ 的现金；组合2：一股股票。

在组合1中，如果现金按无风险利率进行投资，则在期权到期日时，组合1的价值为：

$$\max(S_t - K, 0) + K = \max(S_t, K)$$

组合2在期权到期日的价值为 S_t。由此可见，组合2的价值不会高于组合1的价值，否则存在套利。所以有：$C + K \times e^{-rT} \geq S$，也就是说 $C \geq S - K \times e^{-rT}$。

欧式看跌期权的价格下限推导方法类似，读者可尝试构造出两个不同的投资组合导出。

欧式看涨期权的持有者有权在某一确定的时间以某一确定的价格购买标的资产，那么该期权的价格不会超过股票的价格。否则，投资者可以通过购买股票并卖出期权，获得无风险利润。同样，看跌期权的持有者有权在某一确定的时间以某一确定的价格出售标的资产，那么该看跌期权的价格不会超过执行价格 K。否则，投资者可通过出售看跌期权并将所得收入以无风险利率进行投资，获得无风险利润。通过上述说明，我们知道了欧式看涨期权和看跌期权的上、下限。需要说明的是，这些结果是一般性的，适用于任何标的资产。

二、二叉树定价模型

二叉树（binomial tree）方法，又称二项式模型，是期权定价领域中比较简单，却又非常实用的一种方法。它是由约翰·C. 考克斯（John C. Cox）、斯蒂芬·A. 罗斯（Stephen A. Ross）和马克·鲁宾斯坦（Mark Rubinstein）等人提出的。该模型推导比较简单，但非常适宜地解释了期权定价的基本概念和思想。它既可以用来对典型的不支付红利的欧式期权进行定价，也可以将该模型修改后对美式期权及支付红利的期权进行定价。

二叉树模型建立在一个基本的假定上，即在给定的时间间隔内，标的资产的价格运动只有两个可能的方向：上涨或者下跌。模型的主要思想是，在无市场摩擦、无信用风险、无套利机会、无利率风险以及投资者可以用无风险利率借入或贷出资金等理想的市场情形假设下，通过构造无风险的交易组合，使得这一组合在期权到期时的价值成为确定值，由此得到这组交易组合的成本，进而得出期权价格。由于可以把一个给定的时间段细分更小的时间单位，因而二项式期权定价模型适用于处理更为复杂的期权。

简单的二叉树模型为离散时间二叉树模型，其中最基本的是单步二叉树，即仅考虑在单位时间间隔内，标的资产从当前价格开始，在到期时价格变化只有两种可能。进一步地，我们还可以将模型推广到两步乃至多步二叉树。

（一）单步二叉树

首先我们通过一个简单的例子来介绍单步二叉模型。假定一只 IBM 股票在 0 期的价格（当前价格）为 S_0，考虑以此股票为标的资产、到期日为 T、执行价格为 K 的看涨期权的价格，我们把已知在 T 时刻，股票的价格变化只有两种可能：上涨到 $uS_0(u>1)$，此时期权价值为 $C_u = \max(0, uS_0 - K)$；下跌到 $dS_0(d<1)$，此时期权价值为 $C_d = \max(0, dS_0 - K)$，如图 7 - 1 所示。

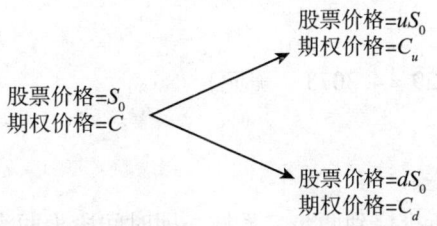

图 7 - 1 股票价格变动的单步二叉树模型（步长为 T）

现在，我们考虑这样一个组合，它由 Δ 只 IBM 股票的多头和一份看涨期权的空头组成（其中 Δ 也叫作套保比例），则它的初始成本为 $\Delta S_0 - C$。如果股票价格上涨，则在期权到期时该交易组合的价值为：$uS_0\Delta - C_u$。如果股票价格下跌，则在期权到期时该交易组合的价值为：$dS_0\Delta - C_d$。当两种情况下组合的价值相等时，即组合价值不受股票价格波动的影响，说明组合是无风险的，此时应该有 $\Delta = \dfrac{C_u - C_d}{uS_0 - dS_0}$。同样，由交易组合的无风险性知，其收益率一定等于无风险利率（记为 r），故它在 T 个月时的贴现值等于其初始成本。这里，我们考虑连续复利，则有：

$$(uS_0\Delta - C_u) \times e^{-rT} = S_0\Delta - C \tag{7-1}$$

将 Δ 值代入式（7-1），化简可知：

$$C = e^{-rT}[pC_u + (1-p)C_d] \tag{7-2}$$

其中，p 被称为"风险中性概率"，计算方式如下：

$$p = \dfrac{e^{rT} - d}{u - d} \tag{7-3}$$

当股票价格变化符合一步二叉树时，我们可以用式（7-2）来方便地对看涨期权进行定价。

【例 7-6】标的资产为不付红利的股票，当前价格为每股 20 美元，已知一年后的结果或者为 25 美元，或者为 15 美元，试计算对应的 1 年期，执行价格为 18 美元的欧式看涨期权的价格。设无风险年利率为 8%，考虑连续复利。事实上，$uS_0 = 25$ 美元，$dS_0 = 15$ 美元，$T = 1$ 年。

进而，我们有：

$U = 25/20 = 1.25$，$d = 15/20 = 0.75$

$C_u = \max(0, uS_0 - K) = 7$（美元）

$C_d = \max(0, dS_0 - K) = 0$（美元）

$e^{rT} = e^{0.08 \times 1} = 1.08329$

计算得：

$p = 1.08329 - 0.75/1.25 - 0.75 = 0.66658$

因此，期权价格为：

$C = 0.66658 \times 7/1.08329 = 4.3073$（美元）

（二）两步二叉树

我们可以将前面的分析推广到两步二叉树，即时间段为两个时间间隔。我们继续考虑上述中的简单例子，期权期限设为 $2T$，在第一个时间间隔末 T 时刻，股票价格仍以 u 或 d

的比例上涨或下跌。如果其他条件不变，则在 $2T$ 时刻，股票有三种可能的价格，如图 7-2 所示。

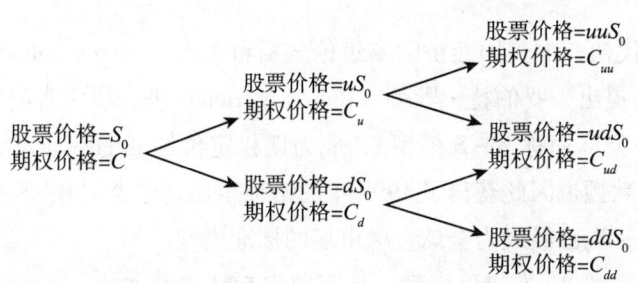

图 7-2　股票价格变动的两步二叉树模型

为求 0 时刻的期权价格，我们使用倒推的方法，即重复利用单步二叉树的原理。由于 T 时刻的期权价值来自于 $2T$ 时刻，故有：

$$C_u = e^{-rT}[PC_{uu} + (1-p)C_{ud}]$$
$$C_d = e^{-rT}[PC_{ud} + (1-p)C_{dd}]$$

其中：$p = e^{rT} - \dfrac{d}{u-d}$。

再利用单步二叉树的期权公式，即可得出期权价格 C。接着【例 7-6】，设期权的期限为 2 年，我们用两步叉树法求解期权的价格。我们已经求得 $u=1.25$，$d=0.75$，则：

$uuS_0 = 1.25 \times 1.25 \times 20 = 31.25$（美元）

$udS_0 = 1.25 \times 0.75 \times 20 = 18.75$（美元）

$ddS_0 = 0.75 \times 0.75 \times 20 = 11.25$（美元）

故第 2 年期权的价格为：

$C_{uu} = \max(0, uuS_0 - K) = 13.25$（美元）

$C_{ud} = \max(0, udS_0 - K) = 0.75$（美元）

$C_{dd} = \max(0, ddS_0 - K) = 0$（美元）

第 1 年末期权的价值为：

$C = [(0.66658 \times 13.25 + (1-0.66658) \times 0.75] \div 1.08329 = 8.38395$（美元）

$C = 0.66658 \times 0.75 \div 1.08329 = 0.461497$（美元）

因此 0 时刻期权的价格为：

$C = [0.66658 \times 8.38395 + (1-0.66658) \times 0.461497] \div 1.08329 = 5.30093$（美元）

多步二叉树法与两步二叉树法操作步骤完全相同，这里不再赘述。当步数为 n 时，nT 时刻股票价格共有 $n+1$ 种可能，故步数越多时，二叉树法更加接近实际。

三、布莱克—斯科尔斯（Black-Scholes）定价模型

20世纪70年代初，由美国经济学家迈伦·斯科尔斯（Myron Scholes）与费雪·布莱克（Fisher Black）提出、罗伯特·默顿（Robert Merton）进一步完善的布莱克—斯科尔斯（Black-Scholes）模型（简称B-S模型），成为期权定价领域的一项重大突破。迈伦·斯科尔斯和罗伯特·默顿也因此获得了1997年的诺贝尔经济学奖。B-S模型提供了计算期权价值的基本方法，现已经成为全球金融市场的标准模型。

二叉树定价模型和B-S定价模型，是两种相互补充的方法。前者虽然过于简单，但是随着要考虑的未来价格可能取值数目的增加，二叉树模型中的分布函数越来越趋向于正态分布，使得二叉树期权定价模型和布莱克—斯科尔斯期权定价模型相一致。

我们首先介绍基本的B-S欧式期权定价模型，再给出B-S定价公式的拓展。

（一）B-S欧式期权定价模型

1. 模型假设

B-S定价模型有以下六个基本假设：

（1）股票的对数价格服从正态分布，具体来说，股票价格在短时期内的变动（即收益）来源于两个方面：一是短时间内的预期收益率的变化；二是具有随机正态的波动部分，它反映了股票价格未来的不确定性。

（2）标的资产可以被自由买卖，允许卖空。

（3）期权有效期内，无风险利率r和预期收益率μ是常数，投资者可以以无风险利率无限制借入或贷出资金。

（4）股票价格是连续变动的，即不存在价格的突然跳跃。

（5）标的资产的价格波动率是恒定的。

（6）证券交易是连续进行的。

B-S定价模型的主要思想与二叉树模型类似，在无套利机会的前提下，构造一个由期权与股票所组成的无风险交易组合，这一组合的收益率必定为无风险利率r，由此得出期权价格满足的微分方程，进而求出期权价格。

2. 风险中性原理

下面我们阐述对B-S定价模型中十分重要的原理：风险中性定价原理（risk neutral pricing theory）。风险中性原理是由约翰·考克斯和斯蒂芬·罗斯于1976年推导期权定价公式时建立的，它表达了这样一个原则：在市场不存在任何套利可能性的条件下，如果衍生产品的价格只依赖于可交易的标的资产，那么这个衍生产品的价格是与投资者的风险态度无关的，即主观偏好不影响衍生品价格。

由于风险偏好决定预期收益率μ，所以在风险中性世界里，所有证券的预期收益率

μ 都等于无风险利率 r，即投资者不要求任何的风险补偿或风险报酬。同样地，所有现金流也都可以通过无风险利率进行贴现求得现值。故根据上面的原理，我们可以预测，B-S定价公式中不会体现投资者的风险厌恶，即不会出现 μ，而只可能含有无风险利率 r。

在单步二叉树的例子中，股票价格会以一定的概率上涨或下跌，而通过前面的定价公式我们知道，期权价格与涨跌的概率无关。当然，这并不意味着股价上涨或下跌的可能性可以随便给定。事实上，只要预期收益率给定，股价上升或下跌的"中性"概率也就给定了。比如在前面假设预期收益率为10%，则股价上升"中性"概率 p 为：

$$p = \frac{e^{rT} - d}{u - d} = 71.03\%$$

无论投资者的风险厌恶程度如何，也无论股票上升或下降的概率如何，该期权的价值都为4.3073美元。这个例子，可以帮助我们更好地理解风险中性定价。

3. B-S欧式期权定价公式

在前面的假设和分析的基础上，布莱克和斯科尔斯得到了如下（无分红股票）欧式看涨期权的定价公式：

$$C = S \times N(d_1) - K \times e^{-rT} \times N(d_2) \qquad (7-4)$$

$$d_1 = \frac{\ln(S/K) + [r + \sigma^2/2]T}{\sigma\sqrt{T}} \qquad (7-5)$$

其中，S 为无红利标的资产的当前价格；σ 为无红利标的资产的价格波动率；K 为欧式看涨期权的执行价格；T 为欧式看涨期权的到期时间；C 为欧式看涨期权的价格；$N(\cdot)$ 为标准正态概率值（具体值可以查正态概率值表）。

正如我们前面提到的，体现投资者风险偏好的预期收益率 μ 没有出现在定价公式中，代替它的是表达风险中性的无风险利率 r，这验证了风险中性原理的合理性。另外，从B-S公式自身的求解过程来看，$N(d_2)$ 实际上是在风险中性世界中 S_t（标的资产在 T 时刻的价格）大于 K 的概率，或者说是欧式看涨期权被执行的概率，因此 $K \times e^{-rT} \times N(d_2)$ 是 K 的风险中性期望值的现值，或者说可以看成期权可能带来的收入现值；而 $S_0 \times N(d_1) = S_t \times e^{-rT} \times N(d_1)$ 是 S_t 的风险中性期望值的现值，可以看成是期权持有者将来可能支付的价格的现值，因此，整个公式可以被看作期权未来期望回报的现值。

其次，$N(d_1)$ 是看涨期权价格对资产价格的导数，它反映了很短时间内期权价格变动与其标的资产价格变动的比率，所以说，如果要抵消标的资产价格变化给期权价格带来的影响，一个单位的看涨期权多头就需要 $N(d_1)$ 单位的标的资产的空头加以保值。

B-S公式中有5个输入变量，除了资产的价格波动率 σ 外，其他4个变量都可以从市场信息中直接得到。价格波动率用于度量资产所提供收益的不确定性，我们可以用资产价格的历史数据来估计它。

(二) B-S 期权定价公式的拓展

(1) 无红利资产欧式看跌期权的定价公式。B-S 期权定价模型给出的是无红利资产欧式看涨期权的定价公式，根据欧式看涨期权和看跌期权的平价关系，我们可以得到无红利资产欧式看跌期权的定价公式：

$$P = Ke^{-rT}N(-d_2) - S_0N(-d_1) \tag{7-6}$$

(2) 无红利资产美式期权的定价公式。在标的资产无红利的情况下，美式看涨期权等同于欧式看涨期权，因此式 (7-6) 也给出了无红利资产美式看涨期权的价格。

由于美式看跌期权与美式看涨期权之间不存在严格的平价关系，所以美式看跌期权的定价还没有得到一个精确的表达式，我们可以采用数值方法或者解析近似法给出它的价格。

(3) 有红利资产期权的定价公式。到目前为止，我们一直假设期权的标的资产没有红利，即没有现金收益，那么对于有红利资产，其期权定价公式是什么呢？实际上，如果红利是可以准确预测到的，那么有红利资产的欧式期权定价并不复杂。以股票为例，假设红利 (收益率) 为 g，它使得股票价格的增长率比不支付红利时减少了 g。如果连续支付红利的股票价格从现在的 S_0 增加到 T 时刻的 S_t，则没有红利支付时股票价格从现在的 S_0 增加到 T 时刻的 $S_0 \times e^{-gT}$ (考虑连续复利)，这也可以看做是有红利支付时的股票价格从初始时刻的 $S_0 \times e^{-gT}$ 增加到 T 时刻的 S_t。

因此，我们只需做一个简单的替换：将基本 B-S 公式 (7-4) 中的 S_0 改为：

$$S_0 \times e^{-gT}$$

我们即可得到有红利资产欧式看涨期权公式：

$$C = S_0 \times e^{-gT} \times N(d_1) - k \times e^{-rT} \times N(d_2) \tag{7-7}$$

其中：

$$d_1 = \frac{\ln(S_0/K) + [r - g + \sigma^2/2]T}{\sigma\sqrt{T}}$$

$$d_2 = \frac{\ln(S_0/K) + [r - g - \sigma^2/2]T}{\sigma\sqrt{T}}$$

同样地，对有红利资产欧式看跌期权，我们有：

$$P = Ke^{-rT}N(-d_2) - S_0e^{-gT}N(-d_1) \tag{7-8}$$

d_1 和 d_2 的定义同式 (7-7)。

【例 7-7】 假设 IRM 股票 (不支付红利) 的市场价格为 50 美元，无风险利率为 12%，票的年波动率为 10%，求执行价格为 50 美元、期限为 1 年的就式看涨期权和看跌期权的价格。我们已知：$S_0 = 50$ 美元，$K = 50$ 美元，$T = 1$ 年，$r = 0.12$，$\sigma = 0.1$。则：

$$d_1 = \frac{\ln(50/50) + [0.12 + 0.01/2] \times 1}{0.1\sqrt{1}} = 1.25$$

$$d_2 = \frac{\ln(50/50) + [0.12 - 0.01/2] \times 1}{0.1\sqrt{1}} = 1.15$$

故有：$N(d_1) = 0.8944$，$N(d_2) = 0.8749$。

因此，欧式看涨期权和看跌期权的价格分别为：

$C = 50 \times 0.8944 - 50 \times 0.8749 e^{-0.12 \times 1} = 5.92$（美元）

$P = 50 \times (1 - 0.8749) e^{-0.12 \times 1} - 50 \times (1 - 0.8944) = 0.27$（美元）

（三）B－S期权定价公式的其他应用

B－S期权定价公式除了可以用来估计期权价格，在其他方面也有重要的应用，比如评估认股权证与组合保险成本。

（1）认股权证。认股权证（warrant）是由金融机构和非金融机构发行的期权，它的持有人拥有在特定时间以特定价格认购一定数量的普通股的权利，因此认股权证其实是一份看涨期权。但它与一般看涨期权有些许不同，在权证被行使时，公司必须首先发行更多的股票，然后再以执行价格卖给期权持有者。由于执行价格低于股票的市场价格，因此这些期权的行使会对市场上现有股票持有者的利益产生稀释效应，所以在估值时必须考虑到这一点。

（2）组合保险。证券组合保险是指事先能够确定最大损失的投资策略。比如在持有相关资产的同时买入看跌期权就是一种组合保险。比如，你现在掌管着价值1亿美元的股票投资组合，这个组合与市场组合十分类似。你担心类似于1987年10月19日的股灾会吞噬你的股票组合，这时购买一份看跌期权也许是合理的。显然，期权的执行价格越低，组合保险的成本越小。比如，也许10%的损失是可以接受的，那么执行价格就可以设为9000万美元，然后再将利率、波动率和保值期限的数据代入公式，就可以合理的估算保值成本。

四、期权风险度量参数

观察前面讲述的B－S定价公式中出现的参数因素，我们可以进一步地了解各个因素对期权价格的影响程度，或称之为期权价格对这些因素的敏感性，即当这些因素发生变化时，会引起期权价格的变化程度。了解期权风险度量参数，有助于我们把握期权价格变动，并可以建立适当数量的证券头寸组成套期保值组合来消除风险。通常，我们用希腊字母来表示期权风险度量参数,它们包括:Delta（Δ）、Theta（θ）、Gamma（Γ）、Vega（V）和 Rho（ρ）等。

（一）Delta

期权的 Delta（Δ），是衡量期权对其标的资产价格变动所面临的风险程度的指标,定义为在其他条件不变时,期权价格变动与其标的资产价格变化曲线的切线斜率。比如,某期权 Δ=0.7,这意味着当股票价格变化一个很小的数量时,相应期权价值变化大约等于股票价值变化的 70%。一般来讲有:

$$\Delta = \frac{dC}{dS} \qquad (7-9)$$

其中,C 是期权的价格,S 是股票价格,式（7-9）右边是期权价格对股票价格求导。Δ 的取值范围在 -1~1 之间,看涨期权的 Δ 是正值,范围从 0~1,看跌期权的 Δ 是负值,范围从 -1~0。证券组合的 Δ 值可以由证券组合内各个单一期权的 Δ 来计算。如果一个交易组合由数量为 w_i 的期权 $i(1 \leq i \leq n)$ 来组成,那么证券组合的 Δ 值为:

$$\Delta = \sum_{r=1}^{n} w_i \Delta_i$$

式中,Δ_i 为第 i 个期权的 Δ 值。该式可以用来计算标的资产的头寸或标的资产期货的头寸,以使得证券组合的 Δ=0。当 Δ=0 时,我们称证券组合为 Δ 中性。Δ 值对套保者非常重要,譬如对上面的无红利资产的欧式看涨期权的多头需要由标的资产的空头来对冲;对看跌期权的多头需要由标的资产的多头来对冲。

（二）Theta

Theta（θ）是衡量时间变化的风险度量指标,定义为在其他条件不变时,期权价格变化与距离到期日时间变化的比率,是期权价格对距离到期日时间的导数。公式为:

$$\theta = \frac{dC}{dt} \qquad (7-10)$$

随着到期日的临近,期权价格（看涨和看跌）会不断下降,因此 θ 值有时又被称为时间损耗（time decay）。期权多头的 θ 通常为负值,这是因为在其他条件不变的情况下,随着期限的减小,期权价值会降低;而期权空头的 θ 通常为正值,即对期权的卖方来说,每天都在坐享时间价值的收入。在其他条件一定时,θ 的大小与标的资产价格波动率与有关系。一般来说,波动率越小,θ 的绝对值也越小;波动率越大,θ 的绝对值也越大。作为对冲参数,θ 与 Δ 属于不同类型。这是因为未来标的资产的价格有很大的不定性,但时间走向却没有不定性。通过对冲来消除交易组合关于标的资产的风险很有意义,而通过对冲来消除交易组合对于时间的不定性就毫无意义了。由于 θ 值的大小反映了期权购买者随时间推移所损失的价值，因而无论对于避险者、套利者还是投资者而言，θ 值都是一个重要的指标。

（三）Gamma

期权的 Gamma（Γ），是衡量 Δ 相对标的资产价格变动的敏感性指标，定义为期权 Δ 的变化与标的资产价格变化的比率，是期权价格对标的资产价格的二阶导数。公式为：

$$\Gamma = d^2 C / d S^2$$

当 Γ 很小时，Δ 变化缓慢；当 Γ 的绝对值很大时，Δ 对标的资产价格变动就变得相当敏感。关于 Γ，有三点比较重要的性质：

（1）标的资产、到期期限以及执行价格相同的看涨期权与看跌期权具有相同的 Γ。
（2）看涨期权多头或看跌期权多头的 Γ 值大于零。
（3）当期权处于平价状态时，Γ 最大。当期权处于深度实值或虚值状态时，Γ 趋于零。

（四）Vega

期权的 Vega（V），是衡量期权标的资产价格波动对期权价格影响的指标，定义为在其他条件不变时，期权价格对标的资产价格波动率（σ）的导数。公式为：

$$V = \frac{dC}{d\sigma} \tag{7-11}$$

如果期权的 V 绝对值很大，则期权价格会对标的资产波动率变化非常敏感；如果 V 绝对值较小，则资产波动率对期权价格的影响也会很小。一般来说，波动率对看涨期权和看跌期权多头的影响都是正向的，波动率越大，期权价格越高；相对于其他合约内容相同的期权，平值期权的 V 大于实值期权或者虚值期权。

（五）Rho

期权的 Rho（ρ），是衡量期权理论价值对利率变化的敏感性指标，定义为在其他条件不变时，期权价格对利率（r）的导数。公式为：

$$\rho = \frac{dC}{dr} \tag{7-12}$$

一般来说，实值期权的 ρ 大于平值期权的 ρ，而后者又大于虚值期权的 ρ；对于深度虚值期权来说，ρ 值接近于 0。

【例 7-8】 假如某一交易组合为 Δ 中性，Γ = -5000，V = -8000。假定 A 交易所交易期权的 Γ = 0.5，V = 2.0，Δ = 0.6，B 交易所交易期权的 Γ = 0.8，V = 1.2，Δ = 0.5。如

何使得交易组合 Δ、Γ、V 均为中性呢？

购买 4000 个 A 交易所交易期权会使得交易组合成为 V 中性，这样做同时会使 Δ 增至 2400，因此为了保证 Δ 中性必须卖出 2400 个单位的标的资产，交易组合的 Γ 也会从 -5000 变成 -3000。为了保证交易组合 Γ 及 V 呈中性，我们需要引入 B 交易所交易期权。用 w_1 和 w_2 来代表两个可交易期权的头寸，我们要求：

$$-5000 + 0.5w_1 + 0.8w_2 = 0 \text{ 及 } -8000 + 2.0w_1 + 1.2w_2 = 0$$

以上两式的解为 $w_1 = 400$，$w_2 = 6000$。因此分别加入 400 个 A 交易所期权及 6000 个 B 交易所交易期权会使得交易组合 Γ 及 V 都呈中性。加入这两种期权后，交易组合的 Δ 变为 $400 \times 0.6 + 6000 \times 0.5 = 3240$。

因此，必须卖出 3240 份标的资产才能保持交易组合为 Δ 中性。

第三节 期权投资策略

购买期权的作用在于降低购买标的资产时所承担的风险。头寸是一种市场约定。合约的买方处于多头，合约的卖方处于空头。假设买入一份标的资产头寸，当标的资产价格升至购买价格以上时，就能盈利，而风险可以由我们所支付的金额限制在一定范围内，潜在的收益却是没有上限的。与其反向的头寸是指卖空一份标的资产头寸。当标的资产价格升至卖空价格以上时，空头头寸是亏损的；当价格持续上涨，该损失则没有上限。因此，持有空头头寸承担的风险是无限的。接下来我们具体分析各种期权策略。

一、期权投资单式策略

我们首先介绍四种基本的期权策略。它们是买入看涨期权、卖空看涨期权、买入看跌期权、卖空看跌期权。期权的价值会随时间而下跌，因此，通常我们希望拥有到期日足够长的期权，使其价值将有机会增加。对于期权，"相反法则"是成立的，即如果某件事物不正确，那么与之相反的情形则一定正确。因此，如果时间损耗对我们购买期权不利，则一定对出售期权有利。一般在临近到期日的最后一个月，时间价值将会呈指数递减。我们不愿意持有期权直到最后一个月，却希望能够在离到期日一个月时出售期权。我们以买入看涨期权和空看跌期权为例，分析其风险和收益。

（一）买入看涨期权

买入看涨期权是所有期权策略中最基本的一种，对很多人来说，当有过股票交易的经验后,第一次感受期权交易就是通过买入看涨期权得以实现的。看涨期权不难理解,是一种购买的权利,当投资者购买看涨期权时,期望标的资产的价格会上涨。买入看涨期权的步骤:

(1) 在美国,每份期权合约都是 100 股。因此,如果期权价格为 1 美元,则该期权合约的价格为 100 美元。

(2) 尽力保证股票价格是上涨的趋势并确定一个明确的支持价位。

(3) 根据交易计划中的规则来处理持有的头寸情况。

(4) 如果想避免由于时间损耗而遭受损失,就在到期日的最后一个月前出售买入的期权。

(5) 如果股价降至设定的止损水平以下,就将看涨期权出售后离市。

当持有看涨期权的多头时,对行情的展望是牛市看涨的。期望标的资产价格会上涨。这比起购买股票,将能获得更好的收益,一定要保证给自己足够时间来进行合适的投资,这意味着如果没有投资于一年或两年的长期普通股预期证券(LEAP),也应该购买期限至少为 6 个月的。如果认为这样的期权很贵,那么就将其价格除以距离到期日的月份,再将其与更短期限的期权价格相比较,将会发现以 LEAP 或者以期限更长的期权除以每个月而计的价值要更高一些,而合理处理该期权的期限也要更长,因此从中获利的可能性也就更大一些。

当股价上涨时,看涨期权的购买者将可能获利,尤其当股票价格高于期权执行价时更是如此。

Δ:Δ 值(速度)是正值,在执行价格附近将会以最快的速度增加,直到达到 1。当期权是深度虚值期权时,Δ 值接近于 0。

Γ:看涨期权多头的 Γ 值(加速度)始终为正值,当 Δ 到达其最快变化速率时,Γ 值达到最高点。

θ:θ 值是负值,这表明时间损耗不利于买入看涨期权头寸。

V:V 值是正值,表明股票波动率对期权头寸是有利的,因为较大波动率可以转变为较高的期权价值。

ρ:ρ 值是正值,表明较高的利率将会增加看涨期权的价值,因此有利于期权头寸。

购买看涨期权的优点:比直接购买股票更便宜;比直接拥有股票具有更强的杠杆效应;风险有限,潜在收益无限。

购买看涨期权的缺点:如果选择的执行价、到期日和股票不合适,可能遭受 100% 的损失;如果股价向不利于自己的方向变化,那么杠杆效应会很危险。

(二)卖空看跌期权

卖空看跌期权是一种简单的短期收入策略。看跌期权是出售的权利。当卖出一份看跌期权时,就将出售的权利转售给了其他人。当股票价格下跌时,如果要执行该期权,就必须买入相应的股票。

卖空看跌期权的步骤：

（1）在美国，每份期权合约都是100股。因此，如果期权价格为1美元，则该期权合约的价格为100美元。

（2）尽力保证股票价格是上涨趋势并确定一个明确的支持价位。

（3）根据交易计划中的规则来处理你持有的头寸情况。

（4）很有可能股价会上涨或保持不变，这使得要出售的期权随着到期日的临近而变得没有价值，因此就能获得所有的权利金。

（5）如果股价跌至止损水平以下，就将看跌期权回购后离市。

（6）时间损耗将会使看跌期权日渐贬值，因此，在所有其他条件保持不变的情况下，已出售的看跌期权价值会日渐减少，这使得回购期权的价格低于卖出期权的价格，当然标的股票价格下跌的情况除外。

如果卖空看跌期权，期望股票行情是看涨的或者至少是保持向一个方向变化的。这时所承担的最大风险是看跌期权执行价减去权利金，能获得的最大收益上限为你得到的看跌期权的权利金，这被认为是一种高风险策略。时间损耗对于卖空期权是有利的，因此，要最大程度利用期权的时间，在期权到期前的最后一个月出售看跌期权。

当股价下跌时，看跌期权的卖空者将会以更快的速度遭受损失，尤其股票价格低于期权执行价时更是如此。

Δ：Δ值（速度）是正值，当股票价格升至期权执行价以上时，其头寸获得最大潜在收益后变为0。

Γ：卖空看跌期权的Γ值（加速度）始终为负值，当Δ到达其最快变化速率时，Γ值达到最低点。此时头寸是平价期权。

θ：θ值是正值，表明时间损耗有利于卖出看跌期权头寸。

V：V值是负值，表明股票波动率对期权头寸是不利的，因为较大波动率可以转变为较高的期权价值。

ρ：ρ值是正值，表明较高的利率将会有利于卖空看跌期权头寸。

卖空看跌期权的优点：如果操作正确，将可以由卖空看跌期权替代价格上涨或者价格变化具有一定范围的股票，并获利。卖空看跌期权的缺点：当股价下跌时，卖空看跌期权会面对非常大的风险；该策略不适用没有经验的投资者，只能在出售的看跌期权执行价上对想要拥有的股票适用此策略。

拓展阅读

192 倍奇迹成过眼云烟 天量虚值期权化为乌有[①]

2019 年 3 月 27 日，是 3 月到期 50ETF 期权合约的最后交易日、行权日、到期日。这一天，上证 50ETF 涨 1.15%，但曾经被寄予厚望再现"192 倍奇迹"的虚值认购期权却未能梅开二度，23.9 万手持仓化为无效合约，不菲的权利金被悉数纳入卖方囊中，投资者又被上了一节沉重的风险警示课。

汇点期权数据显示，截至 3 月 27 日收盘，上证 50ETF 认购期权中的 8 个虚值合约"50ETF 购 3 月 2745A""50ETF 购 3 月 2750""50ETF 购 3 月 2794A""50ETF 购 3 月 2800""50ETF 购 3 月 2850""50ETF 购 3 月 2900""50ETF 购 3 月 2950"和"50ETF 购 3 月 3000"全部以 0.0001 元报收，这意味着虚值合约价值归零。

截至 27 日收盘，上述合约合计持仓达 63.27 万手，其中以虚值程度最高的"50ETF 购 3 月 3000"持仓量最大，高达 23.9 万手。该合约于 3 月 8 日持仓一度高达 44 万手，当日最高价为 0.0301 元，即一手合约需交权利金 301 元。

"在近期股市大涨过程中，上证 50ETF 合约也出现一波显著上涨，对于一些风险偏好较强的投机客户来说，买入虚值认购期权合约有机会获得更高的收益，因此导致部分虚值期权合约出现天量成交。"海通期货期权部总经理助理杨磊说。

买方损失的权利金便是卖方收入，这意味着不少权利金悉数进入了卖方腰包。光大期货分析师张毅指出，在多数情况下，深度虚值的卖方胜率较高，但也有意外情况发生，当隐含波动率出现意料之外的大涨，深度虚值合约变为实值合约时，作为该期权合约的卖方也会面临较大风险。

对于同一到期月份的期权合约而言，不同的行权价格将期权合约划分为实值期权、平值期权及虚值期权。就在虚值期权价值归零之际，上证 50ETF 实值或平值认购期权 3 月合约仍伴随现货指数斩获了一定涨幅。汇点数据显示，27 日，3 月实值认购期权合约悉数上涨，涨幅最大的是 50ETF 购 3 月 2696A，单日涨幅高达 69.06%；其次是 50ETF 购 3 月 2647A，涨幅为 54.64%。另外还有两个合约涨幅均逾 45%。

为何同在最后交易日，实值期权和虚值期权的走势差异如此之大？

曹柏杨表示，一般情况下，虚值期权的涨跌幅高于实值期权，但在有些情况下，甚至会出现实值期权与虚值期权涨跌相背离的行情，主要原因有两方面。其一，源于期权合约的杠杆率。尽管实值期权具有较大的 Δ 值，但由于实值期权权利金较高，从而导致其杠杆率要低于虚值期权。因此，当行情出现大幅波动的情况时，虚值期权的

[①] 资料来源：王朱莹. 192 倍奇迹成过眼云烟天量虚值期权化为乌有［N］. 中国证券报，2019-03-28。

涨跌幅要远高于实值期权。其二，则在于期权的隐含波动率。虚值期权的隐含波动率相对较高。当行情波动较低时，对于虚值期权而言，隐含波动率的变动对期权价格的影响要大于标的资产价格变动对期权的影响。因此，有时在标的资产小幅上涨的情况下，虚值看涨期权却出现下跌行情。除以上两点原因外，期权到期时间的变化也是不能被忽视的因素。随着期权到期日临近，期权的时间价值会出现加速衰减，对于虚值期权，尤其是深度虚值期权而言，会出现期权价格提前归零的情况，这也是造成实值期权与虚值期权出现冰火两重天的原因之一。

在50ETF期权市场上，价格上下波动往往以10%为起点，100%的涨跌幅也并不罕见，在临近最后交易日时，甚至超过1000%的涨幅也多次出现，为何价格波动如此剧烈？期权从本质上来说是一种风险管理工具，给了投资者更加灵活地进行风险管理的机会。由于期权的杠杆属性相对较强，在标的资产波动较大时可能会出现波动较大的局面，但不宜过分解读期权动辄翻倍的局面，更应理性看待其中的风险。

无论是投机交易者还是套保交易者，应该要懂得期权的合理定价，要识别期权各个维度的风险。片面地相信高收益的传言后盲目参与期权交易的行为是极其不理智的。在投资期权前，一定要清楚自己如何才能盈利，最大亏损是多少，概率各是多少，是否可以通过期权组合来避免一些风险。

二、期权投资复式策略

只有期权能够使我们通过结合购买/售出投资策略来增加回报收益。收入策略通常被认为属于短期策略，每个月可以通过出售期权获得期权权利金。很多投资者用这种方式获得较高的回报收益率。不要误认为复杂的策略就一定会得到高回报收益。较高的回报率是通过连续不断地执行规划良好的交易计划而得以实现的。很多成功的交易者都是在一遍遍重复执行相同的简单投资过程。

（一）备兑看涨期权组合

备兑看涨期权组合策略是指当拥有股票时，以每月为单位出售你所拥有的标的股票的虚值看涨期权，并以此作为从拥有股票中获取租金（或股息红利）的方法。该策略为包括一个简单期权和一个股票的交易策略。

如果股票的价格升至看涨期权执行价以上，将行权并售出股票，但无论怎样都能获得收益。如果股票价格保持不变，由于能得到看涨期权权利金，所以将能够获利。如果股票价格下跌，也可以得到看涨期权的权利金，从而减少损失。当持有一种备兑看涨期权组合时，对股票价格变化方向判断是中性的或者牛市看涨的，即期望股票价格平稳上涨。

当股价上涨时，备兑看涨期权将开始盈利，但获利速度会随着股票价格接近期权执行价和最大收益点而减缓。

Δ：Δ值（速度）是正值，当股票价格升至期权执行价以上并获得最大收益时降为0。

Γ：备兑看涨期权的Γ值（加速度）始终为负值，因为你是看涨期权的净卖者。

θ：θ值是正值，表明时间损耗有利于该头寸。

V：V值是负值，表明股票波动率对期权头寸是不利的。

ρ：ρ值是负值，表明较高的利率将会不利于期权头寸。

买入备兑看涨期权的优点：每月获得一定的收入；比直接拥有股票具有更低的风险；能从一定范围内变化的股票价格中获益。

买入备兑看涨期权的缺点：有些交易者认为从现金费用上考虑，该策略比较昂贵；如果股票价格上涨，向上收益具有上限。

类似的，还有备兑看跌期权组合。该策略是一种熊市收入策略，是同备兑看涨期权组合相反的过程，此处不再重复。

（二）垂直价差期权组合

我们将垂直价差期权组合定义为：具有不同执行价，但到期日却相同的两种期权的组合。主要包括牛市看涨价差期权组合、熊市看跌价差期权组合、牛市看跌价差期权组合和熊市看涨价差期权组合。我们以前两个为例进行详细介绍。后两种策略与前两种类似，不再赘述。

1. 牛市看涨价差期权组合

牛市看涨价差期权组合策略是指购买一份看涨期权，并出售一份具有相同到期日而执行价较高的看涨期权。牛市看涨价差期权组合需要牛市看涨的市场前景，因为只有当股票价格上涨时才能获利。

当股价上涨时，牛市看涨期权将开始盈利，当股票价格升至较高执行价以上时，将获得最大收益。

Δ：Δ值（速度）是正值，当股票价格在两个执行价之间时，该速度达到最快。

Γ：股票价格在较低的（购买）执行价以下时，Γ值达到最高点；在较高的（售出）执行价以上时，Γ值达到最低点

θ：当期权是虚值（实值）时，时间损耗不利（有利）于该头寸。

V：当期权是虚值时，股票波动率有利于期权头寸。期权为实值时则不利于该头寸。

ρ：较高的利率将有利于期权头寸。

牛市价差看涨期权组合策略的优点：同只是购买看涨期权策略相比，对于中长期的牛市交易，该策略能够减少风险并使成本和盈亏平衡点降低；向下风险具有上限；越远离到期日，针对股票价格迅速下跌的情况，该头寸所提供的向下风险措施就越好。

牛市价差看涨期权组合策略的缺点：只有当选择足够高的较高执行价格且标的股票价

格升至两个执行价中较高的执行价水平时,才能获得较大收益;如果股票价格上涨,向上收益具有上限;离到期日越远,获得最大收益的速度就越慢。

2. 熊市看跌价差期权组合

熊市看跌价差期权组合是指购买一份长期看跌期权,并出售一份具有相同到期日而执行价较低的看跌期权。该策略需要熊市看跌的市场前景,只有当股票价格下跌时才能够获利。

当股价下跌时,熊市看跌期权组合开始盈利,当股票价格跌至较低执行价以下时,将获得最大收益。

Δ:Δ值(速度)是负值,当股票价格在两个执行价之间时,该速度达到最快。

Γ:股票价格在较低的(售出)执行价以下时,Γ值达到最低点;在较高的(购买)执行价以上时,Γ值达到最高点。

θ:当遭受损失时,时间损耗不利于该头寸。当期权为实值时,时间损耗利于该头寸。

V:当遭受损失时,股票波动率有利于期权头寸,可以盈利时则利于该头寸。

ρ:较高的利率将不利于期权头寸。

熊市看跌价差期权的优点:对中长期的熊市交易,该策略能够减少风险并使成本和盈亏平衡点降低;风险具有上限;越远离到期日,针对股票价格迅速涨的情况,该头寸所提供的向下风险措施就越好。

熊市看跌价差期权的缺点:只有选择足够低的较低执行价以及标的股票价格跌至两个执行价中较低执行价水平时,才能获得较大的收益;如果股票价格下跌时,收益具有上限;越远离到期日,获得最大收益的速度将会越慢。

牛市看跌价差期权组合与熊市看涨价差期权组合与前两种类似,此处不再重复,有兴趣的读者可以自己进行分析。

(三)水平价差期权组合

水平价差期权组合分为水平价差看涨期权组合和水平价差看跌期权组合。水平价差看涨期权组合是指以一定价格购买一份到期日是长期的看涨期权,再以相同的执行价售出一份到期日是短期的看涨期权。此时,对行情的展望是看涨的,即期望价格平稳上涨。水平价差看跌期权组合正好相反,是指以一定价格购买一份到期日是长期的看跌期权,再以相同的执行价售出一份到期日为短期的看跌期权。我们以水平价差看涨期权为例进行分析,看跌情形类似可以得出。

在卖空看涨期权到期且股票价格等于执行价时获得最大收益,股票价格任何大的上涨或下跌对于该头寸都很危险。

Δ:Δ值(速度)在任意一个执行价时达到最快,表明该头寸在价格往一个方向变化时,该速度提高,往另一个方向变化也是如此。

Γ:在执行价附近达到相反的峰值,表明此处的Δ曲线最为陡峭。

θ：取值为正。在执行价附近，时间损耗会有利于该头寸。

V：增加股票波动率有利于期权头寸。

ρ：较高的利率将有利于期权头寸。

水平价差看涨期权的优点：能够从一定范围内变化的股票价格中获利，而且比看涨期权能够获得更大的收益。

水平价差看涨期权的缺点：如果股价上涨，上升趋势有上限；如果股票价格显著上涨，可能反而因上升趋势而受损。

（四）蝶式期权

蝶式期权策略由三种不同执行价格的期权头寸所组成。通过如下方式构造：购买一个较低执行价格 K_1 的看涨期权，并购买一个较高执行价格 K_3 的看涨期权，出售两个执行价格 K_2 的看涨期权，其中 K_2 是 K_1 和 K_3 的中间值。一般来说，K_2 非常接近股票的现价。如果股票价格保持在 K_2 附近，运用该策略就会获利；如果股票价格在任何方向上有较大波动，则会有少量损失。因此对于那些认为股票价格不可能发生较大波动的投资者来说，这是一个非常适当的策略。

假定股票的现价为 61 美元。如果投资者认为在以后的 6 个月中股票价格不可能发生重大变化。假定 6 个月期看涨期权的市场价格如表 7-1 所示：

表 7-1　　　　　　　　　　　　　　蝶式期权策略

执行价格（美元）	看涨期权价格（美元）
55	10
60	7
65	5

通过同时购买执行价格为 55 美元和 65 美元的看涨期权，同时出售两个执行价格为 60 美元的看涨期权，投资者就可构造一个蝶式期权。构造这个蝶式期权的成本为 10＋5－14＝1（美元）。如果在 6 个月后，股票价格高于 65 美元或低于 55 美元，该策略收益为 0，投资者的净损失为 1 美元。如果股票价格在 56～64 美元之间，运用该策略就可获利。当到期日股票价格为 60 美元时，就会得到最大利润 4 美元。

（五）跨式期权

组合期权中非常普遍的就是所谓的跨式期权。同时买入具有相同执行价格、相同到期日的同种股票的看涨期权和看跌期权就可构造该策略。设执行价格为 K，表 7-2 具体阐释了不同情况下的损益。如果在期权到期日，股票价格非常接近执行价格，跨式期权就会发生损失。但是，如果股票价格在任何方向上有很大偏移时，就会有大量的利润。

表 7-2　　　　　　　　　　　　　跨式期权损益

股价范围	看涨期权损益	看跌期权损益	组合的损益
$S_t \leq K$	0	$K - S_t$	$K - S_t$
$S_t \geq K$	$S_t - K$	0	$S_t - K$

当投资者预期股票价格会有重大变动，但不知道变动方向时，则可应用跨式期权策略。假设投资者认为某一股票的价格在以后的三个月中将发生重大的变化，该股票的现行市场价值为 69 美元。该投资者可通过同时购买到期期限为三个月，执行价格为 70 美元的一个看涨期权和一个看跌期权来构造跨式期权。假定看涨期权的成本为 4 美元，看跌期权的成本为 3 美元。如果股票价格保持 69 美元，我们很容易知道该策略的成本为 6 美元（初始投资需要 7 美元，此时看涨期权到期时价值为 0，看跌期权到期时价值为 1 美元）。如果到期时股票价格为 70 美元，则会有 7 美元的损失。但是，如果股票价格跳跃到 90 美元，则该策略可获利 13 美元，如果股票价格跌到 55 美元，可获利 8 美元。顶部跨式期权或卖出跨式期权的情况正好相反。同时出售相同执行价格和相同到期日的看涨期权和看跌期权可构造顶部跨式期权。这是一个高风险的策略。如果在到期股票价格接近执行价格，会产生一定的利润。然而，一旦股票在任何方向上有重大变动，其损失是无限的。

（六）宽跨式期权

宽跨式期权有时也被称为底部垂直价差组合，投资者购买相同到期日但执行价格不同的一个看跌期权和一个看涨期权。其盈利状态如表 7-3 所示。看涨期权的执行价格 K_2 高于看跌期权的执行价格 K_1。

表 7-3　　　　　　　　　　　　　宽跨式期权损益

股价范围	看涨期权损益	看跌期权损益	组合的损益
$S_t \leq K_1$	0	$K_1 - S_t$	$K_1 - S_t$
$K_1 < S_t \leq K_2$	0	0	0
$S_t > K_2$	$S_t - K_2$	0	$S_t - K_2$

宽跨式期权策略与跨式期权策略类似。投资者预期股票价有变动，但不能确定股价是上升还是下降。只有宽跨式期权策略中股价的变动程度要大于跨式期权策略中的股价变动，投资者才能获利。但是，当股价最终处于中间价位时，宽跨式期权的损失也较小。运用宽跨式期权所获的利润大小取决于两个执行价格的接近程度，它们距离越远，潜在的损失越小，为获得利润，则股价的变动需要更大。有时将出售一个宽跨式期权称为顶部垂直价差组合。如果投资者认为股价不可能发生巨大变化，则可运用该策略。但是，与出售跨式期权类似，由于投资者的潜在损失是无限的，所以该策略风险极高。

三、期货期权套利

（一）期货期权概述

如今在许多不同的交易所中进行基于期货合约的期权也称期货期权（optionson futures or futures options）的交易。这种交易在执行时交割一份标的期货合约。如果执行一份期货看涨期权，持有者将获得该期货合约的多头头寸外加一笔数额等于期货当前价格减去执行价格的现金。如果执行一份期货看跌期权，持有者将获得该期货合约的空头头寸外加一笔数额等于执行价格减去期货当前价格的现金。

在期货合约到期日，任何资产的期货价格都等于当时的现货价格。所以如果期货合约与欧式期货期权合约期日相同，欧式期货期权的价值就与相应的标的资产的欧式期权的价值相同。进行交易的期货期权通常是美式的。假如无风险利率为正，提前执行美式期货期权有时是最优的。因此，美式期货期权的价值要高于相应的欧式期货期权。

在正常市况市场，美式看涨期货期权的价值一定比相应的该现货资产的美式看涨期权价值高。这是因为，在有些情况下，美式期货期权可能会提前执行，这时它将为持有者提供更大的收益。同样，美式看跌期货期权的价值一定比相应的该现货资产的美式看跌期权价值低。对于逆况市场，期货价格则总是低于现货价格，例如高利率货币和某些商品就是这样。此时的状况就与上面的结论相反。美式看涨期货期权的价值一定比相应的该现货资产的美式看涨期权价值低，而美式看跌期货期权的价值一定比相应的该现货资产的美式看跌期权价值高。

当期货合约比期权合约到期晚或两者同时到期时，以上所述的美式期货期权和美式现货资产期权的差异是正确的。实际上，期货合约到期越晚，两者的差异就越大。无论现货价格和期货价格遵循的过程是怎样的，以上结论都成立。

期货期权中的期货既可以是金融期货，也可以是商品期货。期权合约的到期日通常比标的期货合约的最早交割日要早几天或同时。例如，纽约股票交易所 NYSE 指数期货期权和标准普尔 SP 指数期货期权都与标的期货合约同一天到期；而国际货币市场 IMM 货币期货期权的到期日比期货合约到期日要早两个交易日。

当交割基于标的资产的期货合约比交割标的资产本身更便宜更方便的时候，对投资者来说，交易期货期权比交易标的资产期权更有吸引力。对许多商品而言的确如此。例如，交割活猪期货合约比交割活猪本身更容易更方便。期货期权的一个重要特点之一是执行该期权通常并不产生标的资产的交割，因为在大多数情况下，在交割前标的期货合约就已经平仓了。因此，期货期权通常以现金结算。这吸引了许多投资者，特别是那些资本有限，而当期权被执行时又难以筹措足够的资金购买标的资产的投资者。人们有时也谈到期货期权的另一个优点，即在同一个交易所中，期货的交易池（Pt）和期货期权合约的交易池彼此靠近，这方便了对冲、套利和投机，这也使得市场更有效率。

在期货套利中使用期权有两点需要避免。第一，避免增加风险，卖出期权而不是期货，会增加投资者风险。第二，避免支出大量会浪费掉的时间价值权利金，从而失去潜在盈利。

随着国内金融创新步伐不断加快，投资者对新的金融工具（期权）运用有着迫切需求。期权市场在欧美已经成熟运行了几十年，组合的多样性帮助投资者极大地丰富了交易策略。

（二）期货期权功能

1. 替代及复制头寸

在期货投机交易中，期权具有替代期货头寸和复制期货头寸功能，同时也具有化解价格极端波动风险的功能。在期权替代功能中，买入看涨期权或卖出看跌期权可以替代期货多头，而买入看跌期权和卖出看涨期权可以替代期货空头。在期权复制功能中，买进看涨期权同时卖出看跌期权可以复制期货多头，而买入看跌期权同时卖出看涨期权可以复制期货空头。当遇到市场极端行情，期货价格可能出现多个涨跌停板，这对头寸相反的投资者来说是个噩梦，但是期权可以帮助锁定风险。

期权替代功能是有限制和先决条件的。仅以替代期货多头头寸为例，如果投资者对行情判断是看大涨，那么买入看涨期权是最好的选择，而卖出看跌期权的不足是上方盈利将被严格限制；如果投资者对行情看小涨，那么卖出看跌期权是较好选择，买入看涨期权因为支付权利金盈利空间要小一些。如果行情出现大跌，买入看涨期权选择放弃行权，风险是有限的，而卖出看跌期权和期货多头的风险则是无限大的；如果行情出现小跌，买入看涨期权因为支付权利金缘故，损益平衡点最高，亏损相对来说最大，期货多头亏损排第二位，而卖出看跌期权或许还能有少许盈利。权利金高低是另一个考虑利用期权与否的重要前提。当市场处于剧烈波动时，隐含波动率非常高将导致期权价格非常贵，这时候从期货投机角度考虑，期权替代优势就比较弱了。

期权复制功能在股票市场更具优势性。从理论上讲，买进看涨期权同时卖出同样条款看跌期权所得出的盈利图和买进标的物头寸是一致的。反之，买入看跌期权同时卖出同样条款看涨期权所得出的盈利图和卖出标的物头寸是一致的。期权保证金优势十分明显，买卖一手原油期货的保证金相比运用原油期货期权复制头寸的保证金要高很多。然而，因为期权复制存在两次买卖动作，当遇到流动性差的品种，买卖价差风险和双倍手续费风险会凸显出来。波动率风险也是运用期权复制功能时需要考虑的重要风险。当波动率减弱，权利金减少会降低期权复制功能效果。反之，当波动率增强，权利金增加会增强期权复制功能效果。

期权复制功能有助于化解期货涨跌停板风险。老资格的期货投资者对期货价格涨跌停板从不陌生，像农产品市场因为天气因素连续涨跌停板的案例比比皆是。如果期货投资者在极端行情持有相反头寸是一件极其糟糕的事情，但合理运用期货期权策略可以帮助投资者锁定风险。熟悉期权规则的投资者应该知道期货期权也有强制涨跌停板，但与期货不同的是，期货期权报价序列十分广泛，即使在期货期权自身有涨跌停板限制情况下，也有没触及涨跌停板的虚值期权可以交易。利用期权复制功能可以模拟期货多头或空头帮助投资者锁定风险。

2. 期权是一项很有效的保险

在期货套保交易中，期权是一项很有效的保险。不同执行价格相当于给投资者提供不同等级的保险，保险范围越大，保险费用越高。例如，投资者持有一手价格为100美元7月到期原油期货多头，考虑到未来价格下行风险，该投资者可选择买入看跌期权进行保护。投资者或许考虑买进1手7月85看跌期权进行保护，如果想获得更大下行保护，可以买进1手7月90看跌期权，或者对期货头寸实施完全保护，选择买进1手7月100看跌期权。当然，随着执行价格升高，投资者所支出权利金即保护成本也会快速上升。相信了解期权价格报价的投资者基本会认为这项保险并不具有优势，因为通常略微虚值的看跌期权权利金还是很贵的。就成本而言，除非原油价格明显上行，否则潜在盈利会因为权利金支出而被明显稀释。

老练的投资者往往会考虑对上面这个保险策略进行修改，以降低用于保险的看跌期权的成本：期货多头拥有者买进一手虚值看跌期权作为保险，同时卖出一手虚值看涨期权以支付看跌期权的大部分或者全部费用，这个策略被称为领圈套利。通过使用这个策略，投资者放弃了某些上行方向的潜在盈利，但也降低了买进看跌期权所支出的成本。投资者对未来行情判断是看大涨、看涨还是看小涨，不同立场决定了上行盈利空间的限制幅度。

3. 额外的潜在盈利

在期货套利中，无论是市场内套利还是市场间套利，期权都可以用非常小的风险提供额外的潜在盈利。在期货套利时使用期权，首先不应该增加风险，其次是不应该支付过多的会浪费掉的时间价值权利金。期货期权套利策略往往会遇到头寸一侧变为虚值时，套利的性质开始消失，原来的头寸变为一个更加接近直接买卖的头寸，精明的投资者需要考虑的是做出怎样的善后考虑。

日历套利是一种重要的期权套利策略，也可认为是期货套利的一种替代，但两者存在明显区别。期货市场内套利所涉及的两个合约标的物是一样的（现货），而期权日历套利所涉及的两个期权合约背后的标的物是两个不同的期货合约，例如，买进5月看涨期权，卖出执行价相同的3月看涨期权。因为季节性因素，不同期货合约间的价差波动非常大，期权日历套利是同时在交易的两个套利，一是与两个期权之间的相对定价差异有关，例如波动率，同时与时间的消逝有关；二是两个标的期货合约价差变化关系。在实际运用中，如果标的期货合约价差发生逆转，日历套利投资者的亏损就有可能大于其初始债务。当然，在大部分情况下，期权日历套利较期货套利更好一些，原因是日历套利中期权理论定价优势在发挥作用。

（三）套利中的注意事项

在期货套利中使用期权有两点需要避免。第一，避免增加风险，卖出期权而不是期货，会增加投资者风险。如果卖出看涨期权而不是卖出期货，卖出看跌期权而不是买入期货，那么当期货价格大幅上涨，投资者的风险可能急剧上升。如果期货价格急剧上涨，卖出看涨期权就会亏损；当期货价格上涨超过卖出看跌期权执行价格时，卖出看跌期权也会停止盈利。

第二，避免支出大量会浪费掉的时间价值权利金。如果投资者买进平值或虚值的看跌期权而不是卖出期货，其套利的盈利可能性会因为因时减值而被销蚀。取代期货套利唯一可取的期权策略是使用实值期权。如果投资者买进实值看涨期权而不是买进期货，买进实值看跌期权而不是卖出期货，常常可以创造一个比市场内和市场间期货套利更具优势的头寸。然而，在实践运用中，并不建议投资者只买进实值到几乎没有时间价值权利金存在的期权，因为它失去了使用中等实值期权可能有的好处：如果标的期货价格上下起伏波动，即使期货价差表现不尽如人意，期权套利还是有可能盈利。

当投资者满足买入与只考虑实值期权两大原则后，市场出现了高波动。此时，期权套利的一侧极有可能变成虚值，套利的性质开始消失，原来的交易头寸变为一个更加接近直接买卖的头寸。对于投资者来讲，此时需要考虑是继续持有套利头寸还是平仓了结。如果选择继续持有，投资者必须正视头寸中潜在的负面因素，因为这个头寸买进或卖出太多。假设头寸买进过多，如果期货价格下跌，看涨期权就会迅速丧失价值，而看跌期权因为过度虚值而不会获益很多，自然也无法妥善地保护看涨期权。此种情境下，保守处理途径是使用实值期权的标的期货为这个期权套保，而更为激进的途径是使用另一侧标的期货来为这个实值的期权套保。我们知道，市场价格波动存在任何可能性，如果两个标的期货价差并没有扩大反而归零，那么对于期货套利投资者来说肯定会亏损，而对于建立期货期权套利策略的投资者来说，因为中间回补了单边头寸，结果几乎肯定是可以盈利的。

综合以上分析，交易者应该认识到，期货期权相对于期货是有优势的，但是这种优势性只有在合理运用期权组合时才能体现出来。在利用期权替代期货投机和套保中，隐含波动率、交易成本以及行情判断都是重要考量因素，而在期权替代期货套利中，降低风险两项原则是交易者必须遵守的，同时，投资组合的善后考虑也是十分必要的。交易者应该明白，期货期权是在期货合约之上而不是现货商品之上的期权，当现实市场环境更加适合于建立期货头寸时，期权应充当配角，起到投资组合增强的效果。

【思考与练习】

1. 如何分析期权的走势，以减少实际操作中的损失？
2. 阐述我国大宗商品期权推出的意义。
3. 在产业的套保过程中，商品期权交易会有哪些问题？

第八章　大宗商品交易策略分析

第一节　套期保值交易策略分析

一、套期保值的风险分析

从20世纪90年代国内建立期货市场以来，部分行业和企业由于正确地参与了套期保值（简称套保），较好地管理了风险，促进了企业稳健发展。尤其是2008年金融危机中，很多企业利用期货市场对冲了巨大的系统性风险，彰显了套期保值的魅力。尽管如此，许多国内企业对套期保值的认识还存在很大差距，技术上也不成熟，导致实践过程中不仅没有规避好风险，反而发生了不应有的损失。

（一）企业在套期保值中常见的问题

（1）定位不明确。许多国内企业刚进入期货市场的时候，把期货市场作为博取差价的"赌场"，这样非但没有起到避险的作用，反而加大了企业的运营风险。结果是企业有可能在短时期内快速发展，但是长期来看，企业的可持续发展会受到极大的威胁。套期保值者的目标是在管理价格风险后专心致力于经营，获取正常经营利润。

（2）认为套期保值没有风险。期货套期保值亦存在风险。首先，基差风险的存在，使得现货和期货价格未必同步或同幅度变化，套保未必完全有效，可能期货盈利不能完全弥补现货亏损。其次，还有保证金追加风险，套期保值即便不亏，但是，如果过程中出现亏损，就要求追加保证金，一旦企业资金紧张，就可能带来强行平仓风险。除此之外，套期保值还有操作风险、流动性风险和交割风险等。

（3）认为套期保值不需要分析行情。企业参与期货，如果只按现货思路入市，并不能确保取得理想的套保效果。正确的做法是明确宏观环境下的操作策略，了解产业变化特点，把握入市时机，最后再从基差角度判断入场和出场点。

（4）管理运作不规范。近些年，企业进行套期保值出现的重大亏损大多是因为风险管理制度不健全或者套期保值的组织结构不合理。

(5) 教条式套期保值众所周知，期货市场套期保值业务操作应该遵循四大基本原则，即商品种类相同或相关、商品数量相等或相当、月份相同或相近、交易方向相反。企业在参与套期保值的时候，仅仅教条式运用，不结合企业自身情况，往往达不到预期套保效果。

例如，从商品数量相等或相当原则看，企业在做套期保值时不应留有风险敞。但是实际情况中，企业的敞口风险只要在可承受范围之内，而且在风险相对不大的情况下，企业可以选择部分套保，而不必硬性规定完全套保。此外，完全套保会占用企业较大资金，在企业资金紧张以及期货头寸出现较大亏损的时候，很容易给企业带来现金流风险。

再如，从月份相同或相近原则看，国内商品期货市场往往存在近期合约成交活跃、远期合约成交较少的情况，对企业来说，一般根据全年的原材料采购计划或者产品销售计划制定套期保值方案，若是企业坚持月份相同或相近原则，必须在与此相对应的期货合约月份进行操作，这样很容易给企业带来头寸流动性风险。

【例8-1】2009年11月，某公司核算白糖成本后认为，期货价格在4700元/吨左右卖出非常划算，因此在郑州商品交易所对白糖进行了一定量的卖期保值。当时的观点是，只要有合适的利润就开始卖期保值，越涨越卖。随后，公司在SR10合约卖出300手，均价在5000元（当时保证金为1500万元，以10%计算），当涨到5300元/吨以上时就不敢再卖了。因为此时浮动亏损天天增加。至2010年1月份，价格上涨到5900元/吨时，浮动亏损已达到2700万元［(5900－5000)×3000×10］，保证金要求也提高了270万元，总资金需求已达到4470万元，这个时候公司又被告知，如果次日价格再上涨，企业在无法追加保证金情况下，将不得不斩仓。所幸国际市场价格后来开始下跌，使得国内现货价格走弱，到2010年3月份期货价格一路下跌到5200元/吨左右，该公司才把绝大部分亏损给弥补了回来。

该案例说明，不分析大势，纯粹按基差来操作，非但不能取得理想的套保效果，反而还可能给企业带来风险。

（二）套期保值的风险

(1) 管理与运营风险。管理与运营风险是指企业套期保值日常管理与运作过程中可能遇到的风险，主要包括资金管理风险、决策风险和价格预测风险。

资金管理风险，也叫现金流风险，主要体现在期货头寸发生浮动亏损时，企业被要求追加交易保证金，如果企业因资金紧张或亏损过大而不能及时补足，导致头寸被强行平仓，从而使整个套期保值归于失败。决策风险是指由于企业套期保值管理决策机制失灵以及决策失误、延误给企业造成损失的可能，其具体原因与管理层的决策水平和能力有关。价格预测风险，指企业对价格变动的预测失误而引起的风险。这取决于价格预测者的信息收集整理能力和市场经验累积，较好的价格预测方法和辅助预测工具有助于交易者及时判断行情的变化方向和幅度。

（2）交割风险。虽然期货交易中交割量仅占总量的5%以下，并且套期保值也并不一定进行交割了结，但是，作为现货企业，在期货市场采购原料或者销售产品有利可图时，实物交割也是企业在套期保值中经常会遇到的问题。现货交割环节较多，程序复杂，处理不好就会影响套期保值效果。交割风险主要来自以下几个方面：交割商品是否符合交易所规定的质量标准；交货的运输环节较多，在交货时间上能否保证；在交货环节中成本的控制是否到位；交割库是否会因库容问题导致无法入库；替代品种升贴水问题；交割中存在增值税问题等。

（3）操作风险。操作风险是指由不完善的内部工作流程、风险控制系统、员工职业道德问题、信息和交易系统以及外部事件导致交易过程中发生损失，主要包括员工风险、流程风险、系统风险和外部风险。

（4）基差风险。基差的风险是指基差的不确定性。实际运用中，期货价格和现货价格的变动不完全一致，基差是波动的，因而影响套期保值效果。比如对于金属、农产品等商品期货，由于供需不平衡以及仓储等原因，特别是存在逼仓的情况下，可能导致基差变化较大。

（5）流动性风险。流动性风险是指套期保值者在期货市场上因交易合约缺乏流动性，导致所选定的期货合约无法及时以合理的价格达到建仓或平仓目的的风险。

二、套期保值的发展和应用

（一）套期保值的发展

传统套期保值理论在实践和发展的基础上，又形成了基差逐利型套期保值和组合投资型套期保值两个理论。

（1）基差逐利型套期保值。在现实期货交易中，期货价格和现货价格的变动不完全一致，存在基差风险。为克服基差风险，沃金提出了基差逐利型套期保值概念，其套期保值核心不在于能否消除风险，而在于能否通过寻找基差方面的变化或预期基差的变化来谋取利润，来寻找套期保值的机会。因此从这个意义上讲，套期保值是一种套期图利行为。

（2）组合投资型套期保值。约翰逊和埃得林顿（Johnson & Ederington）等较早提出用马科维茨（Markowitz）的组合投资理论来解释套期保值。组合投资理论认为，交易者进行套期保值实际上是对现货市场和期货市场的资产进行组合投资，套期保值者根据组合投资的预期收益率和预期收益的方差，确定现货市场和期货市场的交易头寸，以使收益风险最小化或者效用函数最大化。组合投资理论认为，套期保值在期货市场上保值的比例是可以选择的，最佳套期保值的比率取决于套期保值的交易目的以及现货市场和期货市场价格的相关性。如果从组合投资角度理解套期保值的话，期货市场发挥的是风险管理的功能，而不是"风险转移"的功能。

（二）套期保值的应用

1. 套期保值的作用

期货市场是为了解决现货商品生产、加工和贸易的风险问题、融资问题、库存问题和定价问题而发展起来的，它是一种管理风险的金融工具。套期保值的作用主要体现在以下方面：

（1）锁定原材料的成本或产品的销售利润。这对于产品价格相对固定或生产成本相对固定的企业来讲尤为重要。比如铜生产商，由于铜的生产成本相对稳定，但铜的市场销售价又是以期货来定价的，卖出套保是锁定利润的最好方式。在1995～2002年的熊市当中，尽管铜价一路下跌，但我国的铜生产商由于积极利用期货市场卖出套保，反而获得长足的发展。

（2）锁定加工利润。对加工企业来讲，原材料和产品都是由市场来定价的，都有必要进行套保，在买入保值的同时也要卖出套保，才能达到锁定加工利润的目的。如榨油厂在芝加哥期货交易所买入大豆合约进行进口贸易点价操作的同时在大连商品交易所卖出豆粕保值，铜加工企业买入电解铜后在期货市场卖出相同的数量为加工产品保值，这两种操作都属于锁定加工利润的方法。贸易企业锁定贸易利润的方法也是类似的。

（3）库存管理。库存管理包括降低企业库存成本和锁定库存风险。由于期货合约代表着相应的实物量，企业增加库存只需要买入对应的期货合约即可。比如铜加工企业需要1000吨铜的库存，买入200吨的现货铜和买入800吨的期货铜合约，不仅可以达到买入1000吨铜的目的，而且800吨的铜期货只需80吨铜的资金（按照10%的保证金计算），同时减少了800吨铜的仓储费。用买入期货的方式来代替实物库存，节约了资金和仓储成本。当期货合约价格前面月份高、后面月份低的时候，还能增加换月收益；对现货企业来说，当市场处于高价位时或在下跌趋势中，卖出套保是非常必要的，这样可防止库存贬值。

（4）利用期货市场主动掌握定价权。企业的生产经营是连续的，而资金资源常常是有限的，当企业的库存不足而价格又处于高位时，为保证生产经营的持续性该怎么办？没有期货市场，企业可能只得在高价位买入原材料，有了期货市场之后，企业可以在买入实物原材料的同时卖出对应数量的期货合约，在期货价格下跌之后平仓，这样企业既保证了生产经营的持续性，又掌握了定价权的主动性。

2. 套期保值的方式

随着套期保值的实践发展，套期保值的操作方式也在不断创新。主要有以下方式：

（1）循环套保。期货市场各类期货品种中，并不是所有月份的合约都有足够的交易量，一般只有近期合约成交量较大，远期合约成交量较少，如果按照时间对等或相近原则进行操作，企业一旦在不活跃合约上进行套保，就容易陷入流动性风险中，因此企业可以利用在期货市场不断地移仓换月来达到循环保值的目的，从而避免期货主力合约与非主力合约成交的显著差异带来的不利影响。

（2）套利套保。企业通过套利的思维模式进行套保，这种模式本质上也是锁定成本，只是将套利和套保的思维模式结合使用。套利的优点是风险小，容易判断。企业可借鉴套利的模式，在特定的市场背景下，对不同的生产环节进行套期保值，从而优化套期保值效果。

【例8-2】2009年11月25日，某钢材企业根据生产情况需要对自己的3000吨库存进行保值，计划这部分库存的消化时间是在1个月左右，根据保值月份相同或相近的原则，企业应该在1001期货合约上进行卖出保值。不过当时的价格结构呈现近低远高，即螺纹钢1001合约价格为3912元/吨，1003合约价格为4275元/吨，基于远月升水幅度较大，价差可能缩小，企业可以先不选择直接在1001合约上进行保值，而选择在1003合约上进行保值，最终使得保值效果优化了111元/吨（见表8-1）。

表8-1　　　　　　　　不同套期保值合约选择方案比较　　　　　　　　单位：元/吨

日期	套保方案一		套保方案二	
2009年11月25日	1001合约卖出开仓	3912	1003合约卖出开仓	4275
2010年1月5日	1001合约买入平仓	3975	1003合约买入平仓	4227
	累计盈亏	-63	累计盈亏	+48

（3）预期套保。传统套期保值认为现货交易与期货交易行为要"同时"交易才能完全锁定利润或者规避风险，但是，现货企业的经营日益复杂，市场环境千变万化，企业在实际交易中很难严格做到"同时进行"，这个时候要根据企业采购、生产和营销情况，结合市场走向预期分析，灵活确定套保的时机。

一般来说，期货的决策要与现货决策同步或快于现货交易，因为企业经常会在对价格趋势判断的基础上调整其采购量，所以在期货保值上也应进行相应调整。如果认为价格将上行，那么企业可能需要在未来很长时间内逐步完成采购量的过程，而如果期货价格有利时，就可以提早进行套期保值，从而在预期价格上涨的过程中赚取超额利润。

【例8-3】某油脂消费企业知道3个月后的豆油用量大概是每星期50吨，总共需要使用500吨豆油，预期3个月后豆油价格要逐步上升，并可能超过当前价格7500元/吨，该企业就可以采取预期套保操作方式（见表8-2）。

表8-2　　　　　　　　　　　套期保值的应用

时间	现货市场	期货市场
当前		买入500吨
3个月后的第一周	买入50吨	平仓50吨

续表

时间	现货市场	期货市场
3个月后的第二周	买入50吨	平仓50吨
3个月后的第三周	买入50吨	平仓50吨
……	……	……
3个月后的第10周	买入50吨	平仓50吨
结果		豆油上涨（高概率事件） 买入高价豆油，低买高卖，盈利
		豆油下跌（小概率事件） 买入低价豆油，高买低卖，亏损

（4）策略套保。传统套期保值理论认为套保的期货合约应当与现货数量相等或相当，企业不应该有风险敞口，但是从实践角度看，因为基差不断变化，数量完全对等、效果完全相抵都难以做到。对于一般的企业来说，套保的动机既不是风险的最小化，也不是收益的最大化，而是两者的统一，也就是将企业利润曲线的波幅压缩到企业稳健经营的可接受程度，往往这样的效果最佳，因此，企业应该根据风险偏好和可承受度，灵活科学地选择套保比率，进行具有策略性的套期保值。国内外有经验的套期保值企业实际上很少采取对等的保值办法。

（5）期权套保。在风险可控的原则下，可选择期权为主、期货为辅的套保组合。例如期权购买者拥有期权时，既能达到对目标项目的保值避险目的，又可以避免市场价格波动导致像期货那样的支付浮动保证金亏损，从而使保值成本控制在固定水平。在当今全球金融交易中，期货和期权都是企业套期保值的重要手段。

套期保值的实践发展表明，套期保值企业应结合市场实际情况，设计适应于企业的套保机制。市场瞬息万变，很多事件的发生不可预知。如果教条套保，不根据市场变化随时调整风险工具以及所持仓位，企业将可能蒙受巨大损失，套保就失去了意义。

三、套期保值的方案制定

（一）明确套期保值的需求

企业参与期货交易一定要有明确的目标。企业在期货市场中的角色是由本企业在产业链中的位置和风险点决定的，即企业担心涨就买入保值，担心跌就卖出保值。此外，期货避险的方法一定要和自己的生产经营方式和规模相匹配，即了解企业自身的敞口风险。现货市场上，企业签订合同时，因为产品的定价方式不同，产品各个环节所面临的价格风险各不相同，企业的风险敞口也会不同。

【例8-4】某铜管加工厂，年产铜管约1万吨，月出口铜管约100吨，出口铜管的价格根据上个月伦敦铜的期货价格或国际市场的现货价格（实际是伦敦铜期价+现货升水+加工费用）来确定。其余铜管内销。

（1）企业原材料的价格和采购方式主要有以下两种：

长单：上个月上海现货月期货价格+380元/吨的升水，月均约400吨。

现货：采购当日长江有色现货价格。

（2）产品销售定价方式有4种：

第一种：上个月长江现货均价+加工费用，月均数量650吨。

第二种：出口产品上个月伦敦期价+加工费用，月均数量100吨。

第三种：当日长江有色现货均价+加工费用。

第四种：当日长江有色现货价+加工费用。

现货采购铜的时候一般是每2个工作日采购一次，长期看基本是长江有色的均价，所以企业产品销售按第三种和第四种方式定价能赚到加工费用，没有风险。

铜管出口合同的价格虽然是按上个月伦敦的期价（或现价）+加工费用确定的，但可以视为上海上个月铜均价+加工费用，与第一种定价方式相似。

企业的产品销售定价每月约有750吨是按上个月现货铜均价+加工费用来确定，而原料采购中月均只有400吨是按上海上个月期价+380元/吨的升水确定，月均有350吨之差，这350吨均存在着月度均价上涨的风险，因此价格上涨对企业不利，价格下跌对企业有利。

结论：该企业在购销合同价格不变的情况下每天有350吨敞口风险。

（二）制定保值策略

一个完善的套期保值策略首先是从宏观角度确定套期保值的操作策略，其次从产业角度判断套期保值时机，最后从基差角度选择套期保值入场点和出场点。

1. 从宏观角度确定套期保值的操作策略

企业在进行套期保值的时候，首先应从宏观角度分析大势，即区分牛市和熊市行情，一般来说，在牛市和熊市不同形势下，套期保值的操作策略，也不尽相同，如果遇到大势为熊市的形势，生产企业在期货市场上卖出保值要相对积极，反之要保守一些。消费型企业和生产企业的操作策略相反。市场无数次的经验告诉我们，如果大势看跌，即便基差较大，买入套保也要谨慎；反之，卖出套保也要谨慎。例如，2008年金融危机爆发的时候，市场出现极端行情，价格处于急剧变化当中，企业面临非常大的风险，这时应尽快对套保策略作出调整,而不应该坐等基差有利时机来临,因为此时等待的风险远比基差风险大。

2. 从产业角度判断套期保值时机

(1) 从生产利润、生产成本角度判断套期保值时机。生产企业在进行套保决策的时候最关心的是其毛利问题。一般情况下,如果说行业毛利处于较大盈利状态下,生产企业的产量往往会急剧增加,价格就有下跌风险,这个时候进行卖出套保时机相对成熟,套保力度就可以加大。而如果毛利达到负值,生产企业减产的动力就会加强,价格就易涨难跌,生产企业就要选择出场时机或者少进行套期保值。对下游消费企业来说,在商品价格处于生产成本线附近或者低于成本的时候,就可以考虑买入套保。例如,在2009年2月,锌矿价格处于成本线之下,这个时候对锌消费企业来说,战略性地买入套保时机较好。

(2) 从供需关系角度判断套期保值时机。供求关系决定着市场的总体运行趋势,当需求大于供给时,就会表现出社会库存的不断降低,库存降到合理水平以下时市场价格就会上涨。合理的社会库存其实是贸易商信心的体现,而且是经常变化的量。它是贸易商的历史经验和对未来需求判断的综合结果。因此,在需求减弱,库存增加的过程中可以选择卖出套期保值;在需求走强,库存减少的过程中尽量不进行卖出套期保值。因产业差异较大,企业还需根据企业自身情况和产业特殊环境再判断是否需要入市进行套期保值。

(3) 从基差角度选择套期保值入场和出场点。很多时候,短期期货价格的变化并不是与现货价格亦步亦趋的,现货价格主要由商品供求关系决定,而期货价格具有商品与金融双重属性,一方面在长期走势上受现货制约,另一方面短期波动更多受金融市场和心理预期的影响。在期货价格高于现货价格,且期现价差较大情况下,对于生产企业来说就可以选择卖出套期保值。反之,卖出套期保值就要谨慎。

一般来说,当宏观、产业和基差三个因素均有利于套期保值的时候,入场时机的评级是最高的,而当三者对套期保值的影响方向并不一致的时候,就要考虑各个因素的影响程度再判断是否进行套期保值。

(三) 选定目标价位

目标价位的设定有两种形式:即单一目标价位策略和多级目标价位策略。单一目标价位策略是指企业在市场条件的允许下,在为保值所设定的目标价位已经达到或可能达到时,企业在该价位一次性地完成保值操作。这样一来,不管今后市场如何变动,企业产品的采购价和销售价都是锁定的,市场上的价格波动对企业不再产生实质性影响(见表8-3)。

表8-3 目标价位策略的优缺点分析

项目	单一目标价位策略	多级目标价位策略
优点	目标明确，操作简单，能有效抑制投机性倾向	具有较大的灵活性和弹性，在市场大牛市或大熊市时，能有效抓住不同价位实施套保，逐步提高或降低套保价位，避免失去较大的套保机会，从而提高套保效果
缺点	市场长期走高或走低时，且目标价格制定不合理，在企业一次性卖出保值（或买进）的情况下，容易使企业套保价位偏低（或偏高），从而丧失部分利润	当市场价格达不到企业设定的多级目标价位时，很可能出现套保不足的问题

所谓多级目标价位是指企业在难以正确判断市场后期走势的情况下，为避免一次性介入造成不必要的损失，从而设立了多个保值目标价位，分步、分期地在预先设定的不同目标价位上按计划地进行套保操作。

四、套期保值的管理机制

企业管理机制包括参与期货交易的组织结构、风险控制机制和财务管理。组织结构一般包括决策部门、期货交易运作部门和风险控制部门，且三者应适度分离；风险控制一般包括交易计划监督、交易过程监督和交易结果监督；财务管理一般包括控制公司参与期货的总资金和总规模，建立风险准备金制度和对企业利用期货市场控制风险进行财务评价。

（一）组织结构设计

企业设置专门的部门和人员进行市场分析、交易策略设计和期货市场操作。组织结构设计的原则是决策机构和执行机构分离。由于市场分析和期货交易主要由企业自己运作，因此企业对期货市场、现货市场以及整个行业和经济发展会有比较深的了解，同时也更加便于企业结合自身的生产销售情况进行套期保值。但是由于企业需要设置专门的部门和人员，因此，这种方式的运作成本大，对企业的管理水平也有比较高的要求。这种方式适合于企业规模和套期保值需求比较大、管理规范、资金实力雄厚的企业。

总经理室：公司最高管理层人员组成的决策机构，成员包括总经理、分管采购和销售的副总、财务总监，并由分管采购和销售的副总来分管期货。职责是制定指导性年度保值策略；提出年度保值总量和方向；审批期货运作决策小组提交的年度、阶段性期货保值交易方案；定期召开市场分析会，根据市场情况调整保值策略。

财务部：协助期货运作决策小组制定期货保值交易方案；提供资金支持；不定期抽查期货保值交易方案执行情况；财务监控。

期货信息研究小组：负责期货和现货相关信息的收集、整理、总结；分析生产经营数据。

期货运作决策小组：拟定年度、阶段性、每日的保值交易方案，对期货运作交易小组下达交易指令；跟踪行情走势，检查交易执行情况；定期总结和反馈每日和阶段性的行情、交易情况以及保值方案执行情况。

期货运作交易小组：严格执行交易指令；整理、保存交易记录，及时反馈交易结果。

（二）风险控制机制

企业参与期货交易，应该始终把控制风险放在重要的位置。

1. 建立严密的风险控制机制

如表8-4所示，风险控制机制的特点是：第一，层次清晰。由总经理室领导的期货监督委员会、财务监督以及期货交易部三个层次组成的监督体系，从不同角度对公司的期货业务风险进行控制。第二，结构完整。单独由某个环节出现的风险事故可以被其他机构及早发现，避免决策制定的独断性，保证资金风险控制的严密性。

表8-4　　　　　　　　　　企业期货交易风险控制

第一层风险管理	第二层风险管理	第三层风险管理
公司总经理室	财务部	期货交易部
成立期货监督委员会	从财务方面监督控制风险	自身控制风险
公司参与期货交易管理条例	每天检查期货交易记录	期货行情分析小组定期分析
公司期货交易人员管理条例	对交易及持仓情况进行财务监控	期货头寸风险、运作策略以及交易小组实施情况

2. 从业务流程来控制风险

业务流程主要有以下三个步骤：

第一步，交易计划监督。由于企业所处的环境不同，其生产、经营和利润的目标也不尽相同，如何制订适合本企业经营发展目标的交易计划，对参与期市的企业来说是非常重要的。企业应成立由部门经理（采购/销售）为核心，财务、经营人员为主的期货交易管理小组，共同监督和制定交易计划，以求目标利润最大化和经营风险最小化，严格控制企业参与期市的资金总量和交易中的总持仓量。

第二步，交易过程监督。套期保值交易是一个动态的交易过程，每时每刻行情都会发生变化。这就要求从事保值交易的操作人员能灵活运用期货知识，及时调整交易手段，建立每日定期报告制度，将每日交易状况及时通报主管部门，套期保值管理小组及相关业务部门也应不定期检查套期保值交易情况，了解保值计划执行情况。

第三步，交易结果监督。针对套保业务的特点，企业主管部门应在一定时段内对企业的所有交易过程和内部财务处理进行全面的复核，以便及时发现问题、堵塞漏洞。事后监督应覆盖交易过程的各个领域，同时，建立必要的稽核系统，保证套保交易活动的真实性、完整性、准确性和有效性，防止差错、虚假、违法等现象发生，对违法违规的具体责任人进行调查、核实，根据国家有关法律、法规进行严肃处理。

（三）财务管理

企业从财务管理方面对公司的期货业务进行风险监控，可以从下面几个方面来进行：

（1）控制公司参与期货交易的总资金和规模。公司参与期货交易的总资金，要保证其建立在采购、销售总量基础之上，单笔最大亏损额度和总亏损额度应该在公司财务承受范围之内。

（2）建立风险准备金制度。对于长期参与期货交易的企业，短期内的盈利和亏损都很正常，单个年份则可能出现比较大的亏损或者盈利。因此，建立风险准备金制度就显得很有必要。当出现较大的盈利时，可以将本年份的盈利存入风险准备金当中，而在出现较大的亏损时，则可以从风险准备金中划出一定的资金来弥补，这样就可以保证公司财务的稳定性。

（3）对企业参与期货交易进行财务评价。期货交易的财务评价主要应该遵循这样三个原则：①风险控制应在限定的范围之内；②期货交易和现货交易应该合并评价；③应该从相对较长的时期来判断，一般在一年以上。

第二节　投机交易策略分析

一、投机交易的发展

期货投机是指在期货市场上以获取差价收益为目的的期货交易行为。投机者利用对市场价格变动趋势的预期判断，在预期价格上升时买入或者在预期价格下跌时卖出期货合约，然后待有利时再卖出或者买入期货合约对冲平仓，从而获取差价收益。由于投机的目的是赚取差价收益，所以投机者一般通过对冲了结头寸，而不进行实物交割。随着期货市场的发展，投机交易也在不断地发展变化，主要体现在投机交易的技术手段、投机者的组织形态、投机交易的方式。

（一）投机交易技术手段的发展

在电子和通信技术产生之前，传统的期货交易是以场内公开喊价的方式为主，这种方式尽管人气很足，气氛活跃，但毕竟要受到交易场地等因素的限制。随着技术的发展，期货市场打破了时空限制,投资者可以在场外通过电话和互联网进行委托。与公开叫价相比,电子交易所具有以下优势:一是提高了交易度;二是降低了市场参与者的交易成本;三是突破了时空的限制,增加了交易品种,扩大了市场覆盖面,延长了交易时间且更具连续性;四是具有更高的市场透明度和较低的交易差错率。

程序化交易也是随着电子交易和计算机技术的发展而产生的,程序化交易最早起源于1975年美国出现的"股票组合转让与交易"。在20世纪80年代开始迅猛发展。随着技术的发展,程序化交易也越来越精细化和富有效率,专业投资经理、经纪人可以直接通过计算机与交易所联机,即可实现证券组合的一次性买卖交易,由此推动了交易量的急剧增加。

(二)投机者组织形态的发展

期货市场上的投机者早期主要以个体形式存在,随着市场的发展,投机者的组织形态也在不断地演变和发展,机构投资者现已成为国际期货市场的主要力量。目前主要机构投资者有商品指数基金、期货投资基金、对冲基金、国际投行及商业银行等,另外,证券公司、养老基金、共同基金、私募股票基金以及日内交易公司等机构也纷纷将资金投向期货市场,使得投机者组织形式更为多样化。其中,商品指数基金奉行"指数跟踪"的被动投资理论,期货投资基金奉行主动投资理念,对冲基金日渐将期货市场视为重要投资领域,国际投行及商业银行广泛参与场内和场外商品衍生品交易。国内期货市场由于历史较短,机构投资者的发展还不够成熟,以个体形式为主的自然人仍然是市场的主体,我国现在也正在创造条件积极培育期货市场的机构投资者。随着我国期货市场的快速发展,交易品种越来越多,交易规模越来越大,我国的期货投机者的组织形态开始多样化,机构投资者的发展也进入快车道。

(三)投机交易方式的发展

期货投机交易的方式从早期单边、单品种的投机交易,逐步发展到价差交易、波动率交易以及指数化交易等多种交易方式。

价差交易也叫价差套利,包括跨期套利、跨商品套利和跨市套利。价差交易丰富和发展了期货投机交易的内容,并使期货投机不仅仅局限于期货合约绝对价格水平变化,更多地转向期货合约相对价格水平变化。价差交易对期货市场的稳定发展有积极的意义,有助于合理价格水平的形成。

波动率交易是基于对商品价格波动率的方向作出预测,波动率交易策略可分为两类,做多波动率(long volatility)和做空波动率(short volatility),常使用的工具是期权,也可以通过"期货+止损"来构造类似策略。

指数化交易一般是指交易标的指数化,买入并持有一揽子商品,主要是通过购买商品指数基金的形式。对于大型的投资机构,商品市场是其战略性资产配置的组成部分。根据霍德和比鲍尔（Hood & Beebower）的研究报告，在养老基金回报中，92%归功于资产配置，证券选择仅为4.6%，市场时机仅为1.8%。20世纪80年代后，这些大型机构开始在股票、债券和现金等传统资产类以外寻求替代型投资，商品则是其中一种。

二、机构投资者的交易策略

（一）国际商品指数基金

1. 国际商品指数基金概述

国际商品指数最早开始于1957年的路透CRB商品指数（RJ/CRB），兴起于20世纪90年代的高盛商品指数（GS－CI）、道琼斯—AIG商品指数（DJ－AIGCI）以及罗杰斯国际商品指数（RICI）等。虽然有关商品指数基金的准确规模一直缺乏权威统计数据，但商品指数基金最近几年发展迅猛已是业内共识。

商品指数基金一般以公募基金的形式存在，根据相关资料显示，企业年金、养老基金和捐赠基金甚至一些国家的主权基金正成为商品指数基金的主要投资者。除了面向机构投资者之外，多数国外商品指数基金主要是针对零售客户开发设计的，是对个人投资者开放的基金。商品指数基金是各大投资公司旗下众多基金中的一种，投资者可以参与购买商品基金，委托基金经理管理其资产。商品指数基金一般收取数额不等的业绩提成费、服务费和管理费等，并定期公布业绩表现报告。

2. 商品指数基金交易策略

商品指数基金主要的投资策略是买入且持有，他们参与市场的方式是"采用抵押的方式"，即首先将全部资金投资于短期国债，以获取固定收益，再以短期国债作为抵押参与期货交易，商品指数基金不采用卖空策略，也不使用资金杠杆，他们的目的是长期买并持仓（期货仓位或者现货），兼具指数化，是被动型投资策略的典型代表。严格意义上的被动型操作策略，是以指数为标杆，买入一篮子商品并持有，借以分散风险，获取收益。

商品指数基金在交易上的共性：①各类商品指数中均包含能源、贵金属、基本金属、农产品和畜产品五大类，其中能源类比重最大。②不参与实物交割，遵循一定规则，在合约到期前进行迁仓交易。例如道琼斯—AIG商品指数规定能源期货合约的换月时间在每个奇数月的第5个和第9个交易日之间进行，基本金属合约每年换月5~6次，农产品期货每年换月4~5次；标普高盛指数对所有期货合约采取了每月移仓形式，对于能源和基本金属合约，移仓发生在每月的第5个和第9个交易日之间。③基金运作频率低。

商品指数基金投资商品是因为商品具有内在收益，它的理论基础是：①商品在经济学意义上具有内在收益，这是被动型策略买入商品的核心。②组合效用。由于商品与传统资产（股票和债券）负相关或零相关，对经济周期和通货膨胀的反映也不同，将商品加入传统投资组合能够增强组合的夏普比率（Sharp ratio）。

商品指数基金收益主要来源于以下三个方面：价格上涨、展期收益（rolling return）和抵押收益（collateral yield）或者利息收益。价格上涨就是商品本身价格上涨的幅度，即大部分商品投资者希望得到的收益；展期收益是指持有本月的期货合约到期之后，滚动到下一个月的合约所获得的收益，也即移仓收益和成本。在一个现货升水市场，由于远期价格低于近期，展期收益为正；在现货贴水市场上，远期价格高于近期，展期收益为负。将价格上涨和展期收益组合在一起，称为超额回报。抵押收益或利息收益只适用于那些不使用杠杆的投资者，他们用一小部分资金支付期货保证金，剩下的资金投资于货币市场或债券市场，其边际资金都可以获得利息收益。

（二）期货投资基金

1. 期货投资基金概述

期货投资基金隶属于投资基金中衍生品基金的范畴，广义上的期货投资基金就是商品交易顾问（commodity trading advisors，CTA），狭义上的期货投资基金主要是指公募期货投资基金。1949年美国海登斯通证券公司的经纪人理查德·道前建立了第一个公开发售的期货基金，开创了期货投资基金的先河。20世纪70年代期货投资基金经历了重要的发展时期，并在进入20世纪80年代以后高速发展，交易的品种也扩展到债券、货币、指数等各个领域。期货投资基金行业成为全球发展最快的行业之一，参与者数量和管理资产数额越来越大。根据巴克莱对冲（Barclayhedge）的统计，全球CTA基金规模从1980年末的3.1亿美元急剧增加到2016年末的3397亿美元。据期货资管网统计，截至2016年10月，我国境内153家期货公司资管产品规模2679亿元，考虑到一半左右是通道类业务，因此，我国实际的CTA基金产品估计在1300亿元。期货投资基金主要是指公募期货投资基金（futures public fund），是一种用于期货专业投资的新型基金，其具体运作与共同基金类似，大多数采用公司型基金的组织形式，主要面向中小投资者。投资者可以购买基金公司的股份，就如同购买股票或债券共同基金的股份一样，只不过期货基金购买和出售的是期货和期权合约而非股票和债券。

2. 期货投资基金的交易策略

为实现分散化投资，期货投资基金多数采用多重策略，是系统型和机会型的基金。期货投资基金的投资策略可以划分为很多种：①系统型投资策略和自由式投资策略；②技术分析投资策略和基本面分析投资策略；③分散型投资策略和专业型投资策略；④中短期策略和长期投资策略；⑤单CTA投资策略和多CTA投资策略等。在美国，使用最为频繁的策略有多CTA策略、系统型策略、技术分析和基本面分析相结合的投资策略。

在投资策略的使用上已经呈现出了一种趋势，就是投资决策模型和计算机辅助投资决策系统越来越多地被期货投资基金和CTA所使用，投资决策系统可以使基金尽可能地避免由于管理者主观偏见而造成的决策失误，拥有先进的投资决策模型和系统已经成为CTA

的核心竞争力所在。

(三) 对冲基金

1. 对冲基金概述

对冲基金（hedge fund）是一种以私人合伙企业或离岸公司的形式组成的投资工具，构造对冲基金的目标是为了给它们的投资者带来高于平均水平的收益。对冲基金通常被称作备择投资或备择投资工具，它们经授权管理的资产并不局限于普通权益或是固定收入的投资。对冲基金是随着金融管制放松和金融创新工具的大量出现而逐步兴盛的，特别是20世纪90年代以来，经济和金融全球化趋势的加剧，对冲基金获得快速发展。1990年，美国仅有各种对冲基金1500家，资本总额不过500多亿美元。根据Preqin公布的对冲基金规模数据，截至2018年三季度，全球对冲基金管理的资产规模为3.62万亿美元。

对冲基金不像传统基金有义务向有关监管部门和公众披露基金状况，它们的资料主要依赖基金经理自身，不是基于公开披露的资料。

2. 对冲基金交易策略

对冲基金可以运用多种投资策略，包括运用各种衍生工具如指数期货、股票期权、远期外汇合约，同时也可在各地的股市、债市、汇市、商品市场进行投资。与特定市场范围或工具范围的商品期货基金、证券基金相比，对冲基金的操作范围更广。

概括来说，对冲基金最主要的投资方式就是卖空和杠杆交易。对冲基金的投资策略主要分为以下几个大类：

(1) 方向性策略：包括股票多头/空头、期货多头/空头和全球宏观。之所以称为方向性策略，是因为基金都极力在各自的市场上进行方向性的买卖。

(2) 事件驱动策略：包括兼并套利、困境投资以及特殊境况投资。事件驱动策略的共同点是投资集中于特定公司的证券，这些公司正在经历或将要经历重大的事件或者转变。这些所谓的公司事件包含破产、重组收购、合并、资产剥离等任何有关的内容。

(3) 相对价值套利策略：可转换套利和固定收益套利。这一类型的基金认为，一种证券的价格被高估，而另外一种证券的价格被低估，于是对这两种相互之间存在联系的证券采取对冲交易。

对冲基金与期货投资基金的CTA策略有相近之处，但是也存在以下三点主要区别：①期货投资基金交易全部发生在期货市场，而对冲基金的交易和资产投资大部分发生在全球股票和债券市场。②对冲基金一般都有基本的投资方向，而大多数的期货投资基金更多地倾向于技术上的突破和领先，他们利用这些技术来辨别交易和投资的趋势。③大多数期货投资基金交易员遵循系统的方法和技巧，而全球宏观对冲基金管理人更倾向于自己的判断。

三、基本面型交易策略

基本面型交易策略依据预测价格变化的方法不同,可以分为宏观型交易策略、行业型交易策略、事件型交易策略和价差结构型交易策略。

(一) 宏观型交易策略

宏观型交易策略是投资者通过分析宏观经济的发展状况作出交易决策,交易头寸持有的时间一般长达 1 年或几年以上。采用宏观型交易策略的典型投资者有商品指数基金和宏观对冲基金等。

商品指数基金是通过被动地跟踪商品指数,以达到抵御通货膨胀和美元贬值风险的目的,采取买入并持有的策略投资于商品市场,来获取商品市场的平均收益。宏观对冲基金通过对商品市场的价格波动进行杠杆对冲交易,来尝试获得尽可能高的正投资收益。

全球宏观对冲基金交易可被分为直接定向型交易和相对价值型交易两大类。定向型交易指经理们对一种资产的离散价格的波动情况交易,比如做多 WTI 原油或做空黄金;而相对价值型交易指通过同时持有一对类似资产的多头和空头,以期利用一种已被发现的相对价格错位来盈利,比如在持有新兴国家的股指多头的同时做空美国股指。

例如,NYMEX 原油价格从 2003 年年初 26 美元/桶上涨到 2008 年 7 月最高达 147.25 美元/桶,期间商品指数基金和宏观对冲基金长期持有大量的原油多头。主要原因有美元贬值、通货膨胀以及世界经济的复苏与"金砖四国"的强劲增长导致对原油需求的增加。

(二) 行业型交易策略

行业型交易策略是投资者通过分析某一行业的发展变化作出交易决策,交易品种一般固定在某一个行业或某一个类。行业周期性交易策略主要依据行业周期性指标来决定交易方向,按照时间的长短来分,可以分为长周期交易策略和短周期交易策略。有些商品的产业周期很长,有些商品的产业周期较短。如原油和金属,它们的供应周期较长,需要从地质勘探、道路电力等基础设施建设、开采到提炼才能形成产品,往往需要数年时间。农产品的产业周期较短,一般是一年一季,有的品种甚至是一年多季,季节性波动常常是影响农产品价格的主要因素。行业型交易策略在基本分析中占据非常重要的地位,因此需要将长周期和短周期两种情形分开介绍。

1. 长周期交易策略

在长周期交易策略中,常用一些行业的关键指标来决定交易方向,行业关键指标高低趋势变化正面或侧面反映了供给和需求的变化趋势,直接或间接反映了该行业的供需紧张状况，从而为未来的价格发展指明方向。如基本金属的精矿加工费用就是反映金属矿的供应紧张指标，精矿加工费用低说明该金属矿供不应求，精矿加工费用高说明该金属矿供大于求。

例如，锌精矿的加工费用在2015年下半年和2016整年持续下跌，说明锌的供应在收紧，因此可以对锌采取做多策略。随后LME锌期货在2016年1月触及局部最低点1463点，之后持续上涨两年，并在2018年2月达到局部最高点3581点[①]。

2. 短周期交易策略

短周期交易策略主要是应用在农产品的季节性上，相对而言农产品的季节性因素非常明显。

（三）事件型交易策略

事件型交易策略往往依赖于某些事件或某种预期引发的投资热点，虽然这种策略具有很大的风险性，但在明确的预期下，市场情绪容易启动，带动相关价格出现快速上涨或下跌，快速实现收益，因此很容易引发市场的广泛关注，也成为很多投资者乐于采用的交易策略。这是一种自下而上的投资方法，仅仅关注事件本身的进展，不会因为宏观趋势不利而改变交易。期货市场上的基本面事件包括气候灾难、病虫危害、生产事故、进出口事件、关税政策、收储抛储等，交易事件如强制平仓、保证金变化、合约换月、交割规则变化等。

【例8-5】2008年初，一场历史罕见的冰冻灾害袭击了广西大部分地区，受灾害影响部分甘蔗腐烂坏死现象出现，蔗种损失严重，产区救灾会议上作出了减产180万吨的预计，糖价强势拉升，白糖现货最高时达4000元/吨，而期货远月合约价格则达到了5300元/吨的高位。到2月22日，广西持续了一个多月的低温天气开始转晴，灾害天气宣告结束，糖价又开始大跌。

（四）价差结构型交易策略

价差结构型交易策略主要是根据交易品种的期货和现货、不同月份合约以及相关品种之间的价格偏差水平来决定采用的交易策略，它依据的是均值回归原理，即假定价差会向历史平均值回归。一般是在价格低估的时候买入，价格高估的时候卖出。这种策略包括期现价差交易策略、月间价差交易策略、内外价差交易策略、相关品种价差交易策略。例如商品指数基金在运作过程中，愿意持有商品多头的主要因素就是持有现货升水的期货品种，可以获得展期收益。

【例8-6】2008年4月25日，国内橡胶期货出现历史性的价差结构，表现为近月高升水。沪胶Ru0805与Ru0809之间的价差达到1740元/吨，近月标胶比复合胶低1710元/

---

① http://www.enanchu.com/goto_articleDetail_126458.shtml.

吨左右,处于历史性低位,在这种情况下单边买 Ru0809 是一种较好的策略(见表 8-5)。

表 8-5　　　　　　　　　　　　　橡胶价差

项目	期现价差	月间价差	内外价差
	现货 - Ru0805	Ru0805 - Ru0809	Bu0805 - 复合胶
价差	22	1740	-1710
价差均值	12	-226	-1118

四、技术型交易策略

技术型交易者只重视价格,其核心理念是认为市场行为反映一切,因此技术型交易决策本质上是基于交易价格本身的变化,主要有跟随趋势型策略和反趋势型策略两种。

市场趋势有三种:上升趋势、下降趋势和横向延伸趋势。横向延伸趋势更通用的说法是"没有趋势"。每一种交易策略都有适合自己的市场环境,跟随趋势交易者在上升或下降的趋势中表现更好,而反趋势系统在无趋势的市场状态下表现较好。

(一)跟随趋势型交易策略

采用跟随趋势型策略的交易者通常被称为趋势交易者。趋势交易者主要研究和判断市场是否有趋势,趋势是向上还是向下以及趋势是否结束。该类型投资者多采取动量交易策略。趋势按时间划分,有持续几分钟的日内趋势,也有持续数日、数周、数月甚至数年的长期趋势。日内交易者和隔夜交易者都可以是趋势交易者。趋势交易者常用的工具有趋势通道、支撑位和阻力位、移动平均线、价格形态等。跟随趋势型策略的优势是,趋势确立后,跟随趋势比较容易操作;局限性是趋势的判断比较困难,趋势运动的时间相对较少。

(二)反趋势型交易策略

采用反趋势型策略的交易者主要研究和判断市场的支撑与阻力,当价格回落到价格运动区间的支撑位时买入。当价格上升到区间的阻力位时卖出,一旦市场的支撑与阻力失效,反趋势交易就需要止损。反趋势交易者常常需要研究支撑和阻力价格水平、趋势线、移动平均线、价格形态等,判断市场的趋势是否发生变化。反趋势型策略的优势是一旦抄底抛顶成功,对随后的交易管理非常有利,盈利同样可观;其局限性是要能做到抄底抛顶需要非常深厚的功底,实践中成功率也比较低。

跟随趋势和反趋势都是针对特定级别的趋势而言,或者是投机者关注的那个级别的趋势而言。在一个小级别趋势中,投机者可能是反趋势的,但是在更高级别趋势来看,可能是跟随趋势的。在实际交易中很难说一个投资者是趋势交易者还是反趋势交易者,投资者往往既采用跟随趋势交易策略,也会采用反趋势交易策略,具体采用哪种策略,取决于投资者对市场状态的理解和投资者的交易习惯。

第三节 套利交易策略分析

一、套利交易概述

期货套利交易是一种风险相对低、收益较为稳定的投资方式,比较适合追求稳定收益的投资者。随着国内市场品种的逐渐增加和投资者水平的不断提高,套利交易作为一种重要的交易方式,已经受到越来越多的投资者关注。

(一)套利交易的优点

套利交易是指利用相关市场或相关合约之间的价差变化,在相关市场或相关合约上进行交易方向相反的交易,以期价差发生有利变化而获利的交易行为。

在进行套利交易时,投资者关注的是期货合约之间的相对价格即价差的变化,不是绝对价格的变化。套利交易主要有三个特点:套利交易是根据不同合约的相对价格变动来获取收益;套利交易分析的是相关合约之间的价差变化因素;套利交易要同时对相关品种合约进行方向相反的对冲交易,交易者同时持有多头头寸和空头头寸。

套利交易在本质上是一种对冲交易。一般情况下其价差的波动幅度较价格的波动幅度要平缓些,因此套利交易的风险和收益相对投机交易稳定。套利交易作为一种相对稳定的投资方法有以下优点:

(1)相对低的波动率。一般情况下,相对于绝对价格的波动来说,价差通常具有更低的波动率,因此套利者面临的风险更小。

(2)价差比价格更容易预测。期货价格的波动率较大,影响因素很多,不容易预测。在牛市中,期货价格可能会涨得很高,而在熊市中,期货价格可能会跌得很低。期货价格的变化一方面给期货交易者提供了广阔的获利空间,另一方面投资者也会因判断失误而面临较大的风险。而价差则不同,由于商品期货具有特有的持有成本,它会围绕持有成本上下波动,当价差偏离持有成本太远时,在各种力量(投机者、套期保值者和套利者)的作用下,一般最终会回归到合理范围内。正因为价差波动范围的有限性,使得判断价差波动比判断价格变化要容易。

(3)更有吸引力的风险收益比。与单边投机相比,套利交易可以提供一个更有吸引力的风险收益比。虽然套利收益不是很高,但是成功率高,这是由价差的有限风险以及更低的波动率带来的好处。套利交易的是价差,由于投机力量在不同期货合约上的力量不均衡，往往容易产生不同的合约之间的价差扭曲，价差扭曲程度越高，套利交易的获利空间也就越大。也可以说，不理性的投机交易是套利交易获利的根源。

总的来说，期货套利交易有收益稳定、低风险的特点，比较适合风险偏好低的稳健投资者采用，同时也十分适合机构大资金的运作。

（二）套利交易的影响因素

一个相对有效的市场中，在多种市场因素的影响下，相关的期货品种之间和同一品种不同的期货合约之间有合理的价差关系，有时市场受某些因素冲击，会出现价差关系偏离正常水平。如果投资者预期在一段时间后价差关系会回归到正常水平，就可以进行套利交易，获取套利收益。因此，分析价差的扭曲和回归是专利交易关注的核心。下面对影响各种价差关系的主要因素进行分析。

（1）季节因素。由于商品的产出和需求在一定时间（如一年）内具有相对固定的波动规律（这种波动规律与市场长期走势的叠加构成了市场运动的具体形态），从而使不同季节期货合约的价格表现有强有弱。一般来说，需求旺季的合约价格相对较高，生产供应季节的合约价格相对较低。

（2）持仓费用。期货品种的仓储费用、交割费用和资金成本等费用相对稳定，在匡算好费用总和的基础上，如发现某一商品不同月份合约价差与总费用的价差不合理时，就可以找到套利的机会。

（3）进出口费用。当某一国际化程度较高的商品在不同国家的市场价差超过其进出口费用时，可以进行跨市场的套利操作。进出口费用一般包括关税、增值税、报关检疫检验费用、信用证开证费、运输费用、港杂费等。完成交易的方式可以是对冲平仓，也可以是进口货物交割。

（4）价差关系。利用期货市场和现货市场价格的偏离，可以寻找到低风险的套利机会。在商品产地现货价格确定的情况下，匡算好运输费用、仓储费用、交割费用、资金成本等费用，可以进行购入现货或者预定现货，同时卖出相应的期货合约的套利操作，赚取期现价差超出运输仓储、交割成本的差额利润。

（5）库存关系。库存的变化对于近远期合约的价差变化影响比较明显。一般情况下库存紧张能够导致近期合约相对于远期合约的价格快速走强；而库存压力更多的是导致价差的逐步变化，并呈现远强近弱的格局。

（6）利润关系。原料与原料的下游产品之间有着生产利润关系，利润的高低往往影响到商品产量的变化，从而影响到原料与原料下游产品间的价格变化。例如原油与成品油之间就有一定的炼油毛利关系，国内大豆与豆粕、豆油存在着压榨利润关系。理论上，如果以 DCE 市场上的大豆、豆粕、豆油期货价格计算出来的压榨利润值过高或过低时，即可进行大豆、豆粕和豆油三者之间套利操作。

（7）相关性关系。在一定时期内，某些商品间由于在使用上可以相互替代，因此通常存在相对固定的比价关系。比如说,玉米与大豆在饲料用途上可以替代,当玉米比大豆的相对价格高时,种植者将选择多种玉米,消费者将多选择大豆,使玉米的供给相对增加需求相对减少,从而提高大豆对玉米的比价,反之亦然。

以上这些因素是形成期货相关合约价差关系的基础,在了解了这些因素以后,我们可以对各种期货合约之间具体的价差关系进行分析。

二、期现套利

期现套利是指利用期货市场与现货市场之间的不合理价差,通过在两个市场上进行反向交易,待价差趋于合理而获利的交易。即利用现货交割及持仓成本与期货的差价进行套利交易。其理论依据来源于持有成本理论。理论上期货价格应该高于现货价格,但因为有持仓成本这个上限,期货价格不可能无限制地高出现货价格。当期货价格与现货价格的价差高于持仓成本,就会有人买进现货,卖出期货,最终会促进价差重新回归到正常区间水平。

当期现价差位于持仓成本上下边界之间时,无法进行期现套利,因而将这个上下边界之间称为"无套利区间"(见图8–1)。在期现套利中,确定了"无套利区间",便可寻找套利机会。

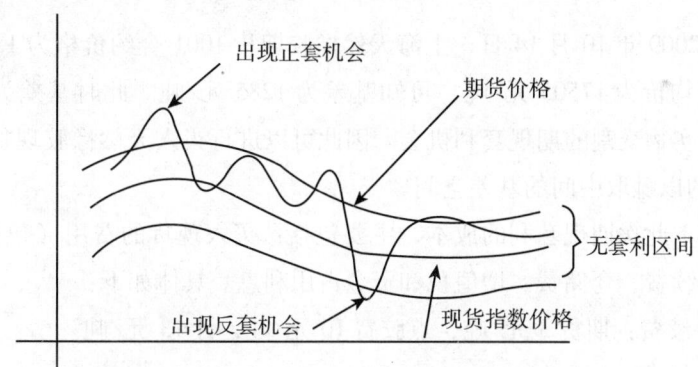

图8–1 套利期现无套利区间

(一)正向期现套利

当期货价格对现货价格的升水大于持有成本时,套利者可以实施正向期现套利,即在买入(持有)现货的同时卖出同等数量的期货,等待期现价差收敛时平掉套利头寸或通过交割结束套利。

一般来说,正向期现套利比较适合商品的生产厂家和贸易中间商。因为正向期现套利如果进入现货交割阶段,需要投资者卖出现货,生产厂家和贸易中间商的经营目的就是卖出商品,两者的交易流程是同方向的。

因为是期现套利,所以持有成本以持有现货到期交割为基础。一般会发生交易手续费、运输费、交割费、仓租费、增值税及资金利息等费用。每个地方的具体情况不同，各项费用往往各异。

（1）交易和交割手续费。

（2）运输费用。

（3）检验费。注册仓单时，实物必须首先经过检验。检验费由卖方承担，买方无须支付检验费用。

（4）入库费。火车、轮船、汽车的入库费用各异，而不同交割仓库的出入库费用也不同。

（5）仓租费。各个商品的仓储成本要按照各交易所的规定。

（6）增值税。商品期货进行实物交割卖方还需要缴纳增值税。

（7）资金利息。购买现货的资金和期货的保证金的利息。

（8）仓单升贴水。交易所还对不同的交割仓库，不同品质的品种规定了详细的升贴水情况，具体参考交易所。

综合以上分析，我们可以得到正向期现套利的持有成本计算公式：

$$正向期现套利持有成本 = 交易手续费 + 交割手续费 + 运输费 + 入库费 + 检验费 + 仓单升贴水 + 仓储费 + 增值税 + 资金占用费用$$

【例8-7】2009年10月14日，上海天然橡胶期货1001合约价格为18790元/吨，当日天胶现货成交均价为17505元/吨，可知基差为1285元/吨。此时基差为负值，且绝对值偏高，出现了实物交割的期现套利机会。因此可以进行买入天然橡胶现货，并相应抛售在1001期货合约以赚取中间的基差空间。

简要计算一下此次期现套利的成本，主要包括：买入现货的费用（包括运费）、交易手续费、交割手续费、仓储费、增值税和资金占用利息。具体如下：

（1）交易手续费：期货3元/吨，点胶费10元/吨，计13元/吨。

（2）交割手续费：4元/吨。

（3）过户费：10元/吨。

（4）入库费：15元/吨。

（5）取样检验费：6元/吨。

（6）仓储费：$90 \times 0.8 = 72$（元/吨）（仓储时间以90天计算，0.8元/天·吨）。

（7）增值税：$1285/(1+13\%) \times 13\% = 148$（元/吨）（实际上不一定是1285元/吨）。

（8）异地交割仓库与基准地上海仓库的运价贴水标准：280元/吨。

（9）期货保证金利息：$18790 \times 12\% \times 5.31\%/4 \approx 30$（元/吨）（设定期货保证金为12%）。

（10）现货资金利息：$17505 \times 5.31\%/4 \approx 232$（元/吨）（设定年利率为5.31%）。

因此，套利成本共计810元/吨，本次交易的利润 = 期现基差 - 套利成本 = 475（元/吨）。

（二）反向期现套利

反向套利是构建现货空头和期货多头的套利行为（在期现套利中就是空基差）。由于现货市场上不存在做空机制，反向套利的实施会受到极大的限制。在现实中，通常是拥有现货库存的企业为了降低库存成本才会考虑实施反向期现套利。这是因为在现货市场上卖出现货，企业不仅能够获得短期融资，而且可以省下仓储成本。当期货相对于现货的升水过低甚至是贴水的时候，企业就可以考虑反向套利以降低其库存成本。

（三）期现套利的注意事项

（1）商品必须符合期货交割要求。商品的质量标准是期现套利的重中之重。因为交割是实现期现正向套利的基础，一旦这个基础被破坏，那么期货市场上将面临巨大的敞口风险。

（2）要保证运输和仓储。注册仓单的时间点对于套利的效果起到很重要的作用。过早地把货物运到交割仓库，就会多交仓储费，利润会大打折扣；过晚则容易导致交割不成功。所以对投资者的运输条件和仓库的发货装车能力要求非常高。这需要投资者以及期货公司与仓储部门有长期的良好合作关系，要做到计划周密，使得交割商品能够装得上、运得出。

（3）有严密的财务预算。要保证套利交易成功，就要对所有环节所发生的费用有一个严密的预算，特别是对仓单成本要计算周密，另外，财务安排上要为期货保证金的追加做充分预留。

（4）注意增值税风险。对于进行正向期现套利的投资者，最后进行现货交割时，需要向买方提供增值税发票。因为商品的最终成交价格是按照最后一个月的结算价格计价，是套利方案开始时无法预估的，因此增值税是正向套利持有成本中唯一的变量。如果套利期间商品价格大幅上涨，将大大提高商品的结算价，使得套利投资者需要支付更多的增值税额，造成利润缩水。

理论增值税暂时是按建仓价位与交割结算价的差额×13%计算（13%税率视品种而定）。

$$实际增值税 = [按建仓价位与交割结算价的差额/(1+0.13)] \times 0.13$$

三、跨期套利

所谓跨期套利，是指在同一市场（即同一交易所）买入（或卖出）某一交割月份期货合约的同时，卖出（或买入）某一交割月份的同种商品期货合约，以期在两个不同月份的期货合约价差出现有利变化时对冲平仓获利。

跨期套利的理论基础：

（1）随着交割日的临近，基差逐渐趋向于零。

（2）同一商品不同月份合约之间的最大月间价差由持有成本来决定。

理论期货价格＝现货价格＋运输费用＋持有成本

远期合约期货价格≤近期合约期货价格＋持有成本

持有成本＝交易费用＋增值税＋仓储费＋存货资金占用成本＋其他费用

理论上不同月份合约间的正常价差应该小于或者等于持有成本，否则就会出现套利机会。

（一）事件冲击型套利

事件冲击型套利主要是由于某一事件的发生对近月和远月的价格波动影响不同，从而出现月间价差变化，依据事件的发生建立买近卖远或买远卖近的跨期套利交易就是事件卡冲击型套利。事件冲击型套利可以细分为以下几种：

（1）挤仓。发生挤仓的合约一般情况下为近期合约，包括多头挤仓和空头挤仓两种情况。一般情况下多头挤仓产生资金性溢价，空头挤仓产生仓单压力贴水。当某个月份的空头或者多头受较大的资金推动或者仓单压力的影响，会导致这个月份的期货合约相对其他月份的期货合约价格产生资金性溢价或者仓单压力的贴水，这是一种跨期套利机会。

对于投资者来说，当辨识出潜在的挤仓行为时，可以买进或者卖出挤仓合约并在其他合约上进行对冲。如果是多头挤仓，可以进行买近期卖远期的正向套利，如果是空头挤仓，可以进行卖近期买远期的反向套利。

（2）库存变化。库存的变化对于近远期合约的价差变化影响比较明显。一般情况下库存紧张能够导致近期合约相对于远期合约的价格快速走强，而库存压力更多的是导致价差的逐步变化。关注库存因素对于市场的影响，需要重点了解的是一个品种的正常库存波动区间，只有当库存超过了正常的库存波动区间的时候才能够影响合约的价差变化。

（3）进出口问题。进出口问题影响的是市场中短期的供求关系，与市场本身的库存变化也有密切的关系。对于国内商品期货系列来说，包括豆类油脂进出口问题、金属进出口问题。

以大豆进口为例，2017年我国大豆进口量达9554万吨，全年大豆消费量近1.1亿吨，大豆进口量已经占国内消费总量的86%，大豆进口量的变化对国内大豆价格变化影响巨大[1]。当大豆出现进口受阻甚至中断的时候，将使国内后期的大豆供求关系发生明显的变化，从而导致对应月份期货合约价格的大幅度变化。尤其是当库存处于相对的低位区间，没有可以用来缓冲的库存，大豆进口问题对于对应合约月份的价格影响将更为明显。总体来说，库存和进出口问题反映的都是中短期供求关系的差异变化，会导致月间价差出现一定程度的变化。

【例8-8】2009年9月，因塑料社会库存相对偏少，基差转向正值，同时塑料期货上

---

[1] https://www.chyxx.com/industry/201805/638760.html.

的库存仅为5000多吨，且5000多吨仓单基本上是已经掌握在多头手中。塑料期货仓单还有一个问题就是注册时间长，根据现货商的仓单注册经验，IDPE期货标准仓单的生成需要经过预报、验收、指定仓库签发和交易所注册等环节，到最后成功生成一般需要一个多月的时间。

多头主力根据社会库存少和期货仓单短期难以注册的情况，大举持有快要到期的近月塑料多头，形成近月合约强于远月合约格局。

从9月下旬开始，塑料期货的库存基本没有继续流入，随着交割日期临近，近月投机空头被迫砍仓，导致塑料0911和1001合约价差快速拉开，这种库存和持仓变化导致的月间价差变化，为投资者提供了很好的月间套利机会。

（二）结构型跨期套利

结构型跨期套利一部分反映的是供求关系的影响，但更多是反映市场中参与者，尤其是投机者的偏好对价差的影响。当市场处于一个明显的投机性看涨氛围，由于投机者一般都喜欢参与远期合约，因此容易在远期合约上面形成投机性溢价。

比较明显的一种情况是，当国际市场大幅度上涨的时候，国内市场受其影响会形成比较浓厚的看涨氛围，但国内市场的基本面很多情况下有其独特性，这样就容易导致国内近期合约和远期合约的差异。近期合约受国内现实供求关系的影响表现疲弱，而远期合约却受整体看涨氛围的影响，投机性多头大量参与，从而有利于反向跨期套利。

【例8-9】PVC期货合约价差变化。2009年7月，国内外商品市场在强烈的通胀预期推动下，价格出现了较大幅度上涨，PVC亦成为资金追捧的对象。但是PVC消费并不非常强劲，库存持续高位。在现货疲弱，但市场看涨气氛又很浓厚的环境下，远月合约往往会成为资金追捧的对象。从7月17日开始至7月28日，资金不断流入0911合约，PVC0911合约价格从7025元/吨价格涨至7270元/吨，0911合约上涨幅度为245元/吨。而同期的PVC0909合约价格从7000元/吨涨至7065元/吨，上涨幅度仅为65元/吨，若是进行买0911合约抛0909合约的套利交易并可收益180元/吨。

（三）正向可交割跨期套利

正向可交割跨期套利，是指同一期货品种，当其远期和近期合约的价差大于其持有成本时，出现的买近期抛远期的套利机会。由于远期合约与近期合约的价差不可能偏离持有成本太远，正向可交割跨期套利交易的风险相对较小。进行交割的正向跨期套利也是一种期现套利，即到期把注册仓单进行交割，从而获取价差收益。

进行正向可交割跨期套利的核心在于持有成本的计算。当某一期货品种月间价差大于持有成本时，就可以考虑进行正向可交割跨期套利交易。

在进行正向可交割跨期套利中，亦可能面临其他风险：

（1）财务风险。在交割套利中，仓单要持有到交割日，随着交割日的临近，保证金比率将大幅提高，交易保证金将要占用大量资金。

（2）交割规则风险。注销仓单不能交割到下一月份。例如螺纹钢期货仓单的有效期为3个月，过了有效期，仓单就要注销；PVC仓单注销时间为每年的3月份。

（3）增值税风险。期货交割由交割卖方向对应的买方开具增值税专用发票。增值税专用发票由双方会员转交、领取并协助核实。由于交割价格是不能提前确定的，在开始建立头寸之前增值税是无法准确计量的，交割价格的变动带来了增值税变动的风险。

【例8-10】2008年9月22日，郑州交易所棉花0901合约（13185元/吨）和0903合约（13470元/吨）价差达285元/吨，通过计算棉花两个月的套利成本在203.08元/吨（见表8-6~表8-8），这时存在着很好的跨期套利机会，即买入棉花0901合约，卖出棉花0903合约。

（1）如果1~3月合约价差不缩小，那么以实物交割的方式操作为：

计算资金成本，2个月收益率=(285-203.08)/13185=0.62%。

（2）如果1~3月合约价差缩小，可以直接平仓获利，不必进行实物交割。其盈利率主要与价差缩小幅度有关。

表8-6　　　　　　　　　2008年9月棉花跨期套利成本估算

套利成本=仓租费+资金利息+交易、交割费用+增值税	
仓储费	内地仓库：0.60元/吨·天；新疆仓库：0.50元/吨·天
交割手续费	4元/吨（单方）
交易手续费	9.6元/吨（两次交易，手续费按实际收取为准，这里按交易所两倍收取）
年贷款利率	5.31%
增值税	暂时按建仓价位与交割结算价差/1.13×13%计算，按285元计算则为32.79
资金利息	交割结算价×5.31%×1/12（按近月合约的13185计算，为58.34，假设跨期套利收取单边保证金）

表8-7　　　　　　　　　一个月套利成本

仓储费	资金利息	交易交割费用	增值税	合计
0.6×30	13185×5.31%×1/12	9.6+4+4	285/1.13×13%	
18	58.34	17.6	32.79	126.73

表8-8　　　　　　　　　两个月套利成本

仓储费	资金利息	交易交割费用	增值税	合计
0.6×60	13185×5.31%×2/12	9.6+4+4	285/1.13×13%	
36	116.69	17.6	31.79	203.08

四、跨商品套利和跨市场套利

(一) 跨商品套利

跨商品套利是指利用两种或两种以上相互关联商品的期货合约的价格差异进行套利交易，即买入某一商品的期货合约，同时卖出另一相同交割月份、相互关联的商品期货合约，以期在有利时机同时将这两种合约对冲平仓获利。跨商品套利分为两种：一种是相关商品之间的套利，例如上交所的螺纹钢与线材套利、郑商所的菜油与大商所的豆油或棕榈油套利；一种是原料和原料下游品种之间的套利，如大商所的大豆和豆粕、豆油之间的套利。

1. 跨商品套利的基本条件

跨商品套利的理论基础与其他的套利交易相同。跨商品套利的主导思想是促使价格从非正常区域回到正常区域内。追逐商品价格之间的价差利润，需要具备一定的条件。

(1) 高度相关和同方向运动。进行跨商品套利的两种商品必须具备套利的基本条件，即高度相关和同方向运行。这样一次跨商品套利包含两项类似于对冲性质的反向操作，风险得到相当程度的屏蔽。

(2) 波动程度相当。真正意义上的跨商品套利不仅需要两种商品走势方向一致，还需要它们长期波动程度相当。

(3) 投资回收需要一定的时间周期。价格从非正常区域回到正常区域需要一定的时间，相应地，回收投资也需要一定的时间。

(4) 有资金规模的要求。表面上看，跨商品套利是在两种商品之间进行操作，一次跨商品套利包含了两项反向操作，对于保证金的要求也应该两倍于普通的投机操作。

2. 跨商品套利的特征

跨商品套利不是对一种商品的操作，而是对两种或者两种以上商品的操作，是套利交易中混合套利之外最为复杂的类型。随着价格影响因素的增多，一定程度上也增大了收益的风险性并扩大了操作的复杂性。其主要特征体现在以下几点：

(1) 出现套利机会的概率较大。由于跨商品套利是在不同商品之间进行的，尽管商品之间存在一定相关性，但是，相对于跨期和跨市套利来说，导致不同商品价格之间出现套利机会的因素更多，获利空间也将维持更长久时间。从这个角度出发，跨商品套利应该是套利类型当中最为灵活多变的类型。

(2) 相应风险较大。收益来源同时也是风险所在，跨商品套利也因此而添加了更多的投机色彩。其风险主要来源于不同商品具有不同的个体特征，它们的相关程度和同种商品相比相对较低，波动性也不一致，从而使得相对于跨期和跨市套利，跨商品套利中商品价差的变化区间并非一成不变，并且波动程度也更为剧烈。

【例 8-11】买 9 月豆粕、9 月豆油及卖 9 月大豆套利。

首先进行压榨利润分析。2007 年 3 月底,9 月大豆价格 3190 元/吨,豆粕价格 2630 元/吨,豆油价格 6570 元/吨。大豆压榨利润 = $2630 \times 0.8 + 6570 \times 0.165 - 100 - 3190 = -102$ (元/吨)(油厂加工费以 100 元/吨计)。期货压榨亏损为 102 元/吨,说明大豆价格偏高,已经进入可以操作的区域间。

然后进行风险分析。(1) 时间价值风险。时间价值风险是指价差可能在高位维持比较长时间,导致持有成本增加,这个主要考虑价差波动的节奏问题。从消费的季节性因素来看,3 月底一般是豆粕消费淡季,油厂豆粕库存压力十分明显,压榨利润处于亏损边缘,后期随着时间的推移,豆粕消费将逐渐转旺,压榨利润将有所好转。另外,整个压榨行业洗牌格局完成后,油厂的压榨利润波动将趋缓,这样将缩小压榨利润的波动区间。因此,时间价值风险不大。

(2) 9 月份的大豆季节性溢价风险。从目前国产大豆的消费格局来看,国产大豆消耗十分缓慢,后期的仓单压力不可小视。另外,9 月份大豆价格和进口大豆成本接近,根据国产大豆和进口大豆产出价值差,国产大豆价格相对偏高。

接着是收益分析。对于收益预期可以分为两部分,第一部分是压榨利润回归收益,如果压榨利润回归到零,则有 100 点左右的利润。第二部分是 9 月合约受仓单压力导致的溢价消失,这一部分一般要在 6~7 月份以后才开始体现,预期利润也在 100 点左右。

经过以上分析,最终的操作方式为:根据压榨套利模式,卖出 10 手大豆,对应买入 8 手豆粕、2 手豆油。套利收益回顾:压榨利润 100 点以上建仓,20 点附近平仓,每手压榨套利头寸获利 80 点左右。

(二) 跨市套利

跨市套利是指在某个市场买入(或者卖出)某一交割月份的某种商品合约的同时,在另一个市场卖出(或者买入)同种商品相应的合约,以期利用两个市场的价差变动获利。

1. 跨市套利的前提

(1) 期货交割标的物的品质相同或相近。
(2) 期货品种在两个期货市场的价格走势具有很强的相关性。
(3) 进出口政策宽松,商品可以在两国自由流通。

2. 跨市套利分类

从贸易流向和套利方向一致性的角度出发,跨市套利一般可以划分为正向套利和反向套利两种:如果贸易方向和套利方向一致则称为正向跨市套利;反之,称为反向跨市套利。例如,国内铜以进口为主,在 LME 做多的同时,在上海期货交易所做空,这样的交易称之为正向套利。相应的了结方式有实物交割平仓和对冲平仓两种。一般来说,正向套利是较常采用的一种跨市套利,而反向套利因具有一定的风险性,不建议经常采用。

总的来说，跨市套利交易风险相对较小，利润也相对稳定，是适合于一定资金规模的机构投资者和追求稳健收益的投资者的一种期货投资。

3. 跨市套利风险分析

虽然跨市套利是一种较为稳健的保值和投资方式，但依旧存在一定的风险因素。

（1）比价稳定性。比价关系只在一定时间和空间内具备相对的稳定性，这种稳定性是建立在一定现实条件下的。一旦这种条件被打破，比如税率、汇率、贸易配额、远洋运输费用、生产工艺水平等外部因素的变化，将有可能导致比价偏离均值后缺乏"回归性"。

（2）市场风险。市场风险主要是指在特定的市场环境下或时间范围内，套利合约价格的异常波动，处在这种市场情形之下的套利交易者如果不能及时采取应对措施，在交易所落实化解市场风险的措施过程中，可能会有获利头寸被强行平仓，留下亏损的单向头寸，从而导致整个套利交易失败。

（3）信用风险。由于国内禁止未经允许的境外期货交易，目前大多数企业只能采用各种变通形式通过注册地在中国香港或新加坡的小规模代理机构进行外盘操作，这种途径存在一定的信用风险。

（4）时间敞口风险。由于内外盘交易时间存在一定差异，因此很难实现同时下单的操作，不可避免地存在着时间敞口问题，加大了跨市套利的操作性风险。

（5）政策性风险。政策性风险或称系统性风险，指国家对有关商品进出口政策的调整、关税及其他税收政策的大幅变动等，这些都可能导致跨市套利的条件发生重大改变，进而影响套利的最终效果。

【例8-12】国内黄金期货市场受资金因素影响较大，因此当国内资金大量进入黄金期货市场，就会引起黄金期货价格剧烈波动，从而导致国内黄金期货价格与国际黄金价差拉开。一旦国内黄金期货价格与国际黄金价格的价差拉开1%以上，跨市套利资金就会进场操作。

2008年4月1日，国内黄金期货价格在下午盘出现大幅下跌，期金0812合约一度跌至198.11元/克，而此时COMEX黄金6月价格折算人民币报价为204元/克左右，国外与国内价差最大拉开至6元/克左右。

以当时价格198.11元/克计算，加上两者之间的手续费大致在0.24元/克。国内外黄金合理价差大致在±2元/克之间。根据两者之间的合理价差，一旦出现国内期货价格低于国外价格2元/克以下，就可以采取买入国内黄金期货，卖出国外黄金。反之，出现期货价格高于国外黄金价格2元/克以上，可采取卖出国内黄金期货合约，买入国外黄金。

当了解国内外黄金合理价差之后，套利资金大量进场，尾盘时段国内黄金期货价格大幅拉升至203.22元/克，COMEX6月黄金价格折算人民币报价降至203.65元/克，价差缩小至0.43元/克。若是在6元/克价差左右进行买国内黄金期货抛国外黄金期货的套利，当天平仓即可获得2.6%的收益率。

第四节　程序化交易策略分析

一、程序化交易概述

程序化交易（program trading）是指所有通过电脑和计算机软件程序进行自动下单的交易。任何可以自动采集分析素材、具有逻辑化的分析推理决策过程的交易系统都可以实现完全的程序化交易。

程序化交易系统要解决好数据、规则和交易者思想的协调问题。数据是最基本和最客观的信息，体现了供求关系的变化；规则是维持市场秩序的有力工具；交易者的思想是个性心理和知识体系的结合，因为他们的差异，产生了不同的行为，从而有了买卖的交易。

由此程序化交易产生了两个竞争的方向：一是提供程序化系统交易的软件平台，二是进行程序化交易过程的思想和方法。建造一个专业的程序化系统交易平台软件至少需要资讯、数据管理、公式编辑、测试平台和专业下单工具 5 项基本功能，还要有头寸调整函数、横向统计函数、历史财务函数、全市场历史测试和多系统兼容等功能。

程序化交易的优势是人工交易无法比拟的，它与人工交易的区别如表 8 - 9 所示。

表 8 - 9　　　　　　　　　　程序化交易与人工交易区别

项目	人工交易	程序化交易
市场变化处理方式	市场变化处理方式	预测市场变化
分析基础	基本面/技术面	技术面为主
投资报酬率稳定性	不稳定	比较稳定
专业能力需求	高	中
人才依赖度	高	中
服务工作时间	8～12 小时（人脑）	24 小时（电脑）
长期工作时间平均损失概率	高	低
交易记录与风险警示管理	人工手动	电脑自动
运算速度与执行能力	缓慢	快速/坚决
智慧与价值	人性智慧/无价	人工智能/有价
决策判断方式	感性/主观/恐惧贪婪	理性/客观/数据信号

二、程序化交易系统类型

按交易决策的类型,程序化交易可以分为策略型交易和数量型交易两大类别。策略型的程序化交易是将经验策略和交易思想用程序实现,交由电脑进行自动决策和执行,它主要使用一些技术指标,结合实战经验,按照程序化交易的原则设计交易策略,并将此交易系统写成程序,交付计算机自动执行。策略型的程序化交易适合中小投资者在市场上进行运用数量型程序化交易通过建立金融数量模型,利用计算机对资讯、行情、数据的实时高速计算,来自动发现交易机会、设定交易策略、完成交易执行。一般来说,数量型程序化交易的买卖数量巨大,往往同时操作多个市场多个品种,所使用的工具也比较复杂,多为大型机构使用,主要的策略有套利、组合决策等交易策略。数量型程序化交易是程序化交易的主流。

三、程序化交易系统设计

1. 程序化系统设计原则

(1) 真理性。程序化交易系统是系统设计者思想理念的浓缩,是系统设计者思想理念的物化表现形式。交易系统所表达的真理是一种社会科学的真理。在投资市场中,如果一种投资方法被广泛利用,那么,用该方法所建立的交易系统也有可能失灵。

(2) 稳定性。通俗地讲,程序化交易系统的稳定性就是它具有稳定的生存能力和稳定的获利能力。一个交易系统的稳定性通常包括以下几个方面的含义:①可以适合于各国市场;②可以适合于各个品种;③可以适合于各个历史时期;④可以捕获所有的原始波动。

(3) 简单性。在投资交易中运用的方法各式各样,但必须遵循简单性原则,在投资市场中简单的道理就是最适用的道理。同样,在设计交易系统的过程中,应该本着简单性的原则来设计交易系统。在指定交易策略时如果加了过多的条件限制,将会导致交易系统信号过少的情况产生。首先这不符合信号数量的统计要求,其次容易造成小概率事件的发生,造成以点代面、以偏概全的情况。

2. 程序化交易系统设计步骤

设计程序化交易系统分为以下八个基本步骤:

(1) 交易策略的提出。交易策略的形成可以有两种截然不同的方式,即从上到下和从下到上。所谓从上到下,是指根据市场的长期观察而形成某种理论认识,再基于这种认识而形成某种战略战术;所谓从下到上,是指从市场统计数据出发,根据统计特征而寻找对应的战略战术。无论是从上到下,还是从下到上,历史上都有著名的成功战例和成功的投资家。从系统交易的观点看,从上到下形成的交易策略思想比从下到上形成的交易策略思想具有以下优点:①有利于把握局部亏损与全局失败的关系;②有利于交易系统的风险控制；③有利于交易系统的维护与修改。

（2）交易对象的筛选。期货合约都可以作为系统的交易对象，作为系统交易对象的期货合约，必须做如下的检验，以决定是否具有可交易性：①检查是否具有足够的流动性；②检查是否具有足够长的交易历史；③检查是否具有充分的信息源；④检查是否具有足够多的市场参与者。

（3）交易策略的公式化。交易策略的公式化是指将交易策略思想转化成精确的数学公式或计算机语言公式，使之成为计算机可识别并可检验的公式系统。交易策略的公式化过程主要包括：①定义交易规则；②交易策略的定量化；③编写计算机程序。

（4）程序化交易系统的统计检验。"接近实战"是交易系统检验的基本原则，确定好系统检验的统计学标准和系统参数后，系统研究者应根据不同的系统参数对统计数据库进行交易规则的测试，其检测结果应注意包括以下几个方面：净利、最大盈利交易和最大亏损交易、最大连续盈利次数与最大连续亏损次数、最大投资本金损失幅度、总交易次数、盈利次数比率与亏损次数比率、平均盈利额对平均亏损额之比等。

当然，系统检验远不止这些内容，研究者根据需要可以设置绩效表现、获利能力、稳定性、交易频率、风险收益比等指标进行检验。

（5）交易系统的优化。它是指对交易系统的参数值做进一步调试使之达到最佳状态的过程。交易系统的优化可选择在交易系统完成初步计算检验，并确认具有实用价值之后进行。

（6）交易系统的外推检验。它是指在对交易系统的所有参数全部固定之后，使用统计检验期间之后的市场数据（包括多重市场数据），再次对交易系统按检验规则进行计算机检验，然后对交易系统外推检验与原有统计检验的评估报告进行比较，观察是否有显著变化。

（7）实战检验。当一个交易系统完成了严格的统计检验及外推检验（或多重市场检验）后，便可运用于实战，系统使用者在实战中使用交易系统时，首先要做好实战交易记录。做好交易记录的一个目的在于事后进行统计分析，统计分析可以帮助投资人克服心理障碍，保持投资心态稳定，这一点很容易被大多数投资人忽略。

（8）监测与维护。进行交易系统的监测与维护工作的目的是，观察交易系统的设计思想是否与市场特性逐步偏离，监测工作的基础是完备的实际交易记录。因此，交易系统的监测与维护是以交易系统的实际使用为基础，其分析基础是完备的交易实战记录。

【思考与练习】

1. 套期保值在实际应用中会产生的问题有哪些？
2. 相关的大宗商品企业如何控制套期保值的盈亏点？
3. 阐述内因套利建模的步骤。

第九章 大宗商品交易商业模式创新

第一节 大宗商品在货物贸易中的应用

一、基差定价

（一）基差定价概述

基差是指某一特定商品在某一特定时间和地点的现货价格与该商品在期货市场的期货价格之差，即：基差＝现货价格－期货价格。参照物不同，基差结果不同。由于期货价格和现货价格都是波动的，在期货合同的有效期内，基差也是波动的。理论上认为，期货价格是市场对未来现货市场价格的预估值，两者之间存在密切的联系。由于影响因素的相近，期货价格与现货价格往往表现出同升同降的关系；但影响因素又不完全相同，因而两者的变化幅度也不完全一致，现货价格与期货价格之间的关系可以用基差来描述。

基差的变化对套期保值的效果有直接的影响。从套期保值的原理不难看出，套期保值实际上是用基差风险替代了现货市场的价格波动风险，因此从理论上讲，如果投资者在进行套期保值之初与结束套期保值之时基差没有发生变化，就可能实现完全的套期保值。因此，套期保值者在交易的过程中应密切关注基差的变化，并选择有利的时机完成交易。同时，由于基差的变动比期货价格和现货价格各自本身的波动要相对稳定一些，这就为套期保值交易提供了有利的条件；而且，基差的变化主要受制于持有成本，这也比直接观察期货价格或现货价格的变化方便得多。

当套期保值者没能找到与现货头寸在品种、期限、数量上均恰好匹配的期货合约，在选用替代合约进行套期保值操作时，由于不能完全锁定现金流，就产生了基差风险。基差的不确定性被称为基差风险，降低基差风险实现套期保值的关键是选择匹配度高的对冲期货合约。基差风险与对冲平仓时的基差直接相关，当投资者持有现货，持有期货短头寸对冲，对冲平仓日基差扩大，投资者将盈利；相反，当投资者未来将买入某项资产，持有期货长头寸对冲，对冲平仓日基差扩大，投资者将亏损。

基差分为负数、正数及零三种市场情况：

（1）基差为负的正常情况。在正常的商品供求情况下，参考价持有成本及风险的原因，基差一般应为负数，即现货价格应小于该商品的期货价格。

（2）基差为正数的倒置市况。当市场商品供应出现短缺、供不应求的现象时，现货价格高于期货价格。

（3）基差为零的市场情况。当期货合约越接近交割期，基差越来越接近零。

基差定价可以定义为一种交易模式，买卖双方在合同订立时不确定具体成交价格，而只是约定在未来的某一时间对合同标的物进行实物交收，并规定以交货之前的某一时间期货市场的标的物期货价格为基准，加上双方事先达成的期现货之间的价差（基差）确定销售价并进行货款结算。经典的基差定价在买卖合同订立的同时，买卖双方会根据市场情况选择时机在期货市场对该合同项下的货物进行套期保值，并在期货价格"点价"的当天通过期货转现货交易完成套期保值头寸的了结。

基差交易是进口商经常采取的定价和套期保值策略。它是指进口商用期货市场价格来固定现货交易价格，从而将转售价格波动风险转移出去的一种套期保值策略。用这种方法，进口商在与出口商谈判时，可以暂时不确定固定价格，而是按交易所的期货价格固定基差，由进口商在装运前选择期货价格来定价。一旦进口商选择了某日的期货价格，则他同时会在期货交易所建立空头交易仓位。等到转售货物时，进口商再以等于或大于买入现货的基差价格出售货物，并在期货交易所以多头平仓。这样，无论期货价格如何变化，进口商都不会在现货交易中受到任何损失，而且如果卖出现货的基差大于买入现货的基差，进口商还会取得基差交易的盈利。

例如，美国贸易商向国外油厂出口大豆时，大多采用基差定价方式，即大豆出口价格＝CNF升贴水价格＋交货期内某一天的CBOT期货价格。CNF升贴水由美国贸易商报出，是国外到货港价格与CBOT期货价格之间的基差，该升贴水取决于美国现货收购市场的紧张程度、海运费、贸易商的经营利润等因素。某年11月，中国某大豆进口商和美国某贸易商签订大豆进口合同，双方商定采用基差定价交易模式。美方对大豆FOB升贴水报价是相应CBOT大豆1月期货合约价格上＋103.55美分/蒲式耳。经买卖双方协商，最终敲定的FOB升贴水报价＋100美分/蒲式耳，并敲定美湾到中国的巴拿马型船的大洋运费为73.48美元/吨，约合200美分/蒲式耳，中国进口商务必于12月5日前完成点价。那么到中国的大豆到岸价为CBOT大豆1月期货合约价格＋300美分/蒲式耳。如果中国大豆进口商最终点价确定的CBOT大豆1月期货合约平均为900美分/蒲式耳，那么根据基差定价交易公式，到达中国港口的大豆到岸价（CNF）＝（900＋300）美分/蒲式耳×36.7437蒲式耳/吨＝440.92美元/吨。

中国金融市场（特别是期货市场）作为新兴市场可以说是处在初级阶段，其功能有待进一步发挥。这里面有市场发展进程的原因，也有相关法规、政策的限制问题，期市自身在实践方面能否保持规范发展，特别是市场发展基本战略思维能否保持正确性，对于改变人们对期市的偏见，推动、影响相关政策的修改、制定，吸引更多的套保者、投资者参加交易，都具有重要的影响。期市功能是否能有效发挥、如何发挥，是一个综合性课题，但从CBOT的基差交易中，或许可以找到有关期市功能发挥的一些内在规律，可以得到许多借鉴与启示。

中国豆粕现货市场已经出现了基差交易的萌芽，华东地区的大型油厂已开始尝试采用基差定价方式来确定豆粕的远期定价。随着豆粕厂库交割的全面推行，期货交割成本的进一步降低，期现价格的聚合，必将为基差交易的推广和发展提供良好的市场环境，同时也将推动更多的现货企业利用期货市场进行保值，从而将进一步促进期货市场价格发现功能的发挥。

CBOT是从中远期市场发展来的，基差定价的形成是伴随市场的完善发展自然形成的。据FCS tone研究人员介绍，较普遍的基差定价产生于20世纪60年代，早先在新奥尔良港口定价中使用，后来逐渐推广到各地。目前，较大规模的农产品贸易公司都有自己的基差图，大多自20世纪60年代起开始记录各地点每天或每周的基差变化，既有现货价格与近月合约的基差图，也有现货价格与远月合约的基差图。嘉吉、ADM等大公司在全国各地都设有收购站，采用收购站的买入报价作为当地的现货价格，并据此计算当地的基差。CBOT网站也公布有近15年来美国海湾地区及主要农作物产区的大豆、玉米、小麦等的每周基差统计表，并在其各类宣传材料中也反复强调应利用基差来指导现货贸易。影响基差的一个主要因素是运费，各地与期货交割地点的距离不同导致了基差的差异。影响基差的另一个重要因素是当地现货市场的供求情况。当某地现货短缺时，其现货价格相对期货价格就会出现上涨，表现为基差变强，反之则表现为基差变弱。另外，利息、储存费用、经营成本和利润也都会影响基差的变化和水平。

（二）基差定价实例[①]

2014年7月23日，日照钢铁集团与永安资本、中信寰球商贸公司在日照签订了铁矿石基差贸易合同，这也是国内首单铁矿石基差贸易合同。

永安资本为永安期货的全资子公司，业务范围包括仓单服务、定价服务、合作套保、基差交易等，涵盖期货上市品种及其产业链相关品种的现货贸易、远期交易和期货交割。永安资本总经理刘胜喜详细解读了铁矿石"期货价格+基差"定价的实例。

基差交易本质上是现货贸易，只是以期货和基差为定价基础，而非一口价。基差是即远期市场现货价格的重要组成部分，通过基差可以实现期货市场为现货市场定价，也就是说，基差=现货价格-期货价格。

第一步，永安期货采用现货一口价采购1万吨铁矿石。7月初，永安期货向中瑞矿业采购1万吨铁矿石（纽曼粉），现货湿基价格665元/吨，折算干基价格707元/吨（6%水）。与此同时，在期货1409合约上做空套保，套保价格716元/吨，此时的基差为707

[①] 案例来源：于德良.一场双赢的买卖［N］.证券日报，2014-07-25。

元 − 716 元 = −9 元。

第二步，永安期货与日钢签订基差定价合同。7月中旬，现货价格涨到675元/湿吨，折算干基价格718元/干吨，当日期货价格为715元/吨时，即基差为3元/吨，永安向日钢报价升水2元/吨（优惠1个点）。合同约定，给予日钢1个月点价期，该批矿石最终结算价格参照铁矿石期货1409合约加升水2元/吨为最终干基结算价。

第三步，货款交接。签订基差交易合同后两日内，日钢按照当时市场价675元/湿吨×1万吨，即675万元，支付给永安期货预付货款，永安期货收到货款后一日内，转移货权给日钢。

第四步，日钢点价。7月22日，日钢以电话方式向永安点价，参照期货盘面铁矿石1409合约即时价格688元/干吨点价，确定为最终的干基结算价，折算湿基价格648元/湿吨。当日现货价格较之前下跌至660元/湿吨，折算干基价格为702元/干吨，基差为14元/吨（702−688）。永安期货在此价格688平仓1万吨空头套保头寸，随后，日钢将点价函盖章传至永安期货备案。

第五步，结算开票。日钢提货后，按照实际提货吨数，永安期货按照648元/湿吨×实际提货吨数，结算货款，开具发票，并在之前预付货款675万元的基础上多退少补。

那么，永安期货与日钢的基差贸易各自收益如何？

永安期货现货采购价格为665元/湿吨，销售价格为648元/湿吨，因此，现货亏损17元/湿吨。而由于永安期货在铁矿石期货上空头开仓价716元/干吨，平仓价为688元/干吨，因而期货盈利28元/干吨，总盈利11点（28−17），相当于基差从7月初的−9点，到7月中旬与日钢签订的+2点，走强了11点。日钢在7月下旬点价后现货结算采购价为648元/湿吨，当日现货价格660元/湿吨，盈利12点，相当于基差从7月中旬的+2点，到7月下旬的14点，走强了12点。在这个案例中，永安期货和日钢分别盈利了11元/吨和12元/吨，买卖双方实现了双赢。

刘胜喜认为，煤焦钢矿产业链上的各品种之间，会衍生出大量的对冲套利机会，吸引投机资金参与，活跃市场流动性，促使期货价格更加合理，同时也有利于企业参与并利用其来风险管理。而期货市场的发展和完善将促进基差定价的进一步推广和应用。对于如何推广基差定价，刘胜喜表示，以大型现货企业作为卖方，在日常贸易模式中增加基差定价模式供客户选择；在基差定价开展初期，有必要在报价时较现货一口价给予一定的优惠，吸引客户选择；借助专业的金融机构，对市场参与者进行基差定价的推广与培训；卖方需成立特定的岗位，负责基差定价的相关业务，对于基差变化做出判断，获取基差变化的收益。

二、期货仓单串换业务

（一）期货仓单串换概述

仓单的概念将在第三节中仓单质押中做详细介绍，这里就不再赘述。

期货市场是一个标准化的市场，其合约的标准化、交割地点的集中性特点与现货企业特别是中小微企业的个性化需求有时会存在矛盾。对此，期货交易所进行了一些制度创新试点，为大宗商品产业链的上中下游不同类型企业，特别是中小微企业参与期货交割提供便利，仓单串换便是其中一例。

所谓的期货仓单串换，是指客户通过期货公司会员向期货交易所提交申请，将不同品牌、不同仓库的仓单串换成同一仓库同一品牌的仓单。以最先试点仓单串换的豆粕期货为例，客户在最后交割日买入的试点集团所属厂库豆粕标准仓单，可申请在该集团其他厂库提取现货（简称为"仓单串现货"），或者串换为该集团其他厂库的标准仓单（简称为"仓单串仓单"），这使得期货市场的买方经常面临的交割地点不确定性难题有了新的解决之道。简单地说，客户进入豆粕交割流程后配给的仓单是广东阳江嘉吉的仓单，但客户想拿到的江苏南通嘉吉的豆粕现货，如果从阳江交割取现货，再运回江苏南通，费时费力，通过仓单串换直接从江苏南通嘉吉提取现货。

之所以从豆粕期货试点仓单串换，是因为这一品种的产业结构较为特殊。豆粕作为大豆压榨的产品，其产业链涉及大豆压榨、油脂、饲料加工、养殖等众多环节。上游的卖方即大豆压榨业，主要集中在环渤海、华东和华南三大区域的沿海地区，产业布局均衡、集中度适中，这些工厂大多数由中粮、益海、九三等约10家大豆压榨集团拥有。而下游的买方即饲料企业和养殖企业，大部分以中小微企业为主，实力普遍较弱。由于交割库分布在不同区域，饲料加工业在参与交割时极易接到异地仓单，而豆粕易霉变，保质期短，物流成本和异地销售的不便都可能增加企业的计划外成本。

对此，大连商品交易所通过联合中国粮油、嘉吉投资等大型企业集团，在豆粕品种上开始试点集团内厂库仓单串换制度。根据该制度，饲料企业等中小微买方客户交割后，可在仓单注册厂库所属的该集团其他工厂提货，或者将手中仓单换为该集团其他交割库仓单，为买方提供了更多的交割选择，买方在衡量异地交割成本和仓单串换成本后，可以选择最优交割模式，显著减少交割成本。

除了豆粕期货之外，豆油和棕榈油等品种也实施了仓单串换制度。据悉，未来大商所还将扩充串换厂库数量规模，并将贸易商纳入串换供给主体，实现由集团内向集团间、集团外延伸；将串换商品品质由期货交割标准品扩大到不同类型的产品，实现品质的串换，以打破期货市场在有限的交割地点进行交割的传统安排，更有针对性地服务中小微企业。

（二）期货仓单串换实例

对于饲料等买方企业而言，一方面希望交易所在国内能广设仓库，便利其交割，另一方面，交割库分布在不同区域，其在参与交割时极易接到异地仓单。接到异地仓单意味着企业需要远距离提货，或者以卖仓单或异地卖现货的方式进行处理。饲料加工业的利润比较微博,且豆粕易霉变,保质期短,物流成本和异地销售的不便都可能增加企业的计划外成本。上海某饲料企业年加工能力60多万吨,曾是豆粕期货的积极参与者,但2011年在进行了豆粕1107合约的交割之后,对豆粕交割参与便不再积极。在该企业2010~2011年经历的四次交割中,交割地点分别在河北霸州、山东龙口、江苏南通、广州东莞(霸州、龙口交割库于2012年取消),四次交割贯穿了豆粕交割的四大区域,大大超出了企业预期。

大连商品交易所的豆粕交割配对环节如下:首先将买卖双方按照"最少配对数"原则进行配对,然后再按照"最少配对数"原则将卖方交割的各仓库分配给对应的买方。买方只能到《标准仓单持有凭证》上列明的交割仓库提货。买方在交割时是不能自主选择交割仓库的。这样,交割环节中由于区域差异,交割的买方,如中部地区的买方承接的仓单有可能是江苏的也有可能是广东的,就是江苏的买方承接的仓单也可能是广东的,或者广东的买方承接的仓单是江苏的,这样增加了交割成本,豆粕交割环节的不畅通影响豆粕买方客户的参与热情,期现价差临近交割日也难有效回归,给期货市场带来了不好的影响。

豆粕仓单串换的目的是为了提供交割便利,交割买方需要承担仓单串换费用。但相比没有仓单串换时,支付的成本要低很多。

仓单串换的相关费用:

仓单串现货的串换费用(客户需支付的费用) = 串出厂库升贴水 + 现货价差(串入地 – 串出地) + 厂库生产计划调整费

仓单串仓单的串换费用(客户需支付的费用) = 串出厂库升贴水 – 串入厂库升贴水 + 现货价差(串入地 – 串出地) + 厂库生产计划调整费

【例9–1】(以豆粕为例)①:湖北一家饲料企业通过交割买入山东中粮黄海的豆粕厂库仓单,该客户与中粮集团签订协议,集团安排将其串换至江苏东海粮油提取现货。其中:串出厂库(中粮黄海)的升贴水 = –30(元/吨)。

现货价差 = 第三方网站公布的两地价差 × 50% + 参与串换试点的集团申报的两地价差 × 50%

若第三方网站无数据,则要通过计算得到现货价差:浙江沪区域豆粕现货价格(串入地) – 山东区域豆粕现货价格(串出地) = 50(元/吨)。

厂库生产计划调整费上限:该客户与油厂谈判确定的生产计划调整费为30元/吨。

所以,此次仓单串换费用 = –30 + 50 + 30 = 50(元/吨)。

以仓单串换试点后的首个合约豆粕1401合约为例,该合约共交割15580吨,其中仓单串换量3900吨,共有来自湖南和安徽等地的4家饲料企业参与串换,当时上述企业接到了广东阳江嘉吉的厂库仓单,距离企业经营地较远,最后串换到江苏南通嘉吉。以最接

---

① 本案例数据来源:大连商品交易所. 期货与企业发展案例 [M]. 北京:机械工业出版社,2017.

近交割地点广东阳江的湖南某饲料企业为例，该客户的串换成本为每吨41.4元（包括11.4元/吨的地域价格差和30元/吨的厂库生产计划调整费），节省的物流成本为180元/吨，降低了约140元/吨的接货成本。

仓单串换制度吸引了更多的中小微企业参与利用期货市场，有力提升了其风险管理水平和对现代市场的适应能力，促进了这些企业的成长。同时，仓单串换在发挥大型企业集团的仓储、物流优势，拓展全新业务的同时，也使更多小微企业参与至市场风险管理中来，利于对接企业避险经营、特别是基差定价等模式的推行，防范市场整体经营风险和企业信用风险，同时进一步密切了企业与小微企业的业务联系，有助于形成稳定的客户关系，拓展了市场经营渠道和范围。而从整个产业链来看，各环节间企业联系的密切，对促进整个行业发展的稳定性和可持续性也具有积极意义。

仓单串换催生了大型企业集团和下游中小微企业均普遍认可的区域价差基准。价格是贸易合同达成的最关键要素，因豆粕的销售半径通常不超过200公里，区域间的供需差异等因素使得豆粕现货市场价格差异比较显著。为了增强豆粕区域价差的透明度，大商所在其官方网站上每月发布区域价差，基础数据分别来自于第三方市场机构和厂库的对外报价，并以五日均值计算区域价差。从试点以来的情况看，这些区域价差不仅成为仓单串换双方的定价依据，也为市场提供了重要的定价参考，有效提高了市场谈判效率，并有助于建立全国性的油脂油料品种现货价格体系。该价格体系建立后，将大大增强期货市场对现货价格的引导作用，从而构建成以期货价格为核心、串换平台地区性价差与品质价差为补充的完整价格基准体系，为油脂油料现货产业发展提供完整的价格指引信号。

此外，仓单串换业务的推行也为增设交割厂库打开了空间，串换机制的存在为制度设计者免去了厂库过多、企业不敢参与接货的担忧，2014年大商所先后增设了8家交割厂库，进一步为油脂企业套期保值提供了便利，也进一步扩大了对饲料企业的地区覆盖。2014年11月，在豆粕期货成功试点的基础上，大商所将豆粕仓单串换推广到了豆油和棕榈油两个品种，并在串换主体、串换品种和串换价格等方面进一步细化明确，为市场主体提供更多的交割便利。仓单串换在大商所得到全面、稳健的推广应用。

通过豆粕期货仓单串换，饲料企业等买方客户交割成本将明显降低，不仅利好饲料企业，还将助力饲料养殖产业风险管理水平的整体提升。对于大商所来说，这是扎实做好服务实体经济工作、做精做细老品种维护方面的又一新举措；对于整个期货市场而言，大商所仓单串换通过交割厂库主体的"聚"有效地解决了地理空间"散"的问题，将促进豆粕期货市场由点交割变成面交割——形散而神不散，有效解决了多点交割带来的买方接货地点不确定问题，为其他品种起到良好的示范作用，是期货市场服务实体经济的一大创新。

三、期货保税交割业务

(一) 期货保税交割业务概述

保税交割是指以保税监管区域或保税仓库内处于保税监管状态的合约所载商品作为交割标的物进行实物交割。期货与现货相对。期货是现在进行买卖,但是在将来进行交收或交割的标的物,这个标的物可以是某种商品(例如黄金、原油、农产品),也可以是金融工具,还可以是金融指标。交收期货的日子可以是一星期之后,或一个月之后,或三个月之后,甚至一年之后。标的物是实物货物的期货叫作货物期货。

自2010年12月1日起,上海期货交易所的会员和客户通过上海期货交易所交易的期货保税交割标的物,仍按保税货物暂免征收增值税。期货保税交割的销售方在向主管税务机关申报纳税时,应出具当期期货保税交割的书面说明及上海期货交易所交割单、保税仓单等资料。不过,非保税货物发生的期货实物交割仍将按《国家税务总局关于下发〈货物期货征收增值税具体办法〉的通知》的规定执行。

此前,我国部分期货实物交割是在货物完成进关手续后进行的,交易风险和交易费用相对较高。而开展期货保税交割业务之后,企业可以在上海期货交易所下单,国际供应商直接将货物屯于保税交割仓库。一方面,这种交易方式强化了上期所品种与国外商品价格的联动关系,使其在国际市场有关商品定价体系中的作用逐步增强;另一方面,保税区期货交割免征增值税吸引了更多来料加工贸易商,利用国内期货市场进行套期保值操作,进一步拓宽了国内期货市场服务实体经济的范围。

另外,期货保税交割试点对上海国际航运中心建设也大有益处。在优惠政策的推动下,更多国际客商可能会考虑在上海洋山港等保税区里建交割库,这将扩大上海的航运市场。

期货保税交割的意义:一是开展期货保税交割能促进期货市场资源配置功能辐射范围逐步扩大至国际市场,有利于形成国际物流中心、航运中心,提高我国的国际市场影响力;二是开展期货保税交割将大幅提升我国期货市场的价格影响力和国际话语权,是国际金融中心建设的有力推手;三是开展期货保税交割将有利于将国际资源纳入期货市场,便于实物交割,对我国期货市场稳步发展具有重要意义;四是开展期货保税交割是探索我国期货市场国际化、增强国际竞争力的重要手段,能为我国期货市场走向全球化积累经验。

期货保税交割流程如图9-1所示。

(二) 期货保税交割业务实例

为保证铁矿石期货保税交割业务的顺利开展,大商所2016年初修改了《大连商品交

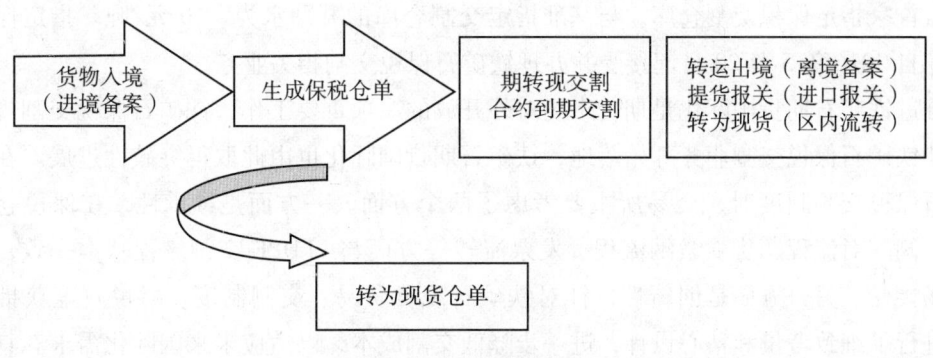

图 9-1 交割流程

易所保税交割实施细则（试行）》《大连商品交易所交割细则》《大连商品交易所标准仓单管理办法》《大连商品交易所结算细则》等相关规则，修改后的规则自 I1606 合约起开始施行。

此次规则主要修改内容包括，对铁矿石保税仓单生成、期转现、一次性交割、作为保证金使用、所外质押、结算及注销进行了详细规定，将提货单交割的商品类型扩充到保税商品，明确了保税仓单交割违约有关规定，明确铁矿石期货保税交割发票流转和逾期处理等。

在期转现方面，修改后的规则对期转现结算价和货款数量予以明确，规定保税期转现批准日结算时，交易所按照申请日前一日最近交割月份合约结算价对买卖双方的相应持仓进行平仓，结算盈亏；按照申请日前一日最近交割月份合约结算价扣除税费后形成的价格划转货款，并以该价格作为交易所为保税期转现开具《保税交割结算单》的依据。

在一次性交割方面，修改后的规则规定，最后交割日闭市后，交易所将保税标准仓单货款的80%付给卖方会员。这与 LLDPE 保税交割中将完税货款的80%付给卖方会员的规定不同。在保证金使用上，新规则调整了保税标准仓单基准价值计算方法，规定交易所以充抵日申请日前一交易日该标准仓单对应品种最近交割月份期货合约结算价扣除税费后的价格为基准计算价值。

在所外质押方面，允许在经过主管海关同意的前提下，对铁矿石保税仓单进行所外质押等操作。在仓单注销方面，规定保税标准仓单持有人需要对保税商品办理报关进口或转运出境的，办理保税标准仓单注销手续时，应当向交易所说明，然后按照当地海关的相关规定办理进口报关或转运出境手续。货主办理提货手续后，保税交割仓库向货主开具保税标准仓单清单，交易所凭保税标准仓单清单向货主开具《保税交割结算单》（报关专用）。注销的保税标准仓单是由交易、转让等非期货交割方式而取得的，交易所不为其开具《保税交割结算单》（报关专用）。

新规则将保税货物纳入提货单交割，规定提货单交割的商品可以是完税商品，也可以是保税商品，同一批提货单交割的商品应当同为完税商品或者保税商品。

大商所曾发布通知显示，大连港散货物流中心有限公司（以下简称"大港物流"）为铁矿石首家指定保税交割仓库,与基准指定交割仓库的升贴水为 -10 元/吨。指定保税交割仓库自 2016 年 5 月 20 日起接受并办理铁矿石保税交割相关业务。

推进铁矿石期货国际化是期货市场对外开放的一项重要工作,铁矿石保税交割规则的出台使铁矿石保税交割业务开始落地,铁矿石期货国际化也由此取得突破性进展。在设计铁矿石保税交割制度时,交易所主要考虑了两个方面。一方面是继承性,在保税仓单注册、交割配对流程、货款缴纳流程、发票流转等方面与 LLDPE 交割流程基本一致,以便于市场接受。另一方面是创新性,针对铁矿石现货贸易、交割制度、财税政策获批的特点,进行了细致考量和精心设计,进一步降低交割成本,以适应未来国际化需求。具体体现在:一是提高票据处理的便利性,可不使用增值税专用(普通)发票,而采用了其他形式的发票或者交易所认可的其他单据作为卖方开给买方的票据,避免了未来境外交易者参与保税交割时,票据处理带来的交割障碍。二是实现了铁矿石保税仓单无障碍流转,客户之间可以用保税仓单进行期转现、再交割、转让等操作,也可进行所外质押、充抵保证金等操作,保税仓单功能的完整性保证了保税交割功能发挥将更为充分;对提货单交割制度进行扩充,可用保税状态货物进行交割。三是增强了铁矿石保税仓单的监控,通过仓单记账系统,对客户保税仓单的来源情况、打印数量、交割价格等相关信息做到实时查询,以满足海关监管要求。

除了保税交割外,铁矿石期货国际化其他准备工作也在加快推进。目前国际化整体方案和制度设计完成,原则是立足现有平台,基本框架则比照原油,但在实际操作方面更为简便易行、安全可控;系统开发已经启动,交易所端系统已进入最后测试阶段,市场端系统开发近期有望完成;市场推介工作也已陆续开展。

在铁矿石期货对外开放中,必须要解决境外投资者实物交割的问题,而保税交割是打通境内外市场实物通道的制度安排,是实现铁矿石期货国际化必不可少的环节。开展铁矿石保税交割,以铁矿石期货交割结算价扣除税费,生成保税交割结算价作为海关计价依据,有助于从期货市场上建立起境内价格与境外价格的联系,进一步增强境内外价格联动性。提货单交割制度的扩充,使其能用于保税状态货物,以发挥铁矿石品种这一特有交割制度在降低交割成本上的优势,也将对未来境外国际矿山参与交易、交割和促进期现对接具有重要意义。

【例9-2】河北某钢铁企业计划进口一批澳大利亚铁矿石,以备自己加工使用,进口轮船已经快要到港,进入保税区,并且已经做好入境备案。但受环保停工影响,企业生产计划变更,铁矿石需求需要削减,如果按原计划进口铁矿石,那么铁矿石原料库存将偏高,不利于企业正常经营,也带来原料备库过多价格下跌的风险。铁矿石进口计划已经无法变更,即将到港的铁矿石必须承接。与此同时,铁矿石期货还有一些升水,那么通过保税交割顺利将铁矿石转售给期货市场是较好的选择。这样,既不会出现进口违约,又可以通过期货套保来规避铁矿石价格可能下跌带来的风险,并且通过保税交割比正常的仓单交割要节省成本和时间。

铁矿石达到港口保税区后，该企业立即将铁矿石保税仓单注册成功，并在期货市场最近交割的合约上卖出数量相对应的空单，然后持有至合约到期，进入保税交割流程。企业可以直接将保税仓单转为现货仓单，也可以让期货市场的仓单承接者自主选择是转运出境，或者报关出区，或者转为现货在区内流转。

四、合作套期保值业务

（一）合作套期保值概述

合作套保是指两家企业签订合作协议，合作一方在另一方需要通过期货市场建立套期保值头寸时提供部分资金支持和风险控制服务的模式。为规避客户现货生产经营中的市场风险，风险管理公司以特定账户为客户提供套期保值操作，且所使用的套期工具公允价值或现金流量变动预期能够抵消被套期项目全部或部分公允价值或现金流量变动。

合作套期保值的意义在于为实体企业在期货市场的套期保值提供部分资金支持以及交易、风险控制等方面的指导，这样能减小实体企业的资金压力，弥补其操作经验方面的不足，有利于套期保值目标的实现。

合作套保业务旨在引导中小企业理性参与期货市场，同时使实体企业专注于技术进步以及研发和自主创新能力的提高。根据实体企业实际的生产经营需求，为企业特别是中小企业，提供"一对一"套期保值服务。

合作套保业务模式为：首先公司与客户签订合作协议，其次客户与公司联合开立合作套保账户或通过公司一般账户建立套期保值头寸。在此过程中公司提供部分资金支持、套保策略及风险控制等服务，目前公司开展合作套保业务时，为客户提供的资金支持不高于2倍（含）。合作套保业务则是为客户解决了三大难题：一是没有切实可行的套保方案；二是没有合格的操作人员进行套保操作；三是没有充足的资金进行套保。

合作套保根据合作的程度可以划分为3种类型：资金支持型、专业服务型以及业务产品化型（又称风险外包型）。资金支持型合作套保是指公司提供部分资金支持，客户负责套期保值操作，公司委托期货公司监控客户风险。专业服务型合作套保是指，公司提供部分资金支持，公司为客户提供交易与风控指导。业务产品化型合作套保是指，客户购买公司的风险管理产品，将套期保值操作整体打包给公司来操作。

合作套期保值中的业务产品化型主要包括两种情况。一种情况是，当未来计划采购的现货企业担心原材料价格上涨，增加采购成本的时候，即产生了买入套保的需求。此时，现货企业可以选择与期货风险管理子公司签署合作套保协议，将因原材料价格上涨带来的风险转嫁给期货风险管理子公司。合作买入套保中，协议价格为当期市场价格上浮一定比例（这个比例即现货企业要付出的风险外包成本率）。另一种情况是，当现货企业的库存面临价格下跌风险时，即产生了卖出套保的需求。此时，现货企业可以与期货风险管理子公司签署合作卖出套保协议,将库存以协议价卖给期货风险管理子公司,数量为期货合约最小交易数量的整数倍,双方约定套保期限,期限到期后,现货企业向期货风险管理子公司回购相应数量的库存。此时,协议价格为签约当期的现货市场价格下浮一定比例,回购价格依然是套保到期时现货市场的官方报价。这样一来,现货企业同样实现了可控成本对抗价格波动风险。

(二)合作套期保值业务实例

以 A 公司的铜加工为例,分析合作套保模式的具体实施策略。

【例 9-3】买入套保,未来铜价上涨。

假定,2014 年 3 月 25 日,A 公司买入合作套保铜 20 手(1 手 5 吨),$i=5\%$(i 为现货企业要付出的风险外包成本率)。A 公司与某期货风险管理子公司签订合作套保协议,由期货风险管理子公司设计并实施 A 公司的套期保值方案。现货市场铜的价格为 46121 元/吨,A 公司支付给期货风险管理子公司的协议价格为 $46121\times(1+5\%)=48427.05$(元/吨),并且双方签订的执行价格为三个月后铜的现货价格。此后,该批铜的套期保值方案则完全由期货风险管理子公司全权负责,无论铜的现货价格如何变动,完全与 A 公司无关。

由于自身拥有套期保值业务的经验以及足额的资金,期货风险管理子公司对该批铜设计的套期保值方案是在买入期货多头仓位的基础上,再买入相关期货看跌期权,即相当于利用期权对期货头寸再做一个保值。

具体操作如下:期货风险管理子公司以 45500 元/吨的价格买入 20 手沪铜期货合约,同时买入执行价格为 50000 元/吨的沪铜看跌期权,支付权利金 1200 元/吨。

从表 9-1 可以看出,三个月后即 2014 年 6 月 25 日,期铜价格上涨至 49900 元/吨,期货风险管理子公司通过套期保值盈利 3200 元/吨。同时,根据合作套保协议,A 公司必须按照 2014 年 6 月 25 日 50471 元/吨的现货价格回购该批铜。

表 9-1 买入套保方案效果

预期行情	3 个月后	盈亏	结果
铜价上涨	期铜价涨至 49900 元/吨	期货盈利 4400 元/吨	综合盈利 3200 元/吨
	放弃执行看涨期权	损失权利金 1200 元/吨	

在整个套期保值过程中,A 公司共损失 $50471-48427.05=2043.95$(元/吨),若企业没有进行套期保值,则将损失 $50471-46121=4350$(元/吨)。因此,通过套期保值,A 公司减少损失 $4305-2043.95=2306.05$(元/吨)。而期货风险管理子公司的收益包括执行价与协议价的差价为 2043.95 元/吨,加上期货市场上的 3200 元/吨,总计 5243.95 元/吨。

【例 9-4】买入套保,未来铜价下跌。

接【例9-3】，如果三个月后铜价与企业预测相反，不升反降，铜期货价格下跌至43500元/吨，上海有色金属网上报价显示现货价格下跌至43121元/吨。由于现货企业在三个月前已经与期货公司进行合作，三个月后将以 $46121 \times (1+5\%) = 48427.05$（元/吨）的价格向期货风险管理子公司购买铜。在这种情形下，现货企业虽然损失 $46121 \times 5\% = 2306.5$（元/吨），却不用支付大额保证金，降低了自身的资金压力。

【例9-5】卖出套保，未来铜价下跌。

假定，2014年8月25日，A公司卖出合作套保铜20手（1手5吨），假定 $i=5\%$。A公司与某期货风险管理子公司签订合作套保协议，由期货风险管理子公司设计并实施XX铜加工企业的套期保值方案。现货市场铜的价格为50822元/吨，期货风险管理子公司向A公司以协议价格为 $50822 \times (1-5\%) = 48280.9$（元/吨）购买该批铜，并且双方签订的执行价格为三个月后铜的现货价格。此后，该批铜的套期保值方案则完全由期货风险管理子公司全权负责，无论铜的现货价格如何变动，完全与A公司无关。

由于自身拥有套期保值业务的经验以及足额的资金，期货风险管理子公司设计的套期保值方案是在买入期货多头仓位的基础上，再买入相关期货看跌期权，即相当于利用期权对期货头寸再做一个保值。具体操作如下：期货风险管理子公司以45500元/吨的价格买入20手沪铜期货合约，同时买入执行价为50000元/吨的沪铜看跌期权，支付权利金1200元/吨。

从表9-2可以看出，三个月后即2014年11月25日，期铜价格下跌至47788元/吨，期货风险管理子公司通过套期保值获得盈利1012元/吨。同时，根据合作套保协议，A公司必须按照2014年11月25日47788元/吨的现货价格回购该批铜。

表9-2 卖出套保方案效果

预期行情	3个月后	盈亏	结果
铜价下跌	期铜价跌至47788元/吨	损失权利金1200元/吨	综合盈利1012元/吨
	期权行权，获得空头头寸与多头头寸对冲	期权行权后的空头盈利2212元/吨	

在整个套期保值过程中，A公司共损失 $50822 \times 5\% - (48280.9 - 47788) = 2048.2$（元/吨），若企业没有进行套期保值，则将损失 $50822 - 47788 = 3034$（元/吨）。因此，通过套期保值，A公司减少损失 $3034 - 2048.2 = 985.8$（元/吨）。而期货风险管理子公司的收益包括执行价格与协议价的差价 $(48280.9 - 47788) = -492.9$（元/吨），加上通过套期保值盈利的1012元/吨，总计盈利519.1元/吨。

【例9-6】卖出套保，未来铜价上涨。

接【例9-5】，如果三个月后的铜价与企业预测相反，不降反升，三个月后铜期货价格上涨至58000元/吨，上海有色金属网上报价显示现货价格上涨至57788元/吨。由于现货企业在三个月前已经与期货公司进行合作,三个月后将以 50822×(1 -5%) =48280.9(元/吨)的价格向期货风险管理子公司卖出铜。在这种情形下,现货企业虽然损失 50822×5% = 2541.1(元/吨),但是却不用支付大额保证金支出,降低了自身的资金压力。

【例 9 -7】买入套保,未来铜价上涨。

A 公司与某期货风险管理子公司签订期现合作套保协议,由期货风险管理子公司设计并实施 A 公司的套期保值方案。首先,A 公司在现货市场上以现货价格 46121 元买入 100 吨铜作为生产原料,进行实际生产经营活动。与此同时,期货风险管理子公司根据现货企业购买的 100 吨铜,在期货市场上以 45500 元/吨的价格卖出 100 吨铜。三个月后,由于铜期货价格上涨至 49900 元/吨,现货价格上涨至 50471 元/吨,则现货公司在现货市场上的盈利情况与期货风险管理子公司在期货市场上的亏损情况如表 9 -3 所示。

表 9 -3　　　　　　　　　　套期保值方案效果

预期行情	3 个月后	盈亏	结果
铜价上涨	期铜价涨至 49900 元/吨	期货亏损 4400 元/吨	综合亏损 50 元/吨
	现货铜价上涨至 50471 元/吨	现货盈利 4350 元/吨	

由表 9 -3 可知,现货企业在现货市场上盈利 50471 -46121 =4350(元/吨),综合亏损 50 元/吨,根据期现合作模式的原则,盈亏双方必须进行盈亏冲抵。因此,现货企业必须支付 4350 +50/2 =4375(元/吨)的价格给期货风险管理子公司,弥补其在期货市场上的损失。通过期现合作模式的运用,使得现货企业和期货风险管理子公司最终各亏损 25 元/吨。

综上所述,在整个合作套保过程中,期货风险管理子公司利用自己的专业水平以及凭借自身的经验,成功实现 A 公司与自身的双赢局面。

第二节　大宗商品在融资中的应用

一、仓单质押概述

(一) 仓单的含义

仓单(warehouse receipt)是保管人收到仓储物后给存货人开付的提取仓储物的凭证。仓单除作为已收取仓储物的凭证和提取仓储物的凭证外,还可以通过背书,转让仓单项下货物的所有权,或者用于出质。存货人在仓单上背书并经保管人签字或者盖章,转让仓单始生效力。存货人以仓单出质应当与质权人签订质押合同，在仓单上背书并经保管人签字或者盖章，将仓单交付质权人后，质押权始生效力。

（二）仓单的性质

（1）仓单为有价证券。《中华人民共和国合同法》（以下简称《合同法》）第三百八十七条规定："仓单是提取仓储物的凭证。存货人或者仓单持有人在仓单上背书并经保管人签字或者盖章的，可以转让提取仓储物的权利。"可见，仓单表明存货人或者仓单持有人对仓储物的交付请求权，故为有价证券。

（2）仓单为要式证券。《合同法》第三百八十六条规定，仓单须经保管人签名或者盖章，且须具备一定的法定记载事项，故为要式证券。

（3）仓单为物权证券。仓单上所载仓储物的移转，必须自移转仓单始生所有权转移的效力，故仓单为物权证券。

（4）仓单为文义证券。所谓文义证券是指证券上权利义务的范围以证券的文字记载为准。仓单的记载事项决定当事人的权利义务，当事人须依仓单上的记载主张权利义务，故仓单为文义证券，不要因证券。

（5）仓单为自付证券。仓单是由保管人自己填发的，又由自己负担给付义务，故仓单为自付证券。仓单证明存货人已经交付了仓储物和保管人已经收到了仓储物的事实，它作为物品证券，在保管期限届满时，存货人或者仓单持有人可凭仓单提取仓储物，也可以背书的形式转让仓单所代表的权利。

（三）仓单的主要事项

根据《合同法》第三百八十六条规定，仓单包括下列事项：

（1）存货人的名称或者姓名和住所。仓单是记名证券，因此应当记载存货人的名称或姓名和住所。

（2）仓储物的品种、数量、质量、包装、件数和标记。在仓单中，有关仓储物的有关事项必须记载，因为这些事项与当事人的权利义务直接相关。这些事项应当记载准确、详细，以防止发生争议。

（3）仓储物的损耗标准。仓储物在储存过程中，由于自然因素和货物本身的自然性质可能发生损耗，如干燥、风化、挥发等，这就不可避免地会造成仓储物数量上的减少。对此，在仓单中应当明确规定仓储物的损耗标准，以免在返还仓储物时发生纠纷。

（4）储存场所。储存场所是存放仓储物的地方。仓单上应当明确载明储存场所，以便存货人或仓单持有人能够及时、准确地提取仓储物。同时，也便于确定债务的履行地点。

（5）储存期间。储存期间是保管人为存货人储存货物的起止时间。储存时间在仓储合同中十分重要，它不仅是保管人履行保管义务的起止时间，也是存货人或仓单持有人提取仓储物的时间界限。因此，仓单上应当明确储存期间。

（6）仓储费。仓储费是保管人为存货人提供仓储保管服务而获得的报酬。仓储合同是有偿合同，仓单上应当载明仓储费的有关事项，如数额、支付方式、支付地点、支付时间等。

（7）仓储物已经办理保险的，其保险金额、期间以及保险人的名称。如果存货人在交付仓储物时，已经就仓储物办理了财产保险，则应当将保险的有关情况告知保管人，由保管人在仓单上记载保险金额、保险期间以及保险公司的名称。

（8）填发人、填发地点和填发时间。保管人在填发仓单时，应当将自己的名称或姓名以及填发仓单的地点和时间记载于仓单上，以便确定当事人的权利义务。

（四）仓单的作用

仓单，作为仓储保管的凭证，其作用是显而易见的。主要表现在以下几个方面：

（1）仓单是保管人向存货人出具的货物收据。当存货人交付的仓储物经保管人验收后，保管人就向存货人填发仓单。仓单是保管人已经按照仓单所载状况收到货物的证据。

（2）仓单是仓储合同存在的证明。仓单是存货人与保管人双方订立的仓储合同存在的一种证明，只要签发仓单，就证明了合同的存在。

（3）仓单是货物所有权的凭证。它代表仓单上所列货物，谁占有仓单就等于占有该货物，仓单持有人有权要求保管人返还货物，有权处理仓单所列的货物。仓单的转移，也就是仓储物所有权的转移。因此，保管人应该向持有仓单的人返还仓储物。也正由于仓单代表着其项下货物的所有权，所以，仓单作为一种有价证券，也可以按照《中华人民共和国担保法》（以下简称《担保法》）的规定设定权利质押担保。

（4）仓单是提取仓储物的凭证。仓单持有人向保管人提取仓储物时，应当出示仓单。保管人一经填发仓单，则持单人对于仓储物的受领，不仅应出示仓单，而且还应缴回仓单。仓单持有人为第三人，而该第三人不出示仓单的，除了能证明其提货身份外，保管人应当拒绝返还仓储物。

此外，仓单还是处理保管人与存货人或提单持有人之间关于仓储合同纠纷的依据。

仓单还有经济方面的作用：安全可靠的仓单可以使存货的所有者按较低的实际利率向国外借款——特别是贷款有出口商品存货作保证时——从而对国外借款的汇率风险进行了保值。由于较高的实际利率常常与潜在的风险有关，特别是当高利率涉及农业时，安全可靠的仓单可以降低风险，从而降低贷款利率。

按照规则签发的仓单，由于能够向仓单持有者保证农产品存货的数量和质量而无须查验，从而为银行提供了安全可靠的抵押品。如果在用仓单作担保的合约中，银行贷款出现违约，仓单的持有者拥有第一个向仓单的标的商品或货币等价物提出请求的权利。

仓单对现货市场和远期现货市场的建立，对提高竞争力，发挥了促进作用。因为仓单提供了买卖双方达成交易需要的所有关键信息，因此，它为商品交易奠定了基础。仓单的存在既增加了交易量，又降低了交易成本。由于买方无须看货，所以交易没有必要在仓库或检验地点进行。实际上，有了一个功能正常的仓单系统，商品很少在自己的仓库销售：

商品交易可以按日常的方式进行，也可以在组织化的市场或交易所进行。

（五）仓单质押的简介

仓单质押是以仓单为标的物而成立的一种质权。仓单质押作为一种新型的服务项目，为仓储企业拓展服务项目，开展多种经营提供了广阔的舞台，特别是在传统仓储企业向现代物流企业转型的过程中，仓单质押作为一种新型的业务应该得到广泛应用。

仓单质押在国外已经成为企业与银行融通资金的重要手段，也是仓储业增值服务的重要组成部分。在我国，仓单质押作为一项新兴的服务项目，在现实中没有任何经验可言，同时由于仓单质押业务涉及法律、管理体制、信息安全等一系列问题，因此可能产生不少风险及纠纷，如果仓储企业能处理好各方面的关系，并能够有效地防范以上风险，相信仓单质押业务会大有所为的。

仓单质押贷款是指银行与借款人（出质人）、保管人（仓储公司）签订合作协议，以保管人签发的借款人自有或第三方持有的存货仓单作为质押物向借款人办理贷款的信贷业务。

开展期货标准仓单质押贷款是商业银行寻求新的利润增长点的内在需求，是期货市场发展的润滑剂。但同时也存在着风险。要对贷款过程的每个环节认真分析，制定应对策略。

（六）仓单质押的性质

我国法律上的仓单质押在性质上应为权利质押。

首先，从我国《担保法》的规定看，仓单质押是规定在权利质押中的。

我国《担保法》第七十五条规定：下列权利可以质押：

（1）汇票、支票、本票、债券、存款单、仓单、提单；

（2）依法可以转让的股份、股票；

（3）依法可以转让的商标专用权、专利权、著作权中的财产权；

（4）依法可以质押的其他权利。

由此可见，仓单质押应为权利质押之一种。

其次，如果认定仓单质押为动产质押，则说明仓单质押的标的物为动产。但是，仓单是一种特殊的物，并不是动产，而是设定并证明持券人有权取得一定财产权利的书面凭证，是代表仓储物所有权的有价证券。仓单质押的标的物为仓单，仓单是物权证券化的一种表现形式，合法拥有仓单即意味着拥有仓储物的所有权。也正因如此，转移仓单也就意味着转移了仓储物的所有权。同时，由于仓单为文义证券，仓单上所记载的权利义务与仓单是合为一体的。从最纯粹的意义上讲，仓单本身只不过为一张纸而已，无论对谁来讲均无任何意义，有意义的是记载其上的财产权利，故而仓单质押在性质上不能认定为动产质押。

最后，根据我国《担保法》的规定，质押分为动产质押和权利质押两种，此两种质押担保方式的区分标准在于标的物的不同。仓单质押作为一种质押担保方式，我们认为其在性质上为权利质押，最为关键的是仓单作为仓单质押的标的物，其本身隐含着一项权利——仓单持有人对于仓储物的返还请求权，由此，仓单设质可以"使商品之担保利用及标的物本身之利用得以并行"。

综合说，仓单质押的标的物为仓单，但实际上该仓单质押存在于对仓储物的返还请求权上。如果否认了这一点，则在质权人实行质权时便无权向仓储物的保管人提示仓单请求提取仓储物，而只能将仓单返还给出质人，由出质人从保管人处提取仓储物，然后为债务的清偿。这样一来，设定仓单质押也就形同虚设，无任何意义而言。根据我国《合同法》第三百八十七条的规定，出质人背书并经保管人签字或盖章，可以转让提取仓储物的权利。由此可知，在仓单质押中，提取仓储物的权利是仓单质押的标的权利。从这种意义上说，仓单质押在性质上应为权利质押而不能为动产质押。

（七）仓单质押的发展现状

1. 开展标准仓单质押贷款是商业银行发展创新、寻求新的利润增长点的内在需求

首先，开展标准仓单质押贷款有利于商业银行规避经营风险。金融风险的存在将促进质押融资的发展，为改善信贷资产结构提供良好契机。其次，开展标准仓单质押贷款有利于商业银行拓展新的利润增长点。银行业面对"入世"后带有混业经营背景的外资银行的挑战，应开展银期合作，以求在同业竞争中赢得先机。另外，长期以来由于规模较小，固定资产少，约有80%的中小企业存在贷款难和融资难的问题，探索仓单质押融资业务可帮助有产品的中小企业获得贷款。

2. 开展标准仓单质押贷款是期货市场快速发展的润滑剂

标准仓单是指指定交割仓库在完成入库商品验收、确认合格并签发《货物存储证明》后，按统一格式制定并经交易所注册可以在交易所流通的实物所有权凭证。交易所通过计算机办理标准仓单的注册登记、交割、交易、质押、注销等业务。标准仓单的表现形式为《标准仓单持有凭证》，交易所依据《货物存储证明》代为开具。标准仓单持有人可选择一个或多个交割仓库不同等级的交割商品提取货物。标准仓单具有流通性好、价值高的特点，因而，商业银行对期货市场标准仓单抱有很大的热情。

目前，国内期货交易所普遍开展了标准仓单质押业务，规定持有标准仓单的会员或交易所认可的第三人可办理仓单质押，以该品种最近交割月份合约在其前一月最后一个交易日的结算价为基准价计算其市值，质押金额不超过其市值的80%。但这种业务具有一定的局限性：该业务以头寸形式释放相应的交易保证金，只能用于期货交易，相应的手续费、交割货款、债权和债务只能用货币资金结清；交易所按同期半年期贷款利率收取质押手续费，风险的承担者只有交易所，比较单一；仓单质押释放的交易头寸只能用于某交易所的期货交易，不能在整个期货市场流通；对某些套期保值者或现货购买商来说限制了其进一步购买现货的能力。

（八）仓单质押的应用与意义

仓单质押的应用：第一，多适用于商品流通企业；第二，有效解决企业担保难问题，当企业无固定资产作为抵押，又寻找不到合适的保证单位担保时，可以自有的仓单作为质押向银行取得贷款；第三，缓解企业因库存商品而造成的短期流动资金不足的状况；第四，质押仓单项下货物允许周转，可采取以银行存款置换仓单和以仓单置换仓单两种方式。

开展仓单质押业务，既可以解决货主企业流动资金紧张的困难，同时保证银行放贷安全，又能拓展仓库服务功能，增加货源，提高效益，可谓"一举三得"。首先，对于货主企业而言，利用仓单质押向银行贷款，可以解决企业经营融资问题，争取更多的流动资金周转，达到实现经营规模扩大和发展，提高经济效益的目的。其次，对于银行等金融机构而言，开展仓单质押业务可以增加放贷机会，培育新的经济增长点；又因为有了仓单所代表的货物作为抵押，贷款的风险大大降低。最后，对于仓储企业而言，一方面可以利用能够为货主企业办理仓单质押贷款的优势，吸引更多的货主企业进驻，保有稳定的货物存储数量，提高仓库空间的利用率；另一方面又会促进仓储企业不断加强基础设施的建设，完善各项配套服务，提升企业的综合竞争力。

（九）融资业务

仓单质押融资业务是指申请人将其拥有完全所有权的货物存放在银行指定仓储公司（以下简称仓储方），并以仓储方出具的仓单在银行进行质押，作为融资担保，银行依据质押仓单向申请人提供的用于经营与仓单货物同类商品的专项贸易的短期融资业务。

质押仓单项下的货物必须具备的条件：

（1）所有权明确，不存在与他人在所有权上的纠纷。

（2）无形损耗小，不易变质，易于长期保管。

（3）市场价格稳定，波动小，不易过时，市场前景较好。

（4）适应用途广泛，易变现。

（5）规格明确，便于计量。

（6）产品合格并符合国家有关标准，不存在质量问题；多操作于钢材、有色金属、黑色金属、建材、石油化工产品等大宗货物。

业务申请人应符合银行贷款对象的基本要求及同时应满足的条件：

（1）将可用于质押的货物（现货）存储于银行认可的仓储方，并持有仓储方出具的相应的仓单。

（2）应当对仓单上载明的货物拥有完全所有权，并且是仓单上载明的货主或提货人。

（3）以经销仓单质押项下货物为主要经营活动，从事该货品经销年限大于等于一年，熟知市场行情，拥有稳定的购销渠道。

(4) 资信可靠，经营管理良好，具有偿付债务的能力，在银行及他行均无不良记录。

(5) 融资用途应为针对仓单货物的贸易业务。

(6) 银行要求的其他条件。

（十）仓单质押的操作要点

由于仓单质押业务涉及仓储企业、货主和银行三方的利益，因此要有一套严谨仓单质押、完善的操作程序。

首先货主（借款人）与银行签订《银企合作协议》《账户监管协议》；仓储企业、货主和银行签订《仓储协议》；同时仓储企业与银行签订《不可撤销的协助行使质押权保证书》。其次货主按照约定数量送货到指定的仓库，仓储企业接到通知后，经验货确认后开立专用仓单；货主当场对专用仓单作质押背书，由仓库签章后，货主交付银行提出仓单质押贷款申请。最后，银行审核后，签署贷款合同和仓单质押合同，按照仓单价值的一定比例放款至货主在银行开立的监管账户。

贷款期内实现正常销售时，货款全额划入监管账户，银行按约定根据到账金额开具分提单给货主，仓库按约定要求核实后发货；贷款到期归还后，余款可由货主（借款人）自行支配。

二、标准仓单质押融资

（一）标准仓单质押融资的概念

标准仓单质押融资业务，是指借款人以自有的标准仓单作为质押物，银行基于一定质押率向其发放信贷资金，以用于满足其短期流动资金的需求或用于满足其进行标准仓单交割所需资金的一种短期融资业务。包括已有标准仓单质押融资业务模式、拟交收标准仓单质押融资业务模式。

（二）适用的客户和情形

(1) 只要生产经营正常，从事与期货商品相关联的生产、加工和贸易活动，并有一定的期货交易经验，即可向银行申请融资。

(2) 客户如果手中持有经三家期货（商品）交易所注册生效的期货商品所对应的标准仓单，并且占压了大量的资金，影响了企业的流动性，那么就可以将现持有的标准仓单做质押，向银行申请短期流动资金融资。

(3) 客户如果为降低和锁定成本，想通过期货市场购买生产所需的原材料，但在当时又苦于没有足够的资金去完成标准仓单的交割，那么就可以向银行申请融资，通过银行、期货公司等几方的配合，将融资款项用于标准仓单的交割，然后将标准仓单质押给银行即可,待资金充裕并归还贷款后,客户就可以持标准仓单去提货,用于生产经营。

(三)标准仓单质押融资业务流程

(1)借款人首先在符合银行条件的期货公司开立期货交易账户。

(2)借款人向银行提出融资申请,提交质押标准仓单相关证明材料、借款人基本情况证明材料等。

(3)银行审核同意后,银行、借款人、期货公司等签署贷款合同、质押合同、合作协议等相关法律性文件;并一同去交易所办妥标准仓单质押登记手续,确保质押生效。

(4)银行发放信贷资金,借款人将其用于企业的正常生产经营。

(5)借款人归还融资款项赎回标准仓单,或与银行协商将标准仓单处置,然后将处置资金用于归还融资款项。

(四)标准仓单质押融资的现实意义

1. 标准仓单质押贷款是商业银行寻求新的利润增长点的内在需求

首先,开展标准仓单质押贷款有利于商业银行规避经营风险。金融风险的存在将促进质押融资的发展,为改善信贷资产结构提供良好契机。其次,开展标准仓单质押贷款有利于商业银行拓展新的利润增长点。标准仓单具有流通性好、价值高的特点,因而,商业银行对期货市场标准仓单抱有很大的热情。

2. 仓单质押融资业务是中小企业融资的新渠道

长期以来由于规模较小,固定资产少,约有80%的中小企业存在贷款难和融资难的问题,探索仓单质押融资业务对帮助有产品的中小企业获得贷款。该业务打破了固定资产抵押贷款的传统思维,而且比传统的融资方式并不会大幅度增加企业融资成本。目前,标准质押产品一般要求价格稳定,变现方便,流动性强,符合要求的质押物涉及有色金属、钢材、化工产品和煤炭、非矿产品、粮食、塑料、棉花、橡胶、纸张、糖业等领域。中小企业急需资金周转、库存商品过多造成短期流动资金不足,用仓单质押贷款方式可解决融资难的问题,盘活企业资金,增加企业投资机会,深受中小企业的欢迎。

从本质上讲,标准仓单质押贷款属于仓单质押贷款的一种,只是质押标的物为标准仓单而已。由于标准仓单本身的特点,以及在产品设计时考虑了市场需求因素而对传统操作模式有所调整,因此标准仓单质押贷款相对于非标准仓单质押贷款而言,更易控制风险,也更贴近市场。

(五)标准仓单质押贷款的优势

1. 安全性

标准仓单是期货市场的产物,其标准化程度高,并由期货交易所对标准仓单的生成、流通、管理、市值评估、风险预警和对应商品的存储（对指定交割仓库的资格认定、日常管理）等进行严格的监管。银行可以直接利用或借鉴期货交易所这些规范的管理机制控制信贷资金风险。而且，期货交易所对标准仓单项下的商品品质有较高的要求，以及严格的质检系统，使得标准仓单具有很好的变现能力。因此，相对于普通仓单质押贷款而言，标准仓单质押贷款更具安全性。

此外，也可基本排除人们对标准仓单质押贷款存在的"信贷资金违规进入期货市场"的顾虑。一方面，在贷款资金用途上，已明确规定"贷款资金须用于企业的正常生产经营活动"；另一方面，根据期货交易所相关规则，标准仓单可以在期货交易所质押抵作保证金，且相对于银行质押贷款来说，其办理手续和相关费用更为简单和低廉，因此申贷客户不存在用信贷资金做期货交易的直接内在需求。

2. 时效性

为了满足客户对贷款时效性的要求，对借款人核定可循环使用信用额度，以简化贷款审批程序，使借款人能够便捷地使用贷款。同时，考虑到标准仓单质押贷款风险的可控性，银行可适当降低申请可循环使用信用的借款人的信用等级标准。

3. 实用性

由于是短期流动资金贷款，若贷款到期时客户无法做到资金及时回笼将使银行贷款面临逾期的风险。若客户在贷款未到期前，需要在期货交易所交割出货但又没有足够的资金赎回质押仓单时，银行可通过与该客户及其期货经纪公司签订三方协议的方式，先释放标准仓单，即将仓单解冻、恢复为流通状态，并委托期货经纪公司持标准仓单到期货交易所进行交割，然后由该期货经纪公司将交割回笼资金划入客户在银行开立的存款账户，优先用于归还银行的贷款本息。这样做，不但有利于更好地满足客户对银行短期流动资金贷款的切实市场需求，也有利于银行规避贷款逾期的风险。

由于上述委托期货经纪公司持单入场交割、划拨回笼货款的操作方式，完全是遵循期货交易规则——会员交易制度，即由会员（期货经纪公司）代理投资者入场（交易所）进行交易、交割，而相应的资金也是在交易所专用结算账户和会员（期货经纪公司）专用资金账户之间进行划转的。因此，第三方——期货经纪公司的引入，使得借款人无法直接控制质押仓单或交割回笼货款，从而可以有效规避上述"变通"方式使银行面临阶段性质物失控的风险。

4. 联动性

从某种意义上讲，标准仓单质押贷款的客户是银行与期货经纪公司共同的客户，该项贷款产品的推出，不但能够有效地拓展银行的市场领域，促进金融创新，而且还能吸引客户及其期货经纪公司将期货交易保证金账户转入银行，从而带动银行期货交易结算等中间业务的发展，提高综合竞争力。

（六）标准仓单质押融资的风险和防范

1. 标准仓单质押融资的风险

银行借助期货市场相关规则开展标准仓单质押贷款业务可以在很多环节上节省人力、物力和财力，从而使得信贷成本大大降低。然而，标准仓单质押贷款业务运作以来，其各项风险更值得银行重点关注。

（1）期货市场价格波动。仓单质押可以参照期货价格与现货价格办理。但是期货价格具有很强的波动性，受许多复杂因素影响，其走势未必能完全与现货市场的实际情况一致，由于期货价格包含一定持仓成本，往往偏高于现货价格。若以期货价格办理质押，则在确定质押比率或调整质押额度时，应考虑这个因素影响。若以现货价格办理质押，则应考虑现货市场的标的物与期货市场是否一致。若不一致，要依据现货市场的等级差对质押比率进行调整。如果银行在与借款人签署协议时参照价格不准，特别是价格偏高时，就会给银行留下风险隐患。

现货市场的价格变化直接引起仓单内涵价值的变化。质押贷款合同签订后，若仓单对应的商品价格出现大幅度下跌，而贷款合同未做任何调整，没有设立警戒线，就会出现仓单价值低于贷款本金的现象，这时风险就会随之而来。

银行通过仓单质押一次性放出的贷款在其资本金中所占的比例、在总贷款中所占的比例要按照有关贷款管理制度实施，严格控制。若所占的比例过高，一旦借款人出现经营、法律风险，很可能会对银行造成重大影响。

（2）缺乏相应惩罚措施。借款人的资信状况在借贷关系中甚为重要，资信不良的借款人可能会给银行造成严重的后果。因为大部分客户以中小生产企业和商贸企业为主，其资质、信用状况直接影响贷款是否能顺利回收。譬如，借款人已经资不抵债、仓单作重复质押、假借别人的仓单或伪造仓单、伪造财务报表、贷款不按期归还等。银行开展标准仓单质押贷款业务的风险最终表现在标准仓单的无法兑现上。这种情况是：出质人的标准仓单无法变现，即当借款人与出质人、标准仓单受让人拒不履行偿还贷款义务又信用很差，此时贷款银行按照交易所的业务规则以及我国相关法律、法规的规定，又不能直接成为标准仓单的受让人，风险由此产生。

2. 控制标准仓单质押贷款风险的对策

（1）严格审查借款人的资格。借款人近几年来要有良好的经营业绩，有健全的内部管理制度，各项指标符合贷款要求，资产流动性充足，高管人员和主要业务人员无重大不良记录和违规行为，无欠债不还记录。

（2）贷款项目的可行性。贷款人要审查借款人的资金用途，是用于期货套保、套利、投机，还是用于其他经营业务。根据资金投向判断贷款风险大小。

（3）借贷双方要取得期货经纪公司的协助。借款人作为期货市场投资者，在期货经纪公司开有专门的保证金账户，其交易行为完全在期货经纪公司的掌控之下，尤其在贷款资金流入期货市场后，贷款人很难实时了解借款人的资金使用状况。借款人是否拿贷款资金去做投机，是否有操纵市场的行为，是否有大盈大亏等，贷款人都需要与期货经纪公司经常保持联系和沟通，以便提前作出对策。一是借款人在资金不能按期归还时，需要期货经纪公司协助对仓单进行处理。目前由于法律上对银行等金融机构进入期货市场是限制的，贷款人不论是银行还是其他金融机构一般在期货市场没有交易席位或特别席位。二是当仓单价值出现变化，超过贷款合同约定的警戒线时，需要期货经纪公司及时告知贷款人，立即通知借款人不足质押物的价值缺口或提前偿还部分贷款。三是质押期间，仓单的仓储费用需要期货经纪公司向借款人代扣。

（4）无纸化仓单质押贷款应取得期货交易所的支持。有纸化仓单，借款人可以随时拿去办理仓单质押贷款业务，质押后借款人就无法再转让、交割、提货或在交易所办理质押保证金业务。但是无纸化仓单在质押贷款后，若银行等贷款人不通知交易所予以冻结，借款人还可以照常进行转让、交割、提货或在交易所办理质押保证金业务。这就为贷款人增加许多不确定因素。因此，对于郑商所、大商所的电子化仓单管理方式，标准仓单质押贷款没有交易所的支持是行不通的。

更多的标准仓单融资业务参考国内商品交易所的《标准仓单融资业务管理实施细则》。

三、非标准仓单质押融资

（一）标准仓单与非标准仓单的区别

标准仓单是经期货交易所注册的仓单，可以在交易所的电子仓单系统中查到，仓单所对应的货物也只能是期货交易所上市的那些品种，而且质量必须符合期货交割的要求。这种仓单可以进行所内质押也可以进行所外质押。所内质押是指将仓单质押给期货交易所，交易所将质押的款项转入出质人（通常是企业）的期货账户，只能用于期货交易；所外质押通常指把仓单质押给银行，质押款项可以用于出质人的生产经营活动，质押款项的用途更广。

非标准仓单是未经期货交易所注册的仓单，通常是大型物流仓库开具的，品种多，但质量不一，在市场中的流通性不如标准仓单好，这种仓单也可以进行质押，一般质押给银行。

非标准仓单质押业务是金融机构向客户发放的，以仓储公司为货主出具的不可转让、不具有货权性质的仓库保管单、入库单（不包括标准仓单）为特定担保方式的授信业务。仓储质押担保项下可办理的授信业务主要包括短期贷款、商票贴现、开立银行承兑汇票、进口开证等短期授信业务。

标准仓单与非标准仓单其实没有本质差别。因此，可以把标准仓单理解为符合交易所事先规定的商品货物标准及其规定格式的非标准仓单。与标准仓单相比，非标准仓单业务模式包括质押、销售和采购等形式上稍有不同。

1. 签发主体资格不同

标准仓单是由期货交易所指定交割仓库按照交易所规定的程序签发的符合合约规定质量的实物提货凭证。

标准仓单是由交易所统一制定的、交易所指定交割仓单在完成入库商品验收，确认合格后签发给货物卖方的实物提货凭证。标准仓单经交易所注册后有效。标准仓单采用记名方式，标准仓单合法持有人应妥善保管标准仓单。标准仓单的生成通常需要经过入库预报、商品入库、验收、指定交割仓库签发和注册等环节。

非标准仓单是由金融机构向客户发放的，以仓储公司为货主出具的不可转让、不具有货权性质的仓库保管单、入库单（不包括标准仓单）。仓储质押担保项下可办理的授信业务主要包括短期贷款、商票贴现、开立银行承兑汇票、进口开证等短期授信业务。

2. 执行标准不同

标准仓单的表现形式为《标准仓单持有凭证》，交易所依据《货物存储证明》代为开具。标准仓单持有人可选择一个或多个交割仓库不同等级的交割商品提取货物。

（1）一张标准仓单的数量必须是一张合约最小交割单位的数量。

（2）标准仓单所示商品的质量、包装等条件必须符合交易所有关规定。

（3）同一标准仓单所示商品必须是同一品种、同一生产厂（同一产地或同一批次）、同一牌号或同一等级。

（4）认真填写应由指定交割仓库填写的有关内容，字迹清楚，涂改无效。

（5）指定交割仓库开具的标准仓单必须加盖仓库公章并由经办人和审核人员签字。

（6）指定交割仓库开具标准仓单后应将详细资料记录在案并及时通报交易所。

（7）指定交割仓库或有关会员须携带标准仓单和入库验收报告单到交易所办理签发有效标准仓单手续。

（8）交易所在交割月份的最后交易日前1交易日起不再受理用于当月交割的标准仓单签发申请。而非标准仓单并没有以上标准规定，主要是双方，或多方接受则可。

3. 法律效力不同

由于出具人的资质同、程序标准不同，从而影响到其不同的法律效力，标准仓单具有公开法律意义，而非标准仓单容易存在争议。

4. 流通价值不同

由于出具人的资质不同、程序标准不同，从而影响到其不同的流通价值，更为广泛流转。

非标准仓单质押融资需求大。商品交易所交易商品品种严格受限，标准化仓单仅涵盖大豆、铜、铝等少数品种产品，多数产品无法做成标准仓单的形式，因此无法通过仓单质押方式融资。市场上非标准仓单持有者的融资需求强于标准仓单持有者，标准仓单持有者可参与期货交易融资，非标准仓单持有者缺乏类似融资渠道。

非标准仓单质押业务有效解决了客户资金不足、担保不够与银行信用投放需要的矛盾，授信客户与金融机构签订《动产最高额质押合同》后，三方签订《仓储质押监管协议》，金融机构是仓储货物的质押权人，仓储公司代金融机构对仓储货物进行监管。客户可以得到用于经营周转所需的流动资金。

（二）非标准仓单的签发对象

非标准仓单的签发对象是经工商行政管理机关（或主管机关）核准登记，实行独立核算的企、事业法人或其他经济组织。非标准仓单质押业务申请人应当具备在贷款金融机构开立账户、资信状况良好、现金流量大、供销关系稳定等基本条件，具体条件如下：

（1）在贷款金融机构开立基本结算账户，销售收入归行率在50%以上。

（2）无不良记录。

（3）销售收入连续稳定。

（4）有稳定的销售网络、销售渠道。

（5）仓储公司与授信客户应是没有关联关系、相互独立的。

（6）规模较大、管理正规、资信良好、拥有合法营业执照的专业仓储法人企业。

非标准仓单质押业务申请人申请非标准仓单质押业务时，除应符合贷款银行流动资金贷款条件外，应同时向贷款行提供以下信息和资料：

（1）仓储货物相应的购销合同及贸易背景情况。

（2）仓储货物的市场行情与变现能力情况。

（3）货物质量、数量与仓单、质检单，货物价值与质押率。

（4）仓储公司的基本状况、资信状况、代位清偿能力。

办理非标准仓单质押业务的出口信用证应满足以下条件：

（1）金融机构是仓单项下的货物质押权人。

（2）为明确各方的权利与义务，授信客户、仓储公司须与银行签订《仓储质押监管协议》。

（3）金融机构工作人员须对照仓单亲自对质押货物进行清点，根据客户出具的《过户声明书》办理过户手续，并向仓储公司预留《质押物提货通知书》及有权签字样本。

（4）质押货物应进行保险。

（三）非标准仓单的主要风险

非标准仓单涉及两项主要风险。一是货物风险。为防控风险，必须对非标准仓单质押项下货物的品质提出严格要求。该质押货物必须是品名规格明确、质量价格稳定、不易损耗、不易贬值、易于长期存储的货物。任何如易腐烂的果蔬食品、易燃易爆的危险物品等质量、品质、价格不稳定的货物不可质押。二是信用风险。为防范出质人设置仓储陷阱，恶意质押套现的行为，质权人必须严格审查出质人的资质、信誉，并设置严格风险控制程序，提高出质人违约的交易成本。为防范意外风险，质权人可以要求出质人及相关人在办理质押手续时提供质押标的的保险证明，借助保险公司的力量对货物的价值做第三方审核与监督。

四、大宗商品货押融资

（一）货押的概念

货押业务（货权质押业务）是指银行以企业法人自有动产或货权为质押的各种形式的表内外授信业务。在货押业务中，借款人将自有的动产（包括外购商品、库存原材料、库存产品等）或货权质押给银行，银行通过对质押物实施占有或监管而发放的一种短期流动资金授信业务（包括直接贷款、开立银行承兑汇票、商业承兑汇票保贴、开立信用证等业务），用于满足企业物流或生产领域配套流动资金需求。

（二）业务分类

1. 根据质押标的物（货权）形式分类

货权质押业务根据质押标的物（货权）形式主要分为仓单质押和动产质押两大类。

动产质押是指债务人或者第三人将其动产移交债权人占有，将该动产作为债权的担保。债务人不履行债务时，债权人有权依照我国《担保法》的规定以该动产折价或者以拍卖、变卖该动产的价款优先受偿。前款规定的债务人或者第三人为出质人，债权人为质权人，移交的动产为质物。设定动产质押，出质人和质权人应当以书面形式订立质押合同。根据《中华人民共和国物权法》的规定，质押合同是诺成合同，并不以质物占有的移转作为合同的生效要件。

根据《担保法》的规定，动产质押业务，是指企业将动产（包括商品、原材料等）存放在银行指定或认可的仓库作为质押物，质押物在银行监控下流动，据此向银行申请贷款（或办理银行承兑汇票）的融资方式。

仓单质押是指出质人（中小企业客户）以物流企业开出的仓单（仓库货物清单）作为质押担保，银行给予融资的授信业务。从担保种类而言，属于权利凭证质押类，质押的标的是物权化的权利凭证——仓单，银行对质押物的占有方式为占有经过出质人和监管人同时背书过的仓单，监管人为仓单的出单人。

2. 根据货权取得时间分类

货权质押业务根据货权取得时间不同可分为现货质押和未来货权质押两大类。

现货是指商品社会中已经现实存在的、可以用来买卖交换且代表一定价值的标的物。它包括商品现货、大宗商品、现货仓单等。由此延伸开来，现货的范围包罗万象，现今社会中几乎任何物品都可以称之为现货，衣食住行样样无出其外。现货市场是我们生活工作中最不可或缺的市场,也是利润最丰厚,产生效益最大的市场。

狭义上或者专业上来说,现货是与期货相对应的一种概念,是指在专门市场上买卖双方交易共同指向的对象,与期货不同的是,现货是贸易的最高表现形式,而期货是金融的最高表现形式。现货是期货的基础,期货是现货的升华,没有现货为根本,谈不上期货的顺利交易。

(三)大宗商品货押融资与套期保值

对于以经营大宗商品作为主营业务的进口型贸易企业来讲,一方面,由于其主营业务涉及的标的物品多属于国际上流通性较强的金属产品、能源矿产、化工产品以及基础类农产品等,因此在与境外企业的贸易往来过程中所需支付的进口款项往往数额较大;另一方面,又由于货物从出口商装船运到境内进口商提货后再向下游商家销货及自身加工的过程中,还会受到气候、经济环境、供需市场状况等不同因素的影响,因而会面临一定范围内的价格波动。特别在经济运行周期下行、行业萎缩等不利原因造成商品进口后价格下挫的情况下,会在一定程度上造成进口商提货后滞销的艰难情形,甚至使其在贸易过程中蒙受巨额损失。

一般来讲,境外出口企业为了能够确保发货后收到贸易合同中的应收账款,多要求境内企业向其开立远期信用证,以确保在信用证中约定的付款到期日收到足额款项。而对于境内的进口企业来说,为缓解付款到期日来临之时较大的支付金额给企业带来的现金流压力,在财务成本可控的前提下,一般会考虑向银行申请进口押汇或者海外代付等产品帮其先行支付,待进口商品顺利向下游购买商销售完毕并拿到回款后,提前或于融资到期日支付本息。对此,多数银行专门设计了产品,主要是基于现货仓单及未来货权质押,并结合部分比例的保证金及其他担保方式作为企业获得银行授信的前提条件,为企业开立信用证以及发放融资款。但这并不能完全解决本文开头提及的进口后的标的商品价格出现急剧下挫的问题。那么,除采取增加保证金比例以及补充质押商品数量外,可否通过企业提前购买标准期货合约的方式实现货物保值的功能,并将合约以某种方式质押给融资银行,作为偿还银行融资本息的另一重要渠道呢?

1. 大宗商品货押授信及融资条件

本书所讲的大宗商品货押授信及融资业务,主要是指境内进口方通过将所进口的大宗商品现货作质押,并将其置于经银行认可的第三方物流企业的监管下,向银行申请进口贸易项下授信及融资支持服务。当然,对于大宗商品融资亦不仅仅局限于进口贸易融资,对于以现货质押的传统出口型贸易融资产品,如打包贷款、出口商业发票融资、托收贷款等,亦同样可采用货押方式操作。由于本书主要探讨通过期货市场进行套期保值,故仅描述进口大宗商品授信及融资业务。

以现有货物向银行做质押的方式,是可通过将仓储企业提供的仓单向银行质押,由银行提供贸易融资额度授信。操作过程中需要申请授信的企业(出质人)、提供授信及融资的银行（质权人）以及仓储（物流）企业三方签订协议，以对各方职责进行落实，从而形成对质押物的有效监管。对银行而言，仓储企业除应为业界认可的知名品牌企业外，同时也应是融资银行内的优质结算或授信客户。

以未来货权向银行质押的方式，主要体现为银行对进口企业所开立进口信用证项下的未来货权凭证所对应商品享有的留置权，以及银行在同意向企业放单时要求企业提交的信托收据。对银行而言，进口货物的承运方亦应为经银行认可的船运或其他物流公司，并在货物到港的后续入库监管操作方面，效仿现有货物质押模式。

银行可在对企业评级、经营情况及其他要求提交的信贷材料进行审核的基础上，根据审核结果决定是否为企业核定贸易融资专项授信额度；对于达到标准并获得授信的企业，则需在其具体支用额度开立远期信用证以及申请进口押汇等融资业务时，对货押环节给予足够的重视。

2. 大宗商品货押授信及融资要素

对于银行来讲，即便是对于国际上流通性强、易于变现的大宗商品，在办理货物质押业务时，也应从风险防控的角度出发要求企业按开证或融资金额缴纳一定比例的保证金，以应对因货物价格急剧下降导致企业即使大量补充质押货物亦无法在规定的时间内足额偿还融资本息的风险。除去保证金的部分，剩下考虑的就是与质押货物相关的因素了。对于货物质押，说起来容易做起来却有很多问题需要考虑。主要需在以下几个方面加以落实：一是对于质押货物的价格认定；二是如何合理设定质押率；三是银行直接经营部门如何与仓储企业一起落实质物监管。

（1）质押货物的价格问题。货物在质押时点前一段时间内的平均市场价格作为质押物单位价格的参考值。当质物的价值确定后，可根据银行对质押率的要求推算出可授予企业的贸易融资额度。

（2）质押率的问题。质押率的概念一般涉及贸易融资金额，保证金以及质物价值几个变量，其准确计算公式为：质押率=（向企业发放融资本息金额－企业已缴纳保证金的差额）/质物价值的比值。从该公式不难看出，质押率应是一个上限的概念。因此，如果银行为企业办理了大宗商品质押融资业务，并为企业发放了对应的贸易融资款项后，商品的市场价格出现下滑，导致质押率上限被突破，银行可通过两种直接渠道弥补风险敞口：一是要求企业追加与现有质物价值损失等额的保证金；二是要求企业补充一定数量的质押货物，且补充货物的市值可弥补原有质物价格下跌造成的损失金额。以上两种方式均可确保质押率这一指标不超过银行要求的上限值。

（3）大宗商品质押融资本身并不复杂，重点是要落实风险控制条件。但在业务的实际办理过程中，各个环节仍有可能出现操作风险。其中很重要的一点就是如何落实对质押货物的监管问题。一般来讲，融资申请企业、融资银行和仓储物流企业间会通过签订三方监管协议的方式来约定各自在商品质押融资业务中的权利和义务。对于核库的问题，从银行的角度来讲，作为提供融资方在委托仓储企业对质物进行监管的同时，亦应要求相关经营部门及信贷管理部门的工作人员定期或不定期赴现场对质押货物的数量、质量等进行详细检查，并且定期进行人员轮换，以保证业务开展的独立性与客观性。另外，融资行应有专人负责商品价格的逐日盯市。原则上可设定一个质押率的临界值，该值与质押率上限相差一定的百分点，由此推算出质押货物的警戒价位。当价格下跌到该价位时，银行盯市人员应立即将价格信息传递至经办人员及信贷管理部门，并由相关业务人员迅速启动要求借款企业补缴保证金或补充质押货物的工作流程，以避免当货物价格急剧下跌时，由于上述工作处理不及时给银行造成实际损失。

上述部分简要介绍了目前大部分银行为进口大宗商品贸易企业提供专项信贷支持的主要模式。这一模式特别适用于一些规模相对较小、财务状况（现金流）不是很好，虽然有着稳定的日常经营和持续增长的利润率水平，但因其主要指标数据难以达到银行信用评级系统要求而无法获得规模性授信支持及足量的贸易融资额度的企业。因为在这一模式下，银行往往更加关注于企业经营的商品类型、流通性、价值等因素，并以此作为给予企业专项授信及融资支持的重要参考；而企业则相应通过将商品质押给银行，并缴纳一定比例的保证金，即可满足获得融资的重要条件。

3. 套期保值模式下的大宗商品融资

目前大部分银行已能够提供成熟的大宗商品授信业务产品，并且基本上都是以保证金及现货（或未来货权凭证）质押的方式作为提供授信的条件及弥补风险敞口的主要渠道。但是当遇到标的商品价格急剧下跌的情形时，企业是否有能力及时补缴足额的保证金及补充足额的质押物，对于银行来讲亦应提前予以充分考虑。那么是否还有其他渠道在为企业实现保值的同时，能够进一步弥补银行融资的风险敞口呢？相信很容易想到，可以由企业通过在期货市场上以卖出期货合约（空头套期保值）的方式对冲因现货价格下跌所造成的损失，同时将相关权益质押给银行，作为偿还货押融资本息的又一渠道。

一直以来，多数以经营大宗商品为主营业务的企业均具备一定的通过期货合约实现价格避险的操作经验；但是对于银行来讲，作为为实体经济提供服务的金融机构，在提供融资支持的过程中对衍生产品的参与在一定程度上还是持谨慎态度的。即使在现有条件下部分银行已专门开发了类似产品，但受到信贷管理体系、风险评价体系及其他因素差异化的影响，恐怕亦很难在短时间内普及所有银行的大宗商品货押授信业务当中来；而且，对于银、期、企的合作模式，也尚未形成一套相对于此类衍生产品的成熟的责任体系。如果仅就大宗商品授信融资这一业务而言，在原有企业提供保证金及现货质押的基础上，将期货保值合约参与到质押方案中，在一定条件下还是可以帮助企业在避免价格损失的同时弥补银行融资风险敞口的。以下举一个简单案例，从客观数据上介绍上述方案的避险功能。

【例9–8】2013年2月末，某金属X市场现货价格为4000元/吨，期货价格为4300元/吨。以进口金属X为主营业务的企业A以开立人民币信用证的方式向境外合作方进口1000吨X，并向开证行申请进口押汇：押汇期限为半年，融资本金为$4000 \times 1000 =$

4000000（元），年利率水平为 5.6%。由于国内行业景气度下降，境内市场需求规模持续萎缩，企业 A 判断其价格会由于下游需求的减少而下跌，遂通过在期货市场卖出等量金属 X 期货合约的方式对冲半年后价格可能下跌造成的损失，以保证按期、足额偿还银行押汇本息。半年后金属 X 现货价格果然下跌至 3500 元/吨，期货价格下跌至 3600 元/吨。企业 A 将所进口的 1000 吨金属 X 按现货价格销售给下游企业的同时，通过买入等量金属 X 期货合约成功平仓，对冲了现货价格下跌所造成的风险，并按期足额偿还了银行融资本息（见表 9-4）。

表 9-4　　　　　　　　　　　　　　对冲实例信息

日期	现货价格（元/吨）	期货价格（元/吨）
2 月初	4000	4300
8 月初	3500	3600
套期保值结果：$3500 \times 1000 + (4300 - 3600) \times 1000 = 4200000$（元）		
银行融资本息：$4000000 + 4000000 \times 5.6\% / 360 \times 180 = 4112000$（元）		

可以看出，虽然企业 A 在现货市场上出现了亏损，但是通过期货市场的空头套期保值交易，不仅对冲了现货市场的损失，同时确保了能够到期足额偿还银行融资本息。但需要注意的是，该案例是按照理想的期货及现货市场价格走势及价差水平进行的，而在实务中该业务模式尚有待进一步研究和完善，特别是在具体操作中要处理好以下两个问题：一是期货公司如何能够协助银行落实期货合约项下权益？即如何能有效监控企业将期货市场平仓后的所得资金直接用于偿还银行借款，而不会出现挪用及其他不利于银行的行为？二是当价格走势与预期判断不符的情况下，如何及时有效地弥补银行的风险敞口？对于第一个问题的解决，应着重考虑各方在监管合作协议中的权利和义务，在充分参考相关法律条款的基础上严格落实各自责任；在适当情况下，还可考虑引入相关账户托管业务模式。对于第二个问题，通过期货市场的套期保值并不一定都会取得理想的效果；如果价格的实际走势与预期走势相反，则反向的期货交易是亏损的；即使走势与预先判断一致，期货市场的合约对冲收益，亦未必能足额覆盖现货市场的价差损失，而只是起到减少损失的作用。因此作为银行来讲，只能将期货市场的套期保值作为对银行还款渠道的一个补充，而重点仍应放在以保证金与现货质押作为大宗商品融资条件的基本质押模式上，毕竟这些东西是看得见摸得着的。

将大宗商品货押融资业务与通过期货市场进行的套期保值交易相结合，可以为银行到期足额收回融资本息增加一条对冲由于货物价格下跌造成的风险敞口的渠道，使银行在对企业信用风险进行管理的同时，通过期货公司的业务功能来进一步规避市场风险。

第三节 大宗商品在物流金融中的应用

一、物流金融概述

(一) 物流金融产生的背景

(1) 第三方物流服务的革命。物流金融是物流与金融相结合的产品,其不仅能提高第三方物流企业的服务能力和经营利润,而且可以协助企业拓展融资渠道,降低融资成本,提高资本的使用效率。物流金融服务是第三方物流服务的一次革命。

(2) 中小型企业融资困境。在国内,中小型企业存在着信用体系不健全的问题,所以融资渠道贫乏,生产运营的发展资金压力大。物流金融服务的提出,可以有效支持中小型企业的融资活动。另外,物流金融可以盘活企业暂时闲置的原材料和产成品的资金占用,优化企业资源。

(3) 供应链"共赢"目标。对于第三方物流企业而言,物流金融可以提高企业一体化服务水平,提高企业的竞争能力,提高企业的业务规模,增加高附加值的服务功能,扩大企业的经营利润。对于供应链企业而言,物流金融可以降低企业的融资成本,拓宽企业的融资渠道,降低企业原材料、半成品和产品的资本占用率,提高企业资本利用率,实现资本优化配置,降低采购成本或扩大销售规模,提高企业的销售利润。对于金融机构而言,物流金融服务可以帮助金融机构扩大贷款规模,降低信贷风险,甚至可以协助金融机构处置部分不良资产。

(4) 金融机构创新意识增强。当前金融机构面临的竞争越来越激烈。为在竞争中获得优势,金融机构,比如银行,不断地进行业务创新,这就促使了物流金融的诞生。物流金融可以帮助银行吸引和稳定客户,扩大银行的经营规模,增强银行的竞争能力;可以协助银行解决质押贷款业务中银行面临的"物流瓶颈"——质押物仓储与监管;可以协助银行解决质押贷款业务中银行面临的质押物评估、资产处理等服务。

(二) 物流金融的概念

1. 物流与金融的关系

(1) 物流与金融的共同点。

第一,无论是物流还是金融,都属于经济活动中的流通领域,都属于交换活动。交换作为流通过程,是把生产、分配和消费联系起来的中间环节,其目的都是为了增加经济效益、获得利润、发展经济。资源的区位优势导致了物流的必然产生,而同一地区或者不同地区之间货币资金的清算促成了银行业的诞生。商品流和资金流在整个社会商品经济交换中，扮演着十分重要的角色。

第二，在物流与金融中，价值规律都起着调节作用，不仅如此，两者都受商品和货币流通领域中固有的其他规律如自愿让渡规律、供求规律、竞争规律和利润规律的制约。

第三，物流与金融同时具有服务特性。从产业划分，两者都属于第三产业，即服务业。金融是因为解决社会资金融通问题而产生的，尤其是解决贸易、投资和消费领域的资金融通问题而产生的。同属于服务行业的物流业和金融业在贸易中的作用相辅相成，从商品的物理性位移到交换后货币的流通，两者的结合使物流和贸易的效率急剧提高。

第四，运动结果一样。两者的运动结果都导致了资源的最佳配置。

（2）物流与金融的不同点。

第一，两者的流向刚好相反。在贸易方面，资金供给方和货物需求方通常是一个人；反之，资金的需求方和货物的供给方通常也是表现为同一人。物流环节作为贸易的动态表现，物流的需求与金融在这个过程中的流向刚好相反。

第二，两者流动的形态不一样。物流以商品形态存在，资源以物流的形式进行配置时，是以具体的实物形态运动的，而且，物流的参与工具是各类具体的运输工具，如飞机、货轮、叉车及传送带等。而金融参与流通的形态则是以一般等价物的货币形式存在的，其流通方式则是我们平常直接接触的信用载体，如各国货币、支票、本票、银行及商业汇票、信用证等结算工具（或称为信用工具）。

2. 物流金融定义

物流金融是指在物流运营过程中，与物流相关的企业通过金融市场和金融机构，运用金融工具使物流产生的价值得以增值的融资和结算的服务活动。

具体地说，是指面向物流业的运营过程，通过应用和开发各种金融产品，有效地组织和调剂物流领域中货币资金的运动。这些资金运动包括发生在物流过程中的各种存款、贷款、投资、信托、租赁、抵押、贴现、保险、有价证券发行与交易，以及金融机构所办理的各类涉及物流业的中间业务等。

物流金融是为物流产业提供资金融通、结算、保险等服务的金融业务，它伴随着物流产业的发展而产生。在物流金融中涉及三个主体是物流企业、客户和金融机构。物流企业与金融机构联合起来为资金需求方企业提供融资，所以物流金融的开展能满足这三方非常迫切的现实需要。物流和金融的紧密融合能有力支持社会商品的流通，促使流通体制改革顺利进行。目前物流金融正成为国内银行一项重要的金融业务，并逐步显现其作用。

物流金融是物流与金融相结合的复合业务概念，它不仅能提升第三方物流企业的业务能力及效益，还可以为企业融资及提升资本运用的效率。对于金融业务来说，物流金融的功能是帮助金融机构扩大贷款规模降低信贷风险，在业务扩展服务上能协助金融机构处置部分不良资产、有效管理客户，提升质押物评估、企业理财等顾问服务项目。从企业行为研究出发,可以看到物流金融发展起源于"以物融资"业务活动。物流金融服务是伴随着现代第三方物流企业而生,第三方物流企业除了要提供现代物流服务外,还要与金融机构合作一起提供部分金融服务。于是,物流金融在实践上已经迈开了步子,这个起因将"物流金融学术理论"远远地甩在了后边。

3. 物流金融的作用和职能

(1) 物流金融的作用。

第一,物流和金融的整合创新。物流业不断强化金融观念,主动寻求金融协作与支持;金融全球化和现代金融体系对物流高速发展有非常大的作用。

第二,物流和金融双向共赢。金融业完善机制,金融创新服务物流;以信息为纽带,现代金融业与物流业互相促进。

(2) 物流金融的职能。

第一,深化国际贸易和国际分工。商品交换的利益是物流与贸易的根本目的,物流金融的发展提高了物流和贸易的效率,从而深化了国际贸易和国际分工。因为资源的区域性和稀缺性,导致地区与地区之间的生产出现差异化,这种差异化突破了国家疆界,使得国际分工成为必然。物流金融以其庞大和便捷的银行间结算网络,缩小了资源流动的时间距离和空间距离,在货币收付和结算上大大提高了国际贸易效率。国际交往频度的显著增加,国际分工也随之逐渐深化。

第二,克服资源的区域性限制,平衡地区经济发展。物流和物流金融把世界上生产发展水平差异较大的发达国家和发展中国家相互联系起来,使生产和经济活动在一定程度上具有普遍的世界性质,使各国生产要素优势在较大范围内充分发挥出来,避免了封闭经济条件下进行生产的弱点,使世界范围内生产要素的使用率大大提高。物流金融的目的就是使全球生产要素的价格趋于一致。

第三,构建物流企业融资平台,实现供应链协调运作。物流金融是金融部门专门针对物流行业进行的金融服务,其目的是提高物流效率、实现供应链的价值增值。金融直接针对物流进行资金运作,可以有效地解决物流企业营运过程中所面临的资金瓶颈问题。金融体系在要求企业完善内部核算机制的同时,也激励物流业不断创新企业内部运行机制,通过减少库存和物资占压等手段,加速企业资金周转,降低占压资金成本,从而协调物流企业的供应链运作,增强市场竞争力。

第四,调剂国内外市场供求关系,促进价格稳定,解除消费心理负担,完善需求链管理。物流金融中的融通仓业务提供的一体化服务可以解决质押贷款业务的外部条件瓶颈;物流金融可以实现信用整合与信用再造;可以促进电子商务物流的发展,满足网络时代消费的需求。

第五,物流金融在企业经营过程中的三大职能发挥:物流融资职能、物流结算职能和物流保险职能。

（三）物流金融的发展状况

物流金融发展起源于物资融资业务。金融和物流的结合可追溯到公元前 2400 年，当时美索布达米亚地区就出现了谷物仓单。而英国最早出现的流通纸币就是可兑付的银矿仓单。

1. 发达国家的物流金融业务

国际上，最全面的物流金融规范体系在北美（美国和加拿大）以及菲律宾等地。以美国为例，其物流金融的主要业务模式之一是面向农产品的仓单质押。仓单既可以作为向银行贷款的抵押，也可以在贸易中作为支付手段进行流通。美国的物流金融体系是以政府为基础的，早在 1916 年，美国就颁布了美国仓库存贮法案（US Warehousing Act of 1916），并以此建立起一整套关于仓单质押的系统规则。这一体系的诞生，不仅成为家庭式农场融资的主要手段之一，同时也提高了整个农业营销系统的效率，降低了运作成本。

2. 发展中国家的物流金融服务

相对于发达国家，发展中国家的物流金融业务开始的较晚，业务制度也不够完善。非洲贸易的自由化很早就吸引了众多外国企业作为审查公司进入当地。这些公司以银行、借款人和质押经理为主体，设立三方质押管理协议（collateral management agreement，CMA），审查公司往往作为仓储运营商兼任质押经理的职位。通过该协议，存货人，即借款人在银行方面获得一定信用而得到融资机会。此类仓单直接开具给提供资金的银行而非借款人，并且这种仓单不能流通转移。

在非洲各国中较为成功的例子是赞比亚的物流金融体系。赞比亚没有采用北美以政府为基础的体系模式，而是在自然资源协会（Natural Resource Institute）的帮助下，创立了与政府保持一定距离、不受政府监管的自营机构——赞比亚农业产品代理公司（The Zambian Agricultural Commodity Agency Ltd）。该公司参照发达国家的体系担负物流金融系统的开发和管理，同时避免了政府的干预，从而更能适应非洲国家的政治经济环境。

3. 中国物流金融的发展现状

国外金融服务的推动者更多是金融机构，而国内物流金融服务的推动者主要是第三方物流公司。物流金融服务是伴随着现代第三方物流企业而生，在物流金融服务中，现代第三方物流企业业务更加复杂，除了要提供现代物流服务外，还要跟金融机构合作一起提供部分金融服务。国内学者关于物流金融相关领域的研究主要是物资银行、融通仓等方面的探讨，然而这些研究主要是基于传统物流金融服务展开的，未能从供应链、物流发展的角度探讨相应的金融服务问题。如，罗齐和朱道立等（2002）提出物流企业融通仓服务的概念和运作模式探讨；任文超（1998）探讨了引用物资银行概念解决企业三角债的问题。在国内实践中，中国储运集团从 1999 年开始从事物流金融部分业务。物流金融给中国储运集团带来了新的发展机遇，该集团公司总结了部分物流金融业务模式，并在集团所有子公司进行推广。

二、物流金融资产流通模式

根据金融机构参与程度的不同,把物流金融运作模式分为资产流通模式和资本流通模式两种。资产流通模式是指第三方物流企业利用自身综合实力、良好的信誉,通过资产经营方式,间接为客户提供融资、物流、流通加工等集成服务。这种模式中,基本上没有金融机构的参与,完全是由物流企业自己给借款企业提供融资服务。典型的资产流通模式有替代采购模式和信用证担保模式两种。

(一)垫资—代收货款模式

1. 垫资—代收货款模式业务过程

垫资—代收货款服务模式是物流公司为供应商承运货物时先预付一定比例的货款(比如一半)给供应商,并且按约定取得货物的运输代理权,同时代理供应商收取货款,采购方在提货时一次性将货款付给物流公司的服务模式。物流公司在将余款付给供应商之前会有一个时间差,这样该部分资金在交付前就有了一个沉淀期。简要业务流程如图9-2所示。

图9-2 垫资—代收货款模式

注:1表示物流公司依照供应商和采购方签订的购销合同,取得货物承运权;2表示物流公司代购方先预付一定比例货款;3表示采购方支付物流公司所有货款并取得货物;4表示物流公司在一定的期限后将剩余货款扣除服务费后支付给供应商。

2. 垫资—代收货款模式SWOT分析

垫资—代收货款业务的SWOT分析,如图9-3所示。

S(优点)	W(缺点)
物流公司:新的利润源泉;将客户与自己的利害关系联系在一起,有效扩大自己的用户群,从而稳固自己的客户基础 采购方:有效解决融资难的问题,有利于公司长期稳定发展 供应商:提前获得预付款	物流公司:必须有足够的资金用来替代采购方的垫资,还要负责货物的运输等,并代替供应商收货款,对公司的管理水平提出了更高的要求 采购方:必须依赖物流公司开展业务,由物流公司垫付采购货物的费用 供应商:必须依赖物流公司开展业务,由物流公司代收货款
O(机会)	T(威胁)
长期合作,三方共赢	物流公司的信用度;采购商的付款能力

图9-3 垫资—代收货款模式SWOT分析

在这种物流金融模式下，物流公司除获得货物运输等传统的物流费用外，还因为延迟支付获得了一笔不用付息的资金，这笔资金可以用于向其他客户提供物流金融的贷款服务，从而获取额外的资本收益。

物流公司通过为采购方垫资服务和为供应商的代收货款服务增强了对购销双方的吸引力，以特色服务扩大了对市场的占有，同时增加传统的物流服务业务量并获取新业务的收益。

供应商在货物交付物流公司运输时就获得一部分的预付款，可以直接投入生产经营，从而减少在途货物对资金的占用来提高运营效率。

采购方无须事先支付货款而只需在提货时结清，这样能减少采购方在同强势供应商交易中须支付预付款而给企业带来的资金压力，三方的利益都得到了保障。

3. 垫资—代收货款模式的风险分析

在整个垫资—代收货款服务过程中，物流公司的风险可以得到有效的控制。由于在这过程中货物一直在物流公司的控制之下，其事先向供应商支付的货款完全可以由在途货物得以保证，这样能有效避免供应商和采购方合伙欺诈的发生，而采购方须在提货时结清货款，这时物流公司的收益已能获得保证。供应商的风险在于是否选择了信用高的物流公司，在只获取一部分货款的前提下将货物交由物流公司承运可能承担风险，但这些风险在货运市场发达的今天能通过各种机制得以有效避免，物流公司在取得货款后能否按时将剩余货款交给供应商也存在风险，所以供应商必须选择有长期合作关系、信用良好的物流公司与其合作。

垫资—代收货款服务模式中，物流公司作为物流金融服务的信贷方，将供应商及采购方看成一个整体，作为贷款企业。那么物流公司预支的货款可以看成是贷款，而交由物流公司承运的货物就是质押物，在货物交由采购方提货并付款之前存在采购方的违约风险，贷款的收益就是全额货款在沉淀期内的价值，因此，可以将垫资—代收货款服务模式看成一般的存货质押贷款进行研究。

（二）替代采购模式

1. 替代采购模式业务过程（见图9-4）

图9-4 替代采购业务过程

注：1表示由第三方物流公司代替借款企业向供应商采购货品并获得货品所有权；2表示第三方物流公司垫付扣除物流费用的部分或者全部货款；3表示借款企业向物流公司提交保证金；4表示物流公司根据借款企业提交保证金的比例释放货品；5表示第三方物流公司与供应商结清货款。

在物流公司的采购过程中，物流公司通常向供应商开具商业承兑汇票并按照借款企业指定的货物内容签订购销合同，物流公司同时负责货物运输、仓储、拍卖变现，并协助客户进行流通加工和销售。

除了供应商与借款企业签订的购销合同之外,第三方物流公司还应该与供应商签订物流服务合同,在该合同中供应商应无条件承担回购义务。

2. 替代采购模式 SWOT 分析

替代采购模式 SWOT 分析如图 9-5 所示。

S(优点)	W(缺点)
物流公司:新的利润源泉;将客户与资金的利害关系联系在一起,有效扩大自己的客户群,从而稳固自己的客户群基础 借款企业:有效解决融资难的问题,有利于公司长期稳定发展	物流公司:必须有足够的资金用来替代借款企业采购货品,还要负责货物运输、仓储、拍卖变现等,并协助借款企业进行流通加工和销售,对公司的管理水平提出了更高的要求 借款企业:必须依赖第三方物流公司开展业务,由物流公司垫付采购货物的费用
O(机会) 长期合作,双方共赢	T(威胁) 货物的流通变现

图 9-5 替代采购业务的 SWOT 分析

第三方物流企业的加入,既可以消除供应商资金积压的困扰,又可以解决借款企业因资金不足而无法生产或无法扩大生产的困境,使两头的企业因为有物流公司的参与而解决各自的困难。

对第三方物流公司而言,当物流公司代替借款企业向供应商采购货品时,物流企业首先代借款企业预付一半货款;当借款企业取货时则交付给物流企业全部货款。物流企业再将另一半货款交付给供应商之前,产生了一个资金运动的时间差,即这部分资金在交付前有一个沉淀期。在资金的这个沉淀期内,物流公司等于获得了一笔不用付息的资金。物流公司可以利用这一笔不用付息的资金从事贷款,而贷款对象仍为物流公司的客户或与物流公司业务相关的主体。在这里,这笔资金不仅充当交换的支付功能,而且具有了资本与资本运动的含义,而且这种资本的运动是紧密地服务于业务链的运动的。同时,通过开展此项业务,物流公司可以将客户与自己的利害关系连在一起,你中有我,我中有你,客户群基础越来越稳固,有了更加稳定的客户源也就有了更加稳定的利润源。

这里第三方物流公司必须有足够的资金用来替借款企业采购货品,并且还要负责货物的运输、仓储、拍卖变现等,协助借款企业进行流通加工和销售,因此公司的管理水平也应该是相当高的,否则是无法开展此项业务的。

对借款企业来说,此项业务的开展有效地解决了融资难的问题,有利于企业长期稳定的发展。但另一方面,此项业务的开展,对借款企业来说,必须依赖第三方物流公司,由物流公司代替自己采购货品,那么就必须选择有一定实力的物流公司开展合作。

虽然借款企业必须依赖第三方物流公司开展业务,但正是由于有第三方物流公司的参与,借款企业的产、供、销活动没有了后顾之忧,而且还能将有限的精力和资金投放在产品的生产和销售上，这也有利于此项业务的顺利实施。

3. 替代采购模式风险分析

替代采购业务最大的威胁是货物的流通销售环节，也即商品的变现环节。那么，开展此项业务对商品品种就应该有所选择，必须选择那些市场销路好、价格相对稳定的商品，比如目前被称作大宗商品的各类物资。这样的话，即使因为借款企业本身的原因而导致商品无法顺利销售时，物流公司也能将库存商品按自己的销售渠道销售出去，从而将损失减到最小，并且物流公司还能在借款企业的销售过程中，协助借款企业进行销售。所以，站在供应链的角度考虑，要达到共赢，最重要的是合作的三方共同努力，将最终的商品销售出去，遇到困难能从供应链共赢的角度出发，而不是只考虑自身的利益。

（三）信用证担保模式

1. 信用证担保模式的业务过程（见图 9–6）

图 9–6　信用证担保业务过程

注：1 表示第三方物流公司与外贸公司合作，以信用证方式向供应商支付货款，间接向采购商融资；2 表示供应商把货物送至第三方物流公司的监管仓库，物流公司控制货物的所有权；3 表示采购商向物流公司提交保证金；4 表示物流公司根据采购商提交保证金的比例释放货品；5 表示最后由采购商与第三方物流公司结清货款。

在物流公司的采购过程中，物流公司通常以信用证方式向供应商支付货款并按照采购商指定的货物内容签订购销合同，此时物流公司负责货物运输、仓储、拍卖变现，还要协助客户进行流通加工和销售。

2. 信用证担保模式的 SWOT 分析

信用证担保业务模式的 SWOT 分析，如图 9–7 所示。

S（优点）	W（缺点）
物流公司：新的利润源泉；将客户与自己的利害关系联系在一起，有效扩大自己的客户群，从而稳固自己的客户群基础 借款企业：有效解决融资难的问题，利于公司长期稳定发展	物流公司：必须对采购商的经营情况及信用情况非常了解，并且只能选择经营业绩好、信用度高的开展合作；本身必须具有一定的实力及规模，能提供供应商需要的担保 借款企业：必须依赖第三方物流公司开展业务
O（机会） 长期合作，双方共赢	T（威胁） 采购商的信用缺失；货品的流通变现

图 9–7　信用证担保业务的 SWOT 分析

第三方物流企业的加入，既可以消除供应商资金积压的困扰，又可以解决采购商因资金不足而无法生产或无法扩大生产的困境，使两头的企业因为有物流公司的参与而解决各自的困难。

对第三方物流公司而言，在向供应商开出信用证后，还要负责货物运输、仓储、拍卖变现，另外还要协助采购商进行流通加工和销售变现，这个过程其实就极大地扩大了物流公司的业务范围，从而获得新的利润源。物流公司还可以将客户与自己的利害关系连在一起，你中有我，我中有你，客户群的基础越来越稳固，有了更加稳定的客户源，也就有了更加稳定的利润源。另外，物流公司必须对采购商客户的经营状况及信用状况非常了解，才有可能和采购商合作为采购商提供信用证担保，否则就会因为风险过大而不愿开展此项业务。物流公司要了解采购商的情况，如果是老客户，要得到这方面的信息是非常方便的，但对于一般客户或新客户，物流公司就要通过建立先进的管理信息系统，用来对采购商进行评估及管理，以方便开展此项业务，这样就对物流公司提出了更高的要求。

对借款企业来说，此项业务的开展有效地解决了融资难的问题，有利于企业长期稳定的发展。同时，此项业务的开展，对采购商来说，必须依赖第三方物流公司，由物流公司向供应商提供信用证担保，才能从供应商那里拿到货品，那么就必须选择有实力、资信良好的物流公司开展合作。

虽然采购商必须依赖第三方物流公司开展业务，但正是由于有第三方物流公司的参与，使采购商的产、供、销活动没有后顾之忧，而且还能将有限的精力和资金投放在产品的生产和销售上，这也有利于此项业务的顺利实施。

3. 信用证担保模式风险分析

信用证担保业务最大的威胁来自于两方面：一是采购商信用缺失的风险；二是货物的流通销售环节存在的风险，也即商品的变现风险。

此项业务的开展对物流公司来说，最大的风险来自于采购商信用的缺失。前面我们提到过，物流公司开展此项业务对采购商的选择应该非常严格，可以从已有的老客户中进行选择，对新客户则要运用先进的管理信息系统对其进行评价，然后根据评价结果来决定是否和这家采购商进行合作，以及合作到何种程度等。只有这样做，才能有效避免物流公司的风险，因为只有经营业绩良好、生产的产品适销对路并且信用度良好的企业，才能有效地将商品变现并按照合同及信用证的条款，将货款还给物流公司。那么就要求物流公司建立先进的管理信息系统来支持此项业务的开展，对物流公司的管理水平也提出了更高的要求。

另一个风险是商品的变现风险。从供应链共赢的角度，即使是具有先进的管理信息系统并且管理水平也高的物流公司，和信用度高的采购商合作开展业务，如果合作生产出来的商品最终却在商场上销售不出去，那么此时不只对采购商，对一同合作的物流公司都会带来巨大的损失，并且这个损失除了保险外几乎无法弥补。所以对商品品种应该有所选择,必须选择那些市场销路好、价格相对稳定的商品,这样的话,即使因为采购商本身的原因而导致商品无法顺利销售时,物流公司也能将库存商品按自己的渠道销售出去,从而将损失减到最小,并且物流公司还能在采购商的销售过程中,协助借款企业进行销售。所以,站在供应链的角度考虑,要达到共赢,最重要的是合作的三方共同努力,将最终的商品销售出去。

三、物流金融资本流通模式

(一)仓单质押模式

1. 仓单质押模式业务过程

仓单是保管人(物流公司)在收到仓储物时向存货人(借款企业)签发的表示收到仓储物的有价证券。仓单质押贷款是仓单持有人以所持有的仓单作质押,向银行等金融机构获得资金的一种贷款方式。仓单质押贷款可在一定程度上解决中小企业尤其是贸易类企业的融资问题。仓单质押模式业务过程如图9-8所示。

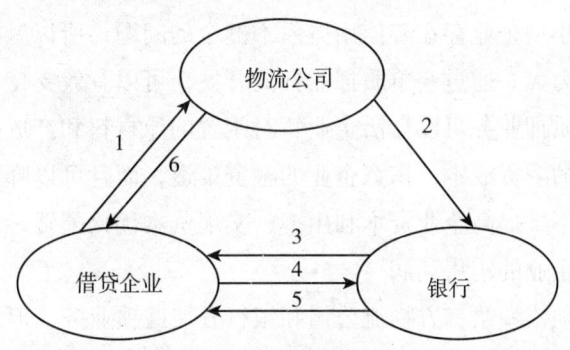

图9-8 仓单质押业务过程

注:1表示借款企业将产成品或原材料放在物流公司指定的仓库(融通仓)中;2表示物流公司验货后向银行开具仓单,仓单须背书质押字样,并由物流公司签字盖章;3表示银行在收到仓单后办理质押业务,按质押物价值的一定比例发放贷款至指定的账户;4表示借款企业实际操作中货主一次或多次向银行还贷;5表示银行根据借款企业还贷情况向借款企业提供提货单;6表示物流公司的融通仓根据提货单和银行的发货指令分批向借款企业交货。

2. 仓单质押模式 SWOT 分析

仓单质押业务模式的SWOT分析如图9-9所示。

仓单质押业务的开展可大大提高第三方物流企业在供应链中的号召力。物流企业对于库存的变动及流通的区域,可以通过库存管理、配送管理做到了如指掌,所以为客户提供金融担保服务就应成为一项物流增值服务的项目,不仅为自己带来新的利润增长点,也可

S（优点）	W（缺点）
物流公司：提供了新的增值服务，是新的利润增长点 借款企业：有效盘活企业存活资金，并能及时得到银行的融资帮助，有利于企业的长远发展 银行：提供了新的增值服务，成为新的利润增长点	物流公司：必须以自身的资产为质押提供担保，必须有仓管、监管、价值评估、配送、拍卖等综合服务能力，对人员及管理提出了更高的要求 借款企业：必须依赖第三方物流公司和银行开展业务 银行：质押物价值的评估往往不易
O（机会） 长期合作，三方共赢	T（威胁） 质押物的变现，质押物价值的评估

图 9-9　仓单质押业务的 SWOT 分析

以提高物流企业对客户的吸引力，增加物流企业核心竞争力。在整个运作过程中，物流企业承担的风险相对最小，因为有货物作为质押。假如物流企业手中有相当多的资金，就可以不必通过银行，在取货时，物流公司先将一部分钱付给供应商，货到收款后再一并结清。既可消除供应厂商资金积压的困扰，又可让买家卖家两头放心。

物流企业的参与提高了整个供应链的效率。目前的资金流运作过程非常烦琐，特别是中小企业单笔的业务量较小，从而运营的成本相对较高，这时如果有第三方加入进来，就可集聚业务量，同时分担银行的部分业务及成本，就可提高整个流程的效率。

在国内，由于中小型企业存在着信用体系不健全的问题，所以融资渠道非常缺乏，生产运营的发展资金压力大。通过仓单质押业务的开展，可以有效支持中小型企业的融资活动。另外，开展仓单质押业务可以盘活企业暂时闲置的原材料和产成品的资金占用，优化企业资源，降低企业的融资成本，拓宽企业的融资渠道，而且可以降低企业原材料、半成品和产品的资本占用率，提高企业资本利用率，实现资本优化配置，可以降低采购成本或扩大销售规模，提高企业的销售利润。

虽然借款企业必须依赖第三方物流公司和银行开展此项业务，但也正是第三方物流公司的参与，才使得借款企业能够集中精力做自己的事，就是生产和销售环节。一般借款企业拥有自己的客户，生产流通过程不畅的原因往往是因为资金问题，现在资金问题解决了，那么就可以将主要精力放在产品的生产和销售上，达到合作的最终目标。

对物流公司来说，质物的实际价值与评估的价值不相符是最大的风险，有可能导致整个业务合作的失败。借款人为了多得到贷款，想方设法将质押物的价值抬高，而第三方物流企业为了争取业务，不惜弄虚作假以迎合这种需要，使得资产的评估带有很大水分；还有物流企业由于技术、经验等方面的原因对某项财产的价值判定不准或不能科学预测财产的价格变动趋势，以致评估结果失真（高估情形偏多）。这就使质物不足值成为抵质押贷款的重要风险点。

另外，对整个供应链来说，质押物变现的风险是三方都应该努力规避的。因为对整个合作来说，如果质押物不能变现或者销售情况不好，那么最终借款企业就不能及时还贷或根本无力还贷，银行和物流公司的投资将最终成为泡影，导致合作失败。

3. 仓单质押模式风险分析

仓单质押业务的开展以及由此引起的资金流动，涉及法律、管理体制、信息安全等一系列的问题，而且这些问题随着进一步实践逐渐暴露出来。归纳起来，主要有如下五点：

（1）借款企业资信风险。借款企业的业务能力、业务量及商品来源的合法性（走私商品有罚没风险）对物流公司来说都是潜在的风险；在滚动提取时提好补坏，有坏货风险；还有以次充好的质量风险。

（2）仓单风险。仓单是质押贷款和提货的凭证，是有价证券，也是物权证券，但目前仓库所开的仓单还不够规范。

（3）质押商品选择风险。并不是所有的商品都适合用作仓单质押，商品在某段时间的价格涨跌幅度和质量的稳定状况都是在选择时需要考虑的内容，也会带来一定程度的风险。

（4）商品监管风险。在质押品的监管方面，仓库同银行之间的信息不对称、信息失真或信息交换不及时都会带来双方决策的失误，影响仓单质押业务的开展。

（5）内部管理和操作风险。许多仓库的信息化程度很低，还停留在人工作业的阶段，难免出现内部人员的操作失误。

基于以上的风险分析，提出如下的风险规避措施：

（1）信用的建立与整合。从仓单质押的业务过程来分析，银行贷款给借款企业要以信用作为基础，银行委托物流企业代理监管商品也需要信用，物流企业存储借款企业的商品并融入供应链中去同样也需要信用，那么开展仓单质押业务就需要物流企业来建立和整合这些信用。物流企业是联结借款企业与银行的服务平台，在仓单质押业务关系中间，物流企业、银行和借款企业之间存在着委托代理关系，而物流企业是两种委托代理关系的联结点。一是作为银行的代理人，监管借款企业存储在物流企业的仓库中的商品。二是作为借款企业的代理人，管理存储在仓库的商品。它不仅要建立信用，还要具备信用的整合功能。首先，物流公司要与借款企业、银行建立信用关系，同时银行质押贷款业务的开展是建立在仓单的真实有效性和对仓库监管的信任之上的。仓单质押服务是一项高级的物流服务形式，它要求物流企业为客户提供满意的服务和良好的信誉。其次，物流企业可以利用双方都信任的关系来开展仓单质押业务，这是信用整合的过程。

（2）仓单的管理和规范化。仓单是在物流企业接受借款企业要存放的商品以后，向借款企业开具的说明存货情况的存单。这种存单不单纯是证明性的，还具有特殊的功能，即"有效证券"的功能。仓单可以作为一种有价证券进行质押，实现资金融通，辅助完成现货交易，提高交易效率，降低交易成本，它是仓单质押业务开展的重要法律依据和凭证。虽然其合法性的问题是目前业界备受关注和讨论的热点，但更为重要的问题却在于仓单的管理和规范化。具体地说，仓单管理办法要明确指定印刷单位、固定格式、预留印鉴，由指定专人送至银行，并在仓单上和银企合作协议中申明：由借款人保证仓单的真实性和有效性；否则因此产生的贷款资金风险由借款人负完全责任。

（3）商品的限制及价格的确定。在商品的限制方面，借款企业希望商品品种、数量和标准化程度能不受限制，不同品种之间具有可替代性，只要总价值能满足银行的要求即可；而对于银行和物流企业来说，它们则要求质押的商品要有所限制。物流公司要考虑自身的存储能力、管理水平与借款企业的需求，并协同银行做好商品的限制工作。目前一些开展此项业务的物流公司的仓库基本上是尽量选择适用广泛、易于处置、价格波幅较小且不易变质的商品，比如黑色金属、有色金属、大豆等。随着仓单质押业务的不断开展、管理经验的不断积累和技术手段的进一步提高，其解决方式将更加丰富，可用于仓单质押的商品的复杂程度会大大提高。这里所说的商品价格不是商品在市场中的价格，而是银行对质押商品进行综合评估得出的价格，是用来计算质押贷款数额的。这个价格目前都是由银行确定的，但物流企业作为双方信任的委托代理，在价格的确定过程中也应起到提供参考的作用，特别是对于实行滚动质押的单位要设置安全警戒线。我们也可以预见，随着仓单质押业务不断深入发展，银行对物流公司信任的日益提升，物流公司就很有可能成为确定价格的主角。

（4）商品的监管和处置。物流公司作为双方信任的第三方，在商品的监管环节要持认真负责的态度，积极有效地与银行和借款企业做好信息的沟通和共享工作。首先，物流公司要和借款企业签订"仓储协议"，明确商品的入库验收和养护要求，开具商品已抵押给银行的专用仓单，并最好向指定的保险公司申请办理仓储物品保险，以便当仓储物出现损毁时，保险公司可以赔偿。其次，物流公司要与银行签订《不可撤销的协助银行行使质押权保证书》，承诺银行保证仓单与商品存储情况相符，手续完备；质押期间无银行同意不得向借款企业或任意第三人发货；不以存货方未付有关保管费为由干涉和妨碍银行行使质押权；借款企业提货要在银行的监管下采取仓单提货等。

商品的处置通常有两种情况。一是贷款还未到期，由于商品市场价下跌，银行通知借款企业追加风险保证金，在双方所确定的日期限制内借款企业仍未履行追加义务的，银行可委托第三方（很有可能是物流公司）对尚未销售商品按现行市场价下调一定比率，尽快实现销售，收回贷款本金；二是贷款到期，但监管账户内销售回笼款不足偿还贷款本息且无其他资金来源作为补充，银行也可委托第三方对仓储的相应数量商品按现行市场价下调一定比率，实现销售处理，直到收回贷款本息。当然以上两种处置方式和有关要求均须在贷款前以书面协议方式与借款人做出明确约定，仓库要能够尽职尽责的做好工作，降低银行的风险。

（5）信息化建设。先进、完善的物流服务需要有先进的管理方法，信息技术是实施先进的管理方法的前提和保障。以计算机通信为技术核心的信息技术，只有结合先进的管理思想，才能够发挥它强大的推动和促进作用。

对物流公司来说，信息化分为两个部分：一是其内部管理流程的信息化；二是和合作伙伴、客户以及监管机构协同作业的信息化。内部的信息化能优化其"仓储物流",更好地完成内部的管理和操作;协同作业的信息化能优化其物流网络和服务体系。就仓单质押而言,信息化在降低内部人员作案和操作失误,提高工作效率的同时,更为明显的好处就在于更高效地同借款企业与银行进行信息的沟通和共享,降低了物流公司、银行的风险,方便了银行对物流公司仓库的监管,完善了为客户即借款企业提供的物流服务。

(二) 买方信贷模式

1. 买方信贷模式业务过程(见图 9-10)

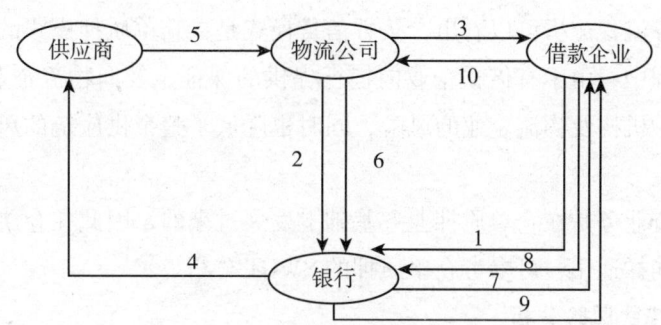

图 9-10 买方信贷业务流程

注:1 表示借款企业根据与供应商签订的《购销合同》向银行提交一定比率的保证金;2 表示第三方物流公司向银行提供承兑担保;3 表示借款企业以货物对第三方物流公司提供反担保;4 表示银行开出承兑汇票给供应商;5 表示供应商在收到银行承兑汇票后向物流公司的保兑仓交货;6 表示物流公司验货后向银行开具仓单,仓单须背书质押字样,并由物流公司签字盖章;7 表示银行在收到仓单后办理质押业务,按质押物价值的一定比率发放贷款至指定的账户;8 表示借款企业实际操作中货主一次或多次向银行还贷;9 表示银行根据借款企业还贷情况向借款企业提供提货单;10 表示物流公司根据提货单和银行的发货指令分批向借款企业交货。

2. 买方信贷模式的 SWOT 分析

买方信贷的 SWOT 分析,如图 9-11 所示。供应商、借款企业(经销商)、第三方物流公司、银行四方签署"保兑仓"业务合作协议书,经销商根据与供应商签订的《购销合同》向银行交纳一定比率的保证金,该款项应不少于经销商计划向供应商在此次提货的价款,申请开立银行承兑汇票,专项用于向供应商支付货款,由物流公司提供承兑担保,经销商以货物对物流公司进行反担保。物流公司根据掌控货物的销售情况和库存情况按比率决定承保金额,并收取监管费用。银行给供应商开出承兑汇票后,供应商向物流公司的保兑仓交货,此时转为仓单质押。这一过程中,供应商承担回购义务。

S（优点）	W（缺点）
物流公司：提供了新的增值服务，是新的利润增长点 借款企业：可将公司的货物作为担保物，而不再将担保物局限在固定资产和房产等，能更方便地得到融资帮助，利于企业的长远发展 银行：提供了新的增值服务，成为新的利润增长点	物流公司：作为承担保人，要非常了解经销商的基本情况，对商品的完整和承保比率进行核准，要求具有一定的实力作担保 借款企业：必须依赖第三方物流公司和银行开展业务，必须以自身的货物进行反担保，并且对进行反担保的货物的品种要进行选择 银行：对物流公司资信状态不易评估，借款企业提供的保证金的比率难以确定
O（机会） 长期合作，三方共赢	T（威胁） 质押物的变现，质押物价值的评估

图 9-11 买方信贷模式的 SWOT 分析

从以上的业务流程分析可以看出，买方信贷模式是在仓单质押模式的基础上发展出来的，在此业务过程中，由于有借款企业向银行提供的保证金及向物流企业的货物反担保，极大地降低了金融机构及物流企业的风险，同时也降低了整个供应链的风险，有利于此项业务的开展。

由于买方信贷业务是在仓单质押业务基础上发展过来的，因此在仓单质押业务模式中进行的分析在此同样适用，可参考仓单质押的 SWOT 分析。

3. 买方信贷模式风险分析

开展买方信贷业务存在许多的风险，归纳起来，主要有如下三点。

（1）借款企业资信风险。借款企业的业务能力、业务量及商品来源的合法性（走私商品有罚没风险）对仓库来说都是潜在的风险；在滚动提取时提好补坏，有坏货风险；还有以次充好的质量风险。

（2）反担保商品选择风险。并不是所有的商品都适合用作反向担保，商品在某段时间的价格涨跌幅度和质量的稳定状况都是在选择的时候需要考虑的内容，也会带来一定程度的风险。

（3）反担保的方式也是需要考虑的问题。作为第三方物流公司，针对以上风险，应当在实际操作中注意以下事项。

首先，对于经销商的资信进行核查，需要了解以下 10 个方面的内容。①经销商背景情况；②经销网点分布、销量基本情况；③市场预测及销售分析；④财务状况及偿债能力；⑤借款用途及还款资金来源；⑥反担保情况；⑦与银行往来及负债情况；⑧综合分析风险程度；⑨其他需要说明的情况；⑩调查结论。

其次，为保证物流企业自身的利益，需要货主进行反担保，反担保方式为抵押或质押应提供的材料有：①抵押物、质物清单；②抵押物、质物权力凭证；③抵押物、质物的评估资料；④保险单；⑤抵押物、质物为共有的，提供全体共有人同意的声明；⑥抵押物、质物为海关监管的，提供海关同意抵押或质押的证明；⑦抵押人、质押人为国有企业的，提供主要部门及国有资产管理部门同意抵押或质押的证明；⑧董事会同意抵押、质押的决议；⑨其他有关材料。

（三）授信融资模式

1. 授信融资模式的业务过程（见图 9-12）

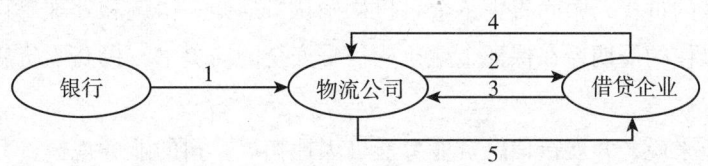

图 9-12 授信融资业务过程

注：1 表示银行根据物流公司的实际情况授予物流公司一定的信贷额度；2 表示借款企业将货物质押到物流公司所在的融通仓库，由融通仓为质物提供仓储管理和监管服务；3 表示物流公司按质押物价值的一定比率发放贷款；4 表示借款企业一次或多次向物流公司还贷；5 表示物流公司根据借款企业还贷情况向借款企业提供提货单，物流公司根据提货单分批向借款企业交货。

2. 授信融资模式 SWOT 分析（见图 9-13）

S（优势）	W（缺点）
物流公司：提供了新的增值服务，是新的利润增长点；通过授信额度，能更好地为借款企业提供融资服务，从而提高运作效率 借款企业：获得融资更加容易，有利于企业的长远发展；在操作过程中省去许多中间环节，缩短了操作周期，提高了运作效率 银行：减少了以前放贷时烦琐的手续；能够通过物流公司监控质押贷款，优化业务流程和工作环节，降低贷款风险	物流公司：对融通仓仓储中心的规模、经营业绩、运营状况、资产负债比率及信用等级等有较高要求，业绩良好的物流企业才能获得授信，并且授信额度由金融机构确定 借款企业：必须依赖第三方物流公司和银行开展业务 银行：物流企业资信等级、信用度的评估往往不易，对授信额度的评估也需要大量信息，往往不容易准确评估
O（机会） 长期合作，三方共赢	T（威胁） 质押物的变现

图 9-13 授信融资的 SWOT 分析

授信融资业务是仓单质押模式的进化，之所以这么说，是因为它简化了原先仓单质押的流程，提高了运作效率。金融机构根据物流公司融通仓仓储中心的规模、经营业绩、运营现状、资产负债比率以及信用程度，授予融通仓仓储中心一定的信贷额度，融通仓仓储中心可以直接利用这些信贷额度向相关企业提供灵活的质押贷款业务，由融通仓直接监控质押贷款业务的全过程，金融机构则基本上不参与该质押贷款项目的具体运作。融通仓直接同需要质押贷款的会员企业接触、沟通和谈判，代表金融机构同贷款企业签订质押借款合同和仓储管理服务协议，向借款企业提供质押融资的同时，为借款企业寄存的质物提供仓储管理服务和监管服务，从而将申请贷款和质物仓储两项任务整合操作，提高质押贷款业务运作效率。

该模式有利于企业更加便捷地获得融资，减少原先质押贷款中一些烦琐的环节。借款企业在质物仓储期间需要不断进行补库和出库，传统的仓单质押业务中，借款企业出具的入库单或出库单需要经过金融机构的确认，然后融通仓根据金融机构的入库或出库通知进行审核。而现在这些相应的凭证只需要经过融通仓的确认，即融通仓确认的过程就是对这些凭证进行审核的过程，中间省去了金融机构确认、通知、协调和处理等许多环节，缩短了补库和出库操作的周期，在保证金融机构信贷安全的前提下，提高了贷款企业产销供应链运作效率。

对物流企业来说，开展授信融资业务能极大地拓展公司的业务规模，只要企业能够获得银行的授信，就能方便地为中小企业提供灵活的融资服务，提高运作效率。

对银行来说，开展授信融资有利于银行提高对质押贷款全过程监控的能力，更加灵活地开展质押贷款服务，优化其质押贷款的业务流程和工作环节，降低贷款的风险。

3. 授信融资模式风险分析

近年来，商业银行授信业务不断出现各类风险案件，给银行业带来很大的风险，暴露了商业银行授信业务中普遍存在的问题。

（1）开展授信融资业务存在的风险。由于授信融资业务是在仓单质押业务的基础上发展起来的，除了仓单质押一节所讲述的共性风险外，授信融资业务的主要风险来自于银行对物流企业的授信方面，主要有以下两点：①银行对客户多头授信；②客户经营不善及客户经过关联交易、资产重组等手段在内部关联方面不按公允价格原则转移资产或利润等情况，导致银行不能按时回收由于授信产生的贷款本金及利息；客户给银行带来的其他的损失。

（2）银行对客户授信应遵循的原则。①统一原则。商业银行对客户授信实行统一管理，集中对客户授信进行风险控制。②适度原则。商业银行应根据授信客体风险大小和自身风险承担能力，合理确定对客户的总体授信额度，防止过度集中风险。③预警原则。商业银行应建立风险预警机制，及时防范和化解客户授信风险。

（3）授信融资风险管理。①商业银行在对客户授信时，应当要求客户提供真实、完整的信息资料，包括客户的名称、法定代表人、实际控制人、注册地、注册资本、主营业务、股权结构、高级管理人员情况、财务状况、重大资产项目、担保情况和重要诉讼情况等。②商业银行在给客户授信时，应当进行充分的资信调查，要对照授信对象提供的资料，对重点内容或存在疑问的内容进行实地核查，并在授信调查报告中反映出来。调查人员应对调查报告的真实性负责。③商业银行在给客户贷款时，应在贷款合同中约定，贷款对象有下列情形之一，贷款人有权单方决定停止支付借款人未使用的贷款，并提前收回部分或全部贷款本息。其一，提供虚假材料或隐瞒重要经营财务事实的；其二，未经贷款人同意擅自改动贷款原定用途、挪用贷款或用银行贷款从事非法、违规交易的；其三，拒绝接受贷款人对其信贷资金使用情况和有关经营财务活动监督和检查的；其四，出现重大兼并、收购重组等情况,贷款人认为可能影响到贷款安全的。④商业银行对客户授信应实行客户经理制,要指定专人负责授信的日常管理工作。⑤商业银行在核定最高授信额度时,要充分考虑授信对象自身的信用状况、经营状况和财务状况,最高授信额度应根据以上状况及时做出调整。银行应定期或不定期开展针对客户的联合调查,掌握其经营和财务变化情况,并把重大变化的情况登录到银行的信贷管理信息系统中。⑥当一个客户的授信需求超过银行风险的承受能力时,商业银行应采取组织银团贷款、联合贷款和贷款转让等措施分散风险。这里所指的超过风险承受能力是指商业银行对客户授信总额超过银行资本余额的15%以上或银行视为超过其风险承受能力的其他情况。⑦商业银行应建立健全信贷管理信息系统,为授信业务提供有效的信息支持。信贷管理信息系统应能使各商业银行共享客户信息,能够支持商业银行全系统的客户贷款风险预警。

(四)垫付货款模式

1. 垫付货款模式的业务过程(见图9-14)

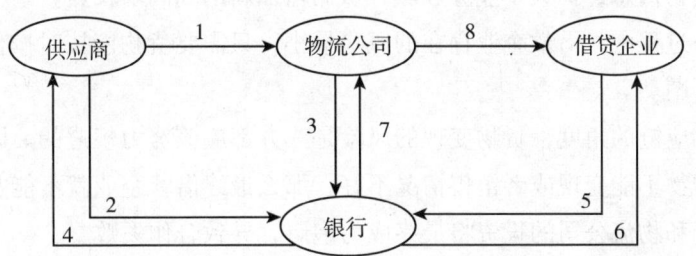

图9-14 垫付货款业务过程

注:1表示供应商将货物发送到第三方物流公司指定的仓库;2表示供应商开具转移货权凭证给银行;3表示第三方物流公司提供货物信息给银行;4表示银行根据货物信息向供应商垫付货款;5表示借款企业还清货款;6表示银行开出提货单给借贷企业;7表示银行向第三方物流公司发出放货指示;8表示第三方物流公司根据提货单及银行的放货指示发货。

在货物运输过程中,供应商将货权转移给银行,银行根据市场情况按一定比率提供融资,当借款企业(提货人)向银行偿还货款后,银行向第三方物流供应商发出放货指示,将货权还给借款企业。当然,如果借款企业不能在规定的期间内向银行偿还货款,银行可以在国际、国内市场上拍卖掌握在银行手中的货物或者要求供应商承担回购义务。

2. 垫付货款模式的SWOT分析(见图9-15)

垫付货款业务中,货物的所有权先由供应商转移给银行,实际的货物存放在物流公司的仓库中,由物流公司向银行提供货物的信息,银行就是根据这个信息向供应商垫付一定的货款,再根据借款企业还款情况指示物流公司发货。在此过程中,物流公司提供给银行的货物信息是银行垫付货款额度的一个重要指标,那么物流公司与借款企业合伙提供虚假的货物信息对银行将是一个致命的损失,所以对银行来说,对物流公司及借款企业信用的评估及监控就显得极其重要,是整个业务得以顺利开展的关键。

S（优点）	W（缺点）
物流公司：为银行提供商品信息及商品流动情况，提供了新的增值服务，是新的利润增长点 借款企业：获得融资更加容易，有利于企业的长远发展；将主要精力放在生产和销售环节，有利于供应链的整体效率的提高 银行：因为物流企业提供的商品信息，大大降低了银行的操作风险，能更好地为借款企业提供融资服务	物流公司：必须全面参与借款企业的业务活动，掌握商品的流动情况，并且对商品的市场销售情况也要有所了解，要求物流企业有完善的信息系统，要建立自己的数据库 借款企业：必须依赖第三方物流公司和银行开展业务 银行：要根据物流企业提供的商品信息及商品的流动情况之类的信息，来确定向供应商提供贷款，间接向借款企业融资，所以离不开物流企业的支持
O（机会） 长期合作，三方共赢	T（威胁） 质押物的变现；物流公司与借款企业，提供虚假的商品信息

图9-15 垫付货款模式的SWOT分析

对物流公司来说，通过为供应商存储货物以及帮助借款企业（经销商）进行销售和向银行提供真实货物信息，扩大了业务领域，从而增加新的利润增长点。

在整个业务过程中，借款企业存在的风险最小，只需要货物能按时按价销售，能够还清贷款就有利可图。

站在整个供应链的角度，货物变现的风险是三方都应该努力规避的。因为对整个合作来说，如果质押物不能变现或者销售情况不好，那么最终借款企业就不能及时还贷或根本无力还贷，银行和物流公司的投资将最终成为泡影，导致合作失败。

这个过程中，物流企业必须具有先进的管理信息系统，能及时获得商品的现时状况，及时为银行提供最新的信息，随着物联网技术的进一步发展，银行对货物的监管将越来越有效。

3. 垫付货款模式的风险分析

除了在仓单质押一节分析的风险外，垫付货款业务存在的最大风险是由整个业务过程中信息的不对称引起的。

首先，银行为了控制风险，就需要了解质押物的规格、型号、质量、原价和净值、销售区域、承销商等，要查看货权凭证原件，辨别真伪，这些工作超出了银行的日常业务范畴，这时候银行离不开物流企业的协助。其次，一般情况下，商品是处于流动变化当中的，作为银行不可能了解它每天变动的情况，从而进一步了解到安全库存水平也就是可以融资的底线。但是如果第三方物流供应商能够掌握商品分销环节，向银行提供商品流动的情况，则可以大大提高这一限额。商品销售的网点分布、单点销量、平均进货周期、结款信誉度，在信誉诚信体制尚未健全的情况下，这些资料的取得依赖于第一线物流供应商提供的资料。

在整个过程中，银行必须实时监控商品的最新信息，然后根据这个信息对整个业务流程进行监管。如果提供给银行的信息不及时或不准确，都会影响银行的判断，从而导致银行根据错误的或不准确的信息做出决策,从而导致整个业务过程的失败。

针对以上风险,一般需要物流供应商建立完善的信息系统,使整个资金周转过程透明化,使银行、生产商随时得知商品的现有状况,更好地把握风险。另外,如果物流供应商注重自身数据库的建立,给生产商、经销商、银行提供信息,一样可以提供物流金融服务。数据库应当包含以下这些功能。

(1) 对所有商品的市场和库存变动做预测。
(2) 12 个月的物流计划。
(3) 12 个月的订单,以确定订单的大致情况及成本分析。
(4) 确认产品特征。
(5) 目前的设备和平面布置,场所计划及限制。
(6) 目前的运作成本。
(7) 目前的贮存、拣选和包装过程。
(8) 对一年产品库存水平的每月回顾。
(9) 企业整体的营销状况。
(10) 经济价值的评估标准和因素等。

通过各个终端,数据库的内容随时被更新,以准确反映物流实际库存等情况。从作业流程的角度来看,数据库对物流具有实时监控的功能,并具备处理意外事件的能力以及能够满足多方面查询的要求,为企业的管理者做出适当的商务决策提供基本信息、资金安全保证。

该模式在实施过程中,应该注意到由于是货物质押,货物的市场价值变动将直接影响到质押金额以及银行的利益,所以在协议中应规定当货物市值发生波动,下跌幅度到达贷款发放日市值的 10% 时,银行有权要求发货人在接到银行通知后三个工作日内,必须提前偿还部分货款以保证达到双方约定最高质押率的要求,否则银行有权自行处理质押的货物。当银行按规定需处理质押货物时,发货人应无条件向银行出具相应的增值税专用发票。

(五) 物流金融的风险与对策

1. 物流金融的风险分析

(1) 法律风险。法律风险主要是合同的条款规定和对质物的所有权问题。因为业务涉及多方主体,质物的所有权在各主体间进行流动,很可能产生所有权纠纷。目前我国的物流金融处于初级阶段,我国的《担保法》和《合同法》中与物流金融相关的条款并不完善,又没有其他指导性文件可以依据。因为没有专门的法律法规对物流公司以及整个供应链的业务操作进行规范整合,这就会使不法企业利用法律漏洞谋取利益,影响物流金融业务的顺利进行。因此业务合同出现法律问题的概率也不低。

(2) 内部管理风险。包括组织机构陈旧松散,管理体制和监督机制不健全,工作人员信用意识淡薄，管理层决策失误等。比如当物流企业在经营方面出现困难时，不是在改变产品结构、加强经营管理、开辟市场上下功夫，而是设法拖欠贷款利息，这不仅给金融机构信贷资金安全造成很大的威胁，而且极大地降低了企业的信誉度，因此，企业内部管理风险往往较大。

（3）运营风险。运营风险包括了金融业和物流业的运营风险。虽然物流企业都会面临运营方面的风险，但从事金融业务的物流公司，由于要深入客户产销供应链中提供多元化的服务，相对地扩大了运营范围，也就增加了风险。对金融业来说，其运营风险也不可忽视。比如质押货物品种的选择，并不是所有的货物都可以用来质押的，质物品种选取的恰当与否直接关系到金融物流业务的风险大小。还包括对质物保存的设施能否有效防止损坏、变质，仓库的安全、员工的诚信以及提单的可信度都要加以考虑。这都增加了金融业的风险和获利大小。

（4）市场风险。市场风险主要是指政策制度和经济环境的改变，包括新政策的出台，国内外经济的稳定性等。一般情况下，中国的政治和经济环境对物流金融造成的风险不大。但国际环境的变化对物流金融造成的风险较大，它会通过贸易、汇率等方面产生作用。而质物市场价格的波动也带来了市场的风险，由于市场价格的变动，尤其是质押物价格的下跌，会造成质押物价值缩水，形成一定的金融物流风险。

2. 对应物流金融风险的策略

（1）银行业要加强风险管理。首先，要健全风险管理体系。风险管理体系是否健全有效是银行风险管理水平的重要标志。其次，要提高风险管理技术。风险管理技术的基础是建立先进的信息收集和处理系统。通过收集大量和连续的客户信息和市场信息，对客户的风险和市场的风险进行识别和预警，合理确定风险防范的措施。因为信息不对称将会引发逆选择与道德危险的问题。而银行与授信客户的密切来往，不仅能降低风险，而且能实现"双赢"。

（2）政府应该引导并服务于物流金融，发挥正面效应。在市场经济条件下，一方面市场这只"看不见的手"在资源配置中起基础作用，另一方面应该认识到政府发挥了不可替代的调节作用。政府应该对自身的职能进行准确定位，政府的作用只能是引导而非主导，政府要做的是做好企业竞技的"裁判员"，而非"运动员"，为金融物流的发展营造良好的外部环境。

（3）完善法律法规，规范物流金融业务。随着物流金融的不断发展和市场竞争的加剧，其风险也呈现出复杂多变的特征。但是我国还处于物流金融的初步阶段，因此需要在逐步地摸索中建立物流金融的法律，并完善物流金融过程中的相关法律。在法律约束的同时应该建立由中央银行和物流管理委员会牵头的宏观管理机构，对业务实行规范管理，并制定合理的惩罚程序和措施。

（4）建立完善的企业风险评级体系和信息系统。首先，银行和物流公司应该建立统一并且规范的信息系统，将客户资料、信用情况和产品信息等一系列信息指标纳入计算机管理系统，形成联网操作；其次，在信息体系之上建立风险评级体系，针对指标和数据以及专业部门的实地考察、业务监管进行信用评级，并且事后备案，以减少风险。比如在确保特定物是动产的大前提下，质押物品的选取主要以好卖、易放、投机小为原则。即物品的市场需求量大而稳定，物品市场流动性好、吞吐量大；物品的质量稳定，容易储藏保管；物品的市场价格涨跌不大，相对稳定。

【思考与练习】

1. 简述物流与金融的联系与区别有哪些。
2. 谈谈物流金融风险与对策。
3. 物流金融的模式适合什么样的企业发展？

第十章 大宗商品衍生品市场创新

第一节 现货与衍生品的结合

一、概述

衍生品是一种金融工具,一般表现为两个主体之间的一个协议,其价格由其他基础产品的价格决定,并且具有相应的现货资产作为标的物,成交时不需要立即交割,而可以在未来时点交割。典型的衍生品包括远期、期货、期权和互换等。

金融衍生产品是与金融相关的派生物,通常是指从原生资产(underlying assets)派生出来的金融工具。其共同特征是保证金交易,即只要支付一定比例的保证金就可进行全额交易,不需实际上的本金转移,合约的了结一般也采用现金差价结算的方式进行,只有在满期日以实物交割方式履约的合约才需要买方交足货款。因此,金融衍生产品交易具有杠杆效应。保证金越低,杠杆效应越大,风险也就越大。

金融衍生品价值依赖于基础资产(underlyings)价值变动的合约(contracts)。这种合约可以是标准化的,也可以是非标准化的。标准化合约是指其标的物(基础资产)的交易价格、交易时间、资产特征、交易方式等都是事先标准化的,因此此类合约大多在交易所上市交易,如期货。非标准化合约是指以上各项由交易的双方自行约定,因此具有很强的灵活性,比如远期协议。

期货市场具有两大功能:价格发现和套期保值。期货市场和衍生品市场为大宗商品相关行业的生产、经营企业提供风险管理工具,并有效服务实体经济。

二、案例展示[①]

(一)粮油巨头的中国布局

益海嘉里集团是新加坡丰益国际有限公司在华投资的以粮油加工,油脂化工、仓储物

[①] 案例来源:大连商品交易所. 期货与企业发展案例 [M]. 北京:机械工业出版社,2017。

流、内外贸易为主的多元化企业集团，也是国内最大的油加工集团之一。早在1988年，益海嘉里就在深圳蛇口赤湾建立了中国第一家精炼油生产厂——南海油脂工业（赤湾）有限公司。1991年，第一瓶金龙鱼小包装油面世，引领了中国从散装油到小包装油的消费模式革命。到了2006年，新加坡丰益国际公司合并了嘉里集团的粮油业务，双方在中国的业务也相应多了新控股公司旗下的子公司——益海嘉里集团。

如今，益海嘉里集团的油籽年压榨量达1000万吨，油脂年精炼能力300万吨，出口豆粕占全国年出口总量的50%以上，是国内最大的油脂、油料加工企业集团之一，成功地塑造出"金龙鱼""口福""胡姬花"等国内著名品牌。在大力发展油脂、油料加工项目的基础上，该集团又着手建立小麦、稻谷、大豆浓缩蛋白，油脂化工和特种油脂等精深加工项目。

益海嘉里能长期保持盈利的一个重要原因在于公司的产业链很长，注重发掘深加的价值。益海嘉里投资有限公司首席运营官、副董事长穆彦魁说："在终端销售方面，公司卖小包装类粮油产品，销量稳步增长。与此同时，我们对粮油加工副产品的综合利用、价值提升方面持续加大科研投入，取得了丰富的成果。以水稻加工为例，很多公司加工水稻就是卖大米，但益海除了加工品牌大米外，还从副产品米糠中提出稻米油、谷维素、阿魏酸等高附加值产品；把过去全行业都认为没有利用价值又难以处理的稻壳集中燃烧发电，稻壳灰则用来生产绿色环保轮胎专用的白炭黑，形成了具有益海嘉里特色的水稻循环经济模式。"

企业的生存发展不能只依赖产品营销，如何在原料端降低成本、锁定风险，更是益海嘉里集团必须考虑的重大问题。"最关键的还是在原料成本方面。要做好原料端的成本控制，就必须积极利用、善于利用期货市场。"穆彦魁表示。

据介绍，目前益海嘉里集团大部分的期货交易集中在美国芝加哥易所和大连商品交易所。"期货市场对我们这样的企业来说是不可或缺的工具，如果没有期货，我们很多业务的风险就很大，利用好期货市场对风险管理至关重要。"穆彦魁表示。以葵花油为例，虽然目前国内还没有葵花油期货品种，但是公司利用与其关联性较大的期货品种进行套期保值，相对来说，葵花油的生产经营风险降低了，有利于提升企业稳健经营的能力。

在穆彦魁看来，国际知名巨头ABCD四大企业之所以能打造成百年老店，跟他们的风险控制有莫大关系。"利润率低、竞争激烈是国外粮油行业的共同特点，但ABCD四大巨头为什么能做100多年？就是因为他们的风控做得好。粮油市场虽然永远是朝阳行业，但如果就想着冒大险、赚大钱，很快就会被淘汰出局。"而益海从当年一个港口油厂不断成长壮大，发展成为如今的大型跨国粮油集团，保证其在大风大浪中不断稳健前行的法宝正是期货工具。

（二）套保是企业稳健经营的法宝

知道需要利用期货市场是一回事，但如何利用好期货市场、真正发挥出其作用是另一回事。对益海嘉里而言，开展期货操作的基本原则就是套期保值。"从进入国内期货市场伊始，集团公司就实施稳健的套保策略，禁止期货部门操作单边投机交易。"穆彦魁表示。早在20世纪90年代初，穆彦魁还是河北省油脂公司总经理时，他就开始接触期货市场了。"那时候河北省油脂公司有一个期货部，这个期货部相当于一个经纪类部门。河北省油脂公司是郑州商品交易所的第一批会员，还有一个专门的席位，那时公司不是生产型的企业，业务主要以贸易为主，期货交易上主要是做投机交易，也正在那段交易过程中，我对期货市场风险有了了解。"

加入益海嘉里集团后，程彦魁发现，在国外成熟的市场中，大企业利用期货市场更为充分、稳健。比如，在 CBOT 市场，美国油指类加工厂在结算盈亏时，是以当天原料期货价格和成品类品种期货价格来结算的，即买原料、加工完卖产品，结算价都是按照期货价格来计算的。

"公司从国外进口原料运到国内加工，这一般会有两三个月的时间差，二者的结价时间也不同步，这就蕴含了一定的风险。在此期间，原材料涨了、跌了，公司有可能赚或者赔。对此，公司就在国内市场的相关品种做套期保值，并参考期货价格来决定买入的时机和数量。比如在现货买入时，如果现货价格低于期货价格，那就多购入现货；如果买多了，期货价格出现下跌趋势，就在国内期货市场做套保，小麦、大玉米等品种基本都是这样操作的。"程彦魁表示。

实际上，对益海嘉里而言，由于下游市场的销售情况相对可预计，由末端倒推原材料端的成本，只要原材料价格低于一定水平，公司利润基本就可以锁定。穆彦魁表示，终端类产品价格趋势确定后，除了公司内部加工成本外，公司能否赚钱主要看原料采购，什么时候买、怎么买就很重要，这就需要善于利用期货市场。

据悉，益海嘉里在做期货交易时会跟现货结合，比如现货多头，那么期货就是空头，从而形成套期保值的交易方式。"即使有时候市场投机因素比较强，可能会产生浮亏，但只要是与现货结合，不是盲目的投机操作，集团公司领导都会理解。"益海嘉里集团粮食业务部总经理张鹏表示。对于期货市场的投机操作行为，穆彦魁表示，市场光有套保投资者也不行，还需要有投机者参与，来保持市场的流动性。"其实投机者也有其逻辑，比如他们可能看CPI指数，看不同品种间的价格洼地，而我们主要根据市场需求情况决定套保。两种交易逻辑不一样，也决定了操作策略不一样。正是因为期货市场上集中了不同预期、不同策略的交易者，才能保证套期保值者在需要时能以较低的成本找到交易对手方，从而保证套保目的的实现。"

长期以来，市场中总有部分人谈"投机"而色变，而对益海这样对期货市场有着较为成熟理念和认知的大型企业来说，投机者是保证期货市场流动性和承载能力的重要市场参与者。正是由于投机者的参与，市场不合理的价格可以在短时间内得以修正，企业的套保需求可以在较低成本得到满足，从而有助于期货市场价格发现和套保值功能的实现。

（三）构建合理期货交易决策机制

期货市场是一个高风险的市场。在参与期货市场时，如何捋顺内部决策机制，既不因为程序过于烦琐而错失稍纵即逝的市场机会，又不因为决策过于随性而导致交易风险成倍扩大，是每家企业必须处理好的问题。在这一点上，益海嘉里的相关做法值得借鉴。期货市场的套保头寸是各个业务部门来确定的，而业务部门制订的套保方案则需要根据其下属加工厂的运营计划来确定。并且，加工厂提出的套保头寸也要与业务部门全年的原料规模相匹配，即期货与现货紧密联系，谁负责现货头寸，谁就负责期货的头寸。

与一些国内粮油企业允许公司操盘手个人炒期货不同，益海嘉里严禁此行为，穆彦魁表示："假如我今天在期货上看多并买入了，公司的交易肯定跟我是同向的。这就难免有私利夹杂在里面。当期货价格走势与预期反向时，就可能动用公司力量投入更多的资金去护盘，把盘面拉上来帮助自己解套。这就很难实事求是地分析市场，也很难客观公正地指导业务，所以我们内部有规定，不允许个人做期货。"

此外，益海嘉里还明确，绝不允许公司员工与社会上那些做投机的人合作操盘。"我们跟新加坡总部的老板有一个共同的底线，就是绝不能配合做投机的人来操盘。任何人跟我们谈这种合作的事，我们一概拒绝。并且，这个要求是作为一项内部纪律，所有人必须遵守。"穆彦魁表示，"比如市场大势看跌，一个做投机交易的人非要拉涨价格，我们可能有实力和能力将价格拉起来，我们也有接货的能力，但这会人为破坏市场规律。由于公司日常经营依赖于期货市场的价格发现和套保避险功能，要是破坏了期货市场的价格规律，最终公司受损最大。"

无规矩不成方圆，企业在期货交易的管理上更是如此，期货市场利用得当，会助力企业构建百年基业，但如果盲目交易，可能将百年老店毁于一旦。可见，设计一套严格又不失灵活性的内部期货管理制度对企业长久发展至关重要。益海在期货交易决策、监督及管理方面的做法值得学习和借鉴。

（四）也有看走眼的时候

"如果做期货投机交易，赚钱了，并不会受到总部表扬；亏钱了，还要负责任，所以大家谁也不愿去做投机。就是一以贯之，主要以套期保值为主。"穆彦魁表示，公司期货部门没有每年必须创效多少的业绩指标，期货和现货原料整体算账，它体现的利润是在整个生产线，期货赚钱了，原料成本也就低了。但即使是做套期保值，即使是行业内的高手，益海嘉里也不能每次在期货市场操作时都"料事如神"，也有看走眼的时候。"我们集团在近两年才开始做玉米淀粉期货交易，属于行业里的新人。上一年，我们觉得玉米淀粉期货价格在2800元/吨比较理想，于是有点儿贸然地进场在期货市场上做卖出套保。但没想到，之后整个期货市场迎来了一波普涨，玉米淀粉的价格一直涨到了3100元/吨左右。虽然整个过程挺惊险，但由于我们现货玉米是多头，做的是套期保值，所以没造成那么大的损失,因为现货是赚钱的。"穆彦魁表示。

益海嘉里粮食部负责人表示:"谁都不是神仙,大家都有可能判断错误。但前提是期货交易要跟现货头寸配合起来做,这样即使判断错误,还能参与现货交割,风险也就小了很多。总之,我们的操作主要是以避险为主。集团允许我们业务部门亏损,但是我们还是要努力实现盈利。这么多年来,结合期现货两个市场来看,绝大部分时候还是赚钱的。"

(五)监管政策还须完善

当前期货交易所大力培育市场,尤其是培育产业客户和机构投资者,交易制度等方面也在不断完善,以满足市场的需求。穆彦魁表示,益海嘉里在国外期货市场的参与规模非常大,相对来说,在国内参与期货的规模仍相对较小,一个重要原因就是市场容量小、承载能力弱。对益海嘉里来说,公司十分希望未来交易所上市更丰富的品种、更多样的衍生工具,有更多的企业和投资者参与进来,市场规模、容量不断扩大,不断提升期货及衍生品市场服务实体经济的能力和水平。

此外,对于2016年国家调整玉米的收储政策,穆彦魁表示,玉米、大豆等品种越市场化,对加工企业而言越有利,未来相关期货品种交易也会更活跃。"国内粮食加工业这几年半死不活,不少企业还破产了,一大原因就是政府将原料价格托得很高,加工产品都是所谓的'稻强米弱''麦强面弱',这很不正常。如果加工业不赚钱,谁去投资加工业,谁在上面搞研发投入,那又怎么促进行业持续健康发展呢?"此外,目前很多像益海嘉里这样的大型产业客户纷纷希望国内能上市更多的期货品种,更好地为实体企业服务。穆彦魁还以米糠贸易为例,讲述了公司因为受制于没有米糠期货而遭遇价格大幅波动风险的案例。"目前全国每年有2亿多吨水稻,米糠将近2000万吨。米糠市场变化较快,而且没有明显的规律性,价格经常大幅波动,给公司经营带来非常大的风险。上一年我们米糠是开春以后卖的,结果亏了不少钱;我们吸取教训,冬天生产的时候就卖了,可是开春后价格一路上涨。因为没有米糠期货,缺乏明确的未来价格参考,而且又不能做套保;如果有对应的期货品种,我就完全可用这种工具锁定价格风险,所以我觉得应该可以考虑,丰富期货市场上市品种。"

(六)他山之石可以攻玉

如何充分利用期货市场服务现货经营,是每个粮油加工企业面临的重要课题。相对于很多期货投资风格激进,甚至冒进的国内民营粮油加工企业而言,益海嘉里是稳健的;对很多不懂期货市场、不善于参与期货套保的国有企业而言,益海嘉里又是大胆的、积极的。当向记者谈及公司管理理念时,穆彦魁表示:"我们追求的是长期均衡的合理利润,不追求高额利润。集团对老总们的考核并不是只看赚多少钱,而是跟同行去比,看他们的业务能力和经营业绩在同行里是什么水平。"

据了解,在2004年、2008年国际粮油产品价格大幅上涨时,国内很多民营企业不做套保,买了原料,涨了就赚钱。而益海嘉里坚持在期货市场上做套保,当时在期货市场上经常出现浮亏。但当之后价格大幅回调时,公司就在期货盘面盈利了,并且很好地弥补了现货经营亏损。国内之前有些做得风生水起的大豆压榨企业,在那波大跌行情后都销声匿迹了。充分利用期货套期保值功能、控制经营风险对于企业长久稳健发展的作用由此可见一斑。

益海在行业风浪中的经验让我们看到,短期的利润并不重要,没有保护自身经营的工具,当系统性风险来临时,曾经获得再多的利润也会被瞬间吞噬。对于企业来说,只有"稳健"二字才是永葆活力和战斗力的不变真理,而期货正是助力企业稳健经营的法宝。

第二节 场外期权保值

一、概述

场外期权(over the counter options,OTC options),也可译作"店头市场期权"或"柜台式期权",它是指,在非集中性的交易场所进行的非标准化的金融期权合约的交易。场内期权与场外期权的区别最主要就表现在期权合约是否标准化。

场外期权的性质基本上与交易所内进行的期权交易无异。两者不同之处主要在于场外期权合约的条款没有任何限制或规范,例如行使价及到期日,均可由交易双方自由厘定,而交易所内的期权合约则是以标准化的条款来交易。场外期权目前是不允许个人投资者直接参与的,必须通过机构投资者参与。

场外期权市场的参与者可以因各自独特的需要,量身定做一份期权合约和拟定价格,然后通过场外期权经纪或自己直接找寻交易对手。交易所辖下的期权活动,均是通过交易所进行交易、清算,而且有严格的监管及规范,所以交易所能够有效地掌握有关信息并向市场发放,例如成交价、成交量、未平仓合约数量等数据。

场外期权基本上可以说是单对单的交易,当中所涉及的只有买方、卖方及经纪方三个参与者,或仅是买卖双方,并没有一个中央交易平台。故此,场外期权市场的透明度较低,只有积极参与当中活动的行内人(例如投资银行及机构投资者)才能较清楚市场行情,一般散户投资者难以得知场外期权的交易情况。

二、案例展示[①]

背靠北大仓、扎根东北黑土地的吉林云天化,是一朵期货深入合作社经营的"奇葩"。

---

① 案例来源:大连商品交易所. 期货与企业发展案例[M]. 北京:机械工业出版社,2017.

(一) 保守参与场内交易

我国是农业大国，当前"三农"问题、粮食安全问题等已经成为具有战略意义的重大课题。利用期货工具服务实体经济，从终端实体企业来看，已经逐渐显现成效。

从直接利用期货市场价格发现功能，到开展场外避险业务，吉林云天化在国企"涉期"的道路上走得越来越长远，在利用期货工具为现代农业发展护航方面逐渐形成了自己的模式。

吉林云天化农业发展有限公司成立于2008年8月28日，是由大型国有企业——云天化集团投资兴建的，注册资金2亿元。

在农业领域，吉林云天化的落子并不局限于粮食。自2008年起，吉林云天化集团按照"以肥为主、相关多元"的产业发展战略，在吉林省西部地区投资兴建了集百万吨复混肥生产、百万吨粮食收储贸易、千万公斤种子加工以及配套的600万吨仓储物流的产业园区。

吉林云天化和期货市场的缘分开始于2009年。

"2004年，玉米期货上市，前几年流动性不是很好。一些产业客户尝试参与，我身边的一些朋友做玉米期货赚了钱。恰好当时我们公司开始提现代化模式的经营思路，我就动了做期货的念头。"吉林云天化相关负责人介绍说。之后就是招兵买马，组建业务部门。这个过程中，在中粮系统任职的任丽春被调入吉林云天化的期货团队，在此之前，她任职于中粮在长春公司的期货交易岗。

做期货是为了公司能有更好的前景，吉林云天化对这方面的控制非常严格。任丽春解释说，吉林云天化参与期货市场有一个明显的特点——尝试性介入、保守参与：仓位比例相对较低，套期保值量仅占公司现货经营量的10%～20%；每年进场两三回，中长线操作。

"二八"布局是许多企业尤其是国企参与期货市场的一个特点，即套保量为现货经营量的20%左右。与许多企业相似，吉林云天化套保"二八"布局的背后，一方面是受资金因素制约，另一方面对期货杠杆效应的顾虑也是公司没有进行完全套保的重要原因。

在业内人士看来，这正是目前许多国有背景企业参与套保的普遍障碍：企业股东高层缺乏现代化经营意识，对期货不熟悉甚至"没听过"。与中粮集团100%套保比例、滚动操作的先进期货操作方式相比，吉林云天化的操作思路虽然停留在套保的"初级阶段"，但对于对期货涉及不深的合作社来说具有较强的推广性和可复制性。

据介绍，吉林云天化套保操作特点是，从销售端来看，会预先计算公司采购成本，在成本之上寻找合适的期货价格，进行卖出套保；从采购端来说，就是根据现货经验在期货市场上寻找合适的买入点。比如，如果觉得某个价格低得不合理，今年不会出现这样的采购价格，就可以在期货盘面上买入，相当于在期货市场建立远期库存。"还有一些情况是，比如收获季节结束了，在市场上没有收到足够的粮食，或者手里的库存不足的时候，也会在盘子上买一些做现货补充。"任丽春补充说，对公司来说，套期保值的功能已经变成公司服务现货经营的一种销售和采购相结合的平台和工具。

（二）参与期货市场的三个阶段

据介绍，吉林云天化参与期货市场的过程主要分为三个阶段。

第一个阶段是2009年至2011年初，吉林云天化尝试进入期货市场。"当时公司处于初创期，而且集团对我们的要求也非常严，参与期货是要经过集团严格审批的。我们报了很多材料，解释了参与的目的、交易规则等一大堆细节事项。业务批下来之后，我们也非常谨慎，前两年基本都是少量参与，更多的是学习。从书本上的认识或者道听途说落实到真正自己参与，算是初期进入阶段。第一阶段持续了大概两年时间，期货交易利润比较稳定，第一年在100多万元，第二年在400万~500万元。"任丽春表示。

第二阶段是2011年至2013年底，吉林云天化逐步增加套保比例和套保量。伴随着公司经营量达到100万吨，对期货的参与需求也开始提升。这一阶段，随着公司业务量增大，参与期货量也是递增的。这个过程中，玉米期货盘面先后经历了上升市和震荡市，吉林云天化期货团队开始放大胆子，增加了期货参与量，对买入套期保值和卖出套期保值两种参与方式的操作也更加纯熟，公司盈利水平随之上升，收获了一些套保红利。"确实对现货经营起到了指导作用。"

2013年的玉米托市政策一度保护了农民的种植积极性，但随着"速生鸡""禽流感""漂流猪"等事件的发生，养殖企业遭受重创，饲料生产企业整体不景气，全年玉米呈现高开低走行情。吉林云天化合作社通过空头套期保值的操作，不仅没有因玉米现货价格走低承受损失，反而因在期货市场进行了合理有效的风险对冲，获得了额外收益。

第三阶段是2014~2015年，不断创新参与模式。除了套期保值功能外，期货逐渐成为吉林云天化的销售渠道和采购渠道。"这一阶段我们做了卖出保值以及实物交割，期货市场确实成为我们公司的一个采购和销售渠道，尤其是采购，这两年因为正好赶上玉米价格下行期。大商所的标准品玉米相对来说质量还是比较好的，所以交割也通常比较顺利。"

任丽春解释说，经历了这三个阶段，公司从最开始对期货概念上的了解，到发现了价格避险功能，再后来变成了经营上必不可少的信息平台、采购平台和销售平台。从现货角度看，吉林云天化成功摸索出了一套行之有效的"公司+"模式的合作社经营体系。公司搭建平台，整合资源，帮扶家庭农场致富，该模式通过土地的集约化、种植的标准化、农机的规模化、核算的单元化，最终实现利益的最大化，进而推进农村的城镇化。

从期货角度看，吉林云天化的模式也在不断演进。从最初的"现货思维"参与到订单农业和粮食银行，也为农业合作化纵深参与期货市场提供了经验。

对合作社来说，通过套期保值转移风险后，合作社能够更加专注于现货经营，不再因为价格的不利波动影响到企业的生产经营计划，实现平稳经营。即使在不利的价格走势中也可以稳定地给贸易商提供玉米，提高合作社的诚信度和信誉。

据介绍，未来几年，吉林云天化将在现有的粮食、化肥两大支柱产业的基础上，大力发展现代农业，利用公司自身在粮、肥、种、药、农业技术方面的产业链优势，为农业新型经营主体提供全程服务，打造"现代农业产业链服务平台"。

（三）积极探索场外模式

吉林云天化的发展映射了农业现代化的进程。公司从2011年开始探讨农民合作社的经营。公司在合作社运行过程中发现，规模化的合作社或农产品商业承载量较大的公司面临的价格风险被放大。

作为集种子、农药、化肥生产与玉米贸易为一体的农业综合型集团，吉林云天化农业发展有限公司为合作社提供种子、化肥销售，玉米贸易，仓储物流，服务团队，资金各个方面的支持。合作社为社员提供产前、产中、产后服务，通过规范科学种植管理、提高产品品质来增加社员的经济收入。

"农业合作社，种玉米的都是大亏。"吉林云天化相关负责人说。但大规模经营玉米的吉林云天化公司却受影响有限，对期货市场的运用是其秘诀。负责人表示，玉米价格走向市场化之后，期货的优势就显现出来了。"一走向市场化，玉米价格就走低了，我们可以提前在期货市场上卖出锁定价格。期货市场对生产者和下游饲料厂来说都是很好的平台。"

2016年玉米市场的变化是我国农产品价格市场化改革的一个缩影。随着我国玉米市场收储制度退出历史舞台，玉米价格在机制变化和供需格局中寻求价格平衡，价格大跌背后折射出市场化背景下农产品价格波动加剧的趋势。农民尤其是规模化经营的农业合作社经营方式面临考验。

从上述吉林云天化参与场内期货的历程可以看出，传统期货套期保值对企业提出极高的要求，企业必须拥有专业的期现操作团队及研发、交易人才，同时必须建立科学完善的内部风险控制以及交易、财务制度，此外期货套期保值还要求企业具备较强的资金实力。这已经将大多数企业以及涉农组织挡在风险管理的门外。其直接后果便是，这些企业或组织难以平稳健康地发展，饱受价格波动之苦。

但对很多不熟悉期货市场的农业企业来说，已经不必迈出"进场"的第一步，可绕开场内直接进行场外的期权保险。这类产品的工具基础是场内农产品期货品种。这离不开吉林云天化与永安资本公司合作的带头试点——"粮食银行+场外期权"。

所谓"粮食银行"，是农业企业在提供粮食仓储和收购等传统经营业务的基础上，依托企业信用，以农民存粮为载体，向农民提供延期点价收购、短期融资和存粮价格保险等一系列保值、增值服务的新型粮食经营模式。

吉林云天化在太平川的一个生产基地每年玉米贸易量在50万吨左右。合作社共计1050公顷土地，参与农户共计211户，800余人。入股农民每年以8000元/公顷的租金将土地租给合作社，租期为15年，租金随每年玉米价格上涨幅度同步调整，下跌时租金不变，以保证农民的利益。在种植过程中，吉林云天化提供种子、农药、化肥等生产资料，并且收购合作社生产的玉米。收购价格方面，采用随行就市的方式，并在吉林云天化市场收购价的基础上每斤上浮1分钱，销售时机选择合作社占据主动权，以保护农户利益。

但近两年，随着农产品尤其是玉米价格波动加剧，合作社面临的风险也逐渐凸显。吉林云天化在常规的套期保值之外，创新引入了场外期权，为之提供这一产品的是永安期货全资子公司永安资本。

吉林云天化合作社作为场外期权的买方，只需向永安资本支付少量的权利金，即享有到期要求卖方履行相应合约的权利和放弃执行的权利。永安资本作为场外期权出售方，将所持有的场外期权头寸转换成期货头寸，并依据该数值确定在期货市场应建立的对冲风险的期货头寸。当市场价格变化时，永安资本通过对期货头寸的动态调整，将价格风险转移给期货市场的投机者，保证自身一直处于风险中性状态。

2014年2月17日，吉林云天化合作社与永安资本签订场外看跌期权交易合同及交易确认书，明确了双方协商的执行价格、权利金金额、到期日等重要内容。从最终结果看，现货方面，玉米现货价格从2200元/吨上涨到2260元/吨，吉林云天化合作社现货盈利60000元。场外期权方面，由于到期日玉米期货1405合约收盘价高于约定的执行价格，吉林云天化合作社放弃执行看跌期权，损失权利金27090元。该期权存续期内，吉林云天化合作社总共盈利32910元，经测算，效果好于直接利用期货市场进行空头套保。

但业内人士认为，这一模式还存在不足：吉林云天化合作社独自承担了期权权利金成本，但是如果该项成本长期由合作社单方面承担，将会影响合作社的积极性和参与动力。借鉴美国农产品期权补贴及我国农业保险发展的经验，对于合作社由于管理价格波动风险而购买的期权，财政如果能给予一定的补贴，将有助于该模式的可持续发展。另外，交易所也应及早推出场内期权，以降低风险对冲的操作复杂性，提高避险效果。

（四）"粮食银行+场外期权"探索意义何在

开展"粮食银行"不仅能保障企业获得连续经营所需的原料，而且能降低存粮损耗、节约农民存粮成本，在实现农民增收方面有着积极作用。在总结"云天化模式"的基础上，永安资本又将"粮食银行"试点直接引入该模式的主体——四平天成集团。

据介绍，"粮食银行+场外期权"的运作原理是，采用"底价+落价补贴"模式。具体来说，以农户送粮日市场价格为底价，同时"粮食银行"按市场价格每天公布一个挂牌价格，在交粮后的一段时间内，农民可以选择任意一天的挂牌价格进行结算，如果在农户未点价之前，价格下跌，"粮食银行"将按照送粮日价格与农户结算。

此模式中，在农户未点价之前，如果价格下跌，"粮食银行"将按照送粮日价格与农户结算，价格下跌的风险将由"粮食银行"承担，因此"粮食银行"面临价格下跌风险。在农户点价之后，粮食所有权转到"粮食银行"，"粮食银行"同样面临着价格下行带来的库存贬值风险。而几乎所有的风险将通过转移到场内的相关期货品种上进行分散化解。

与传统企业"亲自"操盘参与期货的方式相比，场外期权操作简单，资金占用少，某些情况下保值效果较期货更好。场外期权挂钩期货价格,同时期货价格与现货价格具有走势趋同的特性。因此,场外期权替代期货作为"粮食银行"的风险管理工具更具可行性与操作性。"粮食银行+场外期权"运作模式就是运用场外期权解决"粮食银行"所面临的农民点价前及点价后价格下跌的风险。

这些创新的背景是在传统粮食银行发挥一定作用的基础上,为适应当前我国市场经济环境,大连商品交易所提出"粮食银行+场外期权"的创新运作模式,并在吉林省农委的支持下,联合永安期货及其子公司,与农企开展了场外期权助推新型"粮食银行",即"粮食银行+场外期权"的创新模式研究。

(五)创新模式为农产品价格市场化保驾护航

上述两家东北公司推行"粮食银行+场外期权"的模式或许不是出于偶然。

就全国农产品市场而言,东北农民运用期货的经营氛围是最浓的。这与大商所持续的投资者教育工作不无关系。作为一家以农产品期货为主的交易所,大商所16个期货品种中有10个与农产品相关,大商所从2005年起启动"千村万户"市场服务工程,搞培训、搞信息服务、搞"公司+农户、订单+期货"试点。截至2013年底,大商所累计培训农民、农业合作社负责人、农业系统干部及营销人员7万多人次。

大商所相关负责人告诉记者,要引导农民参与期货市场,更好地发挥期货市场服务"三农"的作用,须从多方面着力。首先要加大力度增培育农民的现代市场意识。不仅要注重对农民技术培训,还要引导农民学会利用期货市场,掌握生产经营主动权,提高驾驭市场的能力,走出"增产不增收"的困局。其次要不断推进农业规模化经营,提高抵御市场风险的能力。有专家建议,要把千家万户的农民组织起来,与合作社或者龙头企业对接,把农民的生产经营风险汇集起来,由合作社、龙头企业通过期货市场转移出去。还要进一步推动品种和工具创新,尽早推出大豆、豆粕、白糖、棉花等农产品期权,丰富市场工具。农产品期权相当于一个价格保险,在支付期权费这一"保费"后可以做到粮价涨有收益、跌有保障。

据介绍,在实际运作过程中,单纯的"粮食银行"模式遇到了价格波动对其经营的剧烈冲击,严重阻碍其稳定发展。"粮食银行"实质是将农户的卖粮风险"转嫁"到企业身上,保护了农民的售粮利润,但以企业为主体的"粮食银行"仍因市场价格的不确定性而存在巨大的风险敞口,在很大程度上制约着"粮食银行"的规模发展。期货、期权市场与传统"粮食银行"业务的有效对接,恰好能够充分发挥市场机制在资源配置中的作用,化解企业运作"粮食银行"过程中的价格波动风险,保障"粮食银行"的有效运行。

市场研究人士认为,其根本在于场外期权作为风险管理工具具有先天的优势。场外期权可以根据企业的实际需求量身定制,企业只需要提出具体需求,如保值规模、保值价格目标、保值时间周期、保值成本、保值方式,其余的专业性工作则可以转移给永安资本这样的风险管理子公司。通过这样的分工与合作,专业的事情交给专业的机构,"粮食银行"

只需付出有限的权利金同时根据自身需求定制个性化的保值方案即可。

农业兴则基础强，农民富则国家盛，农村稳则社会安。据了解，2004年和2008年，我国分别建立粮食最低收购价制度和重要农产品临时收储制度。两项制度对于增加农民收入、促进生产发展、保障市场供应、稳定价格水平发挥了重要作用。

资料显示，2015年全国粮食总产量62143.5万吨，比2014年增加1440.8万吨，增长2.4%，我国粮食产量实现"十二连增"。但问题也随之显现，一方面，国内农产品价格明显高于国外，严重扭曲；另一方面，过去数年积累的库存压力较大，导致财政出现困难。如何确保粮食安全，同时兼顾市场效率是收储制度取消后我国农业相关政策的着眼点。

以玉米产业为例，2016年我国的玉米收储取消了以往托底收购的政策，实行市场"收购+补贴"的新机制，生产者随行就市出售玉米。也就是说，形成价格靠市场，保护农民利益靠补贴。在此情况下，新的市场经营形式应运而生。业内人士认为，"场外期权+粮食银行"模式使"粮食银行"这一惠农支农创新组织形式与"场外期权"这一服务实体经济的金融创新模式有机结合，有效满足我国农业生产经营组织不断涌现的规模性风险管理需求，起到保护广大农户农企生产积极性和经济利益的功能与作用，有力推动国家农业产业健康发展；此外，通过"保价格"实现"稳供粮"，客观上保障了国家粮食安全。

第三节 二次点价

一、概述

二次点价是相对一次点价而言，一般情况下，买卖双方签订交易合同后，成交价格确定不再变化。二次点价是让卖出点价权的一方在点了一次价格之后，还有一次点价的机会或权利，该权利可以行使，也可以放弃。

玉米收购的二次点价，就是农民在玉米上市初期，将粮食销售给收购方，后者先按保底价核算的货款支付给农民。同时在未来一段时期，如果粮食价格出现上涨，农民有权力在某一天要求二次点价，收购方将此阶段粮食价格上涨的一部分市场收益再返给农民，如果粮食价格下跌，则农民仍然享有保底价。农民两次结算，两次受益。

二、案例展示[①]

2013年7月以来，国内玉米市场供应过剩，消费增长持续放缓，同时国外低价进口玉

---

① 案例来源：大连商品交易所. 期货与企业发展案例 [M]. 北京：机械工业出版社，2017.

米不断冲击国内市场，使得国内玉米价格直线下跌。但由于国家实行了临时收储政策，对玉米进行托价收购，因此尽管玉米价格下跌，辽宁锦州义县的玉米种植面积却在逐年增加。

尽管国家实行玉米临时收储政策，但因为临储政策的指导价格及具体细节往往要到 10~12 月才出来，而很多地区在 9 月末就已经进入收割了。由于农民没有存储能力，粮食收割后不立即卖掉的话，很容易变坏，所以很大一部分农民或者合作社都会在收割后尽快售出。而这个时候临储指导价格还没出来，农民往往会卖在低价。

在大连商品交易所的支持下，新湖期货风险管理子公司——上海新湖瑞丰金融服务有限公司（简称"新湖瑞丰"）开展业务创新，联合锦州义县当地收储企业与合作社、种粮大户，结合国外经验和中国国情，充分利用期货市场功能，发挥期货公司风险管理子公司创新职能，在利用金融市场服务"三农"方面积极探索，共同摸索出了"二次点价 + 复制期权"的义县模式。

其中，义县模式投资主体是新湖瑞丰；仓储主体是辽锦生化（公司为专业从事粮食收购、仓储、物流贸易、农产品加工及研发的科技型民营企业，并负责粮食等代收代储和销售环节的衔接工作）；收购对象是义县种粮大户以及义县华茂谷物种植专业合作社。

2013 年，新湖瑞丰总计收购玉米 1000 吨，其中 500 吨采取一次性保底价收购，其余 500 吨采取与义县华茂谷物种植专业合作社约定二次点价收购模式。

二次点价的具体操作流程为，由新湖瑞丰从合作社采购 500 吨玉米，基准挂牌价折干粮为 2225 元/吨，新湖瑞丰先与合作社结算该部分粮款。上述 500 吨玉米暂存于辽锦生化粮库，同时与合作社约定二次点价时间段（从售粮日起至 2013 年 12 月 15 日止的任意一天），货物所有权转移至新湖瑞丰。在 2013 年 12 月 15 日之前，以每天锦州港玉米主流收购价 - 30 元（辽锦生化至锦州港运杂费，锦州港为玉米交割地）为基准，农民可任选一天进行点价：如果基准价高于订单合同价，则由新湖瑞丰补给农民当日基准价与订单价的全部价差；如基准价低于订单价，则原订单价仍有效；如农民到约定时间仍未点价，计算农民自售粮之日起到约定时间基准价的平均价与订单价价差，如价差为正，则新湖瑞丰补给农民全部价差，如价差为 0 或负数，则仍可按原订单合同价进行结算。

至 12 月 15 日（新湖瑞丰与合作社的点价协议截止日）点价时间结束时，当周玉米价格下跌，合作社未进行二次点价，新湖瑞丰按照收购日至最后点价日期间锦州港日成交均价计算出最终结算价格，该价格较收购入库日价格上涨 15 元/吨，新湖瑞丰按价差向合作社发放了 15 元/吨 × 500 吨 = 7500 元的二次点价补偿款。

对于一次性点价收购的 500 吨玉米，新湖瑞丰采用在大连市场直接卖出期货套期保值。套保后可选择在现货市场价格较好的时候卖出现货，平掉期货头寸；也可在行情不利情况下进行交割以获取相应基差利润。

对于二次点价收购的 500 吨玉米，由于农民拥有二次点价权，卖出套保仅能规避价格下跌风险（新湖瑞丰对收购的 1000 吨玉米均在 1409 合约上卖出套保），若价格上涨则会带来采购成本提高的风险，新湖瑞丰因此选择"卖出期货+买入看涨期权"的组合来规避玉米价格双向波动的风险。在支付首付款之后，新湖瑞丰卖出玉米 1409 合约，同时买入 1409 看涨期权（由于当时国内还没有玉米期权，新湖瑞丰与一家外资大宗商品投资对冲基金合作，进行用期货复制期权的期权交易）。

在二次点价的过程中，玉米价格持续上涨时，期货套保对应的空头部位将出现亏损，而现货超额盈利部分需要完全支付给农户，因此为规避这部分风险，新湖瑞丰在国内没有上市玉米期权情况下，通过计算各种风险值及其变化，不断买入玉米期货合约并不断平仓的方式复制看涨期权。即在玉米价格不断上涨的过程中逐渐买入相应的期货合约，并在下跌的过程中通过风险值的变化而平仓相应数量的多头头寸。这导致新湖瑞丰买入成本不断升高，但该成本相当于买入看涨期权时支付的期权费，希望借此达到规避价格大幅上涨风险的效果。

而在具体操作层面，新湖瑞丰依托新湖期货玉米研究员每日玉米基本面情况的研判，再结合新湖期货金融创新部对于各品种每日资金流向的分析，尽力在每日的期权复制过程中获得更优价位。

最终复制期权成本为 3490 元，付给对冲基金公司咨询费为 17655 元，这就相当于买入看涨期权的期权费。复制期权操作至 2013 年 12 月 15 日结束，由于农民的二次点价时间到期，新湖瑞丰不再承担价格上涨的风险，因此用于复制期权的头寸全部平仓。

大商所组织新湖瑞丰推出的义县模式，通过创新子公司服务模式，探索带动农民增收新路径，服务三农新路径。但在试点过程中，也反映出场外期权局限性等问题。首先，为农民和农合组织提供粮食销售新路径。义县模式不但能够保证农民稳定售粮，而且提供了选择市场价格的机会。农民实际售粮价格要高出国储收购价格，且有类似取得股票分红的二次结算机会，持续增加收益，本次通过期货公司风险管理子公司的运作，合作社农民分享到现货上涨带来额外 15 元/吨的收益，真正实现了增收的目的。

其次，风险管理子公司的创新职能得到充分发挥。期货公司风险管理子公司业务的推出目的，是为了推动期货行业创新发展，提高期货公司服务实体经济，特别是服务中小企业和"三农"的能力，促进期现结合，新湖瑞丰通过充分利用期货和期权这些专业而相对复杂的工具回避市场风险，在保证农民初始售粮价格高出国家收储价的同时，又为农民保留了价格继续上涨情况下继续获益的权利，探索出了期现结合、促进农民增收的新路。

义县模式给农民提供的二次点价模式简单明了，深受农民喜爱，但伴之而来的粮食价格涨跌风险则转嫁到新湖瑞丰身上，需要通过期货市场进行复杂的保值策略才能够规避，而其中的核心对冲工具就是期权。通过期权工具，相当于买了一份农产品价格保险，规避价格双向波动风险。

第四节　保险+期权/期货

一、概述

农业保险（简称"农险"）是专为农业生产者在从事种植业、林业、畜牧业和渔业生产过程中，对遭受自然灾害、意外事故、疫病或疾病等保险事故所造成的经济损失提供保障的一种保险。2012年《农业保险条例》中第二条规定："本条例所称农业保险，是指保险公司根据农业保险合同，对被保险人在种植业、林业、畜牧业和渔业生产中因保险标的遭受约定的自然灾害、意外事故、疫病或者疾病等事故所造成的财产损失，承担赔偿保险金责任的保险活动。"

农业保险是市场经济国家扶持农业发展的通行做法。通过政策性农业保险，可以在世贸组织规则允许的范围内，代替直接补贴对我国农业实施合理有效的保护，减轻加入世贸组织带来的冲击，减少自然灾害对农业生产的影响，稳定农民收入，促进农业和农村经济的发展。在中国，农业保险又是解决"三农"问题的重要组成部分。

农业保险一般可分为两大类：种植业保险和养殖业保险。

（一）种植业保险

（1）农作物保险。农作物保险以稻、麦等粮食作物和棉花、烟叶等经济作物为对象。种植业保险因自然灾害或意外事故使收获量价值或生产费用遭受损失为承保责任的保险。在作物生长期间，其收获量有相当部分是取决于土壤环境和自然条件、作物对自然灾害的抗御能力、生产者的培育管理。因此，在以收获量价值作为保险标的时，应留给被保险人自保一定成数，促使其精耕细作和加强作物管理。如果以生产成本为保险标的，则按照作物在不同时期、处于不同生长阶段投入的生产费用，采取定额承保。

（2）收获期农作物保险。收获期农作物保险以粮食作物或经济作物收割后的初级农产品价值为承保对象，即是作物处于晾晒、脱粒、烘烤等初级加工阶段时的一种短期保险。

（3）森林保险。森林保险是以天然林场和人工林场为承保对象，以林木生长期间因自然灾害和意外事故、病虫害造成的林木价值或营林生产费用损失为承保责任的保险。

（4）经济林、园林苗圃保险。这种险种承保的对象是生长中的各种经济林种。包括这些林种提供具有经济价值的果实、根叶、汁水、皮等产品，以及可供观赏、美化环境的商品性名贵树木、树苗。保险公司对这些树苗、林种及其产品由于自然灾害或病虫害所造成的损失进行补偿。此类保险有柑橘、苹果、山楂、板栗、橡胶树、茶树、核桃、枣树等保险。

（二）养殖业保险

（1）牲畜保险。牲畜保险是以役用、乳用、肉用、种用的大牲畜，如耕牛、奶牛、菜牛、马、种马、骡、驴等为承保对象，承保在饲养使役期，因牲畜疾病或自然灾害和意外事故造成的死亡、伤残以及因流行病而强制屠宰、掩埋所造成的经济损失。牲畜保险是一种死亡损失保险。

（2）家畜保险、家禽保险。以商品性生产的猪、羊等家畜和鸡、鸭等家禽为保险标的，承保在饲养期间的死亡损失。

（3）水产养殖保险。以商品性的人工养鱼、养虾、育珠等水产养殖产品为承保对象，承保在养殖过程中因疫病、中毒、盗窃和自然灾害造成的水产品收获损失或养殖成本报失。

（4）其他养殖保险。以商品性养殖的鹿、貂、狐等经济动物和养蜂、养蚕等为保险对象，承保在养殖过程中因疾病、自然灾害和意外事故造成的死亡或产品的价值损失。

美国农业保险模式以国家专业保险机构为主导，对政策性农业保险进行宏观管理和直接或间接经营，实行这种模式的国家以美国和加拿大为代表。这种模式以不断完善的农作物保险法律法规为依托，建立农作物保险公司，提供农作物直接保险和由中央政府统一组建的全国农业保险公司进行农业再保险。

农产品价格和供给之间相互影响非常大，在这种情况下农民自身无法解决问题，农民只能靠天吃饭。对于农产品价格波动，以往缺乏一定的避险机制，虽然有过一定的农产品补贴，农产品价格的指数的补贴，但是这些补贴并不能根本性地解决问题。

国家为了保障农民收入，执行临时收储政策，每年的粮食储备以及相关的支出非常巨大，国家的高价收储吸引了大量的国外粮食的进口，我们自己生产的粮食品种消费锐减，形成了过剩状态，使我们的财政背上了沉重的负担。2014年差不多有1500亿元财政资金用于收储的各种支出。这种局面必须得到改善。美国在2000年以前，对农业也有补贴，现在全部都是通过农业保险的形式来进行。中国的农业保险刚刚起步，也可以创新地运用期货来规避风险，但从实践来看，无论是单纯用保险还是单纯地用期货，他们各自独立运作都存在明显的局限性。如农业价格保险的风险很大，虽然大量的风险转到了保险公司，保险公司可以通过再保来解决。但如果量过大再保也是难以解决的，保险公司没有合理的对冲机制。因此价格保险存在问题。期货的市场教育是个难题，怎样让农民了解期货并进行正确操作，期货专业性较高，对农民来说很难。此外，期货合约是标准化合约，但很多情况下实际的交易并不能标准化。在这种情况下，在政府政策的支持下，期货交易所、保险公司、期货公司开始探索"保险+期货"的风险管理创新实践。

二、案例展示[①]

2016年中央一号文件明确指出,要"创设农产品期货品种,开展农产品期权试点""探索建立农业补贴、涉农信贷、农产品期货和农业保险联动机制""稳步扩大保险+期货试点""改革完善粮食等重要农产品价格形成机制和收储制度"。

中央一号文件将农产品衍生品市场发展和创新服务纳入其中,表明新形势下进一步发展农产品衍生品市场及发挥其功能作用将成为国家推进农业供给侧改革、加快农业现代化建设的抓手之一,扩大"保险+期货"试点,增强"三农"服务广度、深度和力度,提升服务的有效性。

通过农产品期权,涉农机构可以作为期权买方,以一次性支付期权权利金的方式,用固定的资金成本锁定目标卖价,还能获得相关农产品价格上涨带来的收益。同时通过农产品期权还可完善农业补贴方式,对于保障农民收益、稳定农业发展和农业现代化具有积极意义。豆粕期货期权将是大商所农产品期权试点的第一个场内期权品种,其上市将在豆粕期货工具基础上,为豆粕产业链涉农机构提供更为丰富、灵活的风险管理工具,提升避险效果。

"保险+期权"模式有效发挥了期货市场风险管理独特功能,将衍生品市场与保险有机对接,实现了金融服务一体化。在这一模式下,保险公司开发农产品价格险,农民或农业企业购买农产品价格险确保最低卖价或收益,保险公司通过购买期货机构的场外场内期权产品进行"再保险",以对冲农产品价格下降可能带来的风险,期货机构在期货交易所进行相应的套期保值操作、分散风险。通过保险公司、涉农机构、期货机构三方在保险市场和期货市场的组合操作,最终形成风险分散、各方受益的闭环。未来随着场内期权品种的推出和丰富,保险公司还可以直接参与场内避险。

在黑龙江省农委组织下,针对国产大豆种植收益较低、农民对种植大豆信心不足、积极性不高等问题,阳光农业相互保险公司与嫩江县农业局、浙商期货公司在嫩江县和赵光农场开展了大豆"保险+期货/期权"试点,有效破解难题。2016年,阳光农险在嫩江县大豆价格保险数量为1.45万吨,保险金额为3750元/吨,保费为171元/吨,由农业部项目补贴115元/吨,嫩江县补贴6元/吨,农户自交50元/吨。赵光农场大豆价格保险数量为1万吨,保险金额为3800元/吨,保费为200元/吨,由大连商品交易所项目补贴160元/吨,农户自交40元/吨。

嫩江县位于黑龙江省西北部,地处松嫩平原北端和大小兴安岭交汇处,也是大小兴安岭生态功能区和"两大平原"现代农业综合配套改革试验县。县域耕地面积1200万亩,是典型的农业大县、全国知名的"麦豆之乡"。嫩江县大豆生产历史悠久,经验丰富,是

[①] 案例来源:大连商品交易所. 期货与企业发展案例 [M]. 北京:机械工业出版社,2017.

全国最大的非转基因大豆生产县。大豆年均种植面积接近 700 万亩，产能在 105 万吨水平，占到全国大豆产量的近 1/10。该县一直在探索一种价格保护机制，破解大豆销售的瓶颈问题，保护豆农利益，稳定嫩江县作为全国大豆主产区的地位。

"保险＋期货/期权"形式的价格保险，将价格下跌的敞口风险转移至期货市场，利用"仿期权交易模式"将期货交易的单边风险限制为可控风险，构造出期权损益曲线，极大降低了保险产品风险敞口，提高了项目的可行性。保费由"中央财政补贴资金＋县级财政补贴资金＋合作社自筹资金"构成。保险合同终止后，阳光农险根据期货市场最终价格与约定的保险价格的差值，向参保合作社兑现赔款，并在 20 个工作日内将赔付资金发放到位。浙商期货有限公司根据期权协议向阳光农险支付赔款。

"保险＋期货/期权"模式下，如果农户卖出大豆价格低于保险价格，则可以得到保险公司的差价赔付，保险公司则根据和期货公司签订的期权协议，执行买入的期权，由期货公司支付保险价差。例如，赵光农场农户大豆出售价格是 3500 元/吨，根据保险协议，保险公司将向农户按照每吨 300 元进行赔付。而保险公司赔付的资金则由执行期权来获取。期货公司和保险公司签订期权协议后，将在期货市场复制期权，将大豆价格下跌的风险转移给期货市场。

"保险＋期货/期权"模式下的价格保险试点，可以有效整合金融市场资源，将期货行业和保险行业有机结合起来，形成大金融服务于实体经济的形式，实现多赢的局面：农户能够通过参保获得价格风险保障，保险公司通过期货公司降低风险敞口，期货公司通过保险业务拓展业务领域。新试点业务的开展，为农业保险拓宽了产品线，在农业灾害保险基础上，形成了价格保险机制，让农民可以多项参保、多项受益，降低了合作社的经营风险。

【思考与练习】

1. 公司对商品进行二次点价会产生怎样的效应？
2. 期货市场中创新的模式有哪些？
3. 企业选择应用"保险＋期权/期货"模式时，会存在怎样的问题呢？

参考文献

[1] BP世纪能源统计报告2018.

[2] 包兴,肖迪.供应链管理:理论与实践[M].北京:机械工业出版社,2011.

[3] 伯纳德·鲍莫尔.经济指标解读[M].北京:中国人民大学出版社,2009.

[4] 大连商品交易所.期货与企业发展案例[M].北京:机械工业出版社,2017.

[5] 郭培兴.国际商品市场调研[M].北京:中国商务出版社,2009.

[6] 黄德忠.制造企业存货的风险管理[J].华南大学学报,2003.

[7] 杰克·史瓦格.史瓦格期货基本分析[M].台北:寰宇出版股份有限公司,1998.

[8] 宋思根.市场调研[M].2版.北京:电子工业出版社,2012.

[9] 汤姆·陶利.大宗商品投资从入门到精通[M].北京:人民邮电出版社,2013.

[10] 约翰·赫尔.期权、期货及其他衍生产品[M].8版.北京:机械工业出版社,2012.

[11] 中国期货业协会.期货及衍生品分析与应用[M].北京:中国财政经济出版社,2018.

[12] 中国期货业协会.期货市场教程[M].北京:中国财政经济出版社,2012.

[13] 周峰,韩炳刚,朱伟伟.从零开始学:大宗商品现货交易[M].北京:清华大学出版社,2013.

[14] 周巧萍.大宗商品投资分析[M].杭州:浙江大学出版社,2014.

[15] [美]托马斯·A.麦卡弗蒂.市场永远是对的:顺势投资的十大准则[M].闫东琦,冯嘉琦,译.北京:机械工业出版社,2018.

[16] 王国清.K线的阴阳之变与趋势之美[M].武汉:湖北人民出版社,2019.

[17] 中国证券监督管理委员会.中国期货市场年鉴(2018年)[M].北京:中国财政经济出版社,2019.

[18] 何娟,冯耕中.物流金融理论与实务[M].北京:清华大学出版社,2014.

[19] 朱顺泉.金融衍生工具[M].北京:清华大学出版社,2019.